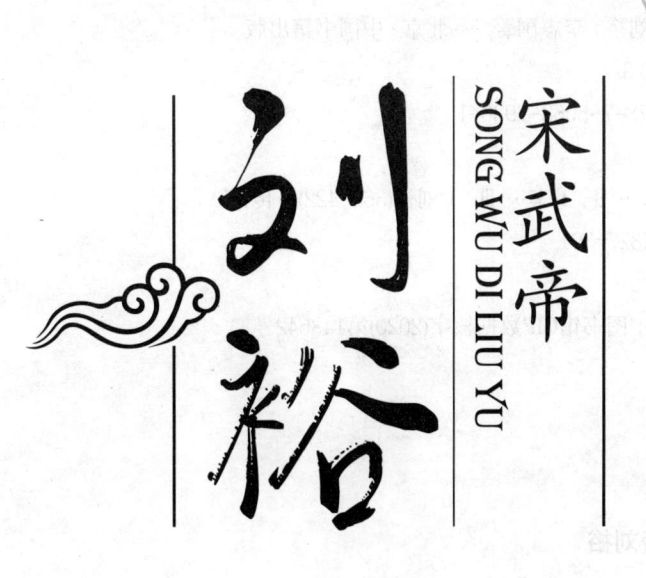

宋武帝刘裕

SONG WU DI LIU YU

李志国 著

中国书籍出版社
China Book Press

图书在版编目（CIP）数据

宋武帝刘裕 / 李志国著. —— 北京：中国书籍出版社, 2020.8
 ISBN 978-7-5068-7936-1

Ⅰ. ①宋… Ⅱ. ①李… Ⅲ. ①刘裕(363-422) - 传记
Ⅳ. ①K827=391

中国版本图书馆CIP数据核字(2020)第148642号

宋武帝刘裕

李志国　著

策划编辑	王志刚
责任编辑	王志刚
责任印制	孙马飞　马　芝
版式设计	添翼图文
出版发行	中国书籍出版社
地　　址	北京市丰台区三路居路 97 号（邮编：100073）
电　　话	（010）52257143（总编室）　（010）52257153（发行部）
电子邮箱	chinabp@vip.sina.com
经　　销	全国新华书店
印　　刷	河北省三河市顺兴印务有限公司
开　　本	710毫米×1000毫米　1/16
字　　数	380千字
印　　张	19.75
版　　次	2020年8月第1版 2020年10月第1次印刷
书　　号	ISBN 978-7-5068-7936-1
定　　价	56.00元

版权所有　翻印必究

自序

东晋的历史虽已离我们非常遥远,但并不能弃之不顾。因为任何一段历史,都影响了华夏文明与社会的发展。"以史为鉴,可以知兴替。"盛世修书又是中国优秀的文化传统。处在当下这个时代,我们有责任为人们了解古代风云人物提供资料,为现在乃至将来的历史爱好者提供借鉴。出于此目的,笔者打算将历史上功业彪炳却又少为人所撰述的人物写成一系列小说。这本《宋武帝刘裕传奇》便是继《北齐神武帝高欢》之后的第二本书。

一千多年前,北方的人们为避战乱,辗转迁徙至江南。他们煮海为盐,采山铸钱,渔猎耕种,繁衍生息,延续了汉族的血脉。作为侨民后裔中的佼佼者,刘裕攘袂起于草泽,平桓玄、破孙恩、定刘毅、灭南燕、克谯纵、殄卢循、擒姚泓,半生都在南征北战中度过,待到登基称帝时,已是双鬓染霜。辛弃疾有句很有名的词:"金戈铁马,气吞万里如虎。"道尽刘裕震古烁今的武功。王夫之盛赞曰:"(刘)裕之为功于天下,烈于曹操。……汉之后,唐之前,唯宋氏犹可以为中国主也。"夏曾佑更称:"二十四史中,人主得国之正,功业之高,汉高而外,当推宋武。"这样的一个英雄人物,无疑是值得一写的。

近一年多来,笔者坐在电脑前,敲击着键盘,尽力描绘出刘裕等历史人物的形象,诠释着对若干历史事件的感悟,集腋成裘,成

二十三万余字，基本真实地还原了刘裕的一生，回顾了他所创造的丰功伟绩，所用材料主要来自于《资治通鉴》《宋书》《南史》等史学典籍。笔者的整个创作过程如同在虬枝中攀折，努力将杂乱不堪的枝条理顺，记录下那段风起云涌的历史。

虽然我们已不再年少，脸庞上带着岁月流逝的印记，但读书与创作仍能放飞我们的梦想，释放心底深处的豪情。限于水平，本书中仍存有一些不足之处，还请读者朋友们不吝指正。

李志国

2019年12月15日

于东昌湖畔

目录

第一章　起于草泽……………………………………… 1

第二章　锋芒初露……………………………………… 10

第三章　聚义密谋……………………………………… 30

第四章　讨灭桓玄……………………………………… 44

第五章　京城风云……………………………………… 56

第六章　还镇京口……………………………………… 77

第七章　荡寇除恶……………………………………… 92

第八章　入朝秉政……………………………………… 106

第九章　北伐灭燕……………………………………… 120

第十章　松林黑店……………………………………… 136

第十一章　孟昶之死…………………………………… 148

第十二章	殄灭卢循	160
第十三章	帷幄运筹	171
第十四章	豫州荆州	183
第十五章	夜袭江陵	194
第十六章	两淮屯田	206
第十七章	乱起萧墙	218
第十八章	飞星秘档	235
第十九章	金戈铁马	246
第二十章	气吞万里	260
第二十一章	青泥之败	272
第二十二章	昌明之后	285
第二十三章	江南称帝	295

引子

公元399年，会稽（今浙江省绍兴市）南二百多里，有一座无名的海岛。这座海岛的面积不大，四面被大海包围着。海岛的东面，是一座小山，山巅常年笼罩着薄雾，云山苍茫。西面是一片沙滩。海水冲击着岸边的礁石，发出高低起伏的涛声，如擂鼓，如鸣沙，浪花飞溅。

这年8月一天的傍晚，太阳即将沉入海面，光洒碧波。原本湛蓝的海水变得似红非红，忽明忽暗。金黄色的沙滩上，聚集着数千人。这些人多作渔民打扮，头戴斗笠，上着大襟左衽的外衣，下穿深蓝或玄青色的笼裤，裤脚较短，裤筒肥大，脚上穿着草鞋或蒲鞋，还有不少人干脆赤着双足，一齐跪在沙滩上，屏气凝神，眼睛望向前方。前面五丈开外，是一座山石垒成的祭坛，方广丈余，约有半人高。坛上陈设香案，香案前摆着一尊三足铜香炉，里面插满了点燃的信香。香炉左侧有一个火盆，里面正烧着大叠的黄纸，火光熊熊，青烟袅袅，直透云霄。

祭坛左侧，立着两人，一位是五斗米教的首领孙恩，另一位是他的妹夫卢循。五斗米教是天师道的一支，凡入教者须出五斗米，故此得名，盛行于江南，吸纳了很多渔民入教。孙恩四十多岁年纪，紫红色脸膛，头戴乌木道冠，身穿一件玄色道袍，胸前用白丝线绣着八卦图，腰间悬剑，脚上穿着一双洒鞋。卢循年方三十，脑后梳着发髻，面如冠玉，身形修长，也穿了件道袍。孙恩正低声对卢循说："当今安帝司马德宗在位，却是个不辨菽麦的白痴，朝中大权尽归于会稽王司马道子。此人才能平庸，每日只知酣歌痛饮，军政不修，庶务废弛，倒给了我们起事提供了一个好机会。"卢循在一旁垂手侍立，也压低了声音道："教主所言不错。本教在江南已有数万教众，实力日渐雄厚，岂能久居此弹丸岛屿？司马道子老迈无能，自秉大权以来，昏招迭出，上个月，竟强征三吴佃客至建康以充实兵员。老百姓安土重迁，谁肯远行？我们乘此人心不稳之际，率众起事，先占会稽，再进建康。那时，教主威德加于四海。属下攀龙附凤，也跟着教主光宗耀祖一番。"孙恩得意地一笑，声若枭啼，又与卢循密议良久，便一前一后来到教众面前。卢循在祭坛前站定，对众人道："司马道子倒行逆施，致使民怨沸腾。今请孙教主登坛作法，请示天师教谕。"卢循言罢，孙恩便拾阶登坛，披发仗剑，立于香案之后，双目微闭，嘴里念念有词。过了一会儿，孙恩两眼一睁，双手高举，宽大的袍袖直落到肘部，扬声对台下道："天师有谕，命我等直往会稽，诛除奸佞，解民倒悬！"跪在坛前的教众们听了，轰然而诺，跟着嚷了起来："谨尊师谕，诛除佞人……"在一片鼓噪声里，这些人立起身来，各执渔叉、渔刀等趁手兵刃，打着火把，登上大小船只，浮海杀奔会稽。

　　江南承平日久，人不习战。孙恩没费多大力气，就率众攻占了会稽，杀会稽内史王凝之，又连陷吴郡、吴兴、义兴、临海、永嘉、东阳、新安等八郡。部众至十余万人，所到之处，焚邑烧屋，刊木堙井，戮及婴孩。三吴为之骚然，朝廷下诏，命荆、江二州刺史桓玄、镇北大将军刘牢之引军平乱，征兵四方。

第一章　起于草泽

> 那叶小舟吃饱了风，轻盈迅捷地驶向对岸。刘裕身披蓑衣，肩扛长刀，立在船头，身前身后，正是萧萧暮雨，洒落江天。

京口（今江苏省镇江市）位于长江下游，东通吴、会，南接江、湖，西连都邑，扼水陆津要，交通便利，境内又有焦山、北固山沿江分布，有着"天下第一江山"的美誉。京口城外，荷花处处，沙鸥翔集，一江烟水与北固山相映生辉。江面上，烟波浩渺，白帆点点。京口城方圆数十里，人烟稠密，朱檐相接，塔影参差，内有九街七坊十三市。细长的河道穿城而过，河水清滢，两岸遍植树木花草。河里不时游来乌篷小船，船夫悠闲地摇着橹，划开绿水碧波，摇过石桥。

城东有一条不起眼的小巷，幽深而窄长，地上铺着麻石板，小草在石板的缝隙里探出头，两边是高高的围墙，长满青苔，有的墙上还攀着绿油油的爬山虎藤蔓。弯弯曲曲的巷子深处，开着一家赌场。赌场门前挂着幌子，迎风飘摆，上题四个大字："刁家赌坊"。一进赌场，迎面是一个大厅，四面的墙壁粉刷得雪白，上面挂满了名家书画。大厅里摆着几十张赌桌，上陈各式各样的赌具。每张赌桌前都围着十余人，聚精会神地盯着他们面前的赌具。整个大厅里，人声鼎沸，一片嘈杂，充满了吆五喝六声、银钱碰击声和赌徒们的狂呼乱叫之声。

赌厅北侧，摆着一张樗蒲（chū pú）台。樗蒲所用的骰子有五枚，称为"五木"，有黑有白，可以掷成不同的组合，也就是各种彩。赌徒掷出五枚骰子全黑的称为"卢"，是最高彩，四黑一白的称为"雉"，次于卢，其下还有枭、犊、塞等杂彩。樗蒲台前围满了人，其中有一个二十多岁的年轻人，身材中等，脸颊瘦削，面色黝黑，有如锅铁，两只眼睛深深地陷了进去，上穿一件破旧的黑布衫，下着黑布裤子，甚是褴褛。这年轻人大概正在输钱，焦急之情溢于言表。一个赌徒站在旁边，一边摆弄着手里的筹码，一边对他调侃道："刘盘龙，你今天手气不好，又输不少了吧？"原来这年轻人名叫刘毅，小字盘龙，住在北固山下，小时读过几年书，后来家道中落，只得以卖柴为业，却又嗜赌如命，最爱樗蒲，虽家贫如洗，却喜下重注，动辄几十上百万钱。时至今日，江南一些地方，仍将赌资巨大的赌局称作"盘龙局"。这天，刘毅卖了几担柴，得了四五钱银子，便来赌坊碰碰运气，不想华盖星罩命，一会儿工夫，就连输了几大注，心里焦躁起来，又急于翻本，从别人手里夺过那五枚骰子，一边在掌中揉搓着，一边对荷官道："这一把赌百万钱，怎么样？"

荷官獐头鼠目，穿着一身胶绸衫裤，敞着怀，露出瘦骨嶙峋的胸膛，"嘿嘿"一笑，道："盘龙兄弟，莫怪我说，你家里穷得有腿没裤子，何必赌这么大？不如歇两把，转转运气再来。"刘毅并不理会荷官的奚落，咬着后槽牙道："是生是死，就看这一把了！"说着，紧抿着嘴唇，两手握着五枚骰子，又揉搓了良久，右手一扬，将骰子掷到赌台上的一只碗里，厉声喝道："卢……卢……卢……"那五枚骰子在碗里"叮叮当当"地跳动了一阵，停了下来，果然全呈

第一章　起于草泽

黑色，正是最高彩"卢"。刘毅大喜，左手握拳，在台子上一擂，正要欢呼，忽见四枚骰子在碗里一动，竟自翻转了过来，成了四白一黑的"塞"。"塞"是最低的彩。就算荷官也掷个"塞"出来，作为庄家，也是赢的。荷官大笑，取过骰子，随手掷在碗里，得了个"犊"，道："怎么样，劝你别赌，却是不听，又要欠债了吧？可够你还半辈子的！"旁边的赌徒听了，都哄笑起来。

刘毅简直不相信自己的眼睛，好似当头挨了一棒，又仿佛被人从头到脚浇了一盆凉水，心里沉坠得像灌满了冷铅，不由得疑云大起，指着骰子道："这……这里面一定有鬼。"说着，一伸手，从碗里抢过一枚骰子，将其用力掰开，果然从中掉出一粒细小的铁珠，"啪嗒"一声落在台子上，"滴溜溜"乱滚。原来，赌场的骰子都是特制的，里面嵌入铁珠，又在赌台下安放磁铁。荷官暗中用脚运作机关，操纵骰子，自可立于不败之地。那荷官一见机关败露，顿时目露凶光，喝道："姓刘的，你竟敢毁了刁大爷的骰子，可是活得不耐烦了吗？"说着，大喊道："快来人哪，这里有人捣乱！"话音未落，便有七八个横眉立目的打手赶了过来。为首的是一个满脸横肉的人，四十多岁，头戴方巾，身穿天青色缎袍，一双袖子捋得老高，腰里系着巴掌宽的板带，足下一双快靴，文不像文，武不像武，正是赌坊的老板刁逵。刁逵字迫道，是大臣刁协之孙，北中郎将刁彝之子，时任京口中郎将，不重名节，喜殖财货，家有田产万顷，奴婢千余人，又开办这"刁家赌坊"，放债求利。

刁逵听说有人捣乱，忙带着众打手拥了过来，嘴里嚷嚷着："捣乱的人在哪里？"刘毅虽心中恚怒，见了刁逵，却也不敢得罪，又自恃有理，便拿起那枚铁珠，道："刁大人请看，这是嵌在骰子里的。贵坊的荷官以此耍诈，未免太不仗义。"刁逵见伎俩被拆穿，不禁恼羞成怒，喝道："一派胡言，我这赌坊一向公平经营，从无作弊之事。这铁珠一定是你自己带来的！你这滥赌鬼，输了钱不给，还妄图讹诈不成？"说着，扭头对身后的众打手说："还等什么？快将这小子拿下送官。"众打手答应一声，一拥而上，向刘毅扑来。刘毅见有理说不清，心想："好汉不吃眼前亏，还是溜之大吉为妙。"想到这里，飞起一脚，正踢在一个打手的迎面骨上。那打手痛叫一声，矮下身去。其他人见状，微一愣神。刘毅乘这个工夫，急忙转身，挤入身后的人群，跳上一张赌台，将台上的筹码、铜钱、银子踢得乱飞，又跳下赌台，紧走几步，来到门前，一个纵身，跃出门去，撒腿就跑。刁逵为人甚是歹毒，见刘毅识破了他的骗局，有心灭口，带着众打手随后紧追不舍。

刘毅飞跑出巷子，又向东奔了五六里地，便转上了东直门大街。这条街是京口的主干道，两旁屋宇密布，店肆林立。刚过中午，各买卖铺户正在营业。街边的空地上也全是小商贩支起的摊子，摊子上陈列着绫罗绸缎、文玩古董、胭脂花粉等杂货，招徕生意的叫卖声此起彼伏。大街上来来往往的人很多，有坐车的，有挑担的，有走路的，非常热闹。刘毅穿过人群，跑到了大街西头，已累得筋疲力尽，两腿像灌了铅，实在跑不动了，忽见前面不远处有一家卖草鞋的摊子。那摊位倒也简单，于街边支起一张长条桌，桌上铺开一张阔大的布幔，直垂到地上，将桌下四面遮得严严实实。桌上摆着几十双新编的草鞋，正在售卖。刘毅回头望去，见刁逵等人马上就要追来，也是情急智生，疾步来到草鞋摊前，一猫腰，撩起布幔，钻到了长桌下面，返手放下布幔，躲在里面，大气儿也不敢出。不一会儿，刁逵带人追到近前，忽然不见了刘毅，便粗声粗气地问那卖草鞋的汉子道："喂，刚才看见个黑脸的家伙跑过去了吗？"那汉子三十多岁，长条脸，一双睫毛很黑的眼睛，头发在脑后梳成个发髻，身材高大，比普通人要高出一头，腰身匀称，四肢健壮，穿着一身破旧的青布衣裳，倒还整洁，见刁逵问及，用手向前面一指道："刚才见一人，仿佛就像您说的那个样子，从这里过去，一直向前跑了。"刁逵听了，向身后一招手，带着打手们追了下去。

那汉子见刁逵等人去远，低声道："朋友，追你的人都走了，出来吧。"刘毅这才从桌子下探出头来，向四外望了望，松了口气，钻

第一章 起于草泽

了出来，对着那人深施一礼，道："多谢兄长仗义相助。在下刘毅，字盘龙。请问贵姓台甫？"那汉子道："不必客气，我姓刘名裕，小字寄奴，祖籍彭城，随父母迁居至此。刘毅兄弟，刚才他们为何追着你不放？"刘毅叹了口气，将在赌场里的事情说了一番。刘裕听了，皱皱眉头，道："刁逵手眼通天，是京口一霸。你得罪了他，就算今天躲过一劫，恐怕日后也难以在此地存身。"刘毅踌躇道："不错。"刘裕略一思忖，又道："目前，孙恩作乱于会稽。朝廷正当用人之际，命刘牢之将军在广陵招兵。刘毅兄弟，我看你堂堂一表，凛凛一躯，何不去投军？到了战场之上，一刀一枪，也博个封妻荫子。这几日，我正打算去应募。你若有意，我们便可同往，彼此也好有个照应。"原来，数十年前，西晋八王之乱爆发，随后，整个北方又陷入五胡十六国的征战杀戮之中。北方百姓为了逃避战乱，大量涌入南方，另寻寄居安身之地。京口城内聚居的多是来自北方幽、冀、青、徐、并、兖诸州的居民，数量已远远超过了本地居民。这些居民来到京口后，很快融入了当地生活，却又生性犷悍、好勇斗狠，因为没有土地，最喜充当职业军人。

刘毅祖籍也是北方，听了刘裕的话，连连点头道："兄台说的是。刘牢之将军号称'江北虎'，当年曾随谢玄元帅在淝水大败苻坚的百万大军。我们兄弟同去投军，跟着刘将军，好歹挣个功名，以后再不受这姓刁的腌臜气。"刘裕道："不错，那咱们两日后在江边相见，便一同过江去广陵。"当下，二人说定了。刘毅辞了刘裕，自去了。

刘裕立在摊位旁，目送刘毅远去，又卖了一阵子草鞋。草鞋别号"不借"，意指人人均有，不相假借。夏秋天，江南平民出行多喜穿双草鞋，利水、透气、轻便、防滑，软硬适中，而且十分廉价。但现在尚是春初，寒意犹在，穿草鞋的人还不多。到了傍晚，刘裕也没卖出几双。斜阳挂向树梢，一点点地坠落，斑驳的余晖透过婆娑的枝叶，挥洒在楼阁飞檐之上。路上的行人少了起来，大街顿时空旷了许多。刘裕见天色渐晚，叹了口气，收了摊子，将桌椅布幔寄放，把剩下的草鞋捆扎起来，背在身上，走回家去。他家住在城外江边的一个小村庄里，村子四周种了些蒲葵树、棕榈树，翠绿的树叶，在江风的吹拂下摇曳。村中有百十户人家，全是由北方迁居至此的，鳞次栉比的茅草屋掩映在绿树之中，屋顶上七零八落地晒着些渔网、浮子。屋顶上正升起缕缕炊烟，有的屋外已然挑起了渔灯。当年，刘裕的父亲刘翘，带着妻子，随众来到京口，在村中觅了这个小院，搭起几间草屋，定居下来。此时，刘翘夫妇早已去世，就葬在村外。

刘裕来到自家院前，院外围着一圈竹篱。长时间日晒雨淋，竹篱已经有些发黑，上面缠绕着一些忍冬藤蔓。篱门左边有棵棕榈树，右边是一株夹竹桃，叶子上沾着灰尘，白花上有些斑点。刘裕推开篱门，走了进去。院落很是破旧，刘裕的妻子臧氏正坐在院中的一张小凳上编织着草鞋，身旁依偎着五岁的女儿刘兴弟。臧氏每天编些草鞋，再由刘裕拿到街上去卖，能赚得几十文钱，一家人勉强糊口。这时，臧氏母女听得脚步声响，一抬头，见是刘裕回来了。兴弟叫声："阿爹！"便跑到刘裕身边。刘裕在女儿的头上亲切的抚摸了一下，拉起女儿的小手，坐在臧氏旁边的小板凳上，一边搭手编着草鞋，一边说起投军的打算。臧氏闻言一愣，停下手里的活计，双眉微蹙，忧心忡忡地道："战场上刀枪无眼，万一有个闪失，你叫我们娘俩倚靠何人？"刘裕道："富贵险中求！总在家里呆着，倒是安稳，但几时才得发迹？"臧氏本不情愿，见丈夫去意已决，轻叹一声，不再相劝。

天色渐晚，月亮升到了树梢，夜空中群星闪烁。刘裕进到草屋里，打着火石，点起了桌上的油灯。一家人在灯下吃过晚饭，臧氏自去收拾了碗筷，又将兴弟抱到床上，轻轻地拍打着，将女儿哄睡。刘裕到堆柴草的那间茅棚里，翻找出父亲当年遗留下的一柄长刀。那刀的柄长九尺，刀头三尺三，直背直刃，刀脊厚实，连刀头带刀柄皆是生铁所铸，足有三四十斤重。刀柄饰有错金涡纹，首端呈扁圆环形，所以又叫"环首刀"。因长久无人使用，刀身上面已是锈迹斑斑。刘裕又到草棚里，把一块磨石抱到院里，支在地上，又取了一只破碗，走

到窗台下的大缸边,舀些清水,放在磨石旁,然后坐在小板凳上,蘸着清水,磨起刀来。刘裕在月色下磨了半个多时辰,便见三尺多的刀头上烁起了冷森森的寒光,又用左手大拇指试试刀刃,满意地点了点头,随后,取了块破布,擦去刀刃上的水,将刀柄也抹拭干净,便将长刀拿进屋里来,倚放在门后的墙上,关上门,上床睡下。

第二天黎明时分,刘裕天不亮就起来了,在院里舞了几趟刀,觉得很是趁手,早饭时,便对臧氏说道:"明日,我就去投军。"说着,将女儿兴弟从妻子怀里抱过来。臧氏问道:"你准备去哪里投军?"刘裕左手揽着女儿,右手拿着个木匙,给女儿喂着米粥道:"听说刘牢之将军在广陵招兵,我打算先去广陵。"臧氏听了,心里有些不舍,低下头去,道:"你这一去,不知何时才能回来。"刘裕道:"当了兵,自然随军行动。但不管到了哪里,我都会时时寄信与你。"

饭罢,刘裕又进了趟京口城,来到堂兄刘怀敬家。院子不大,依着城墙根而建,里面也是几间普通的草房,收拾得很干净,四周是半人高的竹篱,上面挂着几张渔网。当年,刘裕的母亲诞下他就去世了。刘翘因为家贫,自己的生计都顾不过来,觉得儿子是个累赘,就将刚出生的刘裕扔到了外面。刘怀敬的母亲韩氏那时生了刘怀敬还不到三个月,听到消息,忙跑了出去,将刘裕抱回来,断了刘怀敬的奶,亲自哺育。刘裕在刘怀敬家一直寄养到三岁,方由刘翘领回家,因此得了个小名"寄奴"。这天早上,刘怀敬正在院里整理着渔具,准备外出打渔,见刘裕到来,便停下手,道:"兄弟来啦!"刘裕与刘怀敬一起长大,自是亲密,点头道:"哥,阿娘在家吗?"刘怀敬说:"在屋呢!"说着,扭头对屋里喊道:"娘,寄奴来看你啦!"说话间,刘裕走进草屋里,见韩老夫人正坐在竹椅上,补缀着一张渔网,便向前躬身一揖,叫声:"阿娘!"老夫人五十多岁年纪,鬓发斑白,慈眉善目,见是刘裕进来,便道:"我的儿,你这么早来有什么事?"刘裕拉了把椅子,坐在一旁,道:"阿娘,我过几日要去投军，家里还请您和怀敬哥给照看一下。"韩氏夫人一愣，道："你也三十多了，还当什么兵。到了战场上，不比在家，万一有个好歹，可让你老婆孩子怎么办？"刘裕叹了口气，道："阿娘，现在卖草鞋，每日赚不了几十文钱，又都是柴米上开销去了，还做得什么事？想来想去，总得寻个出路。"韩老夫人道："我的儿，你若嫌卖草鞋的营生不好，不如随你怀敬哥去江上打渔。"刘裕道："打渔也要交很重的渔税，左手来，右手去。我思量多时，唯有去当兵。真打起仗来，我自会小心！昨晚我已给家里说好，明天就要走了。"韩老夫人见刘裕已打定主意，也不好相劝，只是反复叮嘱他一切小心在意，刘裕一一都应了。老夫人又问道："你这一去要到哪里？"刘裕道："明日下午，我和一个朋友同去广陵应募。"韩老夫人道："明天就坐你怀敬哥的渔船过江吧，他每日都要到江上去打渔！"刘裕喜道："那敢情好！我到时便到江边寻怀敬哥。"说着，帮着把渔网补缀好，又说了会子话，便回家去了。

　　到了第二天，从早晨到中午，天上都不见太阳的影子，天空阴沉沉的，变得有些昏暗。刘裕一早起来，到城外砍了些竹子，拖回家来，赶制了些结实的竹篱，将院子四周一些破损的篱笆换了，又担水和泥，将草屋内脱落的泥皮重新抹糊浑全。到了下午，浓密的乌云遮蔽了天空，仿佛要压下来一样。刘裕立在草屋里，收拾了几件换洗衣服，包成一个小包裹。妻子在一旁抱着女儿，对刘裕说："看这样子，天快要下雨了，不如明天再走。"刘裕道："那怎么行？已经与怀敬哥约好了。现在他就在江边等我呢！"臧氏便找出件蓑衣，道："那你把这蓑衣带上，待会儿下雨，也好穿穿！"刘裕接过蓑衣，塞在包裹里，又将包裹背在身上，对妻子道："你放心，家里我已托阿娘与怀敬哥照顾。在军中领了军饷，也会托便人捎回家来！"说着，将女儿从妻子手里接过来，抱了抱，亲了亲，恋恋不舍地递给妻子，背上包裹，扛起长刀，转身出门，头也不回向村口走去。臧氏抱着女儿送出门外，望着丈夫渐行渐远，只望得看不见了，纵有万般不舍，

第一章 起于草泽

却也无奈，只好回去。

刘裕离了家，步出村口，来到长江边。天阴欲雨，江上笼罩着薄纱似的雾霭。江里有很多渔船，一根根船杆上都挂着风帆。船上的渔民们往来拉网，在江里捕捞着刀鱼、鲥鱼、鳗鱼、鮰鱼等。江边种着些柳树，柳枝的柔条直垂到水面上。十几艘小渔船正在江边游弋，船上的渔民，把前日放下去的虾篓捞上来，把虾倒出，然后放进酒糟做成的饵，再把虾篓放到水下。如果虾篓破了，便随时换上新的虾篓。渔民们一边划船，一边放虾篓，动作非常熟练。

这时，天空下起雨来，雨点打在江面上，形成一个个小小的涟漪。刘裕从包裹里取出蓑衣，披在身上，沿着江边大踏步行去，走不多远，就看到了刘怀敬和他的那条渔船。渔船不大，和一条舢板差不多，船体上布满了斑驳的痕迹，中间用两张芦席搭成一个船舱。刘怀敬三十出头，因长年在江上捕鱼，皮肤被晒得黝黑，浓眉大眼，头上戴着顶斗笠，站在船尾，手里持着一根长篙，正在等待着刘裕。刘裕和刘怀敬打了招呼，跳上船去。刘怀敬道；"兄弟，你咋才来？候你半天了。"刘裕道："对不住，大哥，我在家收拾了下屋子，耽搁了些时间。"刘怀敬道："听咱娘说，你今天是要过江投军？"刘裕道："正是，还有个朋友一起过江，劳烦大哥相送。"刘怀敬道："好说！"不一会儿，刘毅戴顶斗笠，背着个小包袱，也寻到了江边。刘裕招呼刘毅上船，又将他引见给刘怀敬。三人寒暄了几句，刘毅进到船舱里，将包袱放下。刘怀敬一篙点入水底，将船撑开，又摇着橹，向江北驶去。乌云之下，几只白色的江鸥箭也似的飞掠而过。已是傍晚，江面上起了风，水花跳跃，浪涛翻涌。那叶小舟吃饱了风，轻盈迅捷地驶向对岸。刘裕身披蓑衣，肩扛长刀，立在船头，身前身后，正是萧萧暮雨，洒落江天。

第二章 锋芒初露

> 孙恩经过刘裕的连续打击后,兵亡将散,众叛亲离,带了残部沿海南逃,后死于临海。余部为卢循所领,遁入海岛。

长江发源于雪域高原,绵延万里,穿过崇山峻岭,越过礁石险滩,汇入东海。汪洋浩瀚的长江水,迂回于悬崖峭壁之间,汹涌着,翻滚着,兴波助澜。巨浪荡涤着世间尘埃,涛声响至云天之外,奔腾不息,一往无前。

广陵(今江苏省扬州市)与京口隔江相望,是江北政治、经济与军事重镇,方圆上百里,城墙高峻,有六座城门。护城河直与长江相通,水流潺潺,绕城而过,河水清澈见底,倒映着高大的城堞。最近,朝廷下诏,在广陵设立兵站,使这座江畔城市成了生产中心和新兵训练兵营。城内每日吞吐着大批军用物资,为前线军队提供着后勤保障与源源不断的兵员补充。络绎不绝的辎重车,在潮湿的街面上碾来轧去,运载着帐篷、粮草、刀矛器械等物资,千辛万苦地在城里挤

第二章　锋芒初露

进挤出。

　　前几日还是阴雨连绵，今天已是太阳当头。雨后的天空蔚蓝如洗，飘浮着几朵淡淡的白云。城市上方，出现一条七色的彩虹，与蓝天、白云相映衬。路边的野草，被雨水冲刷得青翠嫩绿，犹挂着晶莹剔透的水珠，空气中弥漫着一股泥土的气息。广陵城外，是一眼望不到头的稻田。往年这个时候，田里早已插满了嫩绿的秧苗。今年，城外却不见辛勤劳作的农夫，更不见葱笼葳蕤的庄稼。广袤的田野上，整齐排列着一支军队，约有三万多人。队列之间，旌旗飘摆，号带高扬，不时传出战马的嘶鸣声和轻微的金属撞击声。将士们神情凝重，个个盔甲在身，手持矛、戈、短剑、长刀、戟等兵器，站得如一棵棵笔直的松树。队列前面，有一员大将，四十多岁，面如古铜，虎目墨髯，头戴金盔，身披锁子连环甲，胁下悬刀，怀抱令旗，胯下一匹青鬃马，庄重而冷峻，沉着而内敛。这人正是镇北大将军刘牢之，字道坚，彭城人，是参加过淝水之战的名将，身边围绕着十几名参佐、将领，皆戎装贯带。

　　一阵轻风拂过，刘牢之胯下的战马不安地抖了抖鬃毛，打了几声响鼻。刘牢之伸出右手，轻轻拍了拍马的脑袋，双脚点镫，催马向前行了几步，开始向肃立于面前的军兵们大声喊话："弟兄们，讨虏将军高雅之兵败余姚。朝廷命我都督会稽八郡，率兵讨灭孙恩。今日出师，许进不许退，否则，军法不容！"说罢，回过头来，命人向部队申明军纪。刘牢之身后的一名军吏，骑在马上，手捧文书，高声诵读"七禁令五十四斩"，道："闻鼓不进，闻金不止，旗举不起，旗按不伏，此谓悖军，犯者斩。呼名不应，点时不到，违期不至，动改师律，此谓慢军，犯者斩。夜传刁斗，怠而不报，更筹违慢，声号不明，此谓懈军，犯者斩。……。"响亮的声音，在郊原上远远传开，与风声相杂，竟有几分肃杀之意。刘牢之面无表情，端坐马上，待军纪宣读完毕后，将手中令旗高高举起，迎风向前一挥，率三军开拔，直奔会稽。

大军的队列像一条巨龙，蜿蜒曲折地在大地上行进，兵甲铿锵，鼓声雷动，号角长鸣。树上的鸟雀受到惊吓，直飞上半天，迟迟不敢落下。队伍最前面是先锋官何无忌与他的两千军兵。广武将军何无忌是刘牢之的外甥，二十七八岁的样子，一头黑发在脑后梳成个发髻，面孔白皙，两条淡淡的眉毛下，是一双机警的眼睛，鼻如悬胆，两片薄薄的嘴唇，身材不算高，但很匀称，内衬软甲，外罩战袍，显得非常干练，从容貌体态上看，像极了他的舅舅。先锋部队后面，是一万名骑兵，手持马刀或长枪，骑着高头壮马。每匹战马都鞍鞯鲜明，毛色油光发亮。骑兵之后，便是两万名步兵。队伍里飘扬着各色旗帜，长长的旗角半垂着，直拂到掌旗兵的头上。

部队离了广陵，在路上行走了一月有余，到了延陵（今江苏省常州市）。这里离会稽尚远，未遭兵燹。前几天刚下过雨，城外的道路上还有些潮湿。阳光从城头斜掠而过，直射在路边老榆树上，黝黑的树皮正在向外渗出汁液，又滴落在树下的草叶上。成群的鸟雀，在城上起落着。长江绕延陵城而过，十数只打渔船正在江里游弋。江埠头上，三三两两的妇女拿着木槌，"噼哩啪啦"捶打着衣服。清脆的笑声里，夹杂着几声软侬吴语。岸上，柴灶冒出的白烟缕缕上升。远处，蜿蜒的青山隐约可见。

过了延陵，又行了两个多月，队伍来到了山阴（今浙江省绍兴市）。山阴与会稽只隔着一条郡河。河西为山阴，河东为会稽。八王之乱后，中原士族纷纷南迁，占地聚居，也多有在山阴落地生根、开枝散叶者。刘牢之率军入城之后，山阴城内顿时变得像个蜂巢，拥挤不堪。随处可见提刀扛枪的兵士，还有许多身穿号衣的信使，骑着马，在街上横冲直撞地往来传递着信息。城内几条大街上，如雨后春笋般冒出五花八门的衙门，分别负责军需、通信、征兵、训练等。每个衙门里，都挤满了戎装的将士。街道变得坑坑洼洼，到处都有辎重车辆深陷在泥泞的车辙里。驾车的兵士不停地叫骂着，挥鞭驱赶着拉车的骡子。夜间，城民们早已入睡，但打铁铺里仍是炉火通红，铁锤

第二章 锋芒初露

当当作响,火星四溅,锻造出大批的刀剑、长矛、盔甲、挽具、马嚼子等。

山阴与会稽之间,有十余座桥梁相连,如舍子桥、大云桥、鲍家桥、清道桥、小江桥、咸宁桥等,长桥卧波,弯弯如月。一连数日,何无忌派出几拨探子,过河刺探军情,都不得要领。这一天,太阳从东方升起,晨光射穿薄雾。何无忌用过早饭,召来一小队斥侯兵(侦察兵),对他们说:"知己知彼,百战不殆。自从我们到了山阴,却一直摸不来河对岸的敌情。今日弟兄们再辛苦一趟,随我出城哨探一次。"众人领命,随着何无忌出了植利门。山阴城外一片荒芜,触目尽是蔓草荒烟,老百姓早已逃亡净尽。天地间一片静悄悄的,是那种死寂,连鸟儿的鸣声都听不到。城外的田地里,还有些未曾收割的庄稼。稻穗直垂到水里,已被泡烂。苞谷的粒子淋了雨水,变得发黑。

何无忌带兵走上鲍家桥,桥的另一头便属会稽了。这鲍家桥高两米多,两边各有十几级台阶,桥旁的石栏上雕着浮雕图案。何无忌领队下了桥,沿着河堤向前哨探。河堤上的柳树早已被砍伐一空,只余下些枯枝败叶。堤坡上野草稀少,无法掩盖光秃秃的荒凉。小蠓虫成团地嗡嗡飞旋,水鸟扑扇着翅膀,在河边起落。何无忌骑在马上,领着众人沿河堤走出数里,忽听耳边一棒刺耳的锣响,从堤下涌上千余名贼兵,服色不齐,手里拿着各式兵器,冲过河堤,气势汹汹地围拢上来。何无忌一看中了埋伏,心里暗道:"不好!"右手一探,"唰"的一声,抽刀在手,号令部下做好战斗准备。敌人越逼越近,为首一员敌将,骑在马上,手持长枪,向前一指。众贼兵齐声呐喊,扑了上来,与何无忌等人厮杀在了一起。何无忌这次出城,只带了一百多名军士,且多是新兵,没什么实战经验,猝然遇敌,当即吃了大亏,有七八十人当场被杀。何无忌的战马被刺死,只能下马步战,带着残余的十几个人且战且退,回到鲍家桥附近的河堤上,以上视下,作殊死的搏斗。

激烈的战斗又进行了小半个时辰,何无忌的气力渐渐用尽。几十个贼兵冲上了河堤，一个贼兵双手举起铁棍，向着何无忌砸来。何无忌不及躲闪，横刀硬接硬架，只听"当"的一声，就觉右臂发麻，钢刀被砸落在地。那贼兵紧接着又是一棍横扫而至，"砰"的一声，正击在何无忌的腰间。何无忌一个趔趄，摔倒在地。旁边几个贼兵看出便宜，冲上前去，刀枪齐落，就要将他分尸当场。何无忌两眼一闭，绝望得像掉进了没底儿的深潭，心里暗道："完了！"正在这时，忽觉自己的左脚腕被一只铁钳般的手牢牢攥住，紧跟着，身子像泥鳅似的在地上滑出几尺，"扑嗵"一声，掉到了江堤之下。一个手持长刀的军士，紧跟着也跳了下来。正是此人，在千钧一发之际，抓住何无忌的脚腕，将他甩到江堤下，使他逃过了一劫。何无忌摔落江堤，并无大损，一挺身，站了起来，双足立在江边的烂泥里，手中却是没有了兵刃。那军士站在何无忌身旁，仰起脸来，挺起长刀，将一个要跟下来的贼兵捅死在堤上。不料，又有两个凶悍的贼兵，也纵身跳下河堤，扑将上来。那兵士抡起长刀，横劈直刺，将这两个贼兵杀死。其余的敌人在堤上狂呼乱骂，正要下堤，忽见河对面尘头大起，传来大队军马奔驰的声音。

原来，镇北大将军刘牢之知何无忌出城打探，到了中午，却仍不见人回报，颇有些放心不下，便上马提刀，带了两千多人，亲自出城接应，来到鲍家桥附近，见前面正在交锋，知道不妙，立即催动兵马，冲过桥头，杀奔前来。群贼见敌人来了援军，呼哨一声，转身就跑。那名军士用刀杆在地上一撑，跃上长堤，紧追不舍，舞动长刀，如削瓜切菜一般，将落后的贼兵砍死了数名。刘牢之远远看到，不由得心里赞叹，随后带兵掩杀了一阵，担心中了贼人的埋伏，便收兵而回。那名军士倒提长刀，随大队回转到桥头。这时，何无忌遍身泥浆，右手揉着腰，趔趔趄趄地由堤上走下来，忙紧走几步，上前握住那军士的手说："多谢相救，不知仁兄尊姓大名？"那军士道："不敢。小人名叫刘裕。"何无忌便拉着刘裕的手，来到刘牢之的马前。刘牢之见了自己的外甥，急忙从马上跳下来，道："无忌，怎么样？

第二章 锋芒初露

伤到哪里了？"何无忌道："被棍头扫了一下腰，不碍的，有劳舅舅牵挂。"又说："舅舅，今日多亏这个刘裕救了我的性命。"刘牢之点点头，上下打量着刘裕，见他浑身透着彪悍，又想起他刚才独驱千人之势，心下喜其武勇，便道："你这人打起仗来，倒是一把好手，老家是哪里的？"刘裕道："小人祖籍彭城，家小现居京口。"刘牢之听了，心想："他救了无忌，又算是我的老乡，彼此一块土的人，我难道一点儿关照都没有？"想到这里，便说："今日你杀敌有功，就先在军中做个校尉吧！"校尉是低级军官，领兵五百人。刘裕忙躬身一揖，道："多谢将军提拔。"刘牢之摆摆手，跳上马，又命人将何无忌扶上马，率军回到了山阴城内。

刘裕江堤一战，升了校尉，自有同袍来与他庆祝，大家热闹了几天。这一日，天气晴好，万里碧空中飘浮着朵朵白云。阳光透过薄薄的云层，照射在大地上。刘裕带着部下五百名军兵，在校场操练了一天，到了傍晚时分，便让大家各回营房，自己也回到帐内，洗了把脸，正想坐下休息一下，忽见帐帘一挑，一个军兵走了进来，对他说："刘校尉，何将军有请。"刘裕闻言，便随着那名军兵来到何无忌的帐中，见里面摆着一张方桌和两把椅子。桌子上罗列杯盘，盛陈肴馔，桌下放着两个酒坛。何无忌一身便装，正坐在一张椅子上，见刘裕进来，笑吟吟地立起身来，指着另一把椅子，道："刘校尉，请坐！"刘裕见这场面，不知何故，向何无忌一抱拳，道："何将军，不知召见卑职有什么事？"何无忌哈哈一笑，道："没什么事。今天办了几个盘子，咱们弟兄两个谈谈！来，快请坐！"刘裕不便推拒，依言坐下。何无忌坐在刘裕对面，便命一个军士斟酒布菜，在二人面前的酒杯里倒满了上好的花雕。花雕为江浙人家自酿黄酒，因为盛酒的坛子上都雕有龙凤、花草、鱼鸟等花纹图案，所以，坛中黄酒就被尊称为花雕。那酒在杯里打着旋儿，色泽橙黄清亮，顿时满帐飘起馥郁芬芳的酒香。

何无忌满脸笑容，端起酒杯，道："刘校尉，请满饮此杯。那天多亏你相救，否则我性命不保。"刘裕也端起杯来，道："不敢！上阵杀敌，本是卑职份内之事，请何将军不必挂怀。"说着，一仰脖子，干了这杯酒，但觉酒味甘洌醇厚。何无忌陪着喝了一杯，道："刘校尉，这酒还有些身份？"刘裕点了点头，道："好酒，至少陈了十年以上。"何无忌道："每年秋季，这边的财主打下上好的大米，便用之酿酒。待到冬天，池水干涸，便将盛酒的坛子封口，埋于池塘中。来年春天，任其积水满池。再过个十几年，才将埋在池塘中的酒坛挖出来，开封之后，用来招待亲朋。酒在池塘里埋得越久，越是香醇。"刘裕听了，赞叹不已，又饮了一杯，道："这么好的酒，恐怕买也买不到，何将军却是从何得来？"何无忌道："山阴城内的几个财主逃得不知去向，家宅都搬空了。有一所大宅子，正在我的防区，里面居然有池塘花榭。我想宅主走得匆忙，总不会将池子里埋的酒带走，便派人下到池塘里去挖，果然捞出几十坛好酒。"说着，二人相对大笑。何无忌与刘裕推杯换盏，没多大工夫，便将一坛酒堪堪饮尽，都有些醺醺之意。

何无忌面带酡颜，将酒杯放在桌上，对刘裕道："刘校尉，听说你是京口的？"刘裕道："正是。"何无忌问道："当初在家都是做些什么营生？"刘裕道："卑职从军之前，在家以卖草鞋为生，勉强糊口。"何无忌一挑大指，道："英雄不问出身！刘校尉好本领，在军中一定会有番作为！"刘裕道："卑职不过凭着家传的功夫，再加上有膀子力气，算不得什么。"何无忌道："我们人马不少，但像你这样的战将不多。最近，贼氛甚恶，句章（今浙江省宁波市）吃紧。我打算向舅父举荐，派你前去镇守。你看如何？"刘裕道："多谢何将军！就怕卑职本领低微，有负刘将军与您的重托。"何无忌道："哪里，你打仗勇猛，定可独挡一面。"刘裕忽然想起一事，道："何将军，有个与我一同投军的朋友，名叫刘毅，现为伙头军。我想带他一起去，彼此好有个照应，您看如何？"原来，刘裕与刘毅一同投军。刘裕身长力不亏，武艺绝伦，做了斥候（侦察兵）。刘毅却因

第二章 锋芒初露

卖柴为业，被拨做伙头军，分到了辎重营。刘裕见要调防，便打算带了刘毅同去。何无忌一口答应道："好说，这事包在我身上。"二人边喝边聊，很是投机，不觉沉醉。天色渐渐暗了下来，刘裕辞了何无忌，回转自己的帐中睡下。过不几天，刘牢之果然下了一道将令，命刘裕领五百人马，防守句章，又将刘毅调归刘裕麾下。

晋安帝隆安四年（公元400年），天瓦蓝瓦蓝的，澄澈透亮。刘裕带上刘毅，率本部五百军兵来到了句章城。句章面江为邑，始建于周元王四年（公元前472年），为越王勾践所筑。《十三州志》载："越王勾践之地，南至句余，其后并吴，因大城句余，章（彰）伯（霸）功以示子孙，故曰句章。"延至晋朝，这里仍为战略要地。句章尉赵赤东、巡城把总朱龄石等人听说刘裕到来，率众在城门处迎接。赵赤东三十出头，却已吃喝得肥肥胖胖，一张圆脸上泛着油光，身穿低级军官的服装，腰间悬刀，一见刘裕，拱手笑道："刘校尉领兵至此，一方百姓有靠了。"刘裕忙跳下马来，抱拳还礼道："不敢，我等初来乍到，还请多多关照。"赵赤东大嘴一咧，道："这自然没得说。"便又向刘裕介绍身边诸人。朱龄石二十多岁，面如古铜，一张脸庞棱角分明，两只乌黑深邃的眼眸，浓眉高鼻，身形瘦削，长手长脚，外披一件青袍，也过来见礼。众人寒暄已毕，一起入城。刘裕边走边问道："赵大人，眼下句章城的驻防兵有多少？"赵赤东随口答道："大概有一千多人吧。"刘裕喜道："那守城是足够了。"赵赤东晃着大脑袋说："句章兵精粮足，虽离豫章不远，但这些日子，城外来避难的绅衿很多，连豫章长史庾悦大人也在城中。"众人谈谈说说，一同进了城。

句章城内窄仄，民房不敷军用。赵赤东、朱龄石派人在城墙根下搭起了几百座帐篷，请刘裕屯兵其中。安营扎寨已毕，太阳升上中天，街道、房屋被染上了一抹橙黄。刘裕与刘毅一起登城巡视，沿着马道，来到城上，抚埤四望，但见楼堞荒颓，城砖脱落，城上长满了野草，护城河也久已干涸，不觉皱起了眉头。刘毅在一旁道："看样

子，这城池可有些年头了。"刘裕道："我听老人说起过，句章城是当年越王勾践所建。到现在，差不多近千年了。"刘毅说："贼兵近在海浦，时刻伺人形便。句章城池破败成这样，怎能抵挡贼兵？那赵赤东的话只怕有些不实。"刘裕手抚垛口，道："先不管他。我们当务之急自然便是重筑城防工事。"刘毅四外望了望，道："现在到处打仗，老百姓们无心耕种。我到周边村镇雇些民伕，烧土做砖，便可开工。"刘裕点头，转过天来，遂发周边民夫万人，让刘毅做监工，加固城防，城外列大堑，城上起高楼，又截山取石，将原有的城墙加高。数月之后，城防工事完成。刘裕又征集了大批的物资粮草，还广募骁勇，补充到军队中。到第二年开春，句章城已固若金汤。

　　这天清早，刘裕在营中用过早饭，自去城外点兵，命刘毅带着五十名新招来的弓箭手，去射堂练习射箭。

　　一时之间，射堂上箭矢连发，"嗖嗖"之声不绝于耳。一轮尚未射完，忽听射堂之外传来一阵鸣锣开道之声，由远而近，来了一队人马，口称庾悦大人之命，勒令刘毅让出射堂。

　　刘毅闻听，只得背好弓箭，随着卫士来到庾悦的轿前。庾悦字仲豫，颍川鄢陵人，为东晋太尉庾亮之后，现任豫章长史，避居于句章，今年三十出头，一张刀条脸，两条淡眉，眼睛不大，倒也有神，鼻梁很高，梳着发髻，上插着一枚羊脂玉发簪，身穿一件冰蓝色丝袍，上绣竹叶花纹，下摆是雪白的滚边，正一派雍容地走出轿来。刘毅知庾悦的官阶远高于自己，少不得低声下气，躬身一揖道："卑职刘毅，身久蹭顿，侧身于行伍，现与士卒在这里练箭。庾大人正当如意，四处皆可遨游，可否以此射堂见让？"刘毅早年读过几年私塾，平日里颇喜谈咏，又喜攀附缙绅之士，此时说这两句话，自以为得体极了。庾悦今天是来射堂游玩的，听完刘毅的话，却只是撇了撇嘴，根本不屑于答言，带队径前。那五十名弓箭手见状，纷纷避去。刘毅有些不忿，偏不肯走，一个人留在射堂里，立在靶前，习射如故。

　　中午时分，阳光垂直地射着。城外飘来凉润的水气，调剂了城中

第二章 锋芒初露

干燥的空气。庾悦命人在射堂边搭起席棚，摆宴招待僚佐，肴馔甚盛。一名厨子腰里束条围裙，在棚侧搭起个临时的灶台，先在小火炉上搁上油锅，倒进凉油，又提过一只肥鹅，按住鹅身，在鹅颈处切开放血，去毛、剖腹去内脏，洗净沥干，顺手用刀在鹅肉上切出菱形刀纹，再用料酒、精盐调匀，抹在鹅肉上。这时，炒锅里的油已烧热，厨子拎住那只鹅，放入锅中炸至金黄色捞起，放入盘中。然后，在锅内留油少许，放葱段煸香，加蒜瓣末、笋丁、香菇丁、豌豆、虾仁炒熟，下鲜汤、糖、香醋、酒、酱油等，用大火烧成浓浓的调味汁，起锅浇在鹅身上。刘毅练了半天的箭，腹内正饥，闻着浓浓的鹅肉香，口水都要流下来了，便走过去和厨子商量，想讨几块鹅肉吃。厨子不敢做主，用眼神向刘毅示意，让他去向庾悦说。刘毅收起弓箭，抹了一把头上的汗珠，踅摸进席棚。

席棚里摆了一张大方桌，桌上摆满了美酒佳肴，弥漫着酒菜的香气。庾悦和数名僚佐围桌而坐，正在开怀畅饮，见刘毅进来，无不愕然，一齐望着他。刘毅来到庾悦身边，拱手为礼，道："庾大人，卑职今年还未吃过鹅肉，可否请以残炙见惠？"庾悦放下手里的酒杯，用眼角扫了一下刘毅，暗恼其无礼，并不作答，转过头去和别人说话。刘毅立在当场，极是尴尬，心里大怒，正欲发作，忽见射堂外跑来一名兵士，远远叫道："刘毅，校尉叫你去呢。"刘毅听了，只得暂且咽下这口气，悻悻地离了射堂。

太阳略有些偏西，道边的树荫变成蓝色。句章城外，辟出一块数十亩大小的场地，作为练兵场。场上排列着千余名兵士，空中飘浮起一层薄薄的灰尘，雾似的凝滞不动。刘裕这天在城外点兵，意外的发现句章城防军缺额很多。按编制，句章城内应有一千多名驻军，实际却还不到五百人。刘裕大惊，遂召来赵赤东，质问是怎么回事。赵赤东也不是省油的灯，一顿强辞夺理，竟欲翻脸。刘裕大怒，喝令军士将赵赤东绑了。赵赤东见刘裕公事公办，要拿自己，一蹦多高，怪声叫道："姓刘的，我与你军卫有司，各无统属。你管不着我，我也管

不着你。"话音未落，他的几名卫士便撸胳膊、挽袖子，向刘裕逼了过来。这时，刘裕身后冲过一名军兵。那军兵浓眉大眼，五大三粗，一副孔武有力的样子，手里提着鬼头刀，迎上前去，左削右剁，将赵赤东的卫士砍翻了两名，厉声喝道："有那不怕死的，只管来试试我丁旿的刀！"众卫士见对方动了真格的，一个个吓得直往后退。

赵赤东见势不妙，扭回头去，撒腿就跑。丁旿手提血淋淋的鬼头刀，几步撵了上前去，照着赵赤东的膝弯处便是一脚。赵赤东"哎哟"一声，摔了个嘴拱地。丁旿一脚将他踏住，又从怀里掏出麻绳，三下五除二，将他绑了个结结实实，单手提起，来到刘裕身边。赵赤东身子矮胖，足有一百五十多斤。丁旿单手提着他如捉小鸡一样，来到刘裕身边，"扑嗵"一声，将赵赤东扔在地上，对刘裕道："校尉大人，拿住赵赤东了。"刘裕松开握着刀柄的手，对丁旿说："很好，以后你就随在我身边。"正在这时，刘毅匆匆来到城外的校场上。不一会儿，朱龄石也赶了过来。朱龄石穿着一身黑色的箭衣，背后背着一柄宣花斧，问明情况后，对刘裕道："队伍缺额自然是因为'吃空饷'的缘故了。城防校尉既无理民管商之权，便不能任意摊派征税，而部队兵员因战死、逃亡等原因，又会随时产生变动。有的军官便虚报兵员，冒支军饷，或将自己的亲属编入册籍，以支领钱粮，或捏造空名冒领钱粮。或坐视士兵逃亡而不究，贪求冒领，中饱私囊。在战时，就出现了有饷无兵的局面。"刘裕听了他这番话，顿时心中雪亮，抚髀叹道："国家经费，用度至广，而耗于养兵者十之八九。却不料赵赤东竟肆意侵吞军饷，致使能战之兵损耗过半。这样的队伍，怎可守城垣，备征戍？"便命丁旿将赵赤东押回军营，看管起来，又命刘毅、朱龄石彻查此事。

到了晚上，刘毅、朱龄石回到军营，向刘裕禀报。朱龄石先开口道："校尉，卑职将赵赤东部的花名册取来，翻阅之后，发现该部应有兵一千零一十七名，实有四百六十二名，空额过半。"刘裕听了，右手握拳，在桌子上一擂，愤愤道："这人贪腐特甚，可谓丧心病

第二章 锋芒初露

狂。大战在即，此路屯军，却已是名存实亡。"刘毅取过桌上的茶壶，先给自己倒了一碗凉茶，"咕嘟嘟"灌下半碗，道："龄石说的不错！姓赵的所部士兵死亡不注销、逃亡不下编、兵额有缺不招填，以至兵籍虚挂，冒名代充者比比皆是。即使是一些在籍兵员，也不过是按时应卯，平时却各有营生。"朱龄石又道："卑职听闻，赵赤东不仅捏造、浮报军籍以冒领粮饷，平时还将兵士当成苦力使用，随意役使兵士为自己修园造屋，耽误他们训练，导致所部战斗力全无。"刘裕听了二人的话，勃然大怒，下令斩赵赤东，第二天，又彻查各营"吃空饷"现象，将缺额的兵员全部补齐。

刘裕在句章的这番动作，很快就传到了会稽。会稽在句章西北，因境内有会稽山而得名。《史记》载："大禹会诸侯江南，计功而崩，因葬焉，命曰会稽。会稽者，会计也。"会稽物产殷丰，有海盐之饶，章山之铜，三江五湖之利，人口数量仅次于建康，俨然为江南一大都会。

孙恩连夺会稽八郡后，志得意满，住进太守府，每日在大堂置酒摆宴，与诸将高会。这天上午，孙恩来到前厅，见妹夫卢循、大将徐道覆等人已在厅外恭侯。卢循字于先，小字元龙，范阳涿县（今河北省涿州市）人，神态雅静，风采清秀，又博赡多能，擅草书、隶书、弈棋等技艺。当时，善于品评人物的僧人慧远曾对卢循说："君虽体涉风素，而志存不轨。"可谓一语中的。卢循颇读书，有智略，却是心怀异志，早在海岛之上，便曾鼓动孙恩举兵造反。

这半年多，孙恩的日子过得舒服，身体明显发福，腆着一个圆圆的大肚子，一摇一摆地下了轿，对卢循与徐道覆道："我倒没料到你们来得恁早。"卢循、徐道覆忙迎了上来。卢循答道："属下也是刚刚来到。教主在会稽城里还住得惯？这里的气候不比在海岛……"语气神情透着十二分的亲热。三人谈谈说说，向堂上走去。

卢循见孙恩今天心情不错，便道："教主唾手而得会稽八郡，已休兵半载，不知下步有何打算？"孙恩手捻须髯，哈哈一笑，道：

"我等割浙江以东，自可与建康分庭抗礼。"卢循道："教主，树欲静而风不止！前几个月，刘牢之进驻山阴，在一旁虎视眈眈，又派刘裕占了句章，整治城防，招兵买马，恐怕要对我们不利。"孙恩听了卢循的话，搓着下巴颏，道："这个刘裕是什么来头？"卢循道："据说此人是卖草鞋的出身，自京口投军，与刘牢之的外甥何无忌有些交情。"孙恩听了，鼻子里轻蔑地"哼"了一声，道："一个卖草鞋的，掀不起多大风浪。他手里有多少人？"徐道覆答道："据探子称，句章现有两千多兵马。"孙恩一摇头，道："区区两千兵马，更不值得我们兴师动众。只是刘牢之近在肘腋，倒不可小视。"卢循听了，道："教主，'善用兵者，避实击虚。'刘牢之驻兵山阴，则京师必然空虚。教主何不全军去取建康？"大将徐道覆在一旁，也撺掇道："卢将军所言甚是，我等不必与刘牢之纠缠。教主乘此兵威，先夺京口，再下建康，然后挟天子以令诸侯，自可令刘牢之俯首称臣。"孙恩听了，连连点头，便与卢循、徐道覆统领大军，溯江而上，直奔建康，又命部将姚盛，领兵出浃口，来取句章。

时值二月，姚盛领兵五千，来到句章，驻扎在城外十五里的江畔。第二天黎明时分，郊原上的茫茫白雾尚未散去，姚盛带兵直抵城下。句章城有东西南北四座城门，每座城门里都有新筑的瓮城。瓮城宽广数十米，高厚与主城相等，上有箭楼、门闸、雉堞等防御设施，向两侧排开，形如雁翅，与周边城台相连。瓮城上的箭楼高二十多米，正面设四层箭窗，每层十二孔，左右两面各三层，每层三孔，利于射击。姚盛领兵还未到城下，就被箭楼上的哨兵发现了，急报与刘裕。

刘裕麾下的兵士不足三千，闻听敌兵临城，却毫不示弱，命刘毅率一千军兵留守，自己带着一千五百人，出城迎敌。两扇厚重的城门刚刚开启，刘裕一马当先，冲出城外，也不答话，手持长刀，身先士卒，直奔姚盛马前杀来。姚盛没将刘裕放在眼里，也纵马出阵，挺枪向刘裕杀去。战场上，两匹战马撒开蹄子，越奔越近。突然间，刘裕猛的一提缰绳，胯下那匹马后腿一蹬，纵起三尺多高。刘裕长声大

第二章 锋芒初露

呼,身随马起,手挥长刀,搂头盖顶,直劈了下来。姚盛避无可避,只得横枪招架。刘裕那柄刀重达数十斤,轮动起来,一两贯一斤,电闪而落,只听"嚓"的一声轻响,将镔铁的枪杆劈为两断,刀势不衰,紧跟着便将姚盛的头颅削去了半边。姚盛的尸体在马上晃了两晃,栽到马下。那马脱了缰,落荒而走。后面的贼众看了,肝胆俱裂,抱头鼠窜。刘裕领兵直追杀到江边,斩首千余级,逼得敌兵滚滚投江,夺了不少的刀枪器械、帐篷马匹,还抓了百十名俘虏。回城后,刘裕不及解甲,立即讯问俘虏,才知孙恩已率主力奔京口而去,不敢怠慢,一边派人飞马报于刘牢之,一边尽起城内军兵,率刘毅、丁旿、朱龄石等人,弃了句章城,随后就追。

五月的京口,碧水流翠,鹭鸟翻飞,清晨还有丝丝的薄凉。自刘裕投军去后,其妻臧氏带着兴弟依旧在城外的村里居住。母女每天在江边捕些鱼虾,有时会接到刘裕托人捎回来的银两,倒也可以安稳度日。这天早晨,臧氏一手拎着几个竹编的虾篓,一手引着兴弟,又去江边捕虾。一出村口,里许之外就是大江。江风徐徐,迎面吹来。江面上,可见一艘艘渔船往来穿梭,还有不少江鸥,迎风伸展着双翅,在水面上掠过。浪花如雪,一波又一波地远远漾开。臧氏领着兴弟来到江边,挽起袖子,在虾篓里放好了虾饵,将一个个虾篓逐次放进江里,看着它们慢慢的沉入水面。

正在这时,江上的众多渔船突然向江边逃窜,一到岸边,渔夫们纷纷跳下船来,争先恐后地逃上岸去。一艘渔船停在臧氏母女不远处,一个渔民从船上跳下来,来不及系好缆绳,就对着她们大叫道:"快走,贼人来了。"喊完这一嗓子,撒开两腿,头也不回地就跑了。臧氏母女吓了一跳,向远处一看,果不其然,只见江面之上,浩浩荡荡地来了数不清的战船,桅杆上明晃晃挂着贼人的旗号,劈波逐浪,蔽江而来。原本还算平静的江水,顿时像开了锅一样。臧氏也顾不得虾篓,拉起兴弟,就往村里奔去,跑到村口,才敢回头一望,见贼人的庞大船队直奔广陵方向去了。

这些日子，孙恩率主力取丹徒，下姑苏，浮江奄至，到了广陵城下，有战士十几万，楼船数百艘。楼船是当时最先进的水战舰只，最大的能载千人，上面遍插旗幡和刀枪。甲板上可驰马往来，密布全副武装的战士，随时可与敌人短兵相接。甲板下设置有舱室，供棹卒划桨之用。楼船的舷边设有半人多高的女墙，可防敌方的矢石。甲板上起三层高楼，第一层称为"庐"，内有若干手持长矛的战士。"庐"上为"飞庐"，是弓弩手所在的位置，可发射箭矢作远距离攻击。最高一层称作"爵室"，即指挥室。这三层都设有防护女墙，用以防御敌方射来的矢石。

孙恩将战船泊在江北岸，旌旗蔽日，樯橹连云，命战士全部登陆，列阵鼓噪，将广陵城围得水泄不通，督兵环攻不已。激烈的攻城战进行了一整个白天，厮杀之声震动远近，直传到江对岸来。臧氏和兴弟呆在村里，听得真而又真。到了晚上，村子四周一片沉寂，但原来那种恬静的氛围没有了，变得阴森森的，令人心神不安。第二天早晨，花香仍然在茅屋四周弥漫，大片大片的爬山虎和蔷薇将村子点缀得一片生机，但在江对岸，又传来一片喊杀之声，不知有多少人要在这一天死去。村外的江边停靠着一条条渔船，有的渔船上还挂着些斑驳的渔网，却已无人敢去江中打渔。臧氏毕竟是个女人，见丈夫不在身边，免不了六神无主。不一会儿，村内腾起一片熙熙攘攘的喧闹声，有车辆的隆隆声、骡马的嘶鸣声，不时夹杂着孩子的哭叫声。臧氏知道，这是村里的人们开始逃难。

到了中午，空气又闷又热，村里终于平静了下来，没有人喊马嘶声，没有脚步声，一片沉寂。臧氏怀里揽着兴弟，坐在家中，觉得这种安静格外压抑，便把女儿放在屋里，自己走到门外，希望能看见某个街坊，然而路上却空荡荡的，只有路旁的树木，顶着无光泽的叶子，叶子上积着一层厚厚的尘土，显得萎靡不振，毫无生机。这时，迎面匆匆走来一个老汉，正是她的一个村邻。那老汉六十多岁年纪，满头白发，一脸的皱纹，穿着一身褴褛的衣服，手里拿着柄鱼叉，大

概是落下了什么东西，回家来取，冷不丁见了她，惊讶地睁圆了两眼，道："寄奴家的，你怎么还没走？听说广陵城快守不住了，贼人一旦打下广陵，就要过江来了。"臧氏心里一沉，道："阿伯，我也想走，可是去哪儿呢？""去京口再说，寄奴的婶子不是在城里吗？不管怎样，反正得离开村子。这里不安全。"说着，老汉匆匆离去。臧氏听了这些话，心里更慌，转身奔回屋里，心想："这么呆在村里确实不是办法，贼人早晚会过江来，我得去京口投靠婶子。"想到这里，收拾了几件衣服，包成个包裹，拉着兴弟，出了屋，锁好房门，向京口方向走去。

　　傍晚时分，太阳西坠，前面已经可以看到京口高大的城楼。兴弟毕竟年纪小，到了半道，就走不动了。臧氏只好把她抱在怀里赶路，直累得上气不接下气，便垂首掩面，坐在路边，稍事休息，然后起身继续前行。天光渐渐暗了下来，周围的景物只剩下了朦朦胧胧的轮廓。母女二人好不容易来到京口城的北门外，就见城头上已然密布刀枪，又听到前面人声嘈杂、吵吵嚷嚷的，越往前走，喧闹声就越大，走不多远，就见城门前人头攒动，挤满了惊慌失措的人们。小孩子们坐在路边哇哇大哭，无人照料。人们摩肩接踵，都在瞎闯瞎挤，载着家具物什的马车、牛车、骡车、驴车拥堵在城门前。臧氏抱着兴弟，吃力地在人群缝隙中前行，穿过一大片车辆，跟着许多惶惶不可终日的百姓，来到城门边。

　　城门校尉腰里挎着刀，带着十几个全副武装的士兵，正在盘查进城的人们，全都累得满头大汗，一见臧氏母女，倒也不曾难为，只是简单地盘问了两句，便抬手放行。臧氏背着包裹，怀里抱着兴弟，来到韩老夫人家门前，透过篱门望进去，见院里一片漆黑，估计韩老夫人已经睡下，便提着嗓子，喊道："婶子在家吗？"一连喊了几声，终于看到正房的屋里亮起了灯光，不一会儿，屋门吱吱扭扭地打开了。韩老夫人一手端着盏油灯，一手掩着衣襟，走出房门，来到篱门前，见臧氏抱着兴弟立在外面，吓了一跳，道："这大半夜的，你们娘俩怎么来了？"臧氏喘了口气，道："婶子，贼人正在攻广陵，城外不能待了。我们母女无处可去，只得来投奔您了。"说着，那眼泪就止不住地流了下来。韩老夫人见此情形，忙叫起儿子刘怀敬，搬开篱门，请臧氏母女进来。韩老夫人将手里的油灯递与怀敬，从臧氏怀里接过兴弟，道："寄奴家的，既是这样，你就在我这里住下来吧，正好为我做伴儿。"臧氏答应一声，随在韩老夫人身边，一边向屋里走去，一边暗自担心："广陵城不知还能撑多久，若是失陷，一江之隔的京口又能否保全？贼兵既已抵近，远方的他是否平安？"

广陵城内兵力不多，顽强抵抗了十余日后，终于陷落。孙恩愤城民久不降，下令屠城，将城内七千余人全部杀害，把尸体抛入江中，又在城内放起了大火。广陵城的房屋多为竹木结构，沾火就着。风威火猛，熊熊烈火随风乱窜，肆无忌惮地吞噬着一切，将偌大的城市化作一片火海。原本繁华的广陵城，顿时成了一片焦土。

京口毗邻广陵，百姓们见识了孙恩的凶残，无不恐惧。正在这时，京口城外忽然来了一彪军队，多是步兵，约有三千多人，绕过北固山南麓，来到江边，军旗上的"晋"字依稀可见。这支队伍正是刘裕的人马，虽是走的陆路，但昼夜倍道兼行，其疾如风，终于及时赶到。将士们浑身冒汗，疲惫不堪，脚底像火烧一样。刘裕也是数日不眠不休，头发凌乱，眼睛红肿，疲倦直透进骨髓里，真想躺在地上睡一觉，但知军情紧急，来不及休整，便将兵马驻屯在江中的一座沙洲之上。这座沙洲横亘在广陵与京口之间，三面是水，周回数十里，因水涨沙淤，日积月累，渐与陆地相连。刘裕熟知京口地形，知道此处为兵家必争之地，便截洲为城，凭险拒守。

过了几天，孙恩率楼船横渡长江，来取京口，陈舰列营，周亘江滨。他见刘裕驻兵沙洲，命徐道覆领兵一万，趁着夜色，前来袭城。刘裕的城池立得仓促，用泥沙和石灰掺和在一起夯筑成城墙，上有一些垛口，勉强可用来射箭和瞭望，又命人做了许多土坯，一旦城墙遭受破坏，就用土坯修补，见徐道覆兵临城下，自知众寡不敌，便将城

第二章 锋芒初露

上的旗帜全部放倒，命将士们藏匿在垛口之下。这天晚上，黝黑的天幕上繁星点点。城外一片喧腾，火把的光连成一片，煞是壮观；城内却寂无人声，城头上黑漆漆的什么也看不见。徐道覆骑在马上，远远地打量着眼前这座城池，摸不清城内的虚实，未敢贸然攻城。

第二天凌晨，离日出还早。天空深邃微白，残星犹在，月落参横。刘裕命人大开城门，与刘毅各领一队士兵埋伏在城门里，又派几十名老军，到城头值守。不一会儿，徐道覆骑着匹青鬃马，领兵直抵城下，见城门洞开，城上只有些老兵活动，有些奇怪，便在马上仰头喊话道："喂，城上的军兵，你们的守将是谁？"城上的老军佝偻着背，将脑袋探出城外，有气无力地答道："是校尉刘裕。"徐道覆虽听过刘裕的名字，却是第一次与刘裕打交道，便又问："刘校尉何在？"城头上的老军诓他道："昨晚已经撤走了。"徐道覆信以为真，暗自高兴道："这刘裕定是个兵油子，见老子领大军到来，弃城逃跑了。"想到这里，双脚点镫，催马入城，身后的军兵随之鱼贯而入。徐道覆的队伍刚走出城门洞，就听两边喊声大作，箭如雨发，当场被射死了百余人。接着，刘裕、刘毅一左一右，领兵奋击，又斩杀了数百名贼兵。徐道覆骑在马上，目标明显，身上中了几支箭，落下马来，差点儿被生擒，好在混入败兵队伍，狼狈逃出城外。刘毅见初战告捷，喜不自胜，拎着杆铁枪，率兵冲出城来，紧追不舍。刘裕在后大喊道："刘毅兄弟，不可冒进，快回来。"刘毅贪功心切，装作没听到刘裕的话，带了数百军兵，直追了下去。刘裕无奈，命丁昞、朱龄石将城内所有旗鼓抬到城头备用，自己率众出城，前去接应。

刘毅一口气儿追到江边，才发现江上密布战舰楼船，大批敌军正在登洲。原来，孙恩闻知徐道覆吃了败仗，领主力来援，正与刘毅遭遇，便麾兵将刘毅和他的人马团团包围。刘毅领兵苦战两个多时辰，全军尽没，自己右臂中箭，用左手挥动铁枪，拼命突围而出，恰遇刘裕来援，方得全身而退。刘裕接应到刘毅，见敌势浩大，只得边打边撤。天色渐晚，残阳似血，霞光满天，映得江面一片通红。刘裕退到

半路，见沿途倒着很多战死者的尸体，心生一计，命左右停止后退，将刀枪放在路边，去脱取死者身上的盔甲、衣服，以示闲暇。不一会儿，孙恩领兵追至，见此情状，猜不透刘裕葫芦里卖的什么药，心下狐疑，停军不敢进逼。夕阳慢慢地坠下山去，山巅吞噬了最后一抹余晖，天色很快就暗了下来。刘裕这才徐徐引兵回到城边，命城上一齐举旗鸣鼓。孙恩见夜色渐浓，城头隐隐有无数旌旗招展，又听到鼓声雷动，以为有大军在城内，疾忙引军退回船上。

此后十几日，刘裕在沙洲上筑城拒守，连连挫败孙恩的进攻。不久，刘牢之率兵赶到京口，荆、江二州刺史桓玄也领兵来援。众人合兵一处，声势大振。

这天早上，天气还很晴朗，到了中午时分，忽然卷起一阵狂风，尘沙被刮到了半空中。原来湛蓝的天空，罩上了一层厚厚的灰雾。刘裕全身披挂，立在城头之上，见天象有变，忙将兵马暂交由刘毅统领，自己带了几名亲兵，骑马飞奔出城，去见刘牢之。狂风呼啸，卷着沙石迎面而来，打得人脸上生疼。刘牢之统兵三万，立营江岸，还有五千水军，沿江布列。刘裕进了军营，来见刘牢之。刘牢之见刘裕进帐，命其落座，也不客套，道："刘校尉冒风来此，必有要事，但说不妨。"刘裕道："将军明鉴，卑职是京口人氏，熟知本地天气。每到春夏之交，江上总有数日大风。孙恩的楼船高大，在风中难以行动。卑职愿领些小船，乘风奇袭，必可大败贼兵。"刘牢之闻言，精神一振，又召集幕僚商议了一番，都觉得刘裕之策可行，即从水军营里拨出五十艘艨艟小船，每船载兵三十人，共一千五百人，交由刘裕指挥。艨艟的船形狭长，上覆盖生牛皮，两厢开有棹孔，左右前后有弩窗矛穴，不惧矢石，航速快，机动性强，便于冲突敌船。

第二天，风势不止，越刮越大，飞沙走石。一股急速翻腾的云浪，仿佛是一条灰色的长龙，从北方滚滚而来。顷刻间，乌云密布，遮天蔽日，天空如挂了一块黑色的大幕，江面上起了丈余的浪花，奔涌翻腾，追逐飞溅。孙恩的数百艘楼船在风中摇摇晃晃，桅杆"咯

咯"地折断，断樯破橹，四处飘散。船上的贼兵，在甲板上立足不稳，竟被甩落江中。刘裕率艨艟小船，乘风破浪，闯入楼船队中，顺风纵火，霎时间，长江之上，烟焰冲天。孙恩急令回船相援时，楼船阻风，难以进退，前后不相救应。众多贼兵，只得尽弃了楼船下水。刘毅的箭创已愈，与丁旰、朱龄石各带一队军兵，乘着小船，皆执挠钩套索，捕拿落水的贼寇。刘牢之、桓玄等人，见孙恩的船队乱了，一齐鸣鼓摇船，率众直冲上来，挨近敌舰舷边，见贼就杀，斩首数万。孙恩见势不妙，只得坐上小船，带数千残兵北撤。

　　刘裕悍拒孙恩，保全了京口，立下殊勋，又有刘牢之的照拂，自是不次超擢。不久，朝廷下诏，以刘裕为下邳太守、建武将军，命其暂不赴任，领兵五千，追讨孙恩。刘裕受命后，带兵追击孙恩到海边，屡挫其锋。孙恩经过刘裕的连续打击后，兵亡将散，众叛亲离，带了残部沿海南逃，后死于临海。余部为卢循所领，遁入海岛。

第三章 聚义密谋

> 刘裕低声道:"桓玄篡晋,我等受国厚恩,决不能坐视。寄奴不才,欲匡扶晋室,再造河山。今日将诸位请来,便是要议一议这反正之事。"

孙恩败亡的消息传到建康,士民一片欢腾。建康为京师所在,地居形胜,积储殷富,尽汇江南精华于斯。整座城市东西南北各四十里,列宫墙三重,东傍钟山,南枕秦淮,西倚大江,北临后湖(玄武湖)。西南有石头城、西州城,东南有东府城、丹阳郡城。宣阳门直至朱雀门,是一条纵贯全城的南北大街,长达五里,也是城市的中轴线。大街两侧槐柳成荫,布列官署府寺。秦淮河穿城而过,与长江相通。舟船经秦淮河可达建康诸市。秦淮南岸市廛列肆,埒于二京(长安、洛阳),北岸就是著名的乌衣巷,是王、谢等名门巨族世居之地。

会稽王司马道子是晋孝武帝的兄弟,以至亲辅政,位高权重,听到孙恩的死讯,将文武大员招到东府,盛排筵宴,以示庆贺。东府是司马道子的府第,位于皇城之东。府基高六尺,正门五间,殿堂七

第三章 聚义密谋

重，各广十二间。府内遍布轩馆、楼阁、亭榭等，水石花树之美，冠绝江南。前院大堂九间，上盖筒瓦，海马压脊，门、柱皆用红青油饰，梁、栋之上贴着金箔，采画花草。堂外廊下坐有乐师，奏起笙管笛箫，乐声阵阵，钟声叮咚，透进堂内。四面窗下点着檀香，烟雾缭绕，香气扑鼻。众厮役穿着簇新的服装，在堂里出出入入，端着一盘盘美味佳肴，整整齐齐地摆放在桌案之上。

荆、江二州刺史桓玄领兵由京口凯旋，要回荆州，顺路来建康陛见，也在被邀之列。桓玄字敬道，谯国龙亢（今安徽省怀远龙亢镇）人，是东晋权臣、大司马桓温的小儿子。桓玄四岁时，桓温去世，遂袭爵南郡公，七岁时，服父丧期满，在叔父桓冲的带领下，辞谢府中文武。桓冲抚着桓玄的头，指着院里的众僚佐，对他说："这些人全都是你父亲的故吏啊！"桓玄一听这话，当场号啕大哭起来。众人见桓玄小小年纪，却至性过人，都很惊讶。桓玄年长后，身材高大，相貌奇伟，宽大的鼻子又短又方，博通文武，是桓氏军事集团的首领，掌握着当时最强大的一支武装力量。

这天下午，天空澄碧一色，万里无云。桓玄将兵马驻扎在建康城外，带了一队侍卫，过了玄武湖，由北门入城。阳光照在湖面上，波光粼粼，像铺上了一层闪闪发光的碎银。桓玄来到东府门前，跳下马来，命侍卫们府外相候，自己迈步而进，绕过照壁，在仆役的引领下，沿着一条石子铺就的甬道，来到大堂。大堂左右两厢摆了几十桌丰盛的酒席，席上陈设金杯银壶，还有许多精美的瓷器，泛着晶莹的光泽。席间坐满了当朝贵官，除了会稽世子司马元显，还有中书令王谧、冠军将军孙无终等数十人。会稽王司马道子年逾五旬，身材短小臃肿，一张土红色的大脸，因为嗜酒，皮肤显得暗黄，一副病态，衣着倒是很华贵，坐在大堂正中，面前的桌案上摆满了时鲜海味、山珍异馔。宴会已经开始，众宾觥筹交错，言语正欢。桓玄来到席前，先向司马道子施礼，告过迟来之罪，便准备入席。

司马道子已与宾客酬酢了一番，带着几分酒意，一见桓玄，不由得想起了桓温。桓温一生战功赫赫，晚年据有东晋疆土的三分之二，操纵朝政十余年，更曾废了在位六年的司马奕，拥立简文帝司马昱。桓温原指望简文帝临终能禅位给他，但在谢安等人的斡旋下，太子司马曜成功接班，即晋孝武帝。桓温大失所望，于公元373年病故。桓温威风了大半辈子，将司马皇族压制得惨不堪言，若不是病逝，皇位迟早是他的。这时，司马道子喝得七荤八素，见桓玄立在席前，神态桀傲，像极了桓温当年那副睥睨一切的样子，心头顿起一股无名火，挥手止住乐声，当着满堂宾客，劈头质问桓玄道："桓温老儿晚年想谋朝篡位，这算怎么回事？"众宾一听这话，尽皆愕然，堂内顿时鸦雀无声。所有人的目光齐刷刷地望向桓玄。桓玄羞恨交加，满脸通红，额头上冒出黄豆般大小的汗珠，腿一软，"扑嗵"一声，跪伏在地上，面贴地砖，无法起身。中书令王谧是东晋开国名相王导之孙，为人厚道，见此情状，忙起身打圆场道："今天只谈风月，不讲公事。相王请酒，桓将军暂且退下。"说着，起身离席，走了过去，双手将桓玄搀扶起来。桓玄一脸难堪地站起身，默默退出堂外。

桓玄三十岁出头，正当壮盛之年，素以豪杰自处，不料今日吃了这么个瘪子，脑子里一片混沌，头重脚轻地来到府外，那股怒火才自胸中"毕毕剥剥"地燃起，一声不吭地从侍卫手里接过缰绳，跳上马去，便向城外行去。桓玄的侄子桓振身披铁甲，带着卫队，在府外相候，见叔父旋入旋出，心中奇怪，忙纵马赶上，瞥见桓玄脸色铁青，忙问道："叔父，何事不悦？"桓玄纵马疾驰，直奔出了两条街，才放缓了马速，长叹一声，把刚才当众受辱的事说了一遍。桓振闻听此事，怒道："这次若非叔父带兵勤王，京口定然不保。现在用不着人了，那司马老儿倒猖狂了起来。"桓玄"哼"了一声，却是不语。桓振果锐敢斗，而又暴横无行，见主昏臣庸，早有异志，便压低声音道："叔父大军近在京畿，干脆调兵入城，废了司马道子这个昏王，由您来辅政，岂不是好？"桓玄听了，心里一动，暗想："这个主意倒是不错。司马道子暮年嗜酒，诸大臣又是碌碌之辈。论起文韬武

第三章　聚义密谋

略,朝中无人能及得上自己。"桓振鉴貌辨色,见桓玄有些允意,又道:"叔父威名,每为司马道子所忌。今日既出了这样的事,将来虽欲善罢,亦不可得。'先下手为强,后下手遭殃。'荆州五万大军就在城外,召之即来,京师禁兵不过万人,哪是我们的对手?若要废了司马道子,现在便是最好的时机!"说话间,众人已来到城门前。桓玄勒住马缰,思索良久,终于缓缓点了点头,便命侍卫守住城门,又派桓振持自己的令箭,调动兵马入城。

黄昏已过,夜幕铺开,天空幽蓝幽蓝的。月亮慢慢升上中天,东府里灯火通明,门前的梧桐树,被刺眼的灯光照亮,直挺挺地耸立在黑色的夜空里。树叶被夜风吹动,发出轻轻的沙沙声。府内的欢声笑语一阵高过一阵,夹杂着长笛和二胡等乐器的声音,直传出府外。司马道子等人正喝得高兴,忽见一个家人慌里慌张地跑了进来,到得堂上,大声道:"启禀相王,大事不好,外面来了好多兵马,将府第围了。"这话如一声炸雷,满堂宾客听了,无不失色。司马道子的酒也醒了大半,忙道:"你可看清楚了?都是些什么人?"家人道:"从旗帜上看,是桓玄的部属。"司马道子愣了半响,忽地从桌上抄起酒杯,"啪"的一声,在地上摔得粉碎,破口大骂道:"桓玄狼子野心,与他老子一个德性。方才本王就该宰了他!"王谧在一旁,暗怪刚才司马道子出语伤人,才惹出这个乱子。

众人正在堂上慌作一团,就听"砰"的一声,东府两扇大门脱枢飞起,"哐当"两响,落在地上。桓振手提钢刀,带着军士们冲了进来,见人就杀,顿时,偌大的东府成了屠宰场,惨叫之声此起彼伏。东府的百十名护院家丁,很快就被杀得干干净净。桓振手提血淋淋的钢刀,带兵冲上堂来。堂上众人惊叫着四散奔逃。司马道子跳起身,推开后窗,打算越窗而出,却因身子肥胖,肚子被卡在了窗沿上,动弹不得。一个军兵过来,朝着他的后心便是一枪。司马道子惨呼一声,手刨脚蹬,就此毙命。会稽世子司马元显是个手无缚鸡之力的公子哥,一向养尊处优,哪见过这等血肉横飞的杀戮场面,吓得浑身乱颤，钻到桌子底下，两条腿却露在外面，兀自"瑟瑟"抖个不停。两个军士瞅见，便弯下腰去，一人拉住司马元显的一只脚，将他从桌子底下拖了出来，刀枪齐下，将司马元显杀死在堂内。冠军将军孙无终见势不妙，一脚踢翻了桌子，拔出腰刀，一连砍倒了几个闯进来的军士，冲出堂外，却被更多的军士包围，经过一番苦战后，终是寡不敌众，身中数刀，死于廊庑之下。没几个时辰，数十名朝廷重臣死于非命。偌大的东府里，遍地血污，尸骸枕藉。唯有王谧，因桓玄特别交待，才得以活命。

残月收敛起冷冷的光辉，躲进了云层，只在天上留下几颗星星。暗夜的凉风拂过，吹散了东府里的一片喧嚣，四周逐渐安静下来。桓玄将东府杀了个鸡犬不留，才觉得出了胸中一口恶气，提着滴血的钢刀走出府外，忽见远处一骑飞来，原来是荆州长史殷仲文。殷仲文是桓玄的姐夫，不到四十岁，面色青白，身形瘦削，略有些弓背，披着一件紫缎战袍，腰悬佩剑，足下一双皂靴。殷仲文住在城外的军营，半夜时分，听说桓玄调兵入城，觉得有些蹊跷，心中放心不下，便飞马入城看个究竟，见此惨景，直惊得面如土色，跳下马来，几步奔到桓玄面前，搓着手道："将军，这回可是惹了大乱子。明日朝廷定要问罪，如何是好？"桓玄牙一咬，心一横，道："一不做，二不休，今日就是今日了。"说着，手一挥，带着手下这帮杀红了眼的兵士直奔皇城。

皇城为晋安帝所居，外有两丈多高的城墙，周长近二十里，南北东西各有一门，每个门的左右有石狮、下马碑各一。皇城内有宗庙、园林、衙署、仓库等建筑，皆巨檐重脊。殿宇百余座，坐落在汉白玉石须弥座上，高大巍峨，蔚为壮观。一条五丈多宽的御水河从皇城穿过，河水碧绿而明净。河畔古树参天，绿树成荫。晨风微微吹来，冰凉的露珠顺着树叶滑落。一抹惨白的天光，射穿薄雾，悄悄地占据着建康城的每个角落。很快，东边的地平线泛起血红的朝霞，小心翼翼地浸润着浅蓝色的天幕。黎明时分，桓玄率兵将皇城包围，士兵们

第三章 聚义密谋

急促杂沓的脚步声打破了皇城外的静谧。皇城禁军倒有两千多人，但都是贵胄子弟，未经战阵，很快被桓玄的兵士杀散。桓玄领兵冲进皇城，纵兵暴掠。

晋安帝司马德宗是孝武帝的长子，一出生就是个白痴，不辨寒暑冷热，连饮食起居都不能自理，全赖同母弟琅琊王司马德文悉心照料。这天一早，司马德文刚服侍着安帝在景阳宫用过早膳，就听见外面一片扰攘之声。司马德文觉得奇怪，忙立起身来，走向宫外，忽见贴身太监王德林急匆匆跑了进来，跪倒在地，气喘吁吁地说："禀琅琊王，荆、江二州刺史桓玄带兵屠了东府，又杀进皇城了。"司马德文大骇，迈过门槛，走到殿阶上，见外面已是军士纵横。乱兵东一群、西一群，正在抢掠宫内财物。司马德文虽老成持重，面对这种变故，却也没了主意，不觉又惊又怕。

正在这时，一队骑兵直闯到殿前，为首一员大将，正是桓玄。桓玄身披铁甲，外罩战袍，杀气腾腾，从马上跳下来，按剑历阶而上，来到司马德文面前，略一拱手，道："相王司马道子作乱，已被我所杀。特领兵进宫，觐见皇上。"司马德文闻听此言，脑子一片空白，话都说不出来，双脚就像是钉在地上似的，再也挪动不了半步。桓玄也不与之多言，大踏步地走进景阳宫。宫内檀木作梁，又有五根红色巨柱支撑着，每根柱子上都刻着一条回旋盘绕、栩栩如生的金龙，东侧摆着一张六尺宽的沉香木阔床，上面悬挂着鲛绡宝罗帐，帐上遍绣洒珠银线海棠花。晋安帝正坐在榻旁的一张绣墩之上，脸色是那种长年不见天日的惨白，面上挂着一抹痴笑，两眼发直，嘴角流涎，嘴里嘀嘀咕咕，不知所云。

桓玄见晋安帝这副模样，冷笑一声，便命人将晋安帝与司马德文带出景阳宫，囚禁到皇城内的一处偏殿。偏殿内阴暗潮湿，常年不见阳光。门窗破损，也没有人去修理。殿外两扇朱漆斑驳的大门紧闭，门上大锁注入熔化的铅汁。南墙上开一道小窗。每日有专人递送食物、清水。晋安帝与司马德文被关在这里，连口热饭都吃不上，跟蹲监狱差不多。

桓玄囚禁了晋安帝后,自任侍中、总督内外诸军事、丞相、录尚书事、扬州牧、大将军,晋封楚王。又心忌刘牢之英武,便假天子之名,下一道诏书,解除了刘牢之的兵权,将其软禁于会稽。刘牢之自知无幸,遂自缢而亡。一代名将,就这样凄凉收场。桓玄知刘牢之已死,亦无所惮,遂于公元403年,废晋安帝为平固王,自己登基称帝,国号大楚,以桓伟任荆州刺史、桓修为南徐州刺史、桓振为江州刺史、殷仲文为丹阳尹、桓谦为尚书左仆射、刁逵为侍中,分派桓氏宗族和亲信出任内外要职。江南各州郡慑于桓玄的兵威,皆望风降附。

时当夏末,草木繁茂。大地之上,嘉禾被野,如同一块绿色的毛毯,一直铺向远方。刘裕追击孙恩残部,来到海盐(今浙江省嘉兴市),便收到桓玄篡位的消息,也听到了刘牢之的死讯,想起刘牢之素日待已甚厚,不禁有些伤感,便将兵马屯于海盐城外。海盐城东起长山闸,西至茶磨山,南自黄沙坞,北到六里堰,面积数十平方公里。城外海滨广斥,盐田相望,河道纵横。这天,刘裕正在帐中,忽有军士来报,称何无忌来见。刘裕闻报,心里一惊,忙命人快请。不一会儿,何无忌着一身便装,风尘仆仆地来到帐内。多日不见,何无忌容颜憔悴了许多,两只眼睛围着一层黑眼圈,脸颊消瘦,下巴显得有些尖,冒出参差不齐的胡茬。二人略事寒暄,分宾主落座。刘裕问道:"何将军,何事来访?"何无忌见军中耳目众多,不便深谈,便道:"刘兄,海盐城外景致颇佳,城南有一鹰窠山,可有兴前往一游?"刘裕明白何无忌的意思,自是答应,又约上刘毅,三人出了军营,骑上战马,带了十几名从人,直奔那山而来。

鹰窠山在海盐城外三十余里处,峰峦耸峙,崖壁险绝。山上长满了松杉、毛竹、罗汉松、银杏、松樟及一片片不知名的杂树,浓浓的苍翠从山麓一直拥上山顶。大大小小的山峦起伏,峰峰相连,皆深碧一色,林壑幽美,山幽涧深。从山麓至山顶有一条九曲石径,蜿蜒深邃。刘裕等人到了山下,跳下马来,命从人在山下相候,便沿着石

第三章 聚义密谋

径向山顶攀去,过了初憩亭、三休亭、狮头岩、合掌岩等处,来到山巅。三人站在山巅,向下俯瞰,但见林海如涛,汹涌起伏,满山葱绿,盖地遮天。山巅有座石亭,方广十余丈,内有石桌石凳,供游人休憩之用。亭子四周云海如潮,缭绕缥缈,氤氲弥漫,如一轻纱帷幔。

刘裕等三人进亭,坐在石凳上。何无忌见此处并无闲杂人等,便直截了当地说:"刘兄,咱们是过命的交情,客套话就不说了。当前形势你也知道。桓玄篡位后,宠信邪佞,盘于游畋,搞得朝野失望,人不安业。刘兄屡立战功,威名日盛,何不兴义师讨灭桓玄?小弟特为此事而来,愿祝你一臂之力。"刘裕听何无忌把话说得这么直白,微微变色,犹豫道:"桓氏正当强盛,岂是那么容易被讨灭的?"何无忌不以为然地说:"天下自有强弱,苟为失道,虽强亦弱。桓玄日渐骄奢,大兴土木,造个乘舆都要容三十人,搞得百姓们疲惫困苦,早已失去了民心,哪算什么强盛?"刘毅现为校尉,在一旁道:"何将军所说不无道理。况且'人无害虎心,虎有伤人意。'刘兄,那桓玄心狠手辣,你是刘牢之将军旧部,须防他放你不过。"何无忌连连点头道:"刘毅兄弟这话有道理。桓玄最近已杀了刘袭、高素等一批北府旧将。他们可全都是我舅舅的属下。"

刘裕听了二人这番话,心里一寒,暗想:"众人皆知,我为镇北大将军所厚。日后桓玄坐稳了龙庭,难保不对我下手。"一念及此,便打定了主意,道:"既要匡扶晋室,免不了大动干戈。只是海盐距建康太远,于此起兵,京师尚可从容布置。不如我们同回京口,京口距建康不到二百里。义师一起,可令桓玄猝不及防,庶几可成大业。"何无忌听了,喜道:"刘兄高见。"刘毅道:"京口举兵,兹事体大,仅我们三人,略显单薄,还得找个帮手才好。"何无忌微笑道:"诚如所言。这次来之前,我已与孟昶谈妥。他也答应与我们一同举事。"刘裕一愣,道:"孟昶倒也与我相识,他是京口有名的财主,又在桓修手下任职,肯冒险干这掉脑袋的勾当吗?"何无忌道:"刘兄有所不知,这段时间,孟昶对桓玄可是颇有怨言。"

刘毅一听，来了兴致，道："何将军，你详细说说。"何无忌道："前几个月，桓玄称帝时，桓修正镇守京口，要派人前往朝贺。孟昶为人极是热衷，运动到这个差使，带着贺礼，兴冲冲地去了建康。桓玄素闻孟昶之名，听他来贺，便对侍中刁逵道：'我听说贵同乡孟昶颇有才具，打算留他在朝中做个尚书，你觉得如何？'……"刘毅在旁插话说："桓玄这次可没问对人。刁逵是个嫉贤妒能的小人，据传又与孟昶不睦，怎会说孟昶的好话？"刘裕也道："刁逵在京口时，封禁山泽，专擅渔利。孟昶见其行事专横，常相阻扰，故此二人结怨。想来刁逵不会替孟昶美言！"何无忌笑道："二位所料不错。刁逵见桓玄此问，果然趁机下了副药，称：'臣在京口，从未闻此人有才，只听说孟昶父子纷纷更相赠诗罢了。'桓玄听了，'嗤'地一笑，那孟昶的尚书之位便成了南柯一梦。"刘毅听罢，敌忾之心大起，道："刁逵甚是阴损，想当年，在赌场耍诈，还几乎要了我的命。"何无忌道："孟昶前程被毁，不仅恨上了刁逵，对桓玄轻信谗言也是颇有不满。兄弟知晓此事后，略加挑拨，孟昶便慨然相允，肯与我们共谋大事。"刘毅一拍大腿，道："这可太好了，事不宜迟，不如我们明天就带兵返回京口。"刘裕思索片刻，摇摇头道："队伍里有五千军兵，未必都与我们同心。再说，大队人马行动起来，太过扎眼。若是走了风，可不得了。倒不如我们三人先回，合同孟昶，邀结乡党，出其不意，先占了京口，再取京口之兵，讨伐桓玄！"何无忌与刘毅听了，也都没有异议。三人商议已定，便下了鹰巢山，回到了海盐城。

半夜时分，月亮昏晕，星光稀疏。天幕黝黑而深邃，偶尔有一颗流星划过天际，军营之内一片寂静。刘裕一边沉思，一边在帐篷里来回踱着步，几案上点着一支蜡烛，照得帐内忽明忽暗。良久，刘裕掀开帐帘，走了出来，命人将麾下校尉丁旿找来，对他说："丁校尉，明日我要回京口一趟。你先代我统领兵马，可要小心在意。"丁旿听了，一口答应，道："将军尽管走，兵马由卑职来带，管保出不了问

第三章 聚义密谋

题。"刘裕取出兵符交给他,又仔细交待了几句。丁旿一一答应,告辞回帐。第二天一早,刘裕与刘毅、何无忌等人一齐来到海边,准备坐船回京口。

晴空万里,阳光直射在黄澄澄的沙滩上。潮水方退,海滩上留下许多五光十色的贝壳。海水如天色一样,蔚蓝明净。海边停靠着一艘大船,长十五丈,宽两丈六尺,船体修长,船头方小,尾阔底尖,首尾高昂。船底为防藤壶等海虫腐蚀,涂有白漆。船上配有双桅双舵,行驶敏捷,进退裕如。刘裕等人先后登船,命船夫扬帆起航。湛蓝的天空下,碧水扬波,水花在舷旁飞溅。船只一开始沿着海岸线航行,因为海浪的原因,还是有些颠簸,好在五六日之后,就驶进了长江口,水面平稳了许多,航行的速度越来越快。

404年八月的一天,刘裕等人乘船回到京口。众人弃舟登岸,先各自回家,约好三日后在刘裕家相会。自任下邳太守后,刘裕就不断寄银回来,托刘怀敬在京口买了一所大宅子,让臧氏母女居住。刘裕回到家,先到后宅与臧夫人见面。臧夫人虽是夫贵妻荣,但不失寒素之风,穿着一件白色的长衣,腰束玄紫色的宽带,外披一件半新不旧的浅紫色敞口纱衣,手腕上带着一只青石镯,见丈夫突然回家,意外又高兴,摆家宴为丈夫接风。女儿兴弟已是九岁,身量长高了许多,梳着桃心髻,穿一件鹅黄绣白玉兰的长裙,倚偎在父亲身边,笑语盈盈,问长问短。

刘裕等人回到京口的第三天,天阴欲雨,空中一串闷雷响过,铜钱大小的雨点,滴滴嗒嗒地落下,在青石板上,激起一连串小小的水花。傍晚时分,那雨渐渐下得大了起来。雨幕如帘,随着轻风,忽起忽落。何无忌冒雨来到刘裕府上,在檐下脱去蓑衣,放在门外,步入前院客厅。客厅有两间屋子大小,地上铺着水磨的青砖,墙上挂着几张字画,迎门靠墙摆着一张方桌,上面点着几盏灯烛,桌旁是几把竹椅。刘毅披着件皂色长袍,已然在座,神色有些紧张。刘裕倒背着手,正在厅里徘徊,长长的身影拖在地上,见何无忌进来,忙打过招呼，问道："孟昶什么时候来？"何无忌道："刘兄放心，我已知会过孟昶，他一会儿准到。"说着，三人一齐坐下来等候孟昶。屋外传来一阵雷鸣，几道闪电劈破了夜空。雨点落在屋顶的瓦片上，发出"噼哩啪啦"的声音，积水顺着屋檐滴落，在地面晕开一圈涟漪。不一会儿，外面脚步声响起。一个家人引领着孟昶来到厅前。孟昶身形瘦削，头发乌黑又浓密，额角隆起，高高的鼻梁，双目炯炯有神，颔下微有胡须，身披红袍，在廊下止步，将蓑衣脱下后交与家人，走进厅里。刘裕等人本与孟昶相识，一齐立起身来，相互寒暄，围坐桌旁。家人献茶之后，退出厅外。

　　刘裕又走到门前，向外望去，但见厅外烟雨绵绵，传来雨打芭蕉的声音，顺手将厅门关上，回身坐在桌前。烛光摇曳，照着众人脸上都是一副紧张又兴奋的表情。刘裕低声道："桓玄篡晋，我等受国厚恩，决不能坐视。寄奴不才，欲匡扶晋室，再造河山。今日将诸位请来，便是要议一议这反正之事。"何无忌心里突突地跳，手心里都出了汗，胸中像有一股热流，直欲喷涌而出，道："刘兄所言极是。当务之急，自然是凑齐人手，合力夺下京口！"刘裕略一盘算，说："我府上有十几名家丁。你们手里有多少人？"何无忌道："我府里有十七八个人可用。"孟昶微微低着头，目光游移，似乎在搜寻什么，两手摆在桌上，十个手指头不停地搓来搓去，听刘裕问及，道："我府里有三十多人，粗通武艺，都是我的心腹。"刘毅拿起把灯剪，剪了剪烛花，道："人手倒是够了，但是添置刀矛器械都需要钱。我这里有些银子，全拿出来，还是不足……"孟昶接口道："这好办，我回去想办法。"何无忌道："老孟，我们都知道，你家的财物全在你夫人手里。你能做得了主？"孟昶一笑，道："好说，我自有计较。"刘裕又道："这个时候正是猎季。我们收集徒众，就说去北固山打猎，一定不会惹人怀疑。大家两日后出城，就在城外竹林里聚齐，由无忌穿上传诏服，假扮成建康派来的使者。我与刘毅、孟昶等人扮作随从，便可直入南徐州刺史府中，出其不意，先杀了桓修，

再据京口起兵。"众人听了，纷纷称是。随后，众人又对行动细节反复磋商。城头已打三鼓，何无忌道："时候不早了，大家分头行动。我回去拟一份檄文出来。刘毅兄弟，你回北固山下，再找些身强力壮的樵夫、猎户，虽是越多越好，但一定要可靠。"刘毅听了，点头答应。四人定议，何无忌、刘毅、孟昶辞了刘裕，出府离去。

夜色阑珊，那雨不知何时已停了。府外一片寂静，月亮透过云缝，洒下一片清光。街巷里阒无人声，墙根下青苔遍满，道上的青石板被雨水洗过，光滑闪亮。刘毅、何无忌、孟昶三人在一个十字路口分手，各回已家。何无忌回到家，心情仍是不能平静，干脆将四扇屏风围在桌旁，自己动手磨好了墨，坐在桌前，提起一管狼毫，在砚里蘸得饱饱的，草拟起檄文来。

何无忌的母亲，就是刘牢之的姐姐，见儿子久不回来，便前来探视，看到前厅燃着灯烛，就轻手轻脚地走了进来，发现屏风里映出人影，忙登上椅子，从屏风上方密窥，只见儿子伏在桌上，正在一张纸上写道："逆臣桓玄，陵虐人神，阻兵荆郢，肆暴都邑。逾年之间，遂倾皇祚。主上播越，七庙毁坠。晋之臣子所以叩心泣血，不遑启处者也。是故夕寐宵兴，援奖忠烈。庶上凭祖宗之灵，下罄义夫之力，同力协规，荷戈奋袂，翦馘逋逆，荡清京辇。……"何无忌一边写，一边低声诵读，随手在纸上涂抹修改。何母这才知道，儿子是在写讨伐桓玄的檄文，心情激动，流下泪来，不小心触动了屏风。何无忌听得外面有动静，回头一看，见母亲正在身后窥视，吓了一跳，忙搁笔起身，搬开屏风，将老夫人从椅子上揽下来，低声道："母亲，您怎么来了。这事您可千万别对人说。"何无忌的母亲擦了擦眼泪，说："好孩子，你能为你的舅舅报仇，我还有什么不足的？只是不知你与谁共图大事？"何无忌见母亲问及，也不隐瞒，就道："孩儿与刘裕、刘毅、孟昶等人共谋。"何母听了，更是高兴，道："刘裕可谓人杰。桓玄残贼无道，一定不是你们的对手。"说着，又嘱咐了何无忌一番，便回内宅去了。

孟昶离了刘裕家,来到自己的府前,已近四更天,夜色像无边的帐幕,掩盖着沉睡的街巷。孟府两扇黑漆的大门虚掩着,门上挑着两盏灯笼,灯影斑驳,洒落在青条石的台阶上。一名老家人立在阶前,一边打着哈欠,一边东张西望,见了孟昶,喜道:"老爷,您可回来了。"说着,推开大门,请孟昶进府。孟昶点了点头,迈上石阶,跨过门槛,走进府来,问道:"夫人呢?"老家人道:"在后宅,刚才吩咐我在这里候着您。"孟昶听了,才想起自己这次出门,忘记跟夫人打招呼,心里微觉歉意。老家人吹熄门上的灯笼,也走进府内,回身闩上了大门。孟昶走过院子,进了内宅。内宅有两进,第一进住了些丫鬟仆妇,第二进便是孟昶夫妇的居处。孟昶推开正房的门,走进内室。内室里摆着方桌,桌上点着灯烛,照得屋内通明,南窗下放着一张雕花大木床。孟昶的夫人周氏一袭白衣,正坐在床边,青丝披散,用一条发带系着,怀里抱着一岁多的儿子。周氏出身富家,两年前嫁过来的时候,带来一笔丰厚的妆奁。孟昶交游既广,手面又阔,没什么积蓄,现在筹措大事,便想到妻子手里这笔款子,但又怕妻子不肯,坐在桌旁的椅子上,自己倒了杯凉茶,慢慢饮着,沉思不语。

周氏是个冰雪聪明的女子,见丈夫举止古怪,忙问道:"相公,你今天这是怎么了?"孟昶见夫人问及,先将刁逵诽谤自己的事说了一遍,又愤愤地道:"刁逵毁我于桓公,使我一生沦落。我决意要兴兵匡复晋室。只是事之成败,尚在两可之间。万一失利,你必为我所累,倒不如趁早与我离绝。将来事成之后,我再去你的娘家迎你。"周氏摇了摇头,声音很低,但语气很坚决地说:"相公父母在堂,欲建非常之谋,岂是我一妇道人家能够阻拦的?如果事败,我宁愿在狱中奉养公婆,也不能回娘家。"孟昶听了,怅然良久,将茶杯撂在桌上,站起身来,走向外屋。周氏忙道:"相公,你且回来。"孟昶听了,有些莫名其妙,立足回头道:"什么事?"周氏道:"相公平日做事,简当明快,从未谋及妇人。方才却商量着欲休我,不过是想得我的财物,对不对?"孟昶听周氏说破自己的心事,脸一红,张口结

第三章 聚义密谋

舌了半天，才嗫嚅着道："夫人所料不错，这个……确实，目前军费短缺，所以……"周氏嫣然一笑，指着正在怀里熟睡的小儿子，对丈夫说："如果这个孩子能卖掉，亦当不惜！妾身的那些嫁妆又算什么！"说着，打开身后的箱柜，将这些年攒的钱财全给了丈夫，还把家里所有的丝绸布帛取出来，交与孟昶。

第四章　讨灭桓玄

> 桓玄却是一副心事重重的样子，双眉紧蹙，缓缓摇了摇头，说："不然！刘裕足为一世之雄；刘毅家无担石之资，呼卢一掷百万；何无忌酷似其舅；孟昶骁果过人。这四人冒死举兵，何谓无成？"

两日后的清晨，朝霞烧红了半边天。京口城外的北固山，在朝阳映照下，更显巍峨。刘裕宣称要外出打猎，集齐府里的十几名家丁，都穿了猎装，带好刀枪、弓箭，出城来到北固山下的一片竹林中。这片竹林足有三十多亩，四季常青，里面长满了毛竹。每根毛竹都有人腿粗细，高近二十米，挺拔秀伟，潇洒多姿。竹叶被雨水洗得干干净净，一片翠绿，与山光江色相连，卓有风韵。竹林外还零星生长着几棵大松树，枝干虬盘，很是雄伟。松树旁站有何无忌的家人，正四下瞭望，见刘裕等人来到，忙上前相迎，引着他们来到林中。

竹林间的一片空地上，停着一辆马车，车前是两匹健马。何无忌峨冠博带，一身传诏使者打扮，立在车旁，手里拿着一份伪造的诏

第四章 讨灭桓玄

书。刘毅、孟昶各领二十余人，手执兵刃，在周围警戒，见刘裕到来，从车里取出几十套宫廷卫士的衣服，让众人一齐换上，扮作何无忌的随从。然后，何无忌坐上车，假作从建康而来的使者，当先便行，刘裕、刘毅、孟昶等人在后，又回到京口。太阳冉冉升起，街道上满是熙熙攘攘的行人，两边的铺户都已下板营业，市声甚嚣，城市上空腾起一层薄薄的烟雾。何无忌一行沿着大街，径直来到南徐州刺史府前。府外站着十几名卫士，皆持刀配剑，见诏使到来，忙进府通报。南徐州刺史桓修字承祖，是桓玄的堂弟，正在堂上办公，身边是一些僚吏，闻报之后，信以为真，便命人大开府门，又在堂上陈设香案，请使者到堂上传诏。何无忌下了车，有些紧张，就觉得一颗心狂跳不止，忙深吸了一口气，略定下心神，手捧假诏，迈步走进府去，身后便是刘裕、刘毅、孟昶等人。何无忌的长相，酷似刘牢之。桓修率众匆匆迎出厅来，走下台阶，到了近前，刚要行礼，忽见来使似曾相识，心中起疑，便欲发问。何无忌将手里的假诏向地上一抛，这就是暗号了。刘裕等人一拥而上，刀枪并施，将桓修砍死在堂下，鲜血流了一地。

事起仓促，南徐州的僚吏们见此情形，不由得都惊呆了，一个个不知如何是好。刘裕扬起手里血淋淋的钢刀，大声对他们说："大晋皇帝已返正于建康，我等受了秘诏，诛除逆党，今日桓玄之首已当枭于大航。你们难道不是大晋的臣子吗？何必为逆贼效力？"众僚吏听了，哄然而散，豕突狼奔而去。刘裕松了口气，单手执刀闯进大堂，一眼瞅见桓修的兵符印信就放在桌案上。兵符是一面铜牌，塑作虎形。刘裕上前一步，抄起兵符，转身交与刘毅，道："盘龙，你拿着兵符，速去四城，将兵马集合起来。我让孟昶助你。"刘毅与孟昶领命而去。京口卫戍部队有两千余人，见了兵符，自是凛然奉命。

黄昏时分，京口城内形势大定。夕阳的余晖洒落在城头。高峻的城墙，在夕阳映照下，涂上了一层金黄色。道旁的柳树，映照着晚霞，在微风里摇曳着枝叶。诸人推刘裕为盟主，总督南徐州事，以孟昶为长史，何无忌为左司马，刘毅为右司马。刘裕披着件青色战袍，坐在刺史府大堂上，看着桌子上越堆越高的一摞文簿，对一旁的何无忌道："无忌，京口举事的消息，用不了几天就会传到建康。桓玄必会派兵来讨。大战在即，羽檄交驰。府内急需一主簿，帮我们料理文书。不知你心中可有合适的人选？"何无忌略一思忖，道："主薄掌管阖府文书，是长官的亲吏，权势颇重。……目前，再没有比刘穆之这个人更合适的了。"刘穆之字道和，小字道民，世居京口，学不为文，敏有思致；口不谈义，深达理体；至于国典、朝仪、旧章、记注，莫不撰录。刘裕眼前一亮，说："我也听说过这个人。干脆，你写封信请他来帮忙如何？"何无忌点头道："遵命。"说着，就提笔写了封短信，大意是说京口反正，久仰穆之高才，愿请他前来相助云云。刘裕派一名亲兵骑上快马，持信赶往刘穆之家。

刘穆之住在京口西城的一条巷子里，巷口邻着一座奎星楼。奎星楼跨街而建，有三层，底层为拱券通道，顶层设奉文昌帝君像。文昌帝君即文曲星君，是掌人间禄籍之神，为天下文人墨客所尊。这天下午，刘穆之在家听闻刘裕等人起义兵的事，不由得暗自吃惊。正在这时，忽闻家人来报，称有军使来访。刘穆之心下狐疑，忙走出屋来，立于檐下，就见一个军兵打扮的使者进到院里，客客气气地问道："请问您是刘穆之先生吗？"刘穆之走下台阶，点头道："我便是。"使者从怀里掏出何无忌的信，恭恭敬敬地交给他。刘穆之站在院中，接过信来，打开看罢，沉默了半天，心里思谋、盘算着各种利害，然后将信件揣在怀里，便与使者一同去见刘裕。

傍晚时分，晚霞消退，天地间一片银灰色。千家万户升起了乳白色的炊烟，和灰色的暮霭交融在一起，使墙头、屋檐、树梢和街口都变得若隐若现。刘穆之进了刺史府，见府内已是戒备森严。刘裕头顶铁盔，身披铜甲，腰悬佩刀，正坐在厅内，周围全是顶盔贯甲的武士，见刘穆之进厅，抬眼上下打量，看来人头戴平顶帻，身穿青布袴褶，虽然一身布衣，却是形相清癯，丰姿俊逸，昂昂然有萧疏轩举之

第四章 讨灭桓玄

致,知道不是等闲人物,忙起身寒暄,又引着他来到旁边的一间静室内。二人落座,仆人献茶后退出。刘裕开言道:"刘先生,今日我与何无忌、刘毅、孟昶等人举义师,兴复晋室,方造艰难,急需一军吏,卿谓谁堪其选?"刘穆之瞅了刘裕一眼,将手里的茶碗轻轻放在桌上,坦然答道:"贵府始建,军吏实需其才。仓猝之际,大概没有比在下更合适的了。"

刘裕忍不住仰身大笑,身上的甲叶子"叮当"直响,道:"卿能自屈,我的大事一定成功。"即命刘穆之为主簿,又让人取来何无忌草拟的檄文,递过去道:"这是无忌写的一份檄文,还请指教。"刘穆之道声:"不敢。"双手接过,仔细看过后,将檄文放在桌上,道:"何将军文武全才,小可极是佩服。这篇檄文气势盈溢,指斥桓玄之罪。但当务之急,还在震慑敌胆。兵法所谓'先声而后实',就是这个道理。"说到这里,也不客气,略挽一挽袖子,从旁边取过毛笔,在砚里蘸了墨,于何无忌的檄文后加了几句,称:"益州刺史毛璩已定荆楚,江州刺史郭昶之返正于寻阳,镇北参军王元德等并帅部曲保据石头,扬武将军诸葛长民已据历阳。四方蜂起,义士云集,将同返大晋之天。"写完,将檄文递还给刘裕。刘裕接过来看罢,大悦。

转过天来,朝阳由东方升起,如同一个金灿灿的光盘。蓝蓝的天空,万里无云,似明镜的湖面。京口的城门尚未开启,高大的城墙在朝阳的照射下,染上了一层薄薄的红晕。城外的郊原上,升起一股朦胧的烟雾。一彪军马,约有两千多人,由远而近,来到城下。为首一员将官,一身戎装,骑在一匹壮健的黑马上,仰起脸来,对着城上喊道:"喂,城上的兄弟,是刘裕将军的部下吗?劳烦传个话,就说丁旿带兵来到。"城上的军士听了后,不敢怠慢,忙去禀报刘裕。刘裕听了大喜,亲上城头,手扒垛口向下观瞧,一见果是丁旿在外面,忙命人开城。原来,刘裕等人走了以后,丁旿即率兵登程,昼夜兼行,由陆路赶来,只比刘裕等人晚到了几天。刘裕有了这支生力军,声势大振，遂征集物资，在京口城内犒赏三军。将士们每十人一席，每席上摆着两个大盆。一个盆里是拳头大的烀熟的猪肉，还有个盆里是些鸡鸭肉，都是手撕的大块。每人又有一大碗肉汤，一大碗黄酒。将士们围桌而坐，划拳行令，热闹了一天。第二日，刘裕命孟昶、刘穆之、朱龄石镇京口，与何无忌、刘毅、丁旿等率兵三千多人，直趋建康。

京口举事的消息，很快就传到了建康皇城。这天，桓玄头戴冲天冠，玄表朱里，前圆后方，身披九龙黄袍，手执玉圭，端坐在龙椅之上，正在太极殿与近臣观赏歌舞。殿下左右各有几张桌椅，分坐着殷仲文、刁逵、桓弘等人。殿中，笛声悠扬，琴韵泠泠，八名舞女身轻似燕，衣袂飘飞，正在翩翩起舞。乐声渐急，众舞女亦舞动得越来越快，身姿轻灵，如花间蛱蝶，步步生莲，双臂柔若无骨，素手婉转流连，宛如临凡仙子。正在这时，外面传来一阵急促的脚步声。桓玄一皱眉头，向殿外望去，只见桓振满头大汗，手里拿着一份奏章，匆匆来到。桓玄见桓振神色张惶，知道出了事，挥手止住乐声。众舞女敛衽为礼，与乐师退出殿外。

桓玄这才问道："振儿，怎么了？"桓振跪倒丹墀，道："启奏陛下，刘裕、何无忌、刘毅、孟昶四人在京口聚众造反，还杀了南徐州刺史桓修。"众人闻听此言，都吃了一惊，面面相觑。桓玄也在龙椅上坐不住了，立起身来，几步来到桓振面前，从他手里抢过奏章，打开看了一遍，脸色顿时阴沉了下来。刁逵趁桓玄看奏章的空当，走到桓振身边，低声问道："桓将军，京口叛军有多少人？"桓振道："大约有三千多人。"刁逵释然而笑，头上的帽翅乱颤，对桓玄道："陛下，刘裕等人乌合寡弱，势必无成，不必担忧。"桓玄却是一副心事重重的样子，双眉紧蹙，缓缓摇了摇头，说："不然！刘裕足为一世之雄；刘毅家无担石之资，呼卢一掷百万；何无忌酷似其舅；孟昶果决过人。这四人冒死举兵，何谓无成？"桓振在一边摩拳擦掌，鼓着劲儿道："陛下，京师精兵数万，何不派一彪军马讨伐京口叛军？"桓玄将表章交与桓振，背着手在地上转了两圈，思忖了片刻，

第四章 讨灭桓玄

道："不妥，彼兵精锐，都是些亡命之徒。万一我军失利，则大势去矣。不如屯兵于覆舟山（今南京市玄武区太平门内西侧），以逸待劳。彼军疲行二百里，忽见我们的重兵，必然惊愕。届时，我方以逸待劳，定可取胜。"桓振毕竟年轻喜功，执意道："陛下，京口叛军初起，易于扑灭。若待其成了气候，恐怕为患非浅。臣以为，应立即出兵痛剿。"刁逵、殷仲文也在一旁敲边鼓，力请遣兵出击。桓玄无奈，只得派右卫将军皇甫敷率一万军兵北上阻击刘裕。

刘裕与刘毅、何无忌、丁旿等人，率兵过了江乘（今江苏省句容北），进至罗落桥（今江苏江省宁县东北石埠桥），便与皇甫敷的军队相遭遇。罗落桥位于南京城东、栖霞山北，是一单拱青石质桥，浅灰白色，长约十二米，宽约五米，桥两端略呈喇叭口状，里窄外宽，桥护栏大青石上雕有扇形、方形空格。桥的东面，便是皇甫敷的人马。刘裕领军占据了桥西，虽见对方人多势众，却毫不畏惧，命何无忌沿江布防，让刘毅随后接应，自己披坚执锐，带了五百兵士，冲过桥头。皇甫敷麾军左右包抄，将刘裕等人团团包围，又分兵在桥头布好弓箭手。

刘毅正要率兵过桥，就见对面箭如飞蝗，铺天盖地地射了过来，麾下兵士顿时被射死了十几名。死者的尸体横七竖八地倒在桥上，鲜血直滴到河里，漾起点点血花。有几支冷箭，带着尖锐的啸声，直从刘毅的头顶上掠过。刘毅惊出一脑门子的冷汗，脚下一个踉跄，几乎摔倒，不敢再进，忙退下桥来，命人在桥头立起盾牌防守。对面射来的箭矢密而且急，有的射在盾牌上，弹落在地上，有的就掉进河里。何无忌头戴铁盔，身披铁甲，手持长枪，骑在马上观阵，见刘毅畏敌退缩，令刘裕陷入孤军作战之势，忙领兵从旁赶了过来，跳下马，与丁旿等人举着盾牌，拼死冲上桥去。这时，皇甫敷的兵士已在对面桥头竖起长枪，加以强弓硬弩，将路完全封死。何无忌、丁旿与几十名军兵虽全力冲锋了几次，仍被压了回来。丁旿见战场形势不利，脱掉身上的甲胄，手持鬼头大刀，带了几名勇士，从桥上跳下河去，打算

· 49 ·

泗渡到对岸，却又被阻在河堤之下。

刘裕率部苦战良久，不见援兵，回头一看，知何无忌等人遇阻，却是悍然不惧，手执长刀，进战弥厉，终因寡不敌众，身边很快就只剩了不多几名部下，只得且战且退，来到河边的一棵大樟树下。那棵樟树有一搂多粗，高约两丈，生得枝繁叶茂，粗糙的树皮上已钉满了箭矢。刘裕带残兵刚来到树旁，胯下的战马便连中数箭，只得跳下马。敌军纷纷包围上来，迫得刘裕等人各自为战。刘裕背倚着那棵大树，挥动长刀，一连砍翻几个冲上来的敌兵。其余的敌兵一时不敢向前，便站在旁边，手持兵刃，虎视眈眈地将刘裕围住。皇甫敷骑在马上督战，遥见刘裕已陷入重围，心头一阵狂喜，手持短戟，纵马来到树前，高声叫道："刘寄奴，你想怎么死？"说着，跳下马来，抢步近前，持戟就朝刘裕刺了过去。刘裕瞋目大喝，声如霹雳，手里那柄长刀，左劈右斩，斜掠而前，"嚓"的一声，刀头从皇甫敷的颈下掠过。皇甫敷的脖子鲜血涌流，翻身栽倒在地，气绝而亡。皇甫敷的部下见了，顿时大乱。何无忌、丁旿等人乘机冲了过来，与刘裕合兵一处，一阵穷追猛打，将敌人杀得四散奔逃，斩首数千级。

中午时分，阳光洒在河面上，反射出耀眼的白光。激烈的战斗终于结束，桥畔伏尸累累，重归沉寂。刘裕命人打扫战场，收缴刀矛器械，然后让大家就地休整。何无忌的战袍上溅满血迹，与丁旿一同来到刘裕面前，三人席地而坐。何无忌先将刘毅畏缩不进的事说了一遍，又愤愤地道："刘兄，盘龙怯敌避战，几乎陷你于死地，理应斩首。"刘裕却有些犹豫，手里捻着一根草茎，道："我与盘龙一同投军，怎好下此毒手？"丁旿见刘裕不忍，道："将军，就算不杀他，也当予以惩戒，要不然，以后这兵就没法带了。"刘裕也知何无忌、丁旿说得有道理，便将刘毅召来，在桥头打了三十军棍，以儆效尤。刘毅挨了顿军棍，含羞带愧地被几个军兵扶了下去。

皇甫敷败亡的消息传回建康，桓玄在宫中闻讯大惧，彻夜不寐，第二天一早，红着眼睛召来桓弘，命其率二万精锐屯于覆舟山之西。

第四章 讨灭桓玄

覆舟山是钟山余脉，东接青溪，北临后湖，西近台城。山形陡峻如削，山体狭长，形似一只翻置的木船。覆舟山上林海茫茫，周回数里，与东面的龙尾坡、蒋陵同为军事要隘。这天五鼓时分，东北风大作。天空混沌沌的，看不到太阳的影子。大风摇撼着树枝，狂啸怒号，拔木发屋。碗口般的树木被大风吹断，卷到空中，像断了线的风筝，瞬间被吹得不知去向。枯草落叶，漫天飞扬。天地之间，黄尘蒙蒙，一片灰暗。刘裕命军士吃过早饭，将余粮全部抛弃，轻军直进，来到覆舟山的东侧，派丁旿率数百名士卒，登山张旗为疑兵。

桓玄派出的数路侦察兵，见刘裕所部数道并前，布满山谷，一时莫测虚实，只得回禀桓玄道："敌军到处都是，不知多少。"桓玄听了，更是恐惧，率五千御林军进驻石头城（今江苏省南京市鼓楼区）。石头城因山而建，因江为池，地形险固，扼守着秦淮河与长江的交汇口，素有"石城虎踞"之称。桓玄到了石头城后，扎下帐篷，立起营盘，又命人将刁逵召来。刁逵正带着几个亲兵巡营，闻召即至，来到桓玄的军帐内，躬身施礼，道："陛下召臣，不知有什么吩咐？"桓玄且不作答，挥一挥手，屏去帐内的侍卫，才对刁逵说："刁将军，你去江边，秘密准备一条船，以防不时之需。"刁逵一听就明白，桓玄这是打算一旦战败，就乘船逃走，便点了点头，低声道："陛下放心，臣这就去安排。"说着，告辞而出。

第二天早晨，刘裕、何无忌、刘毅等人率兵越过覆舟山，丁旿带了三百军兵，行在队前，正与桓弘大军相遇，忙去向刘裕禀报。刘裕全身披挂，手执长刀，骑在一匹青鬃马上，道："桓玄虽窃名雄豪，内实恇怯，加之皇甫敷败死在先，他的部队军心已乱。'狭路相逢勇者胜'，不在兵力多寡。"遂麾众先进。刘毅、何无忌等人率兵相随，分为数队，进突桓弘所部。刘裕身先士卒，策马冲阵，麾下将士皆殊死战，无不以一当百，呼声动天。何无忌等人乘风纵火，东北风刮得越来越急，战场上烟炎遮天，鼓噪之音震动京邑。

桓弘诸军大溃，败退至玄武湖的战船上，刚喘了口气儿。刘裕就

宋武帝刘裕

率兵而至,趁敌不备,一连夺了十几艘战船。刘裕登上其中一艘战舰,立在甲板上,望向敌阵,见对面一艘敌船上张挂着华丽的黄麾、绛麾、玄武幢等羽仪旗帜,正在湖上耀武扬威,便问道:"那是谁的船?"何无忌两手攥着一杆铁枪,立在一旁,说:"看样子,应该是桓弘的旗舰。"刘裕仔细观察了一会儿,道:"桓弘多诈,将旗舰装饰得这么显眼,他本人一定不在此船上,只是打算诓我们罢了。传令下去,全力夺下这条船。"何无忌有些不解,奇怪地问道:"刘兄,既明知桓弘耍诈,何必去攻呢?得之无益,空损精锐。"刘裕一手扶着船舷,道:"这艘旗舰上既没有桓弘,留守的战士必弱。我以劲兵猛攻,必得之,足以寒敌之胆。"何无忌赞道:"好计策!"遂与刘裕乘船往攻。

顿时,湖面上杀声四起,箭矢如雨。刘裕全身披甲,立在船头,让几个兵士在身边举着盾牌,抵挡着对面射来的乱箭,很快来到桓弘的旗舰前,用刀柄在甲板上一撑,纵身跃过船去。何无忌眼里冒火,手执铁枪,与几十名军兵紧跟着也跳了过去。敌军见刘裕等人强行登船,立即围了上来。刘裕手持长刀,横劈直刺,当其前者,人甲俱碎。江面之上波涛翻涌,桓弘的旗舰在江面上剧烈颠簸,如同飘在风中的一羽翎毛。海碗口粗的桅杆,"咔嚓"一声就在半空中折断。刘裕正杀得兴起,忽听上面有动静,闪目一看,见船桅直砸将下来,侧身疾躲,不想脚下一滑,身子失去了平衡,"扑咚"一声,落到了水里。

刘裕全身穿着铠甲,重有数十斤,手里的长刀又有三十多斤,沉在水底,竟不浮起。湖水很凉,所幸湖底淤泥并不深,只没过脚踝。刘裕屏气前行,微睁双眼,但见四周碧沉沉的,遂于湖底潜行,摸索着向岸边走去,直走了三十多步,才到了浅水区,渐渐露出头来,喘了几口大气,抹了一把脸上的水,看到旁边有一艘小船。小船上的军士正是刘裕的部下,见刘裕在水中,忙摇近过去,将刘裕拉上船来。刘裕浑身湿淋淋地乘上小船,不及喘息,便命军士划着桨,又攻向桓弘的旗舰,人人奋勇,个个争先,所向披靡。大风在江面上纵横

第四章 讨灭桓玄

肆虐，裹挟着滔天的大浪。江水一阵阵恶狠狠地撕咬着船舷，又涌进船舱里。在刘裕等人的凌厉攻势下，敌船上的军兵无法抵挡，只得纷纷跳水逃走。刘裕夺下桓弘的旗舰，率众鼓噪传呼道："已活捉桓弘了"。桓弘的军兵不知真相，还以为主帅真的被擒，顿时一片惊慌。刘裕的将士们也信以为真，士气大振，遂乘胜进攻，大破桓弘的部队。

　　傍晚时分，红霞漫天，阵阵凉风从石头城上掠过，成群的鸦雀在远方盘旋着。桓玄听到桓弘战败的消息，顿感万念俱灰，骑在马上，遥望建康宫阙，感叹移时，遂带了几名亲信，出了南掖门，急急似丧家之犬，忙忙如漏网之鱼，直奔江边，打算坐刁逵的船逃回荆州。众人来到江边不远处，遇到殷仲文。殷仲文听到前线失利的消息，集齐部下军兵，正在布防，见桓玄突然来到，一把拉住了桓玄的马鞍，道："陛下这是要去何处？"桓玄只得道："诸将失利，朕打算回荆州。"殷仲文见桓玄要逃，急得一跺脚，谏道："陛下，前线军队虽败，宫廷禁军却还完整，羽林神射手犹有八百。荆州军兵皆受陛下累世之恩，随在建康，何不驱令一战？陛下一旦舍了这些旧部，还能到哪里去？"桓玄默然不对，鞭马而走。殷仲文无奈，只得弃了部伍，策马参随。众人来到江边，但听得涛声阵阵，远远可见一艘大船停靠在江边。船头立着一人，正是刁逵。昨天，刁逵就在江边找下了这条大船，精选了几个有经验的船夫，又在船上安排下自己的百余名亲兵，见桓玄到来，忙放下跳板，接上桓玄等人，便乘船浮江向南逃去。

　　夜色深沉，空中挂着一钩微黄的弯月，还有稀疏的几颗星星。江边的树木萧然默立。桓玄坐上了船，心神略定，命船夫连夜行船，自与殷仲文回船舱休息。刁逵本是反复无常的小人，阴险狡诈，见桓玄大势已去，便心生异心，打算擒了桓玄，回建康受赏。到了后半夜，船上一片漆黑，人们多半已经入睡，唯有几个船夫，还在船上摇着橹。刁逵悄悄召集起亲兵，来到船头。众船夫见刁逵过来，也没想别的，自顾自地干着手里的活计。刁逵趁他们不备，一挥手，众军兵拔出钢刀，便架在了几个船夫的脖子上。几个船夫吓得魂不附体，船老大哀告道："刁大人饶命，小的可没得罪您老人家。"刁逵低声断喝道："少废话，给我把船摇回建康，否则，要你的性命。"众船夫不敢违背，只得调过船头，回向京师。

第二天一早，桓玄一觉醒来，披上衣服，走出船舱，向四外一看，顿时觉得不对，再仔细观瞧，发现竟又回到了石头城外的江面上，心里"咯噔"一声，惊出了一身的冷汗，急忙转过头来，问身边的刁逵道："刁将军，这……这是怎么回事？"刁逵手按刀柄，站在他身边，见桓玄已瞧出端倪，狞笑道："陛下，对不住了。微臣要借您的脑袋，保住满门的性命。"说着，船上的众亲兵各执兵刃，围了上来，打算生擒桓玄。桓玄这才知道被刁逵出卖，急退几步，回到舱里，顺手关上了舱门。殷仲文与他同处一室，犹自未起，见桓玄手忙脚乱地退了回来，不知何故，便问："陛下，外面怎么了？"桓玄如一头被关进囚笼的困兽，怒道："刁逵叛变，现在把船又摇回了石头城。"刁逵等人在外面，开始猛力撞击舱门。

桓玄情急之下，顾不了许多，拔出腰间的宝剑，蹲在舱里，打算把舱底的甲板撬开，从船底逃生。船舱下的甲板都是铁钉环扣相连，牢固无比，可抵御江中大浪的冲击，任凭桓玄用尽了全身的力气，也没松动半点儿。桓玄逃命心切，一时用力过猛，"啪"的一声，那柄宝剑竟断成了两截，还剩下一尺来长拿在手里。这时，刁逵率军兵撞开舱门，冲了进来，见桓玄蹲在舱里，二话不说，挥刀砍落。桓玄不及起身，只得举着半截宝剑招架。刁逵为人甚是阴毒，这一刀砍出，却是虚招，见桓玄举剑相迎，手腕一转，将刀锋斜着斩向桓玄的右肩。船舱里的地方本来就不大，桓玄一剑架空，知道上当，却已无从避让。众人只听一声惨叫，就见桓玄的一条右臂已被生生地卸了下来，连着手里的半截剑，掉在甲板上。几个军兵围了上去，刀枪齐下，将桓玄分尸当场，鲜血溅得舱里到处都是。殷仲文立在一旁，惊得说不出一句话来。刁逵见桓玄已死，长出了口气，抹了抹脸上的几滴血迹，命人将殷仲文绑了，又砍下桓玄的脑袋，径去向刘裕请降。

第四章 讨灭桓玄

这天清晨，刘裕等人已攻入石头城，杀了桓弘、桓振等人，又驻军江畔，整顿部伍，搜罗战舰，准备追杀桓玄。江边停泊着二十多艘战船，有的船上已挂起风帆，随时可以起航。"大楚"的旗号被人从桅杆上扯了下来，扔得到处都是。江堤上下搭建起了许多大大小小的帐篷，外绕以高低起伏的木栅，成了一个临时的军营。江风习习，吹散了水面上的茫茫雾气。刘裕身披战袍，与何无忌、刘毅等人用过早饭，正在一座大帐里，商议下一步的作战计划，忽见一个军兵来报，称营外有刁逵求见。三人听了，不禁一愣，刘毅虽受了一顿军棍，并无大损，穿着一身玄铁甲胄，在旁听到刁逵的名字，气儿就不打一处来，不禁哼了一声，脸色显得更黑了。刘裕瞧了瞧他，道："盘龙，先让姓刁的进来，看他有什么话说。"说罢，便命刁逵进帐。

刁逵一手提着桓玄的脑袋，来到帐中，见帐篷左侧摆着一张桌案，刘裕、何无忌、刘毅等人围坐在桌旁，正冷冷地瞧着自己，忙卑躬屈膝，上前施礼，不待问话，便抢着道："诸位明鉴，卑职已将桓玄杀了，现割下首级在此，特来献给三位将军，以赎前过。"说着，便将桓玄的脑袋摆在桌案前的地上。何无忌半信半疑，起身走近一看，果然是桓玄的首级，朝着刘裕点了点头。刁逵立在帐中，虽故作谦恭，但终究难掩脸上的得意之色，道："前些日子，卑职不得已屈身从贼，心里却无时无刻不想杀了此人。今天好不容易得了机会。逆贼殷仲文也已为我所擒，就绑在营外。"说到这里，话头一转，便大赞刘裕、刘毅、何无忌等人的建义之功，谀词潮涌，将三人夸得忠勇无比。刘毅自见刁逵，便打算找个由头杀了他，在旁听了这番话，心里暗想："你仕宦多年，已精通做官保命的法门。老子本想干了你，见你如此精乖，倒有些不忍了。"脸色也渐渐地平和了些。刘裕验过桓玄的首级无误，命刁逵且退下，等待发落，又将殷仲文斩首，与桓玄的首级一并枭于大桁。

第五章 京城风云

> 安帝与琅琊王受了这些日子的囚禁，衣衫褴褛，鸠面鹄首，被折磨得不复人形，若是刘裕等晚来几天，非死在这里不可，此次离了冷宫，得以复见天日，真如出笼之鸟，只觉天地异色。

晋安帝元兴三年（公元404年），刘裕兴兵讨灭了桓玄，带着大队人马，离了石头城，浩浩荡荡，开向建康，刘毅、何无忌等人骑马随在一旁。将士们排成四列纵队，打着旗帜，举着刀枪，步伐整齐地向前开进，过了清凉山西麓，沿着虎踞关一直向前，便望见建康的城墙。建康以清凉山西坡的天然峭壁为城基，环山筑造，北缘大江，南抵秦淮，开有九门。城墙逶迤雄壮，两边是耸立的石崖，因长年风化，砾石剥落，坑坑洼洼的，还杂有紫黑相间的岩块，四周遍植翠竹，郁郁葱葱，生机盎然。

刘裕身穿青色战袍，内衬软甲，跨着一匹青鬃马，马鞍鞒得胜钩上，挂着那柄环首长刀，一边骑马前行，一边叹道："京师胜地，名

第五章 京城风云

不虚传。据说三国时期,诸葛亮出使东吴,与孙权共商破曹大计,途经秣陵时,见钟山龙蟠,石头虎踞,称:'真乃帝王之宅也'遂劝孙权迁都秣陵。第二年,孙权便依石头山筑城,便是今日的建康。"何无忌骑马随在一旁,道:"刘兄所言不错,诸位请看,城西最高处犹有孙吴的烽火台。当年,一旦发现敌情,便在烽火台上举火为号,半日内即可传遍长江沿线。"刘毅身披铁铠,骑着匹黑马,抬头望着眼前高大的城池,道:"建康又称石城,这名字倒有些稀奇。"孟昶留刘穆之镇守京口,带兵来援,半路听说桓玄已败的消息,便与刘裕合兵一处,同往京师,正披着件红色的大氅,骑马行在刘毅之旁,又是熟知掌故,便应声而道:"民间相传,自江北以来,山上皆无石,直至这一带的山上始有石。建康依山而建,故又名石城。"众人知桓玄死后,敌军便望风溃散,前途已无仗可打,心情都比较轻松,一路谈谈说说,直抵建康城的南门。建康南门又称得胜门,高三丈,上有城楼,内有半圆形瓮城。刘裕领兵入城后,传下令去,停军休整。

　　建康依山傍水,夹淮带江,本来富庶繁华,只是经由桓玄之乱,居民死走逃亡,十不存一,剩下来的也如惊弓之鸟。几条大街上的买卖铺户全都关门歇业,一片萧条。有的商铺遭到乱兵的抢劫,门窗洞开,上面留着火燎烟熏的痕迹,里面的杂物扔得到处都是,门前还丢弃着许多瓷器、木器的碎片。地上散落着一些被砸碎的匾额,还有些被扯坏的幌子。偌大的城市空荡荡的,看不到几个行人。

　　刘裕分兵把守四城,又出榜安民,尽快稳定城市生活秩序,自己则带了五百亲兵来到皇城。时京师大乱,禁军星散,皇城已无人守护。宫里的一些太监、宫女本已深藏潜匿,听得刘裕等人入城后,才畏畏缩缩地从藏身处走了出来。王德林和几个老太监,在皇城门前迎接刘裕,又弯着腰在前引路,来到囚禁安帝和琅琊王的冷宫。冷宫外围着一丈多高的围墙,宫门前的两个石狮子不见了踪影。两扇油漆斑驳的大门紧闭,门上挂着一把大铁锁。负责看守冷宫的人早已逃得不知去向,连锁钥匙也带走了。一名军士手里提着一条鸭卵粗细的铁棍，上去三两下，便将铁锁砸落在地。刘裕迈步走上台阶，排闼而入，但见墙内一片破败，殿前长满了荒草，鼠迹纵横，窗棂上挂满了蛛网。

晋安帝和司马德文已经两天没吃饭了，听到外面有动静，穿着单薄的衣服，互相搀扶，强挣扎着走出殿门，蓬头垢面地立在台阶上，一脸惶恐地望着众人。刘裕上前几步，跪倒在殿前的杂草丛里，道："陛下万安。臣刘裕救驾来迟，望乞恕罪。"安帝幼而不慧，口不能言，至于寒暑饥饱亦不能辨，饮食寝兴皆非己出，扶着司马德文，只是呆呆地站着。司马德文脸色苍白，游目四顾，还不清楚发生了什么事情，一时不知如何应答。王德林走上前去，跪在地上，扯着公鸭嗓子说："陛下、琅琊王，刘将军京口建义，已将桓玄一党斩杀，今日是来救驾的。"司马德文闻听此言，才明白过来，这一喜非同小可，忙道："刘将军辛苦了，免礼平身。"刘裕从地上站了起来，道："此处非久留之处，请皇上与琅琊王移驾。"说着，命人抬过两乘步辇，让安帝与司马德文坐在辇上，命几个太监抬着，从冷宫出来。

安帝与琅琊王受了这些日子的囚禁，衣衫褴褛，鸠面鹄首，被折磨得不复人形，若是刘裕等晚来几天，非死在这里不可，此次离了冷宫，得以复见天日，真如出笼之鸟，只觉天地异色。刘裕将安帝与琅琊王迎到景阳宫。景阳宫本是安帝的寝宫，位于皇城西侧，正门三间，正殿五间，两侧翼楼各九间，内宅有后楼七间，殿宇的顶上覆盖着黄色琉璃瓦。正殿脊上有石雕的压脊兽。殿前护以石栏，内设屏风和王座。桓玄的溃兵临走前，在皇城内大掠了一番。景阳宫首当其冲，里面一片狼藉，宫门前的四扇木屏门影壁，已被推倒。宫中门户均被捣毁，原本陈设着的金银器物皆不翼而飞，桌椅随处倒放。寝殿被翻得乱七八糟，墙上挂着的仕女图，已被撕去了半边。西侧摆着一张檀木大床，床头上被乱兵砍了两刀，露出了里面的木茬儿。寝殿的南边是一张高大的书柜，里面的书籍散落了一地。整个宫内一片凌乱，一应精粗什物被扔得到处都是。刘裕命太监、宫女将宫中打扫

第五章 京城风云

了一番，请安帝和琅琊王沐浴更衣，又派人取来些点心，让他们二人充饥，然后退出宫外，见西侧配殿的门敞开着，便手按剑柄，带着亲兵，信步走了过去。

配殿前的石头栏杆断成两截，横在地上，东南有井亭一座，两扇殿门大敞着，地上散落着帷幔、帐子、彩绸等杂物。刘裕与几个亲兵进到殿内，见迎面是一张长条桌，上面摆一些狭长的小木牌，还有几个铜香炉。木牌皆为平剑状，下方设有台座，上面有些字迹，不知是些什么东西，找来一个老太监一问，才知是桓玄供奉的祖先神主。这些神主牌的正中书写桓氏先人的姓名，两旁或背后书写生、亡日期。刘裕将这些神主牌位一古脑儿地从桌上推倒，命人全部拿到宫门外焚烧了。

黄昏时分，太阳收敛起刺眼的光芒，渐渐偏西。天空中的朵朵白云，像是镶上了金边。刘裕带着军士刚从景阳宫出来，就见前面来了几个人。为首一人，四十多岁，身材高大，鬓角有些斑白，狮鼻阔口，三绺长髯，头发用一条黑色绸带束在脑后，身穿一袭湖蓝色绣金龙的袍子，正是太傅司马休之。司马休之，字季预，晋宣帝司马懿之弟司马进的后代。司马休之身旁一人，三十多岁年纪，身材修长，细长眉毛，鼻梁高挺，抿着两片薄薄的嘴唇，背脊挺直，头上戴着束发冠，身穿一袭蓝色锦袍，下摆用金丝绣着华丽的图案。这人是司马楚之，字德秀，晋宣帝司马懿四弟司马馗的八世孙，时为江陵王。桓玄篡逆，诛除宗室。司马休之、司马楚之等人逃至城外躲藏，听说桓玄已灭，便又于今日回到京师，不及回府，便来宫中晋见，正与刘裕走了个对头。司马楚之身后随着几名侍卫，却是认得刘裕，忙低声替他介绍。司马楚之听了，忙不迭地拱手为礼，道："原来是刘将军，久仰大名。将军此番建义有功，勋在社稷。小王十分佩服，今日得见，幸何如之。"司马休之在一旁，却是面无表情，只拱了拱手，并不说话。刘裕立住脚步，抱拳回礼，道："刘裕为大晋臣子，兴复帝室，本是理所应当。王爷入宫，是要晋见皇上吗？"司马楚之微笑点头，

道:"正是。"刘裕道:"皇上正在景阳宫内,王爷请便。"说着,互相道别。刘裕出了宫,暂回城内的军营。

苍茫暮色之中,凉风乍起。司马休之和司马楚之立在景阳宫外,望着刘裕远去,这才一前一后,来到宫内,请太监通报。安帝与司马德文吃过点心,正在宫内休息,忽听司马休之与司马楚之相携到来。司马德文忙道:"快请。"景阳宫的正殿已然打扫干净,丹墀前支起花梨木雕花栏杆,上面设有龙书案和一张龙椅。司马德文搀扶着安帝坐在龙椅之上,自己鹄立一旁。不一会儿,司马休之和司马楚之来到殿内,跪倒磕头,道:"臣等恭请圣安!"司马德文道:"二位都是自家人,不必多礼,平身赐坐。"太监搬来两个绣墩,放在殿下。司马休之、司马楚之谢坐,坐在墩子上。司马休之打量了一眼安帝,道:"皇上近日龙体还好?"司马德文道:"有劳牵挂!天子百灵卫护,皇上还算安康。"司马楚之道:"如此,真是普天下黎民之福。"

司马休之又说了些闲话,话题一转,对琅琊王道:"桓玄篡位,幸得刘裕等人兴兵建义,但不知朝廷打算如何封赏?"司马德文乍脱大难,心神未定,没想到有这一问,犹豫道:"不知二位如何考虑?不妨说来听听。"司马休之在来的路上,已就此事与司马楚之商量妥当,便道:"刘裕虽匡复有功,但出身低微,不如封给他个爵位,倒还觉得体面些。"司马德文为人和顺,本没什么主意,听司马休之如此说,也就点头,道:"但不知封赐什么爵位?"司马楚之成竹在胸,侃侃而谈。道:"我大晋爵位,有王、公、侯、伯、子、男等。王爵唯封赐给宗室,公爵比王爵低一级的爵位,但也属第一品爵,分为国公、郡公和县公。刘裕可封郡公,食邑三千户,可封国置相,配有金章、玄绶、绿紫绀,可服三梁冠、九缝皮牟、七旒冕等。刘毅可为卫将军;何无忌、孟昶二人,可量才为授。"

司马德文听罢,思忖了一下,道:"刘裕此次复兴晋室,居功至伟,除了爵位封赐之外,恐怕还要在朝秉政。"司马休之心里一沉,

与司马楚之对视了一眼,断然道:"刘裕手有兵权,堪为爪牙之臣,却不可在朝。我听说他是京口人氏,不如就派他任南徐州刺史,让他富贵而归故乡,总不算朝廷刻薄。"司马德文听了,倒也觉得妥当,便道:"就依二位之议。只是刘毅,与刘裕算是一体同功之人,仅封了个卫将军之号,是否小了些?"司马楚之撇了撇嘴,不屑地说:"刘毅本是个赌徒,听说读过几天书,建义之前不过任一校尉,现在提拔为卫将军,已是连升数级,可谓超迁。圣朝虽不吝以爵位酬庸,但也应慎器与名。否则,封赐过滥,则人不以为贵。"司马德文听了,无可辩驳。三人又议论了一阵子,司马休之和司马楚之便告辞而去。

　　第二日五更时分,夜色沉沉,风高月清,天空繁星无数。刘裕早早起来,穿戴整齐,骑上马,出了军营,去上早朝。十几名带刀卫士,手里提着灯笼,左拥右护,骑马相随。冷风拂面而过,路边的树叶沙沙作响。细碎的马蹄声,响彻长街。一行人来到皇城前,见两扇大门犹自未开,便跳下马来,在门前等候。不一会儿,刘毅、何无忌、孟昶、司马休之、司马楚之等人先后来到。司马楚之身穿簇新的王服,越发显得风度翩翩,见了刘裕,含笑过来攀谈。正在这时,皇城内鼓声三通,城门缓缓开启。众官络绎而进。司马楚之走在刘裕身边,道:"刘将军,桓玄败亡之后,朝廷雅乐班子散失。皇家神主将入太庙,仪式上却又缺不得……。"刘裕双目平视前方,脚下不停,答道:"现今军务繁多,日不暇给,而且末将性不解音乐。这事就请王爷料理吧。"司马楚之道:"音乐可陶冶性情,好之自解。"这时,众人已走到太极殿外的台阶前。刘裕一边拾阶而上,一边笑道:"正以解则好之,故不习耳。"说着,众官进了太极殿。太极殿是朝会之所,并未藏有珍宝,故不曾为乱兵殃及。整座大殿面阔九间,顶上铺着黄色琉璃瓦,檐角置脊兽,檐下是七彩斗栱,饰有彩画,共有十二扇窗子,上刻着三交六菱花,东西两梢间为暖阁,可通交泰殿、坤宁宫。刘裕与众官进到殿内,按班次站好,见地上铺墁金色地砖。

丹墀之前,列有铜龟、铜鹤、日晷、鎏金香炉等。丹墀上设有宝座、御案,后设屏风。

不一会儿,净鞭三声响过。安帝头戴冕冠,上缀五彩玉,身穿盘领窄袖黄袍,黄袍前后及两肩各用金线织着一条盘龙,腰系玉带,足蹬皮靴,被两个太监搀扶着,由屏风后绕了出来,坐在龙椅上。司马德文穿着一件明黄色朝服,披领和袖口均为石青色,在一旁侍立。太监高声唱仪,众官鹭行鹤步,趋前行三跪九叩的大礼。这是桓玄之乱后的第一次早朝,原来的朝臣死走逃亡,剩下的还不到一半。偌大的朝堂内,只有几十人,显得有些空旷。晋安帝坐在那里一言不发,脸上仍挂着呆笑,口角滴下一丝涎水。司马德文站在龙椅之旁,从怀里掏出一块手帕,替安帝擦了擦嘴角,朗声道:"众爱卿平身。"群臣:"谢万岁。"然后归班站立。司马德文冲旁边一个太监示意。太监上前两步,手捧圣旨,高声读道:"刘裕、何无忌、孟昶、刘毅四人,位微于朝,众无一旅,奋臂草莱之中,倡大义以复皇祚,功勋卓著,着即命刘裕为使持节、南徐州刺史,镇京口,择日赴任;以何无忌为琅琊内史,孟昶为户部尚书、丹阳尹,刘毅为卫将军。"何无忌、孟昶还则罢了,刘毅听自己只被封为卫将军,心里凉了半截,只得随刘裕等跪倒丹墀,道:"臣等谢主隆恩。"随后,四人起身归班。

这时,尚书左仆射谢混手持笏板,出班启奏。谢混字益寿,三十多岁年纪,身材高挑,发髻上斜插一枚羊脂玉发簪,穿着冰蓝色丝袍,上绣竹叶花纹,袖口镶着雪白滚边,腰系玉带,跪倒丹墀,道:"陛下,桓玄虽灭,其爪牙犹在。王谧于桓玄篡位之时,受其太保之职,实是罪不容诛,现已羁押于大狱,请明正典刑。"司马休之听了,也挺身而出,奏称:"王谧不仅受桓玄伪职,还曾手解皇帝玺绶,献于桓玄,实是大逆不道,应即凌迟处死。"司马德文正要说话,忽见刘裕出班跪倒,称:"陛下,王谧为名门之后,其祖父王导有大功于天下,虽有过失,应以宽宥,以示圣朝宽大之度。"旁边的

司马休之面带不悦之色,一拂袍袖,抗声道:"王谧为桓玄佐命元臣,恐怕不宜宽恕。"何无忌、孟昶见刘裕力保王谧,都不知是何缘故,二人对视一眼,也一齐出班。何无忌道:"桓玄乱国,王谧虽受其伪职,却不曾为恶,愿赦其罪过,以观后效。"孟昶也称:"王谧先祖王导,有再造江南之功,请赦其罪。"顿时,朝堂之上,围绕王谧的生死,两造哓哓,激辩不已。司马德文面露难色,只得道:"王谧之事,容当再议。"刘裕、何无忌、孟昶、司马休之与谢混等人听了,只得各自站回原位。随后,众官员又议了一阵子供奉神主之事,择了三日之后,齐至太庙上祭,便退朝散去。

司马楚之出了太极殿,见天地间笼罩着一层浓雾,一阵湿润而又清冷的风,轻轻地吹过。殿前两侧各有一座露台,每座露台上建有一座鎏金铜亭,在茫茫白雾里若隐若现。司马楚之立在一座铜亭前,将司马休之、谢混二人招呼过来,道:"二位暂莫回府,且去小王宅上盘桓一二。"说着,三人骑上马,一起来到司马楚之的府前,跳下马来,将缰绳交与家人,走进朱漆的大门,沿着一条甬道来到客厅。客厅很宽敞,前后出廊,外檐绘有苏式彩画,门窗为玉石所砌,上面饰有万字锦底团寿纹。厅内四壁上装饰着五福捧寿纹天花,迎门处设有桌椅。

三人分宾主落座。谢混是太保谢安的孙子,又是晋孝武帝司马曜之婿,袭爵望蔡县公,率性任诞而风流自赏,一坐定便愤愤地道:"这刘裕好不猖狂,一个卖草鞋的出身,竟敢在朝堂上为王谧作保,真是不知天高地厚。"司马休之把身子向后一倚,靠在椅子背上,道:"益寿,现在不是发牢骚的时候,商议正事要紧。刘裕建义有功,又有孟昶、刘毅、何无忌等党羽相助,现在便敢与你我抗衡,用不了多久,恐怕就会后来居上了。"司马楚之鼻子里哼了一声,道:"那倒未必尽然。叔祖,今天刘裕与您老人家唱对台,刘毅却是两脚站开,一副事不关己的样子。"司马休之听了这话,两眼一亮,右手在椅子扶手上一拍,道:"原来他们之间也不是铁板一块。"谢混终究心思细腻,略一思忖,便道:"刘毅参与了京口举义,却只得了个卫将军的封号，难怪心怀不满了。我看，倒可以将他拉过来，让他当我们的一把刀，也算去了刘裕一条膀臂。"司马楚之道："不错，过一阵子，我请刘毅到府，探探他的口气。"说着，命家人端来早餐，三人吃过，又商议了一会儿，便各自散去。

倏忽三日已过，这一天，便是晋室神主入太庙的正日子。一大早，刘裕就穿上全套朝服，带了几个随从，骑上马，赶往太庙。太庙位于皇城的西南方，紧靠着城墙，南北长四百多米，东西宽三百米，外有高墙，内列前、中、后三大殿，是一座三层的封闭式庭院。太庙的中心是前殿，共十一间，三重汉白玉须弥座式台基，四周有石护栏，重檐列脊，殿额有上两个大字："太庙"。殿内的主要梁栋由沉香木制成，辅以名贵的金丝楠木。天花板及廊柱皆贴赤金花。这里是皇帝举行祭祖典礼的地方，两侧各有配殿十五间，东配殿供奉着历代有功皇族的神位，西配殿供奉异姓功臣神位。大殿之后，分别是中殿和后殿，即寝殿与祧庙，各九间，都是黄琉璃瓦庑殿顶。此外，太庙里还有神厨、神库、宰牲亭、治牲房等建筑，院内列植着十余株古柏，有的树龄高达数百年，千姿百态，苍劲古拙。

朝阳将升未升，东方现出黎明的曙光，腾起一片灿烂的朝霞。太庙旁是一片青翠的竹林，鸟儿们在竹林里追逐嬉戏，给清晨增添了无限的生机。不一会儿，太阳升起，阳光洒在竹林上，碧绿的竹杆闪耀着润洁的光泽。刘裕与何无忌、刘毅、孟昶等人在太庙前汇齐，又见众官纷纷来到。大家经金水桥过了玉带河，通过大戟门，来到了太庙的大殿，依次跪倒。晋安帝司马德宗也坐着御辇，来到了院里，由几个太监搀扶着，下了辇，来到殿内。司马德文立在安帝身边，在他耳边低声嘱咐着，让安帝的举止尽量看起来像那么回事。司礼监见时候已到，便高喊一声："上祭——。"话音刚落，乐声四起。这些乐师们都是司马楚之临时搜罗来的，手里拿着笙、管、笛、箫等乐器，演奏着宫廷雅乐。几个太监抬着一捆鹅黄色的祝帛，投入大戟门东侧的一座燎炉里，接着便点火焚烧。火舌蹿起，一阵青烟，袅袅升

第五章 京城风云

入空中。

司礼监见祝帛烧得差不多了，便高声道："乐止，献胙肉。"胙肉就是大块的猪肉，多肥少瘦，直接用清水煮熟，用来敬献祖先。乐师们停下手里的乐器，大殿内外一片肃静。刘裕作为建义功臣之首，应去端胙肉的盘子，敬献在先帝牌位之前，这是作臣子的一种荣誉。两个太监抬着一个红木案，里面放着一盘胙肉，来到刘裕面前。刘裕立起身，向前一步，刚要去端那盘子，忽然身旁伸过一双手来，抢先将盘子端起。刘裕一愣，定睛看时，那人正是司马休之。司马休之端着胙肉，恭恭敬敬地献在桌案之上，转过身来，没事人儿似的，便跪在了群臣前面。这时，庙宇内外鼓乐之声大作，刘裕无奈，也只得退身跪下。随后，司马德文命司礼监在列祖列宗神位前陈放供品，摆设香案和铜炉等。君臣一齐叩首礼拜，由司礼监将先帝神位摆设在神龛之内，又陈设神椅、香案、床榻、褥枕等物，再将牌位立于褥上，象征祖宗起居安寝，场面很是隆重。最后，众人行三跪九叩的大礼后退出。司礼监收拾好香炉等祭祀物品，存放到后殿的祧庙中。整个活动持续大半天，才算结束。众官退出太庙，各回府第。

已是中午，阳光刺穿云块，如条条金线，纵横交错地洒向大地。刘裕出了庙门，从亲兵手里接过缰绳，正要上马，见何无忌在后跟了过来。何无忌将帽子摘下，拿在手里，一脸不平之色，对刘裕道："刘兄，今日司马休之公然无礼，是什么意思？"刘裕心里也有些闷闷，但还是说："毕竟庙里供奉的是他家的祖宗，大概是不想外人占先吧。"何无忌冷哼一声，低声道："不是咱们兄弟冒死举义，别说他祖宗的牌位保不住，连祖坟都得叫人刨喽！"刘裕忙道："无忌，噤声。"又向左右看了看，见无人注意，道："我们虽有微功，但也不必总放在嘴上，以后与司马休之同殿称臣，当公忠体国，通力合作才是。"何无忌一晃脑袋，道："刘兄，这恐怕只是你一厢情愿罢了。司马休之今天既敢来这么一手，将来日子久了，不定搞出什么蛾子来呢。"刘裕听了，脸上的肌肉抽动了两下，却没再说什么，与

何无忌骑上马,并辔而回。

司马休之出了太庙,与谢混一起来到司马楚之的府里,在客厅落座,仆人献茶后退出。谢混端起茶碗,吹了吹那碗里的浮沫,品了口茶,将茶杯放在桌上,一挑大拇指,兴高采烈地道:"太傅今天干得漂亮,是得给刘裕点儿颜色瞧瞧,别让他太得意了。"司马休之不语,手捻须髯,只是微笑。司马楚之却一皱眉头,道:"叔祖,刘裕毕竟有军功在身,又新受封爵,恐怕不宜与之公然起衅。"司马休之不以为然地晃了晃脑袋,道:"刘裕才爬上来几天?有军功不假。我们还是皇亲国戚呢!资历比他老得多,是得给他个知道,让他明白眉眼高低。"谢混跟着干笑了几声,在一旁道:"王谧还押在狱里,过些日子,卑职还得上奏朝廷,早日处治了此人才是。"司马楚之道:"刘裕手握兵权,若他力保王谧,恐怕我们也是无可奈何。"司马休之一摆手,道:"王谧受过伪职,算是有了终身之玷,这次不死,也已翻不起多大的风浪。"谢混听了,连连点头,又与司马楚之说了会儿话,便与司马休之一起辞去。

王谧与桓玄交好,自桓玄败后,逃跑不及,被关押到了京师监狱里。监狱大墙全是用数百斤的巨石砌成。牢房的门窗上,装着手臂粗细的生铁条,地上铺着青石板,可防犯人挖地道越狱。牢房的地面低矮又潮湿,只有门上的小窗孔,可以在中午时分透进一点微弱的天光。不到傍晚,牢房里就一片漆黑。晚上,惨白的月光照进牢房,显得那么冰冷,平添些许森森之意,不时传来犯人受刑时的惨叫和哀号,令人浑身汗毛都参起来。

这一夜,天空阴云密布,响雷一个接着一个,时不时地有一道闪电划破长空,照着白亮亮的雨点从天而落,砸在屋瓦上,"唰啦啦"地直响。第二日,雨过天晴。王谧在牢里百无聊赖地躺着,不觉又到了放风的时间。各个囚室的犯人只要还能动的,都要到囚室前的小院里活动。牢中的犯人们慢腾腾地走到院里,有的低眉顺眼,有的萎靡不振,有的面目狰狞,有的神情桀骜,在泥泞的院落里来回溜达着。

第五章 京城风云

高墙下站着些狱卒,手持刀棍,警惕地盯着他们,两眼露出凶狠而阴鸷的光。王谧手脚上带着铁链,正随众走在院里,忽见一个狱卒走过来,冲他喝道:"王谧,牢头要见你。"王谧浑身一震,只得跟着狱卒出了院子,来到了旁边的会见室里。

　　会见室不过一间屋子大小,陈设很简陋,靠墙摆放着一张原木桌子,周围放着几把掉光了漆的椅子。其中一把椅子还断了腿,用两块砖支撑着,四壁没什么饰物,地面上也很潮湿。王谧坐牢近一个月,衣衫褴褛,胡子一大把,面如菜色,骨瘦如柴,随着狱卒走进室内。牢头四十多岁,一脸的络腮胡子,身上穿着黑色长衫,正坐在桌前,看到王谧进屋,便站起身来。王谧见过牢头,道:"不知大人召我何事?"牢头忙不迭地一拱手,脸上露出谄媚的笑容,开口道:"王大人,这些日子受苦了。上支下派,小人多有得罪,还望您大人大量,将来多多担待。"王谧听牢头说了这番话,不禁一愣,不及细想,拱手还礼,手上的铁链"叮当"作响,道:"这是说的哪里话来!"牢头笑道:"王大人,小的接到了廷尉衙门的公文。您老人家今天就要出狱了。"王谧自知犯了谋逆之罪,已做好死在牢中的准备,听了这话,简直不敢相信自己的耳朵,一颗心怦怦直跳,好不容易定下心神,道:"释放我?没弄错吧?"牢头一口咬定:"错不了,接您的马车就在外面。"说着,向旁边的狱卒使了个眼色。狱卒忙从身上掏出钥匙,恭恭敬敬地将王谧身上的刑具去掉,又哈着腰,与牢头一起,将王谧送出大牢。

　　正当中午,太阳当头,万里无云。只是昨晚下了场雨,道路还有些潮湿。王谧穿着身囚服,一脚踏出监狱的大门,就见外面停着一辆双马驾辕的马车。车夫穿着崭新的号衣,手里拿着马鞭,侧身坐在车辕上,见王谧出来,忙从车辕上跳下,迎上前来,大着嗓门问道:"请问是王谧王大人吗?"王谧从未见过他,只得点了点头。车夫道:"王大人,小的奉命前来接您,快请上车。"说着,绕到车后,打开车门。王谧到现在,仍是丈二和尚,摸不着头脑,但他向来脱略形迹，心想："'瞎子掉在井里，捞起也是坐。'我现在这鬼样子，还怕吃什么亏？"便依言上了马车，见车里很是豪华，四壁镶着文绣，两厢的长条坐椅上铺着蜀锦坐垫，非常松软，便叉开两腿，坐了下来，犹自觉得像做梦一样，思绪潮涌，这些日子的紧张和郁闷一齐涌上了心头，当下也不说话，自顾自地闭目养神。车夫关好车门，纵身跃上车辕，扬鞭催马。车子辚辚启动，又快又稳地向东驶去。

　　王谧坐在车厢里面，过了约摸一个多时辰，觉得马车终于停了下来，"哐啷"一声，车门被人从外面打开。车夫立在车外，对王谧说："王大人，到地方了，请下车。"王谧伸了个懒腰，慢吞吞地下了车，定睛一看，竟觉得很熟悉，从方位和周围的景物判断，应该是东府无疑，只是大门已重新换过，台阶上下打扫得干干净净。府外绿树成荫、鸟语花香。门前的侍卫也都是些新面孔，一个个挺胸叠肚，荷戈持戟，很是精神。一个家人头戴罗帽，穿着一身皂衣，正在门口，东张西望的，像是在等什么人，见马车到来，连忙迎了上来，问道："是王谧大人来了吗？"车夫答道："不错。"家人满脸笑容的迎了上来，对着王谧道："王大人，小的候您半天了，快请。"王谧宦海沉浮多年，也是见过世面的人，当下不动声色，跟着家人就走了进去。

　　二人转过照壁，沿着甬道来到客厅。有两个家人，在厅门前垂手侍立，见王谧过来，伸手打起了帘子，请他进去。司马道子秉政时期，王谧便是东府的常客，此次旧地重游，见客厅里的布置与先前已是大不一样，原来奢华的陈设早已撤去，四壁涂刷得雪白，地面用大理石重新铺过，几面轩窗敞开着，阳光透射进来，直照在地面上。迎门处摆着一张金漆方桌，两侧各摆着几把椅子。一边的长条桌上，摆着些瓶壶。整个客厅显得大方又简洁，透着一股子清雅、古朴的气氛，却是静悄悄的，并无一人。家人道："请大人在此稍等片刻，我去请家主前来相见。"说着，匆匆出厅而去。王谧知道迷底马上就要揭晓，虽是坐在椅子上静候，心头却不禁一阵紧张，不一会儿，就听

第五章 京城风云

到外面脚步声响。一人掀起帘子，走了进来。王谧抬头一看，见来人身材高大，气象威猛，身披着件淡黄色长袍，胁下悬刀，足下一双皂靴，竟是刘裕，忙立起身来。

刘裕进到客厅，见王谧胡子拉碴的，一张脸干黄瘪瘦，头发多日没有打理，乱蓬蓬的披在脑后，便笑道："王大人，这些日子可委曲你了。"说着，扬声对外吩咐一声道："来呀，带王大人去沐浴更衣。"话音未落，便进来一个家人。王谧知刘裕是建义勋臣，但不明白他为何要如此相待，又不及询问，只得说声："恭敬不如从命。"便随着家人出了客厅，来到旁边的厢房。里面已烧好了一锅洗澡水，倾在一个半人高的大木桶里，热气腾腾的。木桶旁边的矮凳上，备有毛巾等洗浴用品。王谧脱了囚服，跳到桶里，痛痛快快的洗了个澡，刮了胡子，将头发拢在脑后，再换了套干净的新衣服，整个人顿时精神起来，便由家人引着回到客厅。

厅上已摆了一桌丰盛的酒席，王谧入狱多日，肚里的油水被刮得干干的，见了这一桌子的美味，不由得咽了下口水。刘裕起身肃客，道："王大人，请入席。"王谧依言坐在桌旁，心里终是纳闷，忍不住道："罪臣王谧先行谢过，但不知将军如此待我，是何缘故？"刘裕示意家人给王谧倒酒，又举起酒杯，笑道："请满饮此杯，听我慢慢说。"王谧端起酒杯，一饮而尽。刘裕陪了一杯，又抄起筷子，给王谧夹了一块红烧海参，这才款款言道："王大人，桓玄篡位后，我屡破孙恩，薄有浮名。桓玄有心除我，曾秘密询问于你。当时，你是怎么回答的？"王谧脑子里"轰"的一响，马上回想起当时的情景，抬起头来，嘴里喃喃道："不错！当时，桓玄疑忌北府旧将，一口气儿杀了高雅之、刘袭等十几人，还曾于退朝之后，屏去侍卫，与我密议，欲对将军不利……只是当时在场的，除了我与桓玄，再无旁人。您竟是从何得知？"

刘裕一笑，从桌上的一个檀木匣子里取出一本线装小册子，翻至一页，略一审量，便递给了王谧，道："王大人请看。"王谧接过册

· 69 ·

子，立即认出这正是桓玄亲笔所写的起居注，眼前一页上，明明白白地记载着："朕问王谧：'刘裕龙行虎步，视瞻不凡，恐非久居人下者，我欲除之，卿以为何如？'王谧答：'刘裕将才难得，陛下方欲平荡中原，非裕莫可用者。'朕点头称善。"底下详细记着年月日。王谧看到这里，心里的一块石头也落了地。

刘裕又给王谧斟了一杯酒，道："我在宫中找到桓玄的这本起居注，才知王大人宅心仁厚。你当时那句话，实是救了我的性命。"王谧忙摇手道："不敢！将军一代英雄，卑职不过是因缘际会，恰逢其事罢了。"刘裕道："王大人不必过谦，我今日辅政，诸事繁杂，还要多多倚重。"王谧一愣，听这话里有让他继续为官的意思，便垂头叹道："我屈身从贼，官箴已污，还有何面目见天下人？得以苟且偷生足矣，不敢领将军的美意。"刘裕见王谧意兴索然，道："人非圣贤，孰能无过？王大人世代簪缨，在朝野颇具人望。我虽有些军功，但毕竟是个大老粗，打打杀杀还可以，说起理民治国，可就差得远了。现在诸事草创，百废待举，王大人可不能独善其身哟！"王谧心中感激，道："刘将军如有差遣，卑职敢不从命。"刘裕大喜，二人推杯换盏，直喝得酩酊大醉。刘裕命人将王谧送回府去，第二天，又上表朝廷，以王谧为扬州刺史。

扬州（今安徽省淮河以南，包括苏、泸、浙等大部），下辖淮南、庐江（合肥附近）、历阳等郡，治所在京师建康，既然外统帝畿，地位当然高出其他州。扬州刺史的权力也很大，不仅掌一州之军政，还有司察百僚之权，更能任命地方官吏、决断刑狱。东晋名相王导、晋成帝的舅父庾亮和庾冰，皆曾为扬州刺史。

扬州刺史府临着北直门大街，占地数百亩，墙连墙，院套院。进了大门，再绕过一道照壁，踏着一条青砖铺就的甬道，便到了大堂。大堂五间，下有台基，内有梁柱，外有檐廊，上覆卷棚顶，前面有一延伸数米的台基，砌有十几级台阶。大堂东边是"寅宾厅"，接待前来拜访的客人。寅宾厅有两间房大小，外面飞檐青

第五章 京城风云

瓦，内有雕梁画栋。

王谧已任扬州刺史数日，今天特在厅里摆了一桌丰盛的宴席，请刘裕、刘毅、何无忌、孟昶、司马楚之等人前来聚一聚。西墙下坐着一位峨冠黑袍的琴师，面前搁着一张古琴。琴师十只灵活的手指，在乌黑的古琴上挑、摘、剔、劈、勾、托、抹，琴声泠泠，绕梁不绝。席前立着一位歌女，二八年华，凤眸潋滟，杏眼桃腮，唇若点樱，薄施粉黛，秀美的脸颊闪烁着淡淡的柔光，整个人娇柔中带着妩媚，头插蝴蝶钗，满头青丝用发带束起垂于脑后，露出线条优美的颈项，身着白色长裙，肩膀上搭着一幅轻纱，如月华流动，正伴着叮咚悦耳的琴声，唱乐府名篇《从军行》，清音袅袅，低回轻柔。一曲终了，众人一齐鼓掌。

何无忌穿着件浅蓝色的长袍，手腕处松松挽起，点头赞道："歌声婉转，如黄莺出谷，又如鸾啼凤鸣，清脆嘹亮中不失婉转柔和，真有余音绕梁之致。"王谧已换去官服，身着便装，笑道："难得何大人这么欣赏！来呀，赏她五十两银子。"歌女上前一步，飘飘万福，谢过何无忌与王谧，与琴师退了出去。王谧十几杯酒下肚，有了些醉意，脸红扑扑的，站起身来，向众人敬酒，道："我王谧能有今日，多亏刘将军提拔，以后若有用得着兄弟之处，火里火里去，水里水里去。"刘裕忙也起身，端着酒杯，道："王刺史言重了，来，我们一齐干了这杯酒。"说着，举杯一饮而尽。王谧候着干了杯中酒，请刘裕落座，又道："听说，刘将军不日要还镇京口？"刘裕道："不错，朝廷授我为南徐州刺史，过几天，就要去上任了。"王谧贺道："刘将军这回可算是衣锦还乡，实为人生一大美事。"说到这里，与何无忌、孟昶、司马楚之等人一齐向刘裕敬酒。

刘毅既与刘裕协成大业，而不相推伏，及受命为卫将军，常怏怏不得志，这天在席间多贪了几杯，坐在那里，眯起眼睛，如在云里雾里，见众人奉承刘裕，好像一副苦胆在腹中翻腾，眼前的美味佳肴，吃在嘴里，也是味同嚼蜡。刘毅肚里有点子墨水，平日里也好附庸风雅，知刘裕无学，便道："今日有酒，不可无诗。我们来对诗怎么样？"说着，也不管别人答不答应，一撸袖子，道："我先来，权当抛砖引玉。"说着，闭目凝思了一会儿，摇头晃脑的吟道："六国多雄士，正始出风流。"司马楚之穿着一件墨色的缎子衣袍，袍内露出银色镂空木槿花的镶边，腰系丝绦，暗自揣摩刘毅的诗意："六国虽多雄士，而终亡于秦；正始风流，却延续于今。从这句诗来看，刘毅自知战功不敌刘裕，却故示文雅有余。"想到这里，便欲续接。王谧知刘裕对诗文不在行，硬作定要出丑，便从中横拦了一杠子，道："酸腐文人相聚，才胡乱诌几句歪诗。我辈雅集，倒不可学他们的样子。待会儿，我让府里歌女再给大家清唱一段侑酒，怎么样？"何无忌、孟昶一齐鼓掌称好。

刘毅见王谧一味讨好刘裕，不由得心头火起，张开一双通红的醉眼，斜睨着王谧，阴阳怪气地道："王大人果然待宾有方，难怪在桓玄手下做到了太保之位。"王谧听了这话，心里不快，却又不敢得罪刘毅，一张脸慢慢涨成猪肝色。刘裕、何无忌、孟昶暗怪刘毅哪壶不开提哪壶，唯有司马楚之心里欢喜。刘毅却不肯放松，又道："我那日在朝堂，听说桓玄作乱时，是王大人从皇上手里夺过的玉玺，不知带往何处去了？"孟昶听刘毅口无遮拦，越说越不像话，忙出声喝止，道："盘龙，你喝多了，别乱说。"王谧气得手脚冰凉，半晌没言语，过了好一会儿，才缓过劲儿来，道："列位容禀！当初，桓玄杀了刘牢之将军后，便欲篡位，派桓振带兵闯进宫，索要玉玺。皇上将玉玺抱在怀里，就是不给。桓振目露凶光，抽出钢刀，便欲弑君。我见情势危急，好说歹说，从皇上手里拿过玉玺，交给了桓振，才保住皇上一条性命。"刘毅冷笑一声，还欲再说。何无忌在一旁打圆场道："既往之事，概不追究。大家酒喝得差不多了，不如我们玩几把樗蒲吧。"此言一出，众人纷纷附和。王谧忍着气，命仆人撤下残席，揩抹桌案，取来五木。众人围在桌前，呼卢喝雉起来。

这次参与赌博的，都是朝中高官。一个个出手豪阔，每把输赢可

第五章 京城风云

达数百万钱。何无忌、孟昶、司马楚之等人都只掷出黑犊，就摇了摇头，退下阵去，唯有刘裕及刘毅仍在场上较量。刘毅取过骰子，一把掷出，得了个"雉"，仅次于"卢"，可以说已占了很高的赢面，不禁大喜，两手"啪"的一击，提着衣襟从桌边跃起，嚷道："我刘盘龙不是不能掷得卢，只是不想赢得太狠罢了，哈哈……"刘裕见刘毅方才排揎王谧，已是不满，现又见他举止轻佻，更恶其陵傲不逊，便一把抓起五枚色子，在手里揉搓良久，沉声道："老兄尝试为你作答！"说着，手一扬，将骰子抛在桌上的海碗里。五枚骰子"叮叮当当"地跳跃着，不一会儿，四枚骰子都以黑面呈现，稳住不动。还余下一枚骰子，犹自跳转不定。刘毅瞪大眼睛，屏住呼吸，盯着这最后一枚骰子。刘裕霍然起身，手指着那枚正在转动的骰子，厉声喝道："卢、卢、卢……！"不一会儿，最后一枚骰子也停在碗里，果然是黑面朝上，便成了樗蒲里最高的"卢"。众人"哄"的一声，无不叹羡。刘毅见此情形，很是懊恼，喉咙抽动了两下，强作豁达地对刘裕道："我本知明公不会就此相让！"语气里却尽是悻悻之意。这一幕，全被司马楚之看到眼里。

不知不觉，已到了傍晚，暮雨潇潇，从屋檐上落下，如纱似雾，丝丝缕缕，绵绵不断，如断了线的珠子。天地间像是隔着一层纱，迷迷蒙蒙。雨点击打着窗棂，忽急忽缓，如错落的音符。王谧送走刘裕等人后，回到内宅，想起白天刘毅的话，不禁又气又怕，暗道："桓玄篡位之时，国亡君幽。我受大晋厚恩，不死不走，还任职伪朝，确是罪无可恕。"担心朝廷终究放不过自己，听着远处传来"笃笃"的击柝声，看着桌上的烛泪堆叠灯台，心里似有十五只水桶打水，七上八下的，久久不能平静。到了半夜，王谧越想越是忐忑，便收拾了行李，脚底抹油，溜之大吉。第二天，扬州衙门的佐吏们不见刺史来办公，寻了半日，仍不知所踪，全都慌了，急报于刘裕。刘裕听说王谧弃官而逃，忙派人四处打听，才知王谧逃至曲阿（今江苏省丹阳市），便上表朝廷力保，将王谧迎还复位。

过了几天，已是入夏。四野草木葱茏，阳光洒在河面上，泛起万点金光。刘毅今日要出城去兵营巡视，走出卫将军府，抬头望着那太阳，眼前直冒金花，忙低下头，觉得有些头昏脑胀，便骑上马，带了几个从人，向城门处行去，刚走出不远，就听到后边有人招呼道："刘将军，请稍候。"刘毅回头一看，正是谢混骑马在后面赶了上来。谢混纵马来到近前，勒住缰绳，稳稳地端坐在马上，笑道："刘将军，这是要出城吗？"刘毅道："正是，谢大人，不知有何指教？"谢混道："刘将军文韬武略，兄弟一向是十分敬仰的。太傅也是久慕英名，托我说项，请您过府一叙，不知肯赏光否？"谢混出身名门，平日又崖岸自高，是刘毅万万巴结不上的。刘毅今见谢混主动相邀，不由得又惊又喜，忙不迭地点头答应，道："太傅有命，自当遵从，不知命末将何时到府？"谢混道："太傅此时已在府里虚席以待。刘将军，这就请吧。"说着，二人并辔同行，径往司马休之的府第而来。

司马休之的府坐落在建康城西南，门外绿柳荫荫。府内是亭台楼阁，装饰着拱门回廊，更有曲径花丛，风景优美，俨然一座小型的园林。谢混和刘毅在门前下马，自有家人牵过马匹，拴在门前的拴马桩上。二人进得府来，一进大门，绕过照壁，便是一个宽阔的院落，沿着甬道，来到客厅前。客厅九开间，左右各有一架藤萝，枝叶茂密，花色淡雅，长长的藤条，自然弯曲着，攀附于绿廊下的花架上，灰褐色的枝蔓如龙蛇般蜿蜒，一串串硕大的紫色花穗垂挂枝头，灿若云霞。司马休之听说刘毅将至，已在檐下等候，这时便满面春风地降阶而迎，执手相慰，很是亲热，三人同进厅内。司马楚之也在，一见刘毅进厅，忙站起身来。众人寒暄了几句，分宾主落座。

刘毅虽专肆狠愎，深自矜伐，但在几位皇亲国戚面前，还是不敢任意妄为，恭恭敬敬地问道："太傅今日见召，不知有何见教？"司马休之捋着胡须，呵呵笑道："没什么事，就是约些至爱亲朋，在敝府用个便饭。"说着，扬声对厅外道："来人呀，酒宴摆下。"厅外

第五章 京城风云

答应一声，紧跟着家人上菜。说是便饭，可也着实丰盛。谢混抄起汤羹，指着一碗鱼羹，道："刘毅将军，你尝尝。这是太傅从苏杭聘来的名厨做的。"刘毅见那羹色泽黄亮，便舀起一勺，放在嘴里慢慢品着，只觉鲜嫩滑润，赞道："好，味道有些像蟹羹。"司马休之道："这是把鳜鱼蒸熟之后，取肉拨碎，添加配料烩制而成。但刘毅将军说的也不错，这道菜的形味均似烩蟹羹，所以，又有人称之为'赛蟹羹'。想不到，刘将军还精于美食。"司马楚之接口道："刘毅将军可是文武全才，不仅武艺过人，还能诗善赋。"说着，便将刘毅在扬州刺史府做的那句诗背了出来。谢混在旁听了，拍案叫绝道："这句诗风华内敛，卓有古韵，直堪步武前贤，必当传世。"就这样，司马休之等人在席上着实殷勤，对刘毅大灌迷魂汤。刘毅终究是一介武夫，尤好哄骗，听了别人几句好话，浑身骨头大松，几杯酒下肚之后，便与谢混称兄道弟起来。

司马楚之看火候差不多了，便对刘毅道："刘将军，这次京口建义，你实有大功。刘裕封为郡公，你却只得了个卫将军之号，这……"说着，停口不语。司马休之也是一脸地惋惜，摇头叹道："刘将军，你与刘裕一样上阵拼命，却是赏不酬功，令人扼腕。"刘毅听了这两句话，勾起满肚子的不平，不禁神色黯然，举杯一饮而尽，将酒杯往桌上一放，低头不语。谢混很是鸡贼，紧跟着煽风点火道："刘裕与何无忌、孟昶交情深厚，皆有高官厚禄，却拿你当个外人。刘毅兄弟，你何必再跟着他们卖命？"说着，提起酒壶，为刘毅满上酒，又道："今太傅有意，打算上奏朝廷，以你为豫州刺史，刘将军可否愿往？"刘毅听了这话，又惊又喜，抬起头来，道："此大门官，末将何以当之？"司马休之道："这次京口反正，刘裕虽居首功，但你的功劳也不小。由你担任豫州刺史，可谓实至名归，还请不必推辞。"说着，举杯相劝。谢混、司马楚之等人也纷纷给刘毅敬酒道喜。这一日，刘毅喝了个大醉，尽欢而返。

第二日的早朝时分，天阴欲雨，又闷又热，把人像是捂在了蒸笼里。刘裕、何无忌等人要去上任，特来金殿面君。司马德文慰勉了几句，刘裕等人唯唯，便起身归班。众臣又奏了几件事，便等着宣布退朝。这时，一个太监手里捧着一道黄绫子的诏书，立于丹墀之前，朗声道："卫将军刘毅接旨。"刘毅身穿朝服，出班跪倒。太监打开诏书，高声道："卫将军刘毅，勤于王事，功勋卓著，着令实授豫州刺史，即日赴任。钦此。"刘裕听了，与何无忌、孟昶交换了一下惊讶的眼神。刘毅已是山呼万岁，叩头谢恩，站起身来，喜气洋洋地回班。

　　随后，司马德文宣布退朝，百官络绎出殿。刘毅摇晃着脑袋，大摇大摆地从刘裕等人面前经过，只是微微点了下头，脸上似笑非笑的，昂然跨出殿门。刘裕心里不解，与何无忌、孟昶出了太极殿。刘毅正走在前面，身边簇拥着司马休之、司马楚之、谢混等人，有说有笑地向皇城外走去。刘裕看了这一幕，顿时全都明白了。何无忌瞧着刘毅的背影，在一旁悄悄说："刘兄，此人不可复信。"刘裕不语，举头望去，见天空犹如墨染，几声闷雷隆隆响过，一道闪电划破长空。不一会儿，沉重的雨点，噼哩啪啦地落了下来。

第六章　还镇京口

> 刘裕在外期间，州中诸大处分皆委于刘穆之，仓猝立定，无不允惬，遂以刘穆之为腹心，命其为长史。刘穆之感知遇之恩，也是竭节尽诚，凡事无所遗隐。

这年十月，正是秋高气爽的时候。偶有雁群，排着整齐的队伍，在高远的天空舒缓地飞过，留下变幻莫测的身影。斑驳的树丛中，不时传出婉转清亮的鸟鸣，与"吱吱呀呀"的船橹声相映成趣。南徐州刺史刘裕领军回到了京口，将兵马驻扎在城外，带了五百名亲兵，由北门入城，沿着城内狭长的河道行去。几艘乌篷小船正在河面上缓缓前行，河堤下散布着碧色荷叶，粉色水莲。刘裕头戴风兜，身披大氅，骑着马走不许久，见正前方是一堵临河而筑的白墙，约两米高，上覆黑瓦，墙头砌成高低起伏的波浪状，掩映在影影绰绰的树丛花间。正中两扇红漆大门敞开着，门上挂着一块黑色匾额，上书"南徐州刺史府"六个烫金大字。府前，家人们排成两列，正在恭候刘裕入

府。随刘裕同至京口的,还有一位朝廷使者,专来册封刘裕之妻臧氏为诰命夫人。刘裕与使者在府前下马,将马缰绳交给家人,迈步入府。

臧夫人三十几岁年纪,脸形略长,倒也称得上是眉清目秀,正站在客厅前迎候。两个侍女左右侍立。臧夫人见了刘裕与使者,向二人飘飘万福,便随进厅来。使者面南背北而立,取出诏书。刘裕和夫人跪在使者面前,阖府家丁、丫鬟在院里跪了黑压压的一片。

使者扫视了一眼众人,打开诏书,朗声道:"奉天承运,皇帝诏曰:'家有孝慈之范,美以相济而成,国崇褒赐之文,恩以并推而厚。豫章郡公、南徐州刺史刘裕建义有功,着封其妻臧爱亲为一品夫人。钦此。"刘裕与臧夫人立起身来,从使者手里接过诏书。使者作了个揖,给臧夫人道喜。臧夫人转过头,对身边的一名侍女使了个眼色,侍女会意,从桌上取过一个黄皮包袱,里面装着二百两银子,递到使者手里。臧夫人道:"大人一路辛苦,这些薄礼,不成敬意,权当请您喝杯茶了。"使者接过包袱,只觉手里一沉,眉开眼笑地说:"如此愧领了,多谢夫人。"说着,又向刘裕一躬身,便告辞而去。

刘裕将使者送出府后,回到内宅,被熙暖的阳光晒得眯缝起眼睛,见女儿兴弟飞跑着来迎。这几年,兴弟的身量高了一大截,柳腰莲脸,戴着金丝鬏髻,穿着一身绣夹裙,显得体态修长,已是个半大的姑娘了,几步来到父亲身边,拉着刘裕的手,欢天喜地地走上台阶。臧夫人已卸去大妆,换上家常素净的衣服,一头青丝在脑后盘成个发髻,鬓角斜插玉簪,笑容满面地站在廊下,一家三口走进正房。

为了给丈夫接风,臧夫人已督率家人做了一桌子的菜。一家三口坐在桌前,边吃边谈。臧夫人给刘裕斟了一杯酒,笑吟吟地道:"相公征战数载,终得衣锦荣归,不知有什么打算?"刘裕撂下筷子,笑道:"夫人,且莫取笑。我没读过什么书,如今要我为官,如何施政,倒有些为难呢。"臧夫人道:"倒不妨出去探察一下闾阎民情,总比听下人佐吏的可靠些。"兴弟在旁拍手叫好,道:"阿爹,我在

第六章　还镇京口

戏文上，见那些青天大老爷每每微服私访。明日，你换去官服，也出去访访。"刘裕摸了摸女儿的头，忖思道："我久居京口，只怕认识我的人多。"臧夫人道："京口屡经战乱，原来的人逃亡的不少。现在的住户多是从外地新迁来的。再说了，你在外多年，容颜变化不小，换身便装，戴上顶大帽子，遮住半边脸，谁还能认得出你来？"刘裕笑道："好主意，明天我就和穆之出去走走。"说着，三人又说了些家常话。

南徐州辖淮南九郡，治所在京口。刘裕在建康期间，州中诸大处分皆委于刘穆之，仓猝立定，无不允惬，遂以刘穆之为腹心，命其为长史。刘穆之感知遇之恩，也是竭节尽诚，凡事无所遗隐。第二天一早，刘裕将刘穆之、丁旿找来，又带了十几名亲兵，皆换上便装，头戴笠子帽，骑着马出了城西门，便向城外行去。沿途全是翻涌着稻浪的田地，稻穗儿已经成熟。不远处有几个村庄，村里的竹篱边牵延着的毛豆叶子已略显枯黄；几棵石榴树伫立在淡淡的晨雾中，绽开饱满的果实，露出红里透亮的石榴籽儿。

中午时分，一阵微风吹过，路边的树叶纷纷飘落，树下的小草绿里带金，轻轻摇摆着。刘裕在马上勒住缰绳，扭头刘穆之道："穆之，咱们在前面找个地方，打尖休息一下吧。"刘穆之本是文士，骑了这半日的马，着实觉得疲累，现在听了刘裕这话，便摘下头上的笠帽，道："大人说的是，前面有个镇子，名叫三十里铺。我们去镇上歇息用饭，晚上再回城也不迟。"说着，众人催马前行，走不多远，便是一个不大的镇子。这儿离京口三十里，有百余户人家，多以务农为生。一条并不怎么宽阔的石板街，便是这个镇子的主干道了。街道两边不算热闹，只有些叫卖烧饼、馄饨的小摊。刘裕等人沿街一直向前，走不多远，见路边有一家小店。店面不大，屋檐上斜支着根竹竿，上面挂着个招子，上题"春来酒馆"四个大字。

刘穆之抹了一把头上的虚汗，四处望了望，对刘裕说："大人，这等乡野地方，料没什么像样的酒店，不如就在这儿凑合吃点儿东西吧。"刘裕道:"也好。"说着,跳下马来,迈步进店。刘穆之、丁旿等人紧紧相随。店里已坐了几桌吃饭的客人,靠柜台处还有几张空桌。店掌柜的是个四十多岁的中年人,穿着一身青布袍,挽着袖边,显得十分利落,见来了生意,忙上前招呼,又命小二打水给众人净面洗尘。刘裕与刘穆之、丁旿围着一张空桌子坐下,众亲兵坐在另外两张桌子旁。掌柜的提了壶茶,又拿过几个茶杯,摆在刘裕等人面前。

　　刘裕向四外瞧了瞧,见旁边的一张桌旁坐着四个乡下打扮的人。这些乡下人身穿粗布衣服,皮肤打皱,手指骨节粗大,每人面前摆着一碗烧刀子,正啃着手里的猪骨头。其中一人,掂着把菜刀,将一根猪腿骨从中砍断,抄起块骨头在嘴里吮得"啧啧"有声。刘穆之悄悄问道:"掌柜的,旁边桌上的几位,吃的是什么菜?"掌柜的低声道:"咳,客官,您别取笑了,哪是什么菜?乡下人穷,到小店里,只能要几根猪骨头啃啃。这猪骨头便宜得很,几文钱一根。小店把猪腿骨洗净,加各种作料煮熟后,直接用盘子端上桌来。客人把骨头啃个差不多之后,再用刀将其从中斩断,便可吮吸里面的骨髓。"丁旿在一旁道:"那给我们来几盘猪肉吧。"掌柜的道:"对不住,客官,大块猪肉太贵,在咱这地方卖不动。所以小店每天只进些下货,客官,要不您尝尝小店的下货?"刘裕心里明白,这附近的人家吃不起大鱼大肉,只能在下货上下功夫,毕竟下货便宜,便道:"好,我们三桌各要一个汤锅,切几盘下货。"老板答应一声,自去安排。不一会儿,伙计把一个热气腾腾的汤锅端了上来,又给每桌上了几盘烩菜,还搬来一坛老酒,放在桌旁。刘裕等人吃了几口,倒也觉得很香。

　　须臾饭罢,刘裕等人又喝了会儿茶,便结算了店饭账,走出店门,让小二从马棚里牵出马匹,正要动身,忽听远处一阵嘈杂,隐隐传来哭喊之声。刘裕立在店前,觉得诧异,叫过小二问道:"是什么人在吵闹哭泣?"小二将手里的毛巾搭在肩上,叹了口气道:"客官,你们要走路,便走路,还是莫管闲事吧。"刘裕好奇心更盛,非

第六章 还镇京口

要他说个明白。小二无奈,见周围并无闲杂人等,便低声道:"我们这镇上,有一户谭姓人家,是前些年由江北逃难来的。家里只有老两口带着个小孙子,苦巴苦业的,在镇子边上盖起了两间房,去年又租了城内刁府的十亩地,不想到了年底,收得粮食全被刁府斛了去,算了算账,倒还欠刁府二十多两银子。前几日,刁家公子带着一群家丁,前来逼债。谭家一贫如洗,哪有银子还他?刁公子非要占谭家的宅子,临行还放下话,说是今日就让他们搬走。刚才您听到的动静,大概便是谭家的人在哭闹呢。"说着,摇了摇头,自去了。

刘裕手里拉着马缰,且不上马,皱眉道:"刁府?莫不是刁逵的府上?"刘穆之立在刘裕身边,道:"正是。义师克复建康之后,朝廷以刁逵反正有功,不究其罪。刁逵自知恶了孟昶和刘毅,在京师安身不牢,便走了司马楚之的路子,自请回京口闲居。"丁旿在一边整理着鞍鞯,愤愤地道:"看这样子,刁逵回到京口之后,豪横仍是不减当年。"刘裕知刁逵素富,纵容奴客作恶,专固山泽,大为京口之患,便冷哼一声,道:"清平世界,朗朗乾坤。刁家人这般胡为,不怕王法吗?"说到这里,将缰绳交与亲兵,转身循着哭声,直赶了过去。刘穆之、丁旿与众亲兵拉着马匹,在后面紧紧相随。

众人快步走到街口,又绕了个弯儿,来到了镇子北边,见前方是两间东倒西歪的土坯房,房前围着一堆人,哭喊之声,正是从人群里传出来的。刘裕挤进人群,见土坯房外立着两个穿绸裹缎的年轻人。其中一个二十左右岁,两道淡眉,一双三角眼,肤色暗黄,一脸的骄横,外罩绯色团领长袍,腰里系着一条菊黄色的丝绦,正是刁逵之子刁弥。另一人与他年纪相仿,一双金鱼眼,眼眶旁有些发青,脸颊瘦削,嘴唇肥厚,光秃秃的下颌没长胡子,身穿一件黑色长袍,腰系板带,撸着袖子,手里拎着一把铁尺,是刁逵的侄子刁骋。这两人身边围着十几个恶奴,又有几个满脸横肉的打手,正将谭家人从屋里赶出来。屋子的墙壁被人用铁镐掘出了几个大洞,泥块散落一地。几件旧被褥被扔在门外,上面布满了黑色的脚印。一些碗碟在门口的石碾子上摔得粉碎。

　　谭家老两口儿都六十多岁，衣衫褴褛，头发花白。谭老太太已哭得肝肠寸断，抱着门框不肯出屋，怎奈身单力薄，被硬拖到街上。谭家的小孙子只有六七岁，被一个恶奴提着双脚从屋里扔了出来，摔在地上，顿时就晕了过去。谭老汉气红了眼，吼道："我和你们拼了。"一头向刁弥撞了过去。刁弥向旁一躲，从家奴手里夺过一根棍子，手起棍落，正中老汉的太阳穴。谭老汉被打得脑浆崩裂，一头栽倒在地上，绝气身亡。围观的人们见此情景，不由得一阵惊呼。谭老太太见丈夫惨死，扑过去，抱着尸首，放声大哭起来。刁弥阴恻恻的一笑，又举起棍子，便欲向她的头上击落。刘裕正好赶到，见此情形，大喝一声："住手。"犹如平地一声雷，惊得刁家众人一愣。

　　刁弥见有人出来挡横，有些意外，停住手，上下打量着来人，见刘裕不到四十岁年纪，一张长条脸，两道剑眉斜插入鬓，双目如电，隆鼻薄唇，身材高大，立在面前，自有一股威严，穿着一身粗布衣服，背着一顶大笠帽，却看不出什么身份，便没好气儿地道："你是何处来的野杂种？哪儿凉快哪里呆着去，少管大爷的事。"刘裕大怒，左手在他面前一晃，右足陡起，一个窝心脚，正中刁弥的前心。刁弥自幼是个少爷胚子，从没挨过打，冷不防受了这一脚，踉跄着向后退了几步，脚下不稳，一个跟头摔倒在地，"啪"的一声，后脑勺重重的磕到门口的石碾子上，随即滚落在地，后脑渗出一滩血来，两眼一翻，身子抽搐了几下，便呜呼哀哉。刘裕并没想要他的命，见刁弥这么不禁打，不由得也是一愣。刁骋在旁看见，脸都黄了，扯着嗓子叫起来："不得了啦，这人将少爷打死了。大家一齐上，将这个不知死的给我拿下。"众恶奴听了，各拉刀枪，扑了上来。丁旿甩掉长大的外衣，拔出腰刀，带着十几名亲兵迎了上去。众恶奴平日时只会欺负良善，哪是丁旿等人的对手，没多大工夫，就被打倒，一个个折胳膊断腿，横七竖八地躺在地上。丁旿命亲兵们取出绳子，把刁府恶奴全都捆了起来，连刁骋也被捆了个寒鸭凫水式。

第六章 还镇京口

时值傍晚,太阳落向西山,余晖漫过了小溪,溶入淙淙的溪水里。澄澈的溪水开始变成铁灰色。远处的大山,在暮色里暗淡下去。黑夜渐渐降临了。正在这时,三十里铺外一阵大乱,一队军马疾驰而至,盔甲鲜明,戈戟森森。原来,刘穆之出巡之前,担心有失,暗地通知朱龄石,命他率五百精兵在后保护。朱龄石领命,一直带兵悄悄随着刘裕等人,听到镇里一片喧嚣,便火速赶来,到了近前,跳下马来,向刘裕躬身施礼,道:"禀大人,卑职来迟有罪。"刘裕摆摆手,道:"没干系,你且派人看住这几个为非作歹之徒。"说话间,亲兵从旁边店铺上搬来一条櫈子,请刘裕坐在上面,丁旿与刘穆之侍立在刘裕身边。刁骋与众恶奴见刘裕这等威势,已是惊得呆了。刘裕对周围的百姓道:"本人行不更名,坐不改姓,南徐州刺史刘裕便是。刁家为富不仁,为害乡里,平日里坏事做绝。我奉王命,牧狩一方,今日既遇上,便要为民除了这一害。"围观的百姓们闻听此言,雀跃鼓噪,纷纷向前诉说苦情,痛揭刁家欺男霸女、圈地占产、包揽词讼等劣迹,直说了几个时辰。此时,刁骋已是面如死灰,软瘫在地。众恶奴也早没了刚才的威风,一个个浑身栗抖,犹若筛糠。

刘穆之弯下腰,附耳低言道:"大人,这些人罪不至死,打他们一顿板子就是了。"刘裕点点头,道:"好,刚才那人打死谭老汉,已然抵命。你们这些人为虎作伥,也须受严惩。"说着,扭头对朱龄石说:"将这些人拉下去,每人打六十大板。"朱龄石答应一声,带着一群军士闯了上来,将刁骋等人拖到一旁,一顿板子,打得他们皮开肉绽,然后释放。这时,谭家的小孙子已悠悠醒来。谭老太太一手拉着他,一手擦着眼泪,来到刘裕面前道谢。刘裕心中不忍,立起身来,招呼随行人等,一齐掏出身上带的银两,凑了二百两银子,交与谭老太太,请四邻帮着,从镇上买来棺木,安葬了谭老汉,剩下的银子,留作家用。料理完这些事后,刘裕便骑上马,与刘穆之、丁旿、朱龄石等人,回了京口。

刁骋与众恶奴抱头鼠窜,回到刁府。刁府位于京口城西,占地近百亩，规模庞大，由五进院落组成，有房屋二百余间，前殿后楼，亭阁连云，遍布曲廊馆榭，西为阁楼，南为花园，内有叠石假山、池塘花木。大门三开间，砖雕精细，前置石狮一对，门钉五纵七横三十五枚。这一天，刁逵用过晚饭，在院子里遛弯儿，手里托着个鸟笼子，里面养着只画眉，忽听门前一阵大乱。刁骋与十几个家丁，都是遍体鳞伤，抬着一具尸体，从大门里一涌而入。刁逵吃了一惊，撒了手里的鸟笼子，上前问道："怎么回事？"刁骋哭丧着脸，来到叔父面前，将刁弥被刘裕打死的事情，从头到尾叙说了一遍。刁逵听罢，犹如五雷轰顶，一阵头晕目眩，几乎跌倒在地，看着儿子的尸体，不禁又悲又怒。刁逵的夫人在后院闻得消息，披头散发地赶来，抱着刁弥的尸身，更是大放悲声，直哭得发昏。刁逵铁青着脸，立在一旁，命人快去买上好的棺材，准备将儿子安葬，又命几个仆妇将夫人搀回房去，自己咬牙切齿地思忖："刘裕与孟昶一党，初来乍到，便打死了我的儿子，既结此仇，日后必要对我下毒手。"想到这里，看着收敛了儿子的尸体，又将刁骋找到客厅。二人关起厅门，在屋里密议了起来。

　　时光飞逝，转眼又是一年春来。豫章公府里，桃花、海棠花、杏花竞相绽放，成了一片绚烂的鲜花海洋，清幽的香气引来了翻飞的蝴蝶。二月十五这天，是"花朝节"，即百花的生日，又称"花神节"。这天清晨，臧夫人早早起来，梳洗已毕，用过早饭，带上女儿兴弟，便欲出门。刘裕刚从院里练完一趟刀，回到房里，与臧夫人走了个碰面，便问道："这么早，你们是要去哪里？"臧夫人道："今日春序正中，百花争望，最堪游赏。阖城女子都要绾帘出阁，游春野步，再到花神庙敬谢花神。我们也去！"说着，与兴弟飘飘出门，合坐一乘大轿，带了几名家人走了。

　　刘兴弟虽然坐在轿里，终究孩子心性，闻听市声渐远，知道已是出了城，忍不住撩起轿帘，向外望去，但见路边的树木吐出了点点嫩芽。田野里的小草钻出了地面，绿油油的，像给大地铺上了绿色地

第六章　还镇京口

毯。溪水叮咚，流向远方。郊外的山茶、水仙、迎春争相绽放，桃李吐出花蕊，红的似火，粉的像霞，白的如雪。路边走着三三两两的女子，穿着簇新的衣裳，正在结伴游春，还将五色纸笺、绸带悬系在花枝上，既是献给花神的礼物，也装扮了花枝花丛。亭边水畔，有些少女、少妇们剪彩为花，插于鬓髻，或设行障坐席，或以红裙递相插挂，或干脆设席藉草，以为宴幄，传花令，抽花签，斗草赏花，烹茶赋诗，不时腾起一阵欢声笑语。

花神庙坐落在京口城北十五里处，是春天祭祀花神的场所，始建于晋初，庙门上方悬有"花神庙"的三字牌匾。庙内前殿有花王及诸路花神的牌位。传说花神专管植物的春长夏养，所以，祀奉她的不仅限于稚女少妇，还有许多花农。每年花神生辰，许多大户人家也会于庙内设供，祭拜花神，祈祷花神保佑风调雨顺、百花竞放、五谷丰登，就此形成庙会。

臧夫人和兴弟来到庙前，见一些艳装靓服的少女，剪彩花插头，与红花绿枝相映成趣，叽叽咯咯地说笑着，沿青石径拾阶而上，到庙里焚香祭拜花神。花神庙外摆开花市，有山茶、水仙、探春、桃李、海棠等，争奇斗艳。臧氏母女带着家人，夹杂在游客中间，在庙内外徜徉，微风拂过，落花满天飞，拂了一身还满。不知不觉，到了傍晚时分，夕阳贴近了山峦，田园朦胧，山影憧憧。庙内外的花枝上张挂起各种形状的"花神灯"，灯火与红花绿萼相映成趣，水光溶溶，萤火点点，景象煞是美丽。

须臾，山色由淡青转为深赭。天边一弯新月悄然升起，还有几颗星星发出微弱的光亮。浓雾层层弥漫，远处传来一池蛙鸣。刘裕在府内见夫人久出不归，终是放心不下，便带上十几个卫士，骑上马，出城相迎，甫到城外，行不多远，就见前边几支火把，簇拥着一乘大轿过来，料想是臧夫人回城，忙催马上前，到得近处一看，果不其然。臧夫人听得马蹄声响，撩起轿帘，见是刘裕，笑着说："今年的花灯很好看，就耽搁了一会儿。"刘兴弟从轿窗里探出头，高兴地喊道：

"阿爹。"刘裕答应一声,骑在马上道:"天色已晚,我在家也没什么事,便出来相迎。"说着,拔转马头,当先而行,回到城内,沿着大街向府里走去。

街上的铺户已然上板,行人甚稀。暮色深沉,烟气雨雾,铺天盖地,浓浓重重,笼罩着街巷。刘裕骑马走在街上,听着马蹄清脆地敲击着石板,觉得四周安静得异乎寻常,正觉得奇怪。突然,屋檐下的几只飞鸟"扑簌簌"地飞起,惊叫着在空中盘旋。紧接着,两边几家店铺的铺板被人从里面猛地撞开,几十名黑巾蒙面的刺客,手持利刃,从铺子里冲了出来,直奔刘裕冲过来。队伍最前面的几名卫士不及提防,先后中刀倒地,鲜血直流入石板间的缝隙。刘裕这次出来,既没穿铠甲,也没带长刀,见此情形,大惊失色,飞起一脚,踢倒一个刺客,抽出腰刀,纵马迎敌,但街巷甚窄,马匹回旋不便,干脆跳下马来,近身接战,横砍竖剁,一连劈倒几名刺客。其余的十几名卫士却被数倍于己的刺客缠住,不得向前,已处于不利的境地。

正在这时,远处传来大队人马奔驰的声音,原来是丁旿带亲兵前来接应。众刺客见状,唿哨一声,四散而走,瞬间隐入暮色之中,消失得无影无踪。整个刺杀过程,犹如兔起鹘落,来得快,去得也快。刘裕将腰刀还鞘,一回头,见地上倒着几具尸体。臧夫人乘坐的轿子斜在墙边,两个轿夫中刀身亡,倚着轿杠,身下鲜血汩汩流出。刘裕心里"咯登"一声,嗓子像哑了,说不出也喊不出,脚下打着晃来到轿前,颤着两只手,撩起轿帘,只见臧夫人扑下身子,护住兴弟。二人睁着惊恐的眼睛,正在瑟瑟发抖。刘裕扳着夫人和女儿的肩头,急问道:"怎么样?受伤没有?"臧夫人吓得话也说不出来,只是摇了摇头。刘裕见夫人和兴弟并无大碍,长出了一口气,放下心来,命人牵过两匹马,让亲兵将二人护送回府去。

这时,丁旿已检视完现场,过来道:"大人,刺客死了五个,还有一个受伤的,被弟兄们擒住了。"刘裕转过头来,说:"将那受伤的刺客带过来!"丁旿回身呼喝了几声,命人将受伤的刺客押过来。

第六章 还镇京口

刺客面上的黑巾已被打掉,露出一张惨白的脸,小腿上中了一刀,走起路来,一瘸一拐的。丁旿上前踹了他一脚,道:"你们是什么人,受谁的指使?"那刺客突然仰天惨笑,笑声却又戛然而止,接着便翻身扑倒在地,一动也不动了。丁旿吃了一惊,俯身一看,见刺客的嘴角流出一股黑血,有些失望地道:"这人服毒自尽了,用的毒药倒是厉害,发作得这么快!"又伸手在刺客的身上搜查了一遍,却也没发现什么东西。刘裕只得命人将地上的尸体草草掩埋,自己与丁旿带着亲兵回到府里。

刘穆之听说刘裕遇袭的消息,吃惊非小,当晚便匆匆赶来,见刺史府外已然戒备森严,五步一岗,十步一哨,进到府里,绕过照壁,来到厅前。厅里点起了煌煌灯烛,照耀得四处通明。厅外站着数十名亲兵,一个个弓上弦,刀出鞘。刘穆之疾步迈上台阶,气喘吁吁地奔进客厅。刘裕正秉烛而坐,见刘穆之到来,说:"穆之,来,快坐……。我正在琢磨,到底是谁要杀我?"刘穆之坐在刘裕下首,略一思忖,道:"大人,去年刁弥死在您的手里,会不会是刁家的人干的?"刘裕的手指轻轻在桌上敲击着,道:"如此说来,刁逵的嫌疑最大,却又没有凭证。"二人正议论着,丁旿从厅外走了进来,禀道:"大人,听弟兄们说,这些刺客虽侥幸漏网,但也没讨着多大便宜,其中有几个着实挨了几刀,受伤应该不轻……"刘穆之听到这里,猛然抬头,道:"既然如此,他们肯定会到药铺买些金疮药。卑职明日到各药铺暗加查访,或可知晓一些线索。"刘裕点头称是,便命刘穆之去打探一下。

第二天,朝阳从东方升起,凉风吹散了层层的薄雾,天地间一片鸟鸣雀噪之声。刘穆之换上一身便装,装作个商人模样,独自一人,连走了几家药铺,却没问出什么端倪,眼看到了中午时分,心里不甘,干脆出了城,沿着城外的大路,一直向东走,来到城外十余里的一个镇子。这镇子虽在城外,却也繁华,有千余户人家。刘穆之见人便打听,知镇上有一家"回春堂"中药铺,在远近十里八乡很是有

名,便问明了道路,来到"回春堂"。

药铺里的陈设古色古香,两边靠墙的古木药柜上嵌满了小方盒子。盒子上贴着许多中草药的名子:人参、何首乌、黄芪、枸杞、鹿茸、朱砂、赭石、芒硝等,琳琅满目。迎门是一个大柜台,上面摆放着药钵、戥子、镇纸、算盘、铁碾、瓷罐等物件。店伙一见有客人进门,忙上前招呼,让坐奉茶。刘穆之道:"小二,我不看病,向你打听点儿事。"小二道:"客官想问什么?"刘穆之道:"最近这两天,有没有人从你这里买金疮药?"小二道:"客官,对不住,小店诚信经营,从不泄露客人的事。"刘穆之见小二脸色微变,眼神里透出一股虚光,料定他知道些什么,便从怀里掏出一锭银子,塞给小二道:"有劳小哥。"小二见那锭银子翘边细纹,足有十两,不由得心动,便低声道:"昨天,有人坐着一乘轿子,带了五六个人,到小店买了几大包金疮药,放到轿肚里带走了。买主倒不曾下轿,可随从人里,有一个便是刁府的管家。他曾来过我们镇上,小的绝不会看错。临走时,那些人还叮嘱小的,不要把这事说出去。"刘穆之听了大喜,一拱手道:"多谢小哥。"说着,立起身来,走出店外。

第二天,晴空万里,天空中飘着朵朵白云,温暖的阳光透过窗棂,布满了室内,许多纤细的尘埃在光中凌乱飞舞。刘穆之用过早饭,在腰里带了些散碎银子,悄悄出了刺史府的后门。后门外便是一条狭窄的小巷,地上铺着鹅卵石,两边都是高墙,却并无人家居住,很是僻静。刘穆之走出小巷,转上大街,行至刁府门前,徘徊观察,却又不敢过于招摇,免得引人注目。一连去了几天,并没什么发现。这一日,刘穆之又来在刁府外,忽见刁府的两扇大门一开,从中走出一人。这人四十多岁年纪,两只三角眼,一对吊梢眉,尖嘴猴腮,脸上又瘦又干,头戴罗帽,身穿皂衣。门口的几个家丁见了这人,一齐上前巴结,有的便道:"刁管家,这是要去哪?"刁管家大模大样地道:"出去办点儿事,顺便采买点东西。"说着,走下门口的台阶,

第六章 还镇京口

沿着大街，施施然向前行去。

刘穆之急忙随在管家身后，走出约摸半里地去，见路上行人不绝，便紧赶了几步，上前道："刁管家，小人这厢有礼了。"刁管家自幼在建康长大，去年才随刁逵来的京口，自不识得刘穆之，扭头一看，驻足道："这位朋友有些面生，像是不曾会过。"刘穆之道："小人姓张名钟，是做绸缎生意的，无事不敢前来讨扰。"刁管家心想："原来是个生意人。"便道："京口这些掌柜的我倒也见过几面，却不曾见过您啊。"刘穆之道："小人原是广陵人氏，因遭了兵燹，这才将铺子搬到此地。上个月刚开张，难怪您老不认识。"这番话说得滴水不漏，毫无破绽。刁管家信以为真，道："不知张掌柜有什么吩咐？"刘穆之道："不敢！敝号新进了一批绸缎，是上好的苏绣。小人听说贵府是京口首富，还望刁管家照顾敝号的生意。"刁管家一听，心想："发财的机会来了，我可要好好敲一回竹杠了。"当下皮笑肉不笑地说："想做我们大爷的生意，得看你的货怎么样。"刘穆之笑道："货当然好，只要刁管家肯关照，小号一定不忘大德。京口谁不知道，刁府采买之事，是您说了算！"

刁管家撇着嘴道："你甭给我灌迷魂汤。府里的大事小事，是刁大爷说了算。"刘穆之道："甭管谁说了算，您刁管家我们是丁点儿都不敢得罪。日后小人的生意还不全靠您照应嘛！"刁管家笑得两只眼眯成一条缝，道："你们这些买卖人，嘴皮子是真不得了。"刘穆之抬头看看日色，道："相请不如偶遇，这也快到饭口了。小人斗胆，可否请您到太白楼一叙？"刁管家推辞道："初次相会，怎么好让你破费？再说了，刁大爷吩咐，让我出去买些东西，实在是不得闲。"刘穆之一把拉住，哪里肯放，道："刁管家，今日你无论如何得赏我这个脸。小人刚才从太白酒楼外过，见柜台上盘子里盛着滚热的蹄子、海参、糟鸭、鲜鱼，挂着透熟的羊肉，吊着上好的火腿，已经走油了。小人今日做东，请您去美餐一顿。"刁管家被他说得口里流涎，一双脚由不得自己，跟着他转上东直门大街，直奔太白楼而来。

太白楼是京口一等一的大酒楼，附有亭榭、池塘、秋千、画舫，房屋使用靠背栏杆（钓窗），颇具园林特色。酒楼靠着钓桥，门面两层，下层有临水的房廊，酒店大门两旁立红色栅栏，竖有店名牌，牌上三个大字："太白楼"。门上悬挂着青白相间的一张酒帘。刘穆之和刁管家走进门，见迎面是一个柜台，上面熟食遍列，肴旅重叠，燔炙满案。楼下布置散座，楼上分隔为小室，是为雅座。二人沿着楼梯，拾级而上，来到一个雅间里。小二过来招呼，递上菜单。刘穆之一口气点了十几个菜。不一会儿，小二过来摆了盘盏两副，果菜碟三五只，又流水般地端上各种冷热肴馔。

刘穆之与刁管家相对而坐，边饮边谈。刁管家本是好酒贪吃，甩开腮帮子，掂起大槽牙，直吃了个沟满壕平，在刘穆之频频相敬下，又连饮了数十杯醇酒，看看日暮，不觉沉醉，两眼朦胧，说话都有些不清不楚。刘穆之见时机来了，便唤过小二道："这位朋友喝多了，你去雇辆车来，我要将他送回家去。"小二点头答应，接过银子，去街上雇了辆驴车，停在酒楼之下。刘穆之让小二帮着，将烂醉如泥的刁管家架下酒楼，坐进驴车里。

已是傍晚，街道上行人不多，两边的铺子都点起了灯笼，桔黄色的灯光四落，照得道旁的树木一片光影斑驳。硕大的树冠黑黝黝的，回巢的鸟儿藏在枝叶里，叽叽喳喳吵闹不休。刁管家钻进车里，倒头就睡，不一会儿，就扯起了鼾声。刘穆之也上了车，又从身上掏出些散碎银子，塞给车老板，道："去城南，快。"车老板接过银子，答应一声，麻利的跨上车辕，一甩长鞭，那驴子迈开四蹄，拉着车子走街过巷，钻进刺史府旁边的那条小巷里，停在刺史府的后门旁。

这时，天色已黑严了。四周寂无人声。刘穆之跳下车来，在门上轻轻拍了两下。两扇门板"吱呀"一声打开，黑影里，丁旿闪身出来，道："带来了？"刘穆之点了点头，回头指指车上。丁旿几步走

第六章　还镇京口

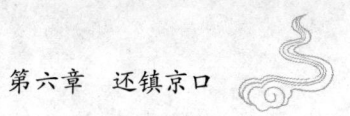

到车前，架起昏睡不醒的刁管家，便进了府。刘穆之冲车老板摆摆手，让他自行离去，随手关好小门，跟着丁昕一直来到府内后花园的一间花房里，这才长出了一口气，擦了擦额头上的汗。丁昕将刁管家绑在房柱上，带人严加看守。刘穆之急匆匆赶往前厅，去见刘裕。

第七章　荡寇除恶

> 自此，横行京口的刁氏之族遂灭。刘裕尽散刁府资蓄，令民称力而取，弥日不尽。时州郡饥弊，民赖之以济。

夜色寂寂，月光蒙蒙，几颗星星在遥远的天空闪耀着。豫章郡公府的院中弥漫着一层薄薄的雾气，花树朦胧，石影憧憧。客厅里亮着灯烛，灯光透过窗棂，照着廊下一片黄灿灿的。刘穆之几步走上台阶，掀起帘子，进到厅内。刘裕正背着手，在厅里来回踱步，听见背后响动，转过身来，便道："穆之，有什么线索了吗？"刘穆之道："禀大人，卑职这几日在外探察，获知刁府管家曾去城外'回春堂'买了些金疮药。卑职便将刁府管家秘密绑了来。"刘裕闻言，精神一振，道："这人现关在什么地方？"刘穆之道："就在花园的花房里，丁旿在那里看着他。"刘裕道："走，你带我去看看。"说着，与刘穆之一起出了客厅，走进后宅左侧的一处院落，再推开两扇虚掩着的月亮门，便进了花园。

第七章 荡寇除恶

园中有一条鹅卵石铺成的小路，可容两人并行，通向花园的各个角落。路旁整齐种着些名贵的苗木，枝叶茂盛，高耸参天。刘裕和刘穆之沿着小径，曲曲折折地来到凉亭前。亭子四周围着石栏杆，内有石桌和几把石凳。亭子四周，是一片茂盛的园圃，花团锦簇，绿草如茵，草丛里萤火点点。亭子西边有一座假山，怪石嶙峋。假山旁植了几株翠竹，枝条交疏，叶片绿润。刘裕与刘穆之绕过假山，来到了花房。花房门前站着两个亲兵，手按腰刀，见刘裕到来，忙躬身施礼，将房门打开。

刘裕与刘穆之进到花房里，见里面点着几支手臂粗细的牛油大蜡，烧得烟雾腾腾。刁管家被绑在房中的一根立柱上，垂着脑袋，仍醉醺醺的不省人事。丁旿立在一边，见刘裕来到，向旁边的亲兵一努嘴。亲兵提起一桶凉水，"哗"的一声，全浇在了刁管家头上。刁管家晃了晃脑袋，打了两个喷嚏，慢慢睁开双眼，见自己被捆得结结实实，不禁大吃一惊，那酒也醒了七八分，抬头瞅着面前的众人，结结巴巴地问道："这……这是怎么回事？"丁旿走过去，左右开弓，给了刁管家两个大嘴巴，道："睁开你的狗眼，看清楚。这里是刺史府。你眼前这位，便是刘裕将军。"

刁管家一听这话，浑身打了一个寒颤，吭吭哧哧地道："小人并没得罪刘将军，不知为何绑我？"刘裕上下打量了他几眼，道："刁管家，我也不难为你。我问你什么，你就老实回答，包你吃不了苦。你要是有不实之词，可别怪我不客气。"刁管家忙道："刘将军要问什么，小人知无不言。"刘裕道："好！前些日子，你在城外'回春堂'买了一大包金疮药，是做什么用？"刁管家听了，两只小眼睛紧着眨巴了几下，嗫嚅道："这个……这个……，小人只奉命办差，至于买了药做什么用，却是不知。"刘裕脸色一沉，喝道："来人，给我打。"话音刚落，闯上两个五大三粗的亲兵，手持皮鞭，蘸着凉水，抡开胳膊，"噼哩啪啦"一通狂抽。

这两个亲兵都是用鞭子的好手，又当着刘裕的面，自是全力以赴，一鞭子下去，就在刁管家脸上、身上添一道血痕，鞭子一提起来，便将刁管家的衣衫扯下一大片。刁管家才挨了十几鞭子，脑袋已成了个血葫芦，鬼哭狼嚎起来。刘裕见状，挥一挥手。两个亲兵停下鞭子，退在一旁。刘穆之取过一块毛巾，在水桶里蘸些凉水，走过去，擦了擦刁管家脸上的血污，道："刁管家，这事与你无碍，何必替别人隐瞒？兄弟劝你早早交代，免得皮肉受苦！"

刁管家平日里只知仗势欺人，哪受过这个罪，挨了几鞭子，痛得皮肉乱颤，听了刘穆之的话，心里琢磨道："说到底，我不过是个做下人的，何苦把主子的罪过扛到自己身上？"一念及此，便道："别打了，我实说。前几日，我们府里有几个人受了刀伤，伤得还挺重。刁骋少爷带着我去买金疮药，不敢在城里买，特意去了城外'回春堂'药铺……。"刘裕听这话合榫，冷笑一声，单刀直入地问道："花神节行刺之事，是不是你们的人做的？"刁管家顾命要紧，不敢再隐瞒，点头道："不错。刁逵大爷花了重金，从江北雁翎山聘来些山贼充当刺客，不想没有成功，反倒折了几个人，还有一些受了伤。"刘穆之在旁问道："刁逵和刺客余党现在何处？"刁管家道："这几天风声太紧，江上盘查得厉害。刁逵大爷带着他们躲在北固山上的甘露寺里，打算等风声过后，再去江北藏匿。"刘裕听到这里，立起身来，转身出了花房，便往前院走去，刘穆之于后相随。丁旿也跟了出来，道："大人，这管家怎么处理？"刘裕不语，提起右手，向下一劈。丁旿道声："明白！"返身回到花房，从腰里抽出一把明晃晃的解腕尖刀，"噗嗤"一声，扎进了刁管家的心窝。刁管家哼都没哼一声，当场气绝身亡。

天空仍旧黑蓝黑蓝的，月光透过薄薄的云层，洒在地面上。一丝凉风吹过，路旁的树木摇晃着枝叶，发出"沙沙"的声音。刘裕和刘穆之一先一后，进到前厅。依着刘裕的意思，便要立即召集军兵去北固山上捕人。刘穆之谏道："大人，不可莽撞，须知刁家在城里广有耳目。军马出动，深骇物听。刁逵若是闻到风声，便会逃得无影无

第七章 荡寇除恶

踪。"刘裕搓着下巴,道:"依你看如何是好?"刘穆之道:"卑职以为,亲兵就在家留守,连丁旿都不必去北固山。朱龄石的部队不是在江边驻扎么?就从他那里抽调些兵力,待明日天黑之后,悄悄上山,管保走不了一个贼人。"刘裕觉得这个主意还算妥当,便命刘穆之与丁旿在府里坐镇,以防万一,又派人秘密出城,去城外大营里知会朱龄石,让他选出五百精兵,屯于江边。

到了第二天傍晚,太阳落向西边,晚霞挥动着绚丽的纱巾,为京口的树木花草染上了一抹金黄色。刘裕从中午一直睡到现在,才悠悠醒来,翻身坐起,穿上衣服。臧夫人在外屋听得动静,掀帘进屋,见刘裕正在起床,忙命丫鬟给刘裕打来了一盆洗脸水。刘裕披上外衣,来到脸盆前,弯下腰,哗啦啦的朝脸上撩着水,又取毛巾擦过脸,顿觉精神抖擞,让丫鬟将盥洗器物撤下,便走到外屋,见桌上已摆好了晚饭,就坐在桌前,抄起了筷子,挟了一个"卷果",放在嘴里,有滋有味地嚼着。"卷果"是选用果肉、桂花、枣泥、蜂蜜、山药、白糖等原料,用油皮卷好,放入锅里先炸后蒸,再用上好的峰蜜渍成。厨子还在"卷果"盘里撒上了些青红丝、金糕条、白糖,看起来五颜六色,既好看又好吃。刘裕胃口很好,一口气吃了半盘的"卷果",又喝了两大碗粥,这才放下筷子。臧夫人知丈夫今晚要去北固山擒贼,坐在桌子对面,有些担心,右手拿着只汤匙,轻轻在粥碗里搅着。刘裕猜到了她的心事,笑道:"夫人放心,千军万马我都不惧,何况山上那几个小毛贼?"臧夫人见丈夫这么说,温存地一笑,撂下汤匙,起身帮着丈夫穿上软甲。

到了二更光景,月上中天。月光透过扶疏的枝叶,在地上落下斑驳的黑影。晚风轻拂,树叶儿簌簌作响。夜雾层层弥漫,在院子里漾开。刘裕结束已毕,辞了夫人,提起长刀,带了几名亲兵,悄悄出府。府外一片寂静,大街上杳无人踪。各铺子早已上板关门,只留下门前的两盏灯笼,在凉风里闪着橙黄色的光。刘裕骑马出了京口,一直来到江边。月光下的江面,微风乍起,细浪跳跃,搅起满江碎银。

朱龄石麾下的五百名精悍步兵，头戴铁盔，身披铁甲，配备了短刀、长枪、藤牌，已在江畔集结，黑压压的队伍里鸦雀无声，唯闻不远处涛声阵阵。刘裕与朱龄石会合，引兵一直开向北固山。

北固山是京口名山，横枕大江，石壁嵯峨，山势险固，由前峰、中峰和后峰三部分组成。前峰原有孙吴宫殿遗址，隐隐可见亭台楼阁。中峰上有万象楼，景致颇佳。后峰也是主峰，北临长江，三面悬崖，峭壁如削，地势险峻。山上到处都是苍松翠柏、名胜古迹，素以"天下第一江山"闻名。

半夜时分，黝黑的天幕上，繁星点点，偶尔有流星飞逝而过。刘裕带兵来到北固山下，抬头向山上望去，可见山巅有依稀的灯光，时隐时现。朱龄石从队伍后面赶上来，低声道："大人，刁逵必在前山石径上伏下眼线，不如我们从后峰溜马涧上山。虽然多绕了十几里山路，但是更隐密一些。"刘裕点头称善，便命队伍开向后峰。溜马涧位于北固山后的峭壁间，两面云崖夹峙，中通一线小道，地势险峻。众人跳下马，走进涧道，山路上静悄悄的。

微风吹过，两旁的树影，在地上变诸百态。队伍过了后峰东南，绕向清晖亭，亭下石壁悬江，可见江上的几盏渔火。不时传来"哗哗"的浪声，倒掩盖了行军的声音。大家又走了一个多时辰，才来到甘露寺旁的北固楼。北固楼又称春秋楼，与岳阳楼、黄鹤楼并称"万里长江三大名楼"，为两层建筑，画梁飞檐，回廊四通，面面皆景。过了北固楼，便是甘露寺了。甘露寺高踞北峰之巅，寺额为张飞的亲笔，始建于三国东吴甘露元年（公元265年），后屡废屡建，寺内有大殿、老君殿、观音殿、江声阁等殿堂、僧屋二百多间，飞阁凌空，规模宏大，呈以寺镇山之势。

天上的月亮被浮云遮去了光辉，山中漆黑一片，伸手不见五指。刘裕带着人马到了寺外，见寺门关得严严实实的，便分派军士，四面合围。随刘裕上山的都是老兵，屡经战阵，经验丰富，各自占据有利地形，将甘露寺围得水泄不通。刘裕这才命人点起火把，照得寺外一

第七章 荡寇除恶

片通明。朱龄石迈步来到寺门前，左手倒提一柄宣花大斧，用右手扣打门环。不一会儿，听到里面脚步声响，有个声音一惊一乍地问道："是什么人深夜到此？有何贵干？"朱龄石粗声粗气地答道："南徐州刺史刘裕将军带兵前来，要进庙搜检。"里面突然没了动静，良久不闻有人说话。刘裕不耐烦起来，一挥手，上去几个军士，一齐用力推门，庙门在里闩着，纹丝不动。又有几个军士来到墙边，搭起人梯，准备越墙而过，刚爬上墙头，就听"嗖嗖"几声，由寺内射出几支雕翎箭。两名军士躲闪不及，肩膀中箭，从墙头上跌落寺外。朱龄石提起宣花大斧，走到庙门前，"喀嚓喀嚓"几下就把门板劈开，只余两个门框。众军士一拥而上，将门框踏倒，手持藤牌护身，冲进庙里。

自花神节行刺失败之后，刁逵就与残余的三十多名刺客藏在甘露寺中，伺机潜逃，今见形迹已露，只得退入大殿，作困兽之斗，不时向外施放冷箭。刘裕领兵涌入庙内，见刁逵等人固守不出，又摸不清殿内的情况，倒也不肯冒进。众军士手持火把，立在殿前的院落里，眼睛盯着前方，肃然戒备，只闻得火把燃烧的声音。刘裕手持长刀，立在众人之前，正要喊话，忽听"嗖嗖"两声，从殿内射出几支箭，直奔自己的面门，忙挥起长刀，将这几支冷箭击落。朱龄石骁勇善战，左手持藤牌，护住身子，右手拎着大斧，率先冲上殿阶。将士们在后，紧紧相随，闯进殿去，与众刺客白刃接战，作殊死搏杀。刁逵等人知无路可逃，拼死顽抗，但毕竟众寡悬殊，没多大一会儿，便有大半被杀。

刘裕率数十军兵立在院中，防备刺客逸逃，忽见殿内冲出一人，正是刁逵。刁逵手持一柄钢刀，势如疯虎，嘴里"喝喝"乱吼，一连砍翻了数名军士，冲下阶来。刘裕抄起长刀，迎头拦住，一招力劈华山，向刁逵砍去。刁逵横刀招架，只听得"当啷"一声，眼前迸出几点火星，疾撒回刀来，中宫直进，向刘裕前心便刺。刘裕用刀杆向外一拔，顺势将刀头向他脖子抹去。刁逵一侧身，躲过这一刀，回刀砍

· 97 ·

向刘裕右胁。刘裕以攻为守，用刀头剁向他的右臂，逼得刁逵只得撤招。二人翻翻滚滚，在院里激斗起来。刘裕力大刀沉，迫得刁逵只有挡架之功，却无还手之力。刁逵勉强支撑了片刻，偷眼见周围全是官兵，越斗越是心慌，一不留神，被刘裕一刀戳在大腿上，顿时站立不稳，一个踉跄，摔倒在地。几个军士一拥而上，将刁逵死死摁住，五花大绑起来。

黎明时分，一轮红日自东方冉冉升起。几缕阳光，照在斑驳的泥墙上。庙内的战斗已经结束，断刀残剑扔得到处都是。三十多名刺客大部被杀，还有五六个被生擒的，也都带伤，全被押到殿外。这五六个刺客仍是黑衣打扮，披头散发，遍身血污，满脸惊惶之色，跪在院里，周围是荷戈持戟的军士。刘裕松了口气，走出庙门，手拄长刀，立在北固山巅，游目四顾，但见山光水色，尽入眼底。千岩万壑，雄壮怪奇，与万里晴空融为一体，山下不远处便是滔滔长江。刘裕本欲将刁逵等人即行处斩，朱龄石在旁道："大人，刁逵曾任京口中郎将，原也是朝廷命官，轻易杀不得。依卑职之见，还是先写道奏章，上报朝廷，明正其罪，再将其开刀问斩，较为妥当。"刘裕听了，便命人将众刺客带至山下，在江边全部处决，唯将刁逵押回京口，关入大牢，又让刘穆之起草了一封奏表，细述刁逵谋刺之罪，派人飞递京师。

京口监狱位于城北荒僻之处，占地百余亩，足可容纳上千人。监狱向南开有两扇铁制的栅栏门，又矮又旧，上面生满了铁锈。门前站着几个面无表情的狱卒，头戴缨帽，身穿号衣，手里拿着器械。进了牢门，便是一个狭窄的天井。天井里建着一座狱神庙，里面塑着"狴犴"。"狴犴"的形象如狮似虎，据说是龙的第四个儿子，颇有威力，故立于狱中。天井四周，密密匝匝地修建着一排排低矮的牢房。牢房全用砖石砌成，上盖大石板。

在监狱里，牢头和狱卒宛如夺命判官，可以肆意盘剥犯人。犯人若是冲撞了牢头、狱卒，就会遭到严厉的拷打。监狱里也有等级，只

第七章 荡寇除恶

要肯掏钱，便能过得舒服些。花一百钱，可睡地铺，花五百钱，可进有床铺的大间；再加五百钱，便可去掉身上的刑具。犯人想在牢里喝酒吃肉也行，一瓶老酒一两银子，一斤猪肉三两银子，其余吃饭吃菜也都有价钱，但都比市面上贵出几倍。一些家境富裕的犯人，打点周到，自会受到优待，不仅不上拘锁，更是要什么有什么；而贫苦犯人，因为无钱孝敬狱卒，进了监狱，和入了地狱也差不多，每日受尽折磨，一天到晚带着镣铐，连饭都吃不饱，甚至被活活饿死。一到夏、秋之季，狱里传染病流行，每天都有人得病死去。死去的人被狱卒用破芦席一卷，像死狗一样丢出去。

刁逵入狱后，自然也上下花钱运动，所以没吃什么苦头，只是作为死囚，被关在西边的一间牢房里。这牢房属关押重犯的内监，戒备森严，没有窗户，房门全是硬木制成，上方有一尺左右的口子，装着一根根拇指粗的铁条。整个牢房像个狭窄的棺材，常年不见天日，光线十分昏暗，空气也非常浑浊，充满了腐霉的味道。牢房里面，靠墙用木板搭着一张铺板，占去牢房三分之二的空地。这天傍晚，落日的余晖，透过狭窄的天井，斜照在房门的铁栏杆上，散发着幽幽的光。刁逵躺在铺板之上，惊惧交加，不时听到某个囚犯凄惨的嘶吼声，不禁辗转反侧，彻夜难眠。

不久，朝廷的诏书来到京口，着令将刁逵依律处斩。刘裕收到诏书后，传下令去，命人在京口十字街头搭起刑场，准备三日之后将刁逵斩首示众。

到了行刑这一天，监狱的两扇铁门大开，一辆骡拉的囚车从监狱里辚辚驶出。囚车中的犯人身戴三械（项械、手械、足械），披头散发，看不清面孔。车前插着犯由牌，上写"逆犯刁逵一名，斩立决！"等几个醒目的红字。车旁是些牢头、狱卒，前呼后拥，一齐赶赴刑场。京口百姓知今日斩刁逵，无不欢喜雀跃，奔走相告，一大早，就挤在街道两边围观。有不少人受过刁逵的欺压，恨之入骨，今见仇人落到这步田地，心里自是趁愿，一边破口大骂，一边从地上拾起碎石块，向囚车中的犯人砸去。众人纷纷效仿，竟相向囚车投掷石块。顷刻间，乱石雨坠，犯人被砸得头破血流。押车的牢头、狱卒吼破了嗓子，也是禁止不住，倒险些挨了几下石头。拉车的骡子在前，头部被一粒石子击中，顿时惊了，撒开四蹄，在街上狂奔起来。驾车的车夫用双手猛勒缰绳，直崩裂了虎口，却也无济于事。那畜牲拉着囚车在街上横冲直撞，直跑到城西才停了下来。一路之上的人们被挤得东倒西歪，还有不少人被踩伤、被车辆撞伤，倒在地上，喊声沸天。

刘穆之的家就在西城的奎星楼旁，沿街一溜粉墙，墙皮被雨水冲掉了不少。两扇大门敞开着，门前左右种着几株桃李树。这天，刘穆之在府内听到外面乱成一锅粥，不知出了什么事情，带了管家和几个家人，出府察看，见有一辆囚车倒在街边，瞅了一眼囚车上的犯由牌，知是刁逵，再往囚车里一瞧，不由得心里一震。囚车里的人，虽然披散着头发，又是血流满面，看不清面孔，但身子瘦削，绝非刁逵肥肥胖胖的体型。刘穆之紧走两步，来到囚车近前，撩开囚犯的头发，仔细观瞧，见眼前分明是个伶仃的少年。那少年约摸十七八岁，面黄肌瘦，却是素昧平生。

刘穆之这一惊非同小可，脑门子渗出一层汗珠，转过头去吩咐管家："囚车里的犯人被掉包了。你在这里看住喽，不管什么人来，都不能放囚车走。我去去就回。"刘府管家听了，拍着胸脯答应下来。正说着，押车的牢头带着狱卒气喘吁吁的赶来，见囚车被刘穆之扣住，心里暗暗叫苦，上前一拱手，说："刘大人，刁家财雄势大。刁逵虽然败了，但他的亲朋故旧还有不少人仍在朝廷为官。您何苦为此事恶了刁家？还请高抬贵手，让兄弟们过去算了。"刘穆之冷笑一声，道："国法如山，民命至重，我怎能眼看着你们私放囚犯、杀害无辜？"说着，扭回头，厉声对家人们道："我这就去禀报刘刺史。你们在这里看好了！"众家人齐声答应，撸胳膊、挽袖子，将囚车团团围住。刘穆之挤出人群，匆匆回到家，从马厩里牵出一匹马，飞身上马，打马扬鞭直奔刺史府。

第七章 荡寇除恶

此时，囚车四周围满了看热闹的人，一个个伸长了脖子，向囚车里探视，又交头接耳，议论纷纷。牢头见刘穆之已去，向手下狱卒使个眼色，便要将囚车强行拉走。刘穆之的管家倒也不是吃素的，歪戴着帽子，斜楞着眼，双手环抱于胸前，不阴不阳地对牢头说："朋友，家主走前吩咐过，不许囚车过去。还请稍安勿躁，等家主回来。否则，兄弟的饭碗可就砸了。"牢头焦躁起来，伸手一推，道："躲开，好狗不挡道。"身边的众狱卒拎起水火棍，向刘府的家丁便是一通打。刘府管家脚下一个趔趄，几乎跌倒，头上又挨了两棍子，顿时耍起无赖，大叫道："大家快来看哪，车里的人可不是刁逵。这帮牢头、狱卒收了黑钱，便要杀害无辜。大家伙说，今天能不能让他过去？"周围的人听这话，顿时起了哄。牢头和众狱卒见四周一片哗然，知道动了众怒，吓得脸色煞白，不敢使蛮，只得立在原地不动。

刘穆之马快如飞，一口气跑到了刺史府，也不待门上人通报，直闯进府去，嘴里喊着："刺史大人呢？我有要事禀报。"刘裕正在前厅，听刘穆之一路嚷了进来，心里诧异，便走出厅外，立在台阶上，道："穆之，你这是怎么了？"刘穆之不待施礼，张口道："大人，我们上当了！刁逵在牢里被人调了包。"刘裕听了这话，忙道："穆之，你仔细说。"刘穆之抹了一把头上的汗，气喘吁吁道："今日斩刁逵，不想拉囚车的骡子惊了，沿街乱窜，在卑职家附近翻了车。卑职出外探察，发现囚车里的死囚绝非刁逵本人。"刘裕还有些不信，犹疑道："竟有这等事？"刘穆之一跺脚道："大人，刁逵有的是钱，如今摊上了人命官司，以重金买人顶罪去死，也不是不可能。"刘裕忙问："那囚车现在何处？"刘穆之道："现在西城大街上，卑职已命家人看住了。"刘裕一甩袍袖，走到院里，道："你这就带我去。"说着，召来丁旿，集起数十名亲兵，一起出了门，直奔城西。

中午时分，正是阳光最强烈的时候。刘裕骑着马，与刘穆之、丁旿等人，疾速来到西大街上，见前面半条街已堵的水泄不通。丁旿向前大喝一声道："刺史大人到，前面的闪开了。"百姓们听到这话，

纷纷向两边闪避,很快让出一条人胡同。刘裕跳下马来,几步来到囚车前。牢头和狱卒见刘裕来到,尽皆失色。刘裕也不理他们,走近囚车,仔细打量,见里面的人头发披散着,看不清样子,便让亲兵把犯人扶出囚车。刘穆之近前几步,将犯人脸上的乱发向两边一分,道:"大人请看。"刘裕只瞅了一眼,就知眼前这人是个替死鬼,便道:"来呀,将这人押回衙门,我要亲自审问。还有这些牢头、狱卒,一并绑了。"众亲兵听令,一齐上前,将牢头和众狱卒捆了起来,带上犯人,一并赶回衙门。

  刘裕命人把大门关了,将囚犯押到堂上,仔细打量,见眼前只是一个瘦弱少年,便坐在桌案后,温言询问道:"我曾见过刁逵,绝非是你这个样子。你只实说,到底是什么人?"少年见无可抵赖,跪在堂下,朝上磕了个头,凄然道:"大人,我是城外吴家铺的,家里穷得揭不开锅,拿了刁家的一千两银子,来代他受死……那些银子,已经被父母用了一部分,现在翻供,家人必为所累。还请大人就将我处斩吧。"刘裕听了,既惊又骇,默然不语,心道:"看这情形,分明是刁逵不肯受刑,便花钱买这少年前来替死,偏巧被穆之发现。否则,草草行刑,可就让刁逵逃脱了。"想到这里,便命人将少年带下,又将牢头押了上来。

  牢头的双臂反绑着,被丁旿和两个亲兵推了进来,跪在地上,低着脑袋。刘裕冷冷地问道:"老实说吧,你收了刁家多少银子?刁逵现在何处?"牢头自知难逃公道,只得实招:"昨天,刁骋来狱里,送了小的二百两银子,假借探监之名,将这个少年带了进来,将他与刁逵的衣服互换,又趁夜深人静之时,偷偷将刁逵带出狱,将这少年留在牢里。"刘穆之在一旁,愤愤道:"大人,狱吏贪赃卖放,其害犹浅。刁骋藐视国法,为患实深,决不可恕。"刘裕点了点头,便道:"丁旿,你速速带兵,将刁逵与刁骋捉来见我。"丁旿答应一声,领兵而去。

  下午时分,天空澄清又缥缈,太阳洒下柔和的光辉。丁旿带队来

第七章 荡寇除恶

到刁府门前,见门屋三间,两扇黑漆的大门紧闭着,门上有兽面锡环,即喝令军士将刁府团团包围,又命人撞开大门,冲了进去。刁骋还不知事败,穿着一身白绸长袍,手里摇着折扇,正在后院逍遥,听说大门被砸,急忙赶了过来,一见丁昕,没来得及招呼,就被几个军兵按倒在地。丁昕手按刀柄,来到刁骋的面前,冷笑一声,道:"刁公子,你的事犯了,说吧,你把刁逵藏到哪儿了?"刁骋一听此言,心里发毛,却是嘴硬,道:"将军这话什么意思?"丁昕道:"少揣着明白装糊涂。今日出红差,不想在半路上,骡子惊了,拉着囚车乱跑,被刘穆之大人撞见,识破了你的调包计。现在,刺史命我来拿人。你快说出刁逵的下落。"刁骋惊出一身的冷汗,却仍说:"人关在牢里,我哪里知道?"丁昕大怒,一挥手,过来两个士兵挥动皮鞭,一连抽了刁骋几十鞭子,但刁骋就是一口咬定不知。

丁昕心想,时间紧迫,没工夫跟他磨,若被刁逵闻风逃走,可就麻烦了,想到这里,便命亲兵将刁府内宅的几十名家人带到前院,挨个拷打。刁府有一个小厮,十二三岁年纪,因年纪尚小,得以出入前院后宅,倒了解些刁府的底细,见几个凶神恶煞似的军兵手提皮鞭来到自己身边,吓得浑身乱颤,生怕挨打,忙道:"我家老爷大概在后罩楼上。"丁昕听了,忙过来问道:"你怎么知道?"小厮道:"内宅的后罩楼,本来是我常去打扫的。唯独这两天,侄少爷把楼门关了,不许闲人上去,每到饭时,就从厨房拿些菜肴,自己端上去。我想,老爷大概就躲在楼上。"丁昕听罢,命那小厮在前引路,出了前厅,带着一队亲兵,真奔内宅。

刁府的内宅坐北朝南,有池台、厅事数十所,占地十余亩,一色青砖砌成的墙壁,装饰着翘角飞檐,屋顶上满铺红、黄、蓝、绿等各色琉璃瓦,五彩缤纷,宏伟壮丽。丁昕等人跟着小厮,穿宅过院,经过两条曲折游廊,撞开几道门,闯进后堂,又沿着一条石块铺成的甬路,来到最北边的后罩楼前。后罩楼共有二层,檐角用青碧绘饰,楼顶上的琉璃瓦在夕阳的余晖之下,灿灿发光。楼前有长廊,外围栏杆，栏杆旁种着大株梨花和芭蕉。小厮站在楼前，对丁旿说："这里就是了。"丁旿点了点头，抽出腰刀，带兵上了楼，见楼上却是空无一人。屋里静悄悄的，四周摆着檀木桌椅，东侧是一张雕花大床。床上挂着淡绿色的帐幔，一袭一袭的流苏直垂下来，轻轻地摇着。窗边的桌子上摆放着几张宣纸，砚台上搁着几只毛笔，窗台上摆放着几盆菊花。竹窗上所挂着的是紫色薄纱，一阵风儿徐徐吹过，薄纱轻轻飘动。一个衣柜靠窗而立，柜门下方却露出一截衣角。丁旿冷笑一声，纳刀还鞘，上前两步，一把拉开柜门，赫然见刁逵正躲在里面。

原来，当时有些富人犯了死罪，为了活命，便出大价钱，买人替死。一些穷人家的子弟，生活困顿，走投无路，便拿了富户的银子，交给家人，自己甘心上法场。富人逃脱法律制裁后，或移居他处，或换个身份，也就平安无事了。很多地方官就算知道其中有猫腻，也抱着多一事不如少一事的态度，只见有人认罪，不肯再刨根问底。刁骋知道叔父命在旦夕，便花了一千两雪花纹银，托人在城外吴家铺找了一个少年，前来顶罪。那少年身家清白，只是家里穷。他的父母受了刁骋的重金，便让儿子自卖自身，来替刁逵伏法，换得一家温饱。刁骋又拿出银子，在牢里上下打点，将狱中牢头、狱卒全部买通。行刑前一天的晚上，刁骋给那少年穿上斗篷，将整个身子挡得严严实实的，一起进了大狱，将刁逵换了出来。刁逵的腿上挨了一刀，已然伤筋动骨，难以远遁，只得暂躲在楼上将养。

这天早晨，刁逵喝了碗参汤，正企脚高卧在床，心想："老子今天本来该死，却不想还能安安稳稳地在这里躲着，再过些日子，等伤养好了，便去江北，或投南燕，或投北魏……"正想着，忽听府外一阵大乱，慌忙坐起身来穿好靴子，刚一站立，便觉腿股剧痛，只得咬牙皱眉，一跛一拐地走到窗前，手扶着窗户，探出头去，见丁旿带人朝后罩楼而来，知道事情败露，浑身一软，差点儿瘫倒在楼板上，一时情急，连滚带爬地来到衣柜前，打开柜门，便躲了进去，忙乱之中，却将一截衣角留在外面，被丁旿发现。两个军兵过来，伏下身

第七章 荡寇除恶

去，将刁逵从柜子里拖了出来，提下楼去，连同刁骋一并绑了，架到马背上，带回了刺史府。

第二天一早，天刚破晓。淡青色的天空，还镶着几颗稀落的残星。刘裕命人在西四牌楼搭起法场，又戎装披挂，骑马持刀，带队来亲自监斩。这次南徐州刺史府出动了三千军兵，一个个手执弓刀，布列在法场四周。临近中午时分，刁逵和刁骋二人，被两辆站笼刑车拉到法场。一并跪在地上。一名剑子手，生着络腮胡子，一脸横肉，头裹红巾，穿着一身粗麻赤红行头，赤裸着半边肩膀，怀抱一柄厚背薄刃鬼头刀（刀无鞘，刃上搭着一块红布），站在刁逵叔侄身后。

法场东侧搭一席篷，下放一桌一椅。桌上摆着朱墨和一支新笔。刘裕坐在桌后，身后立着刘穆之、丁旿、朱龄石等人。午时一到，报时官扯着嗓门大声道："时辰已到，请大人开刑。"几个军兵将刁逵、刁骋二人拖到席篷前，验明正身。刁逵和刁骋披头散发，都已吓得软瘫，被五花大绑着，背后插着犯由牌，标明名姓与所犯罪行。军士取下犯由牌，呈到桌上。刘裕取过朱笔，在犯由牌上连连勾画，再将朱笔向桌前一掷。军士取过犯由牌，又插到刁逵和刁聘背后，便将他们拖到了法场正中。

街道两旁挤满了人群，牌楼左边有一家酒楼，右边是一家茶舍，里面的人踩着桌子、蹬着椅子，伸直了脖子看着。报时官又大声喊道："午时三刻已到，行刑！"剑子手闻听，取下刀上的红布，又从身边衙役的手里接过一碗酒，猛灌了几口，再将一口酒喷在鬼头刀的刀刃上，随手将酒碗摔碎，双手举刀，"咯嚓"一声，干脆利落的斩下了刁逵的脑袋，一抬腿，将他的尸体蹬倒，任由那颗头颅在地上轱辘辘滚出一丈多远，随后，又斩了刁骋。刘裕亲见刁逵叔侄伏法，这才长舒了一口气，命人将刁逵的脑袋挂在牌楼上示众。自此，横行京口的刁氏之族遂灭。刘裕尽散刁府资蓄，令民称力而取，弥日不尽。时州郡饥弊，民赖之以济。

第八章　入朝秉政

> 刘裕立在船头，迎着烈烈江风，望着岸边众官，暗想："大晋立国于江东，已近百年，虽有昏君，但残不及民。皇亲国戚，遍布中外，可谓是盘根错节，延至今日，竟犹有这等声势！"

408年正月的一天，气象森寒，建康正下着一场淅淅沥沥的春雨。潮湿的叶子蜷卷着，在凄风冷雨里摇曳。冰凉的雨滴敲击着屋瓦，地面像是铺了一层冰砖，滑滑的。

晚上，月亮怕冷似得躲进了云层。皇城景阳宫外的檐下垂着成排的冰柱，不时有碎冰"稀里哗啦"的落在地上。宫里点起了各式华灯，五色光明，有如星灿，四壁贴着五颜六色的壁衣，与灯光交相辉映，金碧辉煌，角落里放着几个火盆，燃得正旺。

司马休之、司马楚之、谢混等人进宫求见琅琊王，正在外殿等候。司马楚之穿着一身青色锦袍，乌黑的头发在头顶梳成整齐的发髻，套在一个精致的白玉发冠中，脑后垂下淡紫色的丝质冠带，见四

第八章 入朝秉政

周并无闲杂人等，便低声道："叔祖，刁逵去京口，本是替我们就近监视刘裕，想不到竟被灭了满门。"司马休之穿着一袭绣绿纹的紫色缎袍，外罩一件亮绸面的黑色对襟袄背子，道："刁逵浮躁浅露，不堪大用，死就死了吧。只是目前，王谧暴卒，扬州刺史之位出缺，你以为谁堪此任？"司马楚之略一沉吟，道："江东王、谢两大家族并称。王谧既亡，不如由谢领军接任。我们待会儿见了琅琊王，就如此奏请。"谢混现任中领军，掌皇城禁卫，头戴紫纶巾，身穿窄袖宽身的缎袍，越发显得肤色白皙，五官清秀，听了这话，双手齐摇，道："'德不配位，必有灾殃'。卑职才疏学浅，可不敢当此重任。王爷声望著于宇内，何不自领扬州刺史？"正说着，听得脚步声响，司马德文身后随着两名小太监，由内殿走出。

司马休之等人一齐起身行礼。司马德文甚是谦和，双手一拱，坐在一旁，道："皇上刚刚睡下，小王这才有工夫过来。不知三位夤夜进宫，有什么事情？"司马休之道："大王，扬州刺史王谧病逝，我等特来请旨，可否就以谢领军继任？"司马德文听了，沉吟道："扬州刺史内统都畿，外理封疆，系朝廷之根本，任大责重。谢领军文武全才，出任这一职位倒无不可。只是刘裕有再造河山之功，又居外藩、握重兵，虎踞京口。如今要选派扬州刺史的继任者，也应征询一下他的意见。"司马休之等人听了，心里暗怪司马德文多事，却也无可辩驳，只得道："琅琊王虑事周全，派人去趟京口就是了。"司马德文遂命吏部拟了一道公文，让人飞马报与刘裕。

这天中午，北风萧萧。树枝上面布满了冰凌，瑟瑟地摇颤着，在阳光下显得晶莹剔透。刘裕与刘穆之去京口城外的军营里巡视回来，进了北门，沿街走不多远，来到北直门大街上的茶楼旁，跳下马来，将缰绳拴在楼前的拴马桩上，让随行亲兵在外等候，便走进茶楼，打算喝几杯茶，用些茶点。这座茶楼是全木质框架结构，总高十余米，宽三十多米，分上下两层。门厅前立着黑底金字大招牌，上写"清风茶社"四个大字。茶楼外有古井、大灶，还停着不少马车、牛车。茶

宋武帝刘裕

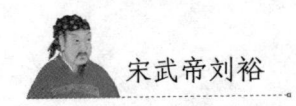

楼里不仅卖茶，还兼售各式糕点小吃。刘裕与刘穆之一进茶楼，就见里面人头攒动。楼下的二十几张桌子旁，已经坐满了人。

掌柜的见刘裕等到来，满脸堆笑，忙不迭地过来招呼，哈着腰，引着两人上了二楼雅座。雅座外摆着松石盆景，令人气爽神清，里面窗明几净，靠窗摆着一套竹木桌椅，桌子上摆着插花。一边的长条桌上，陈列着些精致的陶瓷器皿，墙上挂着字画。掌柜的请刘裕与刘穆之相对而坐，又取过一条雪白的毛巾，殷勤地揩抹桌案，道："二位大人，小店有一百多种茶品，今天来点儿什么？"刘穆之是这里的常客，道："老规矩，来壶碧螺春。"掌柜的答应一声，退出屋去，很快又回来，手里端着个古铜色的茶盘，里面放着一个青瓷茶壶，还有两只白瓷茶杯及茶叶、茶具。

伙计随着上来，手里提着开水壶前来烫杯。茶杯经过热水烫洗之后，洁白如玉，在茶盘中冒着热气。茶碟里盛着一撮上好的碧螺春，色绿质嫩，条索纤细，卷曲成螺。伙计提起开水壶，略略一倾。滚烫的热水直泄而下，注入茶壶中。壶中的茶叶满身披毫，银白隐翠，随水浪上下翻滚，飘浮升降，壶口蒸汽氤氲，煞是好看。然后，掌柜的又在桌上摆了一盘瓜子、一盘干果、四盘点心，说声："两位大人请慢用！"便带着伙计，恭恭敬敬地退了出去，轻轻把门带上。过了一会儿，碧螺春沉入壶底，茶水逐渐泛起了绿色。刘穆之动手为刘裕斟了一杯茶，又自斟了一杯，见那碧绿的茶芽，浮在茶杯中，如绿云翻滚。一股浓郁的茶香扑鼻而来，沁入心脾。刘裕端起杯托，小口品着茶，只觉苦涩中带着甘鲜，如尝云玉之膏、方华之液，顿感舌根回甘，满口生津。

正在这时，楼梯口脚步声响，紧接着，雅间的门一开，丁旿引着吏部的信使找了来。丁旿见了刘裕，道："大人，吏部派人前来投递公文，未将知您去了城外，便领他来寻，恰巧在这里遇见亲兵，故带信使上楼来见。"信使见到刘裕，施礼已毕，先说了王谧病故的消息，又具道朝议，称朝廷拟命谢混继任扬州刺史，便将吏部公文递与

第八章　入朝秉政

刘裕。刘裕听说王谧已逝，叹惋良久，接过公文看过，递与刘穆之，便让丁旿带使者下去休息。

刘穆之手里拿着公文，反复看了几遍，沉声道："大人，朝议切不可从。"刘裕手里端着茶杯，问道："却是为何？"刘穆之道："以今日形势而论，晋室失政日久，天命已移。您兴复皇祚，勋高位重，不宜再居外守藩！司马休之、司马楚之、刘毅等人一时相推，并非委体心服，将来势均力敌，终相吞噬。扬州根本所系，刺史一职不可假人，早就应由您来担任。前者授与王谧，事出权道；今日若再授与谢混，便将受制于人！"刘裕听了这番话，微微颔首，可转念一想，又面露难色，道："今朝议如此，宜相酬答。若必称由我领扬州刺史，又难以措辞……"刘穆之手指轻轻在桌上点着，思索了一阵子，道："大人，我们可给朝廷上份奏章，请信使带回。奏章上就这样写：'神州治本，宰辅崇要。扬州刺史关系重大，非可悬论。臣裕暂请入朝，共参同异。'您领兵马到了建康，谁还敢再将这一要职授予旁人？"刘裕微笑称善，遂依计而行。不久，朝廷下诏，征刘裕为侍中、车骑将军、开府仪同三司、扬州刺史、录尚书事。

江南二月，大地回春，万物复苏。树木抽出了嫩芽，鸟儿落在树干上，婉转啁啾着。野草经过了一场春雨，茁壮地生长起来。广袤的郊原上，红、黄、白、紫等颜色的野花竞相开放，微风吹来，淡雅的花草香扑面而过。刘裕受诏之后，即命刘怀敬为东阳太守，以奉养韩老夫人终身，然后举家离了京口，前往江边，准备坐船去京师。这天，刘裕身披玄色大氅，骑着一匹青鬃马当先而行。此时，臧夫人已经病逝。刘裕的继室张夫人抱着一岁多的儿子刘义符，和兴弟分坐两乘大轿，紧随在后。每乘轿子都是八人抬的素云头青带青幔官轿，轿上罩着绿伞盖，左、右是数十名丫鬟、仆妇和家人。最后是大队亲兵，皆装束严整，头戴兜鍪，身着铠甲，手持弓、刀、戟、盾。一行人马浩浩荡荡出了京口，来到江边。

江风习习，轻拂着人们的脸颊。澄澈的江水拍打着船舷，激起朵朵浪花。一百多艘战船布满江面，顶用青布作幔，竖有各色旗帜，五彩缤纷。刘裕等人上船后，诸军络绎登舟。船队扬帆起航，在江面留下一道道白色的水痕。刘裕、张夫人等乘坐着一艘龙型楼船，张一片风帆，凌千层碧浪，当先而行。楼船前后装饰着惟妙惟肖的龙头、龙尾，都是用木头精雕细刻而成。船身用彩色油漆描绘出龙须、龙爪和龙的鳞片，四面都插满了五色彩旗，乘风烨烨。甲板上搭设三层高楼，高数十米，可容百余人。一层住了些家人仆妇，刘裕与张夫人等住在二层的船舱里。

　　船舱虽然宽敞，终究不能同屋宇相比。张夫人在舱里坐了一会儿，觉得气闷，便披上件长衣，走出舱来，立在船头，手扶栏杆，四外眺望，但见远处山色空蒙，近处白帆点点，江水青黛含翠，两岸杨柳依依，不禁慨然轻叹。刘裕走出舱门，来到张夫人身边，道："怎么？舍不得离开京口？"张夫人身着一袭青色缎裙，抬起手，撩了一下被江风吹乱的头发，笑道："在京口生活习惯了，突然要去京师，心里还真有些依依不舍。"刘裕笑道："建康比京口繁华多了，你去过就会知道。再说，两地相隔不远，什么时候想回来看看，也很方便。"张夫人道："这次，若不是为了兴弟的婚事，我倒真不想去呢。"刘兴弟已然十六岁，去年就许与骁骑校尉徐逵之为妻。这次，刘裕举家入京，也要为兴弟完婚。

　　夫妻二人正在说着家常，忽闻船尾一阵喧哗。原来，家人们在江中撒了一网，打上了几条肥大的鳜鱼。这时，刘兴弟把刘义符哄睡后，也从舱里出来。兴弟高高的个子，很是苗条，细碎的长发，覆盖住她光洁的额头，秀美的脸上，长着一双温柔澄澈的眼睛，睫毛浓密而纤长，薄薄的唇，嘴角微微上扬，神似故去的母亲。刘兴弟手扶着栏杆，向下观看，见那鳜鱼每条都有二尺多长，很是肥美，便命丫鬟下去挑了一条，拿到厨房，中午亲自下厨做鱼，端上桌来。丫鬟又端上来几道菜肴，摆在桌上。刘裕、张夫人和兴弟坐在桌前，开始吃午饭。刘兴弟为父亲和张夫人各夹了一块鱼肉。刘裕尝了一口，只觉味

第八章　入朝秉政

道可口，不禁连连称赞。

不几日，刘裕的船队到了京师。遥山叠翠，茫茫苍苍；江水澄清，触目尽是白帆碧波。江岸之上，绿树蔚然，枝蔓交错。阳光透过错落的树叶，在地上洒下点点金辉。岸边旗幡招展，摆列着京师诸卫马队、左右厢骑兵，打着孔雀氅、鹅毛氅、鸡毛氅及各式旗帜。五颜六色的旗幡上绘有辟邪、玉马、黄龙、麒麟、龙马、三角兽、玄武、金牛等。旗幡之下，停着一百多乘官轿。司马德文、司马休之、司马楚之、谢混、孟昶等人身穿官服，已在岸上相候多时。刘裕立在船头，迎着烈烈江风，望着岸边众官，暗想："大晋立国于江东，已近百年，虽有昏君，但残不及民。皇亲国戚，遍布中外，可谓是盘根错节，延至今日，竟犹有这等声势！"不一会儿，楼船靠岸，军士将踏板搭在岸上。刘裕头戴风兜，身披大氅，沿着踏板走上岸去。

司马德文等人上前相迎，互致寒暄。刘裕虽是入朝辅政，却不愿给人崖岸自高的感觉，也以礼相待，与诸人客气了一番。吏部尚书孟昶走了过来，他是刘裕的老战友，交情与众不同，执手言欢，着实亲热。这时，秘书监徐钦之领着儿子徐逵之来到近前。徐逵之年仅十八岁，穿着一身骁骑校尉的军服，长身玉立，面容洁净而明朗，腰系玉佩，长发在脑后梳成个发髻，上束银冠，身穿一件湖蓝色长袍，腰系宽带，腰板挺的笔直，整个人显得丰神俊逸，见了刘裕，便上前磕头。刘裕打量了徐逵之几眼，道："贤契免礼，起来吧。"又扭头对徐钦之道："徐公，有劳相候了。"徐钦之道："刘大人远道辛苦，卑职前来迎接，原是应该的。前几日，犬子已带人将扬州刺史府收拾妥当，就请大人入府歇息。"众人又说了会儿话。刘裕将兵马驻扎在城外大营，自己与家人分乘轿马，向建康进发。队伍左右旌旗飘扬，前列两块写着"肃静""回避"的大木牌，最后是数百名亲兵各持大戟、刀盾、弓弩，严密护卫。

王谧在任时，在原来刺史府的基础上做了扩建。整个扬州刺史府南北长五百多米，东西宽三百多米，环有高达数丈的围墙，四角各耸立着一座角楼。每座角楼都有三层屋檐，七十二个屋脊，上有哨兵，不分昼夜值守。刺史府正门临着朝阳大街，门外有石狮、灯柱、拴马桩、上马石，门内有影壁。前院坐北朝南，东有十六间厢房，联檐通脊，可驻亲兵卫队；西边也是十六间厢房，明廊相连，是僚佐办公之处；中央是正厅和大堂，各九间，建在大理石砌成的基台上，边缘饰有石栏板、望柱。正厅之后，过了二道门，便是内宅。内宅有书斋、馆榭、配房等屋舍百余间，相对排列，深邃紧凑。每间屋内都有宫灯联对、绣榻几床。最北边是后罩楼，面阔七间。后罩楼之侧，有一座花园。花园里次序分布着叠石假山、池塘花卉，遍植苍松翠柏，水木清湛，更有楼、阁、亭、榭掩映其间。刘裕来之前，徐逵之带着仆役人等，用盐调和清水，将阖宅清洗打扫了一遍。刘裕进到府内，先上香祭祖、再拜祭天公、地公，随后开火点灶，算是正式入住。

又过了几天，刘裕退朝之后，回到前院大厅。大厅的檐角上有石刻的镇脊兽，雕成狮子、天马、海马、狻猊等形状，象征着吉祥和威严。厅事内外共有十五根立柱，每根直径几达一米，沥粉金漆。大厅内的地面上铺着平整的大理石，转圈摆放着桌椅。刘裕在厅里负手徘徊，暗想："自己虽入朝秉政，但朝中文武多非故旧，缓急可济的更是寥若晨星。今日上朝，诸大臣见了自己虽非常恭敬，但明显是皮里膜外的虚假客套。毕竟自己出身寒门……"想到这里，便命人将刘穆之召至厅内。这次入京，刘穆之、丁旿、朱龄石都随同进京了，就在扬州刺史府的僚吏房里暂住。刘穆之闻命即至，施礼已毕。刘裕命刘穆之坐在一旁，又遣出余人，才说："穆之，现在有些事情交待给你，你要马上去办。"刘穆之见刘裕神色郑重，便道："大人有事尽管吩咐。"刘裕道："你去传我的命令：原来的京畿驻军，连兵带官一律调往淮北；朱龄石任建康中郎将，统率京口来的三万军兵，全面接管城防，就把大营扎在石头城。扬州刺史府的亲兵扩编到五千人，交由丁旿统领。"刘穆之点头，一一记下。

刘裕站起身，将厅里的几面轩窗打开，让微风透进，转身坐下，

第八章 入朝秉政

又说:"谢混现为中领军,负责大内防务,他有司马休之等人支持,不好贸然换了他。好在大内禁军仅有两千,用来防卫倒是可以……"说到这里,刘裕一顿,底下的话没说。刘穆之心里却也明白:"谢混统辖的禁军多是京师贵胄子弟,看着威武,却没什么战斗力,一旦有变,单凭丁旿的部队就可以就地灭了他。"便补充道:"谢混沾着皇亲,虽然不好拿掉,但可以将他手下的禁军换成我们的人。"刘裕道:"穆之,你的意思是只换兵,不撤官?"刘穆之道:"对,原来的禁军渐次调往各地,空出的名额就由京口来的兵士补上。还有内庭侍卫,除了靠得住的,其余一律分发到全国军中任职。"刘裕听了,满意地点了点头,道:"这个主意不错。何无忌也要由琅琊调回建康,统率玄武湖水师。随我来的船队,就驻扎在玄武湖里。你现在就去安排。"玄武湖东枕紫金山,西靠神策门,方圆数十里,直接与长江相通,湖中便是晋朝水军的大营。刘穆之听罢,起身道:"大人高见,掌握了京城卫戍部队和玄武湖水师,就稳住了京畿防务,再有丁旿这支精锐在身边,任谁也不敢轻举妄动。"说着,告辞离府,自去安排。

过了些日子,刘裕在府内大排筵宴,送兴弟出嫁。消息传了出去,王公大臣及各州城府县的官员全来送礼,没两天工夫,各色礼物,堆得盈庭积廊。到场的宾客众多,除了孟昶、何无忌、司马休之、司马楚之等朝廷贵官,还有司马休之的儿子司马文思和侄子司马文祖等人。秦淮河上停泊无数官船。建康百姓络绎不绝地赶来看热闹,街上已是人山人海、摩肩接踵。丁旿头上挽着发髻,内着箭衣,外穿一件崭新的官服,足蹬一双深统皂靴,率阖府亲兵出动,在路旁维持秩序。

一大早,扬州刺史府的总管带着人在府内的树木上披上了红色的纱幔。微风轻抚,枝叶摇动,纱幔随之轻扬,映衬着阳光,耀眼生辉。各个屋门口、房檐廊角都系着大红的锦绸或红绸裁剪成的花,放眼望去,一片红艳艳。延绵不断的红锦地毯从大门口直铺到厅内,两旁站着妖娆的侍女,在地毯上撒下五颜六色的花瓣,使空气中弥漫着醉人的花香。大厅里贴着大红囍字,一派金碧辉煌,两侧摆着数十口箱子,上蒙彩袱,里面全是金钏、珍珠、璎珞等珠宝和各色首饰,还有布匹、衣裳等,是兴弟的嫁妆。

徐府迎亲的队伍早就来了。为了这次婚事,徐府也是下足了本钱。十二对大红灯笼开路,两队鼓乐班子,沿途一路吹吹打打,簇拥着骑白马的徐逵之和一乘八人抬的花轿,前来迎亲。花轿装饰华丽,以红色绸缎绣成轿衣,四周以彩线绣出"百年好合""龙凤呈祥""花好月圆"等喜庆图案。迎亲队伍到了刘府门前,由媒人递进名帖,又献上羊羔清酒。刘府门前几声铳响,接着,就放起了鞭炮,打开了两扇府门。新郎徐逵之穿一身朱红色的新郎服,显得很是俊美,下马来到厅内,献上大雁、花茶、果物、五色丝、合欢铃、九子墨、羊、酒及金银珠翠,是为聘礼。聘礼中最重要的是那头活着的大雁。因大雁跟着时节南飞北还,守时并且有规矩,象征了婚嫁有时,不可耽搁。大雁性喜温暖,是"随阳"之鸟,又喻夫唱妇随,不离不弃。

刘裕与张夫人一身盛装,双双立于堂上,点起香蜡纸表,郑重地告盟三界。随后,刘兴弟身穿红衣红裙,外罩大红袍,头戴珠翠冠,斜插金钗、上蒙着一块红丝巾,双腕戴着赤金镯,扶着两个丫鬟走了出来。徐逵之抬眼看了看新娘,却什么都没有看清楚,眼前只有一张大红的丝巾,丝巾下,隐约可见摇晃的珠串和一张粉脸。媒人取过一个金漆托盘,盘上放着两只玉杯,彩丝连足。杯里盛着酒浆,分别递到新郎、新娘手里。接下来,新郎、新娘要传杯共饮,谓之交杯,以示相亲相爱、百年好合之意。

司马文祖二十出头,身量高瘦,面色青白,腰系金丝蛛纹带,头发束在脑后,戴着一顶镶碧鎏金冠,身穿一件鹅黄色直襟长袍,腰里挂了一块墨玉,站在观礼的人群之后,见新娘子出来了,便着急向前挤,好不容易挤到了前面,脚在红毯上一绊,一个趔趄,直向前跌了

第八章 入朝秉政

出去，不偏不倚，正撞到徐逵之的身上。徐逵之猝不及防，身子一歪，手里的酒杯掉在地上，"叮当"一声，打得粉碎，洒了一地的酒水。众人见了，无不失色。

刘裕在旁看得清清楚楚，觉得甚是不吉，心里恚怒，却又不好发作，向丁旿使了个眼色。丁旿会意，与一个叫骆斌的家丁一起，架起司马文祖的膀子，将他叉出府外。司马文祖的管家马仁贵随着一起来，正在门外候着，忽见自己的主子一路跟头地被人叉了出来，忙欲近前干预。骆斌三十多岁年纪，身形瘦削，青衣小帽，见状上前两步，双臂一横，将马仁贵拦住，淡淡地道："马管家，今日是我家小姐大喜的日子，不愿多生枝节，你们还是请回吧。"马仁贵一听这话，就明白司马文祖一定是惹了祸，不敢多言，只得随着司马文祖，灰溜溜地打道回府。这边厅上，刘裕命人又取来一只玉杯，让新婚夫妇饮过交杯酒。厅外响起喧天的锣鼓声，新郎徐逵之拜辞了岳父、岳母。随后，凤冠霞帔、红巾盖头的刘兴弟在丫鬟的搀扶下来到院里，坐上花桥。刘裕及宾朋家人也都来到厅外，看着新娘子上轿。门外的迎亲队伍放起鞭炮，徐逵之骑马当先而行，一路吹吹打打，后有专人手捧肩挑着嫁妆，鼓乐相随，将刘兴弟接去了徐府，合卺成礼。

转过年来，一场春雨过后，建康上空腾起了阵阵薄雾轻烟。道边树下的小草，争先恐后地钻了出来，漾着活泼的绿色，为这座城市平添了几许生机！这天早上，城门刚刚开启，几个门卒在门洞里转悠着，不时打着无聊的哈欠。远处一骑快马飞驰而来，奔至城门前，并不停留，直从门洞里穿过。马蹄子踢得地上的小石子乱飞，其中一粒石子正溅在一个门卒的脸上。门卒吃疼，顿时困意全无，张嘴刚要喝问，却见那一人一骑早已绝尘而去。

那骑士入城之后，直奔到扬州刺史府，在门前跳下马来，便请门上通报。这会儿，刘穆之用过早饭，头戴折角巾，身穿一件藕合色的合领长袍，足蹬一双笏头履，正去往刺史府的签押房。签押房在大堂左侧，是靠着墙搭建的一排房屋，为衙门僚吏的办公之处。房屋低

矮，开有两扇格门，上铺瓦片，外砌砖墙，墙上开有小窗，形制简单。刘穆之走进签押房，还未开始理事，就听到骆斌来报，称彭城递到十万火急军报。刘穆之忙命快请，不一会儿，门外脚步声响起，就见信使随着骆斌来到房中。

信使三十多岁，军士打扮，两眼里泛着血丝，眼眶有些发青，浑身布满了路尘，一看就知是昼夜兼程而来，见了刘穆之，躬身施礼，从背上的包袱里取出一份公文，双手呈了过来。刘穆之接过公文，吩咐一声："看座。"这才打开公文，仔细阅读。原来，这年二月，南燕大将公孙归等率骑寇宿豫（今江苏省宿迁东南），掠走百姓数千人。自彭城以南，糜烂不可收拾，村村起火，树树冒烟，州县政令不出城垣，百姓们纷纷建起城堡以自固。彭城郡守命人送来的八百里加急公文，请朝廷增援。刘穆之见是军国大事，不敢怠慢，让骆斌带信使下去休息，手里拿着这份公文，就来见刘裕。

刘裕一早起来，正在前厅与徐羡之闲谈。徐羡之字宗文，是徐湛之的堂兄，现任咨议参军，三十五岁，身高近七尺，头发以竹簪束起，两眉斜飞，双目狭长，鼻梁挺直，穿一身质地很好紫色长袍，外罩一件亮绸面的紫色对襟袄背子，足蹬青缎粉底朝靴，毕恭毕敬地坐在那里，正在回答刘裕的问话。刘穆之来到厅内，施礼落座后，将那份公文递过来，道："大人请看，南燕入寇！"刘裕打开公文看罢，面色一沉，道："南燕虽与我淮北之地接壤，但这些年来，一直相安无事，为什么突然动起刀兵？"刘穆之也不好回答，只得道："大人，两国交争，干系非小，这事还得请几位大臣一起来商议方妥。"刘裕点了点头，便命人将何无忌、孟昶、司马休之、司马楚之等人请来。徐羡之见有军情大事，便先行辞去。

太阳自东方升起，天边现出红艳艳的朝霞，空中飘着几朵悠悠的白云。扬州刺史府里，一排排历经风雪磨砺的树木，也都长出了轻柔的嫩叶。不一会儿，朝中诸贵先后来到，在前厅落座。仆人献茶之后，退了出去。刘裕取过那份边境急报，先让大家传看了一遍。司马

第八章 入朝秉政

楚之看过公文后，递与身旁的何无忌，开口问道："这个慕容超我倒也听说过，他继位时间不算太长，应该还比较年轻吧？"刘穆之见他对境外之事不甚了了，便简明扼要地说："当年，前秦张掖太守慕容德随秦王苻坚寇淮南，留金刀与其母别。苻坚兵败淝水后，慕容德随慕容垂举兵于山东。秦王苻坚命人诛了慕容德九族，唯有慕容德的侄子慕容超带着金刀逃走。苻坚为后秦王姚苌所杀后，慕容超迁至长安，佯狂行乞。这时，慕容德已在青州称燕王，定都广固（今山东省益都西北），听说有个侄子在秦，便遣人至长安寻访。慕容超随使者逃出长安，来到广固，献金刀于慕容德。慕容德见刀大哭，即以慕容超为太子。五年前，慕容德病逝，慕容超嗣位。"

刘裕听到这里，便道："自讨灭桓玄之后，我本欲休兵息民。但这次是人家打上门来，虽欲善罢，亦不可得。我欲兴师伐燕，诸位以为如何？"孟昶穿着大红缎子衣袍，手捻须髯，首先响应，说："慕容超新即位不久，国内不睦，正是我们出兵良机。我听说慕容超当初自长安去投广固，途经衮州。衮州刺史慕容法疑其有诈，对他很冷淡。慕容超心怀恚恨，形于言色，二人从此结怨。慕容德死后，慕容法没敢去广固奔丧，又与仆射封嵩、侍中慕容钟、右卫慕容统等人谋反。慕容超杀慕容统、慕容钟，车裂封嵩于东门之外。一时之间，诛夷狼藉。这几年，南燕国内刚平静了些，想不到又在边境轻启战端。"何无忌现任玄武湖水军大都督，道："慕容超即位以来，不恤政事，盘于游畋，赋敛繁多，事役殷重，国人皆以为苦。此时伐燕，可谓吊民伐罪。"刘穆之有些犹豫，对刘裕说："我军攻南燕，必过大岘山（今山东省临朐东南，即穆陵关，旧称齐地天险）。燕人若塞大岘之险，或坚壁清野。大军深入，不唯无功，将不能自归！"刘裕道："南燕君臣贪婪而无远计，进利虏获，退惜禾苗，以为我孤军远入，不能持久，不过进据临朐，退守广固，必不能守险清野。"众人见刘裕如此笃定，也不再说什么。司马休之入府后，一直未曾发言，这时，端起桌上的茶碗，道："刘将军此次出兵，必能犁庭扫穴。我

等在京师,专候捷报。"说着,轻轻啜了口茶。

时已近午,春日的阳光透过窗棂,照进厅内。众人议事已毕,先后辞出。司马休之和司马楚之出府上马,在长街并辔而行。司马楚之一手拿着玉柄马鞭,一手揽着马的缰绳,回头见侍卫们遥遥跟在后面,便悄悄地说:"刘裕此次北伐,分明是想在朝野立威。叔祖方才为何不阻他?"司马休之骑在马上,嘴角带着一抹笑意,轻声道:"南燕步兵三十七万,骑兵八万,岂是好惹的?本朝立国江南以来,先后有殷浩、桓温北伐,都闹了个灰头土脸。刘裕此次出师,想必也讨不了好去。楚儿,你不是兼着工官、民曹之任吗?在军粮上给他动动手脚。刘裕若是兵败而回,还有什么脸在京师辅政?"司马楚之这才明白,心中大喜,道:"叔祖高见。"

第二天,刘裕抗表请伐南燕,以孟昶监中军留府事,镇守建康;命何无忌为江州刺史,以备卢循;又知用兵易,筹粮难,便设立漕政衙门,命徐羡之总督江淮漕运。徐羡之领命,有兵八千人,文官武将达数百人,下辖储仓、造船厂、卫漕兵厂等,全面负责运河漕粮的验收、入仓、起运事宜。过了几天,刘裕命刘穆之将徐羡之找来,专门嘱咐道:"羡之,兵马未动,粮草先行,漕政通乎七州。你专司后勤,职大责重,肩上这副担子可是不轻。"徐羡之道:"承蒙大人如此信任,自当鞠躬尽瘁。只是司马楚之署理粮秣之事,卑职上任之后,是否还要与他协调一下?"刘裕一摆手,道:"不必,你的漕政衙门不受别人节制,有事直接向我请示。"

刘穆之在一旁说:"徐大人,军粮的调度、验收、卸存、入仓等,均要由你来主持,往后的日子,免不了长坐粮厅,监督主事,肩上这副担子着实不轻啊!"徐羡之沉稳地说:"穆之兄尽管放心。我已了解过,江淮地区河流纵横,湖泊密布。运粮船可由淮水入长江,再转济水入黄河,溯流数千里,不出半年便可至广固城下。"刘裕又补充道:"沿途还要设立百余座大型粮仓,料理漕河治理、水陆驳运、仓廒修缮等诸多事务。这样,江淮之粟由山阳(今江苏省淮安

第八章 入朝秉政

市）起运，至通州验收，然后便可转运到青州。"徐羡之道："多谢大人指点，卑职这就去安排。"随即，便告辞而出，奔赴两淮，亲率兵丁收粮起运。没多久，各地的千万艘粮船衔尾而至山阳，依次进入淮水，准备远赴齐地。

第九章　北伐灭燕

> 刘裕入城之后，忿广固久攻不下，遂放兵大掠，夷其城隍，斩王公以下三千人，没入家口万余，又将慕容超装入囚车，送到建康，斩于市。

409年早春，和煦的阳光照耀着大地，天空一片蔚蓝。一排排树木挺立在路边，灰白的身躯泛出了淡绿色，梢头吐出密密麻麻的芽苞。树下的小草破土而出，舒展开幼嫩的绿叶。城外的农田里，黄澄澄的油菜花竞相绽放，散发出沁人心脾的香味。这天，正是刘裕出师伐燕的日子。一大早，刘裕披上战袍，腰悬佩刀，骑着马，率众亲兵出了建康，前往江边。江边布列着幡（呈下垂状的长方形旗帜）、幢（有羽毛装饰的旗帜）组成的旗阵，更有各色青龙旗、白虎旗随风飘扬。朱龄石、丁旿等人，腰弓髀槊，笔直不动地立在旗下，旁边是都督、副将、校尉等中下级军官，一个个目不斜视、挺胸叠肚，显得威武又精神。四周武士林立，兵甲耀日。

前些日子，春雨方降，水潦大盛。江面阔达数里，布满了晋军的

第九章 北伐灭燕

战船。船队里有五十多艘楼船，各长三十多丈、宽十余丈，每艘可载官兵和桨手七百多人。另有"蒙冲""赤马舟"等小型船艇百余艘，船体修长，可在水上疾行如飞，用于攻战追击。所有的战船上都备齐了橹、舵及其他船具。江风阵阵，吹得船上的旌旗猎猎飞舞。刘裕的乘坐的楼船前搭着一条"跳板"，足可容三人并行，从江畔一直延伸到船上。刘裕跳下马，向江边送行的文武们点头寒暄，然后沿着跳板上了船。楼船上响起一阵雷鸣般的鞭炮之声。一面斗大的"帅"字旗，在蓝天白云之下冉冉升起，显得分外醒目。朱龄石、丁旿等将校督率所部，络绎登舟。刘裕一声令下，晋军的战船先后扬帆起航。宠大的船队，搭载着六万余名将士入长江，劈波斩浪，一直向北驶去。四月底，晋军船队转进江淮运河，准备由此入淮水。

江淮运河为东西走向，是三国时期曹操所修，沟通长江、淮水两大流域。运河两岸地势高耸，群峰壁立，危岩罗列，古木森森，水面如一匹墨绿的缎子。晋军的船队划开水面，溯流而上。河水如沸，奔涌跳跃，浪花直涌上船头。多艘战船被风浪打得前后起伏、左右摇晃。高高的桅杆倾斜着，船舷几乎要碰到水面。船上有个拿篙的船工，一不留神，竟被甩入水中，幸得同伴七手八脚地将他救起。这一日，船队行至鬼门滩。这里的水面本就不宽，偏偏上个月又有山岩崩塌，碎石滚落河中，阻塞了一部分的河道，使河面陡然变窄。河中旋涡翻滚，礁石交错，水流紊乱，成了不折不扣的险滩，稍不注意便是船毁人亡。刘裕派人知会地方官，于本州雇了一千多名纤夫，加上扈从的几千名军士，在岸上拉着纤绳，协助船队通过。

这天早晨，朝阳初升。阳光照耀下的运河水面上，腾起了一团团淡淡的水气。刘裕的座船前系好了一根碗口粗细的纤绳，纤绳长达百丈。岸边，几百名纤夫都脱了上衣，露出古铜色的皮肤和背上强有力的肌肉，肩膀上垫着特制的肩带，再把肩带另一头牢牢系在纤绳上，排成一列列纵队。领头的纤夫一声号令，那根纤绳"噼啪"一声脆响，从水面弹起。岸上纤夫们身屈如弓，手脚着地，浑身的力气都使了出来,拉着刘裕的座船,艰难地向上游行去。领头的纤夫喊起了号子,"嗨,嗨,嗨哟哟!拉呀,嗬嗨!拉呀,嗬嗨……"声音沙哑苍凉,在江面回旋激荡。几百名纤夫们齐声相和,在号子声的协调下,拉着楼船缓缓的溯游而上。

这段水路弯急槽窄,岸嘴突兀,水流湍急。江中更有林立的礁石,如剑般突出水面。船桨若被礁石折断,船只就会失去控制,进而在激流里撞石沉没。刘裕座船上的舵手小心翼翼地掌着舵,既要避开水面礁石,也要避开水底下的暗礁。河面浪涛奔涌,不时有大浪撞上船身,水花四溅着飞上船来,将舵手劈头盖脸地淋成个落汤鸡。舵手钉子般的屹立船头,丝毫不敢大意,两眼大瞪,气儿都不敢乱喘,牢牢地掌控着楼船的航向。终于,刘裕的座船平安通过了险滩,前面的水面开阔了许多。

随后,晋军的两百多条战船顶风逆水,在纤夫的牵引之下,渐次越过奔涌的急流,缓缓驶进。数千名纤夫和士兵,肩膀上都勒着纤绳,袒身露体,弓腰屈背,在纤道上艰难的行进着。沙砾地上,已踩出了一行行脚印沙窝。河上的风越来越大,船只剧烈的晃动。岸上挽纤而行的纤夫们更是吃力,几乎是走一步退半步,最后只得手脚并用的爬行,额头和脊背上冒出豆粒般大的汗珠,汗水模糊了双眼,又"噼哩啪啦"地砸落地面,浑身精疲力尽但仍要坚持。江边号子声声,喊得震天响,盖过了汹涌江水的咆哮。

一阵大风吹过,江中涌起了巨浪,如万马奔腾。几阵奔雷般的怒涛涌过,有一艘战船突然打了横。这艘船前的纤绳崩得像一条弓弦,终于"啪"的一声,从中间折断。脱了纤的战船,疾向后退去,"砰"的一声,撞在礁石上,舟尾向天,整条船几乎倒立,很快就没于水中。船上的军装、辎重,马上被激流冲得看不见影子,还有几百名士兵,也全部葬身鱼腹。刘裕虽立即命人救援,终究是晚了一步。后边船上的将士们见势不妙,纷纷鼓噪起来。所幸舵手们经验丰富,一边大喊"稳住",招呼岸上的纤夫不要慌乱,一边奋力把舵前行,

第九章 北伐灭燕

竭力避开激流，减少阻力。饶是这样，因为逆流的冲击力大增。纤夫们得花很大力气，方能前行那么一点儿，头上的破帽掉落在地上，都不敢去捡，只顾挣命似的弯腰拉纤。好不容易，纤夫们攀山爬崖，拉着船队逐次过了这片险滩，这才松了口气，一个个抽了筋似的，瘫倒在地，呼呼直喘粗气，过了一阵子，才爬起来，将纤绳从肩膀上取下。每人肩头，都有一道鲜红的纤痕。刘裕立在船上，见了这惊心动魄的一幕，心里说不出是什么滋味，忙命人给纤夫和拉纤的军士们额外颁赏。

晋军船队过了江淮运河之后，转由淮水入泗水。阳光之下，泗水河上泛起道道金波，如千万条金蛇狂舞。浩渺水面上，倒映着船形帆影。一阵风过，烟波荡漾，浪花飞溅。船行得越来越快，船边激起无数的水花。岸边柳树密密匝匝，成行成排，在船边一闪而过。水鸟在船头飞来飞去，唧唧地叫个不停，不时一个俯冲，用翅膀拍打着水面。五月，刘裕率大军至下邳（今江苏省睢宁西北），留船舰、辎重，改由陆路进至琅琊（今山东省临沂北），所过皆筑城留兵，既储存大军粮草，也防被南燕截断后路。

琅琊为秦始皇所立的三十六郡之一，属徐州，领东武等五十一县。傍晚时分，晚风轻拂，夕阳照耀着军营，千万顶帐篷染上了一层朦胧的金色。刘裕带着刘穆之、丁昿等人，在营中作例行的巡视，走不多远，见前面围了一群将士，传来阵阵喧哗之声，便命刘穆之过去看看。刘穆之领命，去了一会儿就回来了，对刘裕道："大人，您快过去瞧吧，一名校尉和江陵王司马楚之打起来了。俩人扭成一团，推做一块，不成个样子。"刘裕一愣，道："小小的校尉怎么就敢殴打江陵王？岂不是反了他了？"说着，迈步走了过去。四周的军士们纷纷向两边闪开，让出一条道来。

刘裕走进人群里，见打架的两人已被拉开。惹事的校尉二十多岁年纪，身量不高，长得却很壮实，脸上被挠破了几处，上衣的两个纽扣不见了，右脸上一片青紫。司马楚之更是狼狈，束发冠被扯了下来，头发散乱，外衣被撕破了几块，口角流血，眼眶子肿起多高。刘裕忙对司马楚之道："王爷不在建康纳福，怎么跑到这里来了？"司马楚之气得脸色铁青，见了刘裕，忙过来道："朝廷命我押运一批粮草到此，这人就来胡搅蛮缠，还动手打人，请将军做主。"刘裕听了，转脸盯住那校尉，沉声喝问道："你是什么人？为何殴打上官？成什么体统？"那名校尉紫胀着脸道："大人，卑职檀道济，隶属辎重营，此次随大军北征，负责点收军粮，发现江陵王送来的全是些腐粮，根本无法入口，便找来与他理论。他反而骂卑职无理取闹，还抽了卑职一耳光。卑职也是一时冲动，就打了他。"刘裕听了这话，心里一动，忙道："运来的军粮现在何处？带我去看看！"檀道济道："卑职愿在前边带路。"说着，引着刘裕，出了军营，前往琅琊城。

残阳西坠，几只归巢的鸟雀在城头上盘旋着。刘裕一行人进了城，来到大军粮仓。仓库四面是高近十米的砖墙，东西长约百米，南北宽约八十米。墙为平顶，上筑环道、望楼和垛口，行走方便，也宜于防守。墙根下每隔二十米设有一个排水道。仓库内建有百余间仓房，形制仿佛，都是一砖到顶。每间仓房只开有一个仓门，没有窗户，可存粮两万斤。仓房的墙上开有几个通气孔，保持通风干燥，防止粮食霉变。仓库中央是一片平坦的空地，平时用来晒粮用。现在，空地上停着百余架车辆，自是司马楚之押送来的军粮了。檀道济走到一辆车旁，揭起车上盖着的芦席，抓起一把面粉，递到刘裕眼前，愤愤地道："将军请看，这样的粮食能给弟兄们吃吗？"刘裕低头一看，见那把面粉颜色发暗，隐隐有股子酸味，便也伸手到袋里抓出一把面粉，仔细观察，发现面粉里有疙疙瘩瘩的小粉团，随手搓了一下，却也不易散开，明显已经变质。刘裕等人又来到另一辆车跟前，见里面装的是大米，解开一个口袋往里看，发现米粒表面都已变暗，有的已经变黄、变绿，提鼻子一闻，有一股子霉味。

檀道济从旁边一辆车上扛下个口袋，提到刘裕跟前打开，气咻咻地说："将军，请看这袋黄豆，也是空壳较多。一袋豆子，被虫了蚀

第九章 北伐灭燕

去了半袋。"刘裕心下恚怒,望向司马楚之。司马楚之自知理亏,心里有些发虚,却强词夺理道:"刘将军,去年几个州遭了水灾,收上来的粮食就是这个样子。粮食发潮,容易霉变,也是没办法的事情。"檀道济"呸"的一声,朝地上吐了口唾沫,道:"弟兄们在前线拼命,脑袋全都拴在裤腰带上。你就拿这些给他们填肚子?去年遭了水灾不假,前年、大前年的陈粮呢?我就是管粮秣的,别欺负我不知道。粮食入库后,能存放七年。这七年里年年都遭水灾?你哄鬼呢?"司马楚之听了檀道济这番连珠炮式的责问,张口结舌,无言以对,很是难堪。刘裕略加思忖,把脸一板,道:"檀校尉,不必如此急躁。江陵王长途押粮到此,就算军粮有些变质的,也是功大于过。今日你无礼犯上,先革去你的校尉之职,过几日再行发落。"檀道济气得脸色发白,大叫道:"将军如此处置,卑职不服……。"话没说完,刘穆之在旁断喝一声道:"来呀,将他拖下去。"几个军士一拥而上,将檀道济横拖竖拽地拉了下去。司马楚之在旁暗自庆幸,忙上前道:"将军,运这批粮时,小王一时失察,误将变质的粮食运来。我这就回去,亲选一批合格的军粮,再运到大营。"刘裕笑道:"不敢有劳王爷,我自令漕运衙门料理此事。"说着,又安慰了司马楚之几句,便带人离去。

夜色已深,天空繁星点点。檀道济被关到一间帐篷里,直气得胸口憋闷。他是高平金乡(今山东金乡县)人,自幼家贫,束发从军,积功升至校尉,今日觉得自己有理,却无端受了一顿申斥,连官职都丢了,越想越是不愤,只觉得两胁发胀,便摸黑找到一张椅子坐下。正在这时,忽听外面脚步声响。看守的军士招呼道:"刘大人,是您哪!"又有人说:"不错,我来看看到檀校尉。"随着话音,帐外灯光晃动,帐帘一挑,刘穆之手里提着一盏灯笼,从外面走了进来。檀道济见他夤夜来访,不知何故,只得起身作了个揖,却是一语不发。刘穆之将灯笼挂在一边,拉把椅子坐下,哈哈一笑,道:"檀校尉,还生气呢,你气性也是大了些。来,坐下说话。"檀道济

· 125 ·

宋武帝刘裕

只得坐在一旁，道："卑职被革去军职，现已不是校尉了，刘大人不必再用旧称！"

刘穆之见他悻悻的样子，道："司马楚之押运军粮，以次充好，事理昭然。你以为刘将军就不明白？"檀道济一愣，品品刘穆之的话，开口道："那刘将军的意思是……"刘穆之低声道："檀校尉，你不畏强御，敢顶撞司马楚之。刘将军瞧着很是欢喜，只是以强敌在外，不愿后方再起乱子。说不得，只能委屈你了。"檀道济听到这里，恍然大悟，心里顿时敞亮了许多，道："卑职职责所在，见将士们要去前方苦战，却只吃这些霉粮，便压不住心里这股火，现在想想，今日也是莽撞了些。"刘穆之又说："今天多亏你这么一闹，刘将军回去已写了道奏章，请朝廷让司马楚之别再插手军粮之事，又命徐羡之大人派出巡漕御史，专门料理漕务。"檀道济听到这里，连连点头。刘穆之又沉吟着说："军粮的事，应该不会再出麻烦。至于你嘛……"檀道济一拍胸脯，道："卑职公然殴官，自是有罪。请转告刘将军，不必为难。姓檀的贱命一条，杀剐存留，悉听尊便。"刘穆之一晒，道："檀校尉，你想哪儿去了！刘将军怎肯错杀无罪之人？这次是让我来转告你，要将你调到他的麾下任参军。你可愿往？"檀道济喜出望外，道："多谢提拔。请大人回禀刘将军，卑职愿效犬马之劳。"刘穆之满意的点了点头，起身告辞，出帐回复刘裕去了。

晋军将至的消息，很快传到了广固城。广固为青州名城，也是南燕国都，东有尧王山，西临北阳河，南有大涧，地形险要。城内崇阁巍峨、层楼高起。皇城位于广固城北，四面琳宫合抱，复道萦行。南燕王慕容超闻有晋师，召群臣至万寿殿会议。万寿殿外青松拂檐，玉栏绕砌。殿内梁柱上雕着金辉兽面，殿顶饰有彩焕螭头，四壁刻着龙蟠螭护的花纹。南燕侍中公孙五楼、太尉慕容镇等数十名大臣来到殿内，向慕容超磕头行礼已毕。

慕容超二十多岁，皮肤白晰，一张圆脸，头发乌黑，两道眉毛淡淡的，一双眼睛倒还有神，鼻子微微上翘，抿着两片嘴唇，神态有些

第九章 北伐灭燕

倨傲，头戴旒冕，身穿龙袍，端坐在龙椅上，开口道："今日边境急报，称晋师入寇。众卿有何良策退敌？"太尉、桂林王慕容镇个子中等，身材瘦削，久总兵马，颇有韬略，出班开口道："陛下，晋兵轻果，利在速战。我军不可与之争锋，宜据大岘山，使敌不得入，旷日延时，沮其锐气，然后简精骑二千，循海而南，绝其粮道。再命兖州之众东下，腹背合击，此为上策。各命守宰依险自固，坚壁清野，芟除禾苗。晋军无食，求战不得，旬月之间，自然溃退，此为中策。若纵贼入岘，出城逆战，是为下策。"慕容超自处决了慕容统等人后，疑忌宗室，见慕容镇在朝堂上言之凿凿，心中先自不喜，又不愿坚壁清野，便说："晋军远来疲弊，势不能久。我大燕据五州之地，拥富庶之民，铁骑万群，麦禾布野，何必芟苗徙民？不如纵敌入岘，再以精骑蹂之，必能克敌！"

慕容超话音刚落，公孙五楼忙不迭地出班褒赞功德。公孙五楼是慕容超的宠臣，任侍中、尚书，又领左卫将军，专总朝政，权倾朝野，王公内外无不惮之。时人还编了首歌谣道："欲得侯，事五楼。"公孙五楼身穿朝服，手持笏板，跪在地上，先磕了个头，才道："陛下运筹帷幄，料敌制胜，实为群臣所不及。"慕容镇瞥了一眼公孙五楼，心里暗骂："都什么时候了，还不忘打溜须！"又奏道："陛下必恃骑兵利平地，也宜出大岘山退敌。若一战不胜，犹可退守，不宜纵敌入岘，自弃险固！"慕容超认定晋军只是报复性的袭扰，一心想依托平原地带，发挥自己的骑兵优势，将远道而来的敌军一网打尽，对慕容镇的话很是不以为然。慕容镇苦谏不从，又气又急，两颊紫涨，扬眉攘袂的大声道："陛下既不能逆战退敌，又不肯徙民清野，延敌入腹，坐待攻围，酷似刘璋。今年国灭，江山社稷是保不住了！"慕容超闻言大怒，额上青筋暴起，一双眉毛几乎要竖起来，喝令武士将慕容镇下狱。群臣见慕容超赫然而怒，一个个噤若寒蝉，伏在地上，不敢再争。随后，慕容超下令摄莒、梁父之戍，又命公孙五楼去临朐（广固以南）修城隍，简士马，设置防线，以待晋军

之至。

　　这年六月，一轮金黄的太阳高挂，天空飘浮着几朵棉絮般的云彩。阳光透过云彩直射下来，有些耀眼。道边一排排绿树生机盎然，四野碧色连天。刘裕率军过了莒县（今属山东省），来到大岘山。大岘山呈南北走向，西侧为沂山，东侧为黄墩山、龙山，山势险峻，连绵的山峦拔地参天，直上青云，在缥缈的云雾中若隐若现。山上遍植着松柏、毛竹和各种杂树，郁郁葱葱，一片苍翠。一阵风过，万千棵树木起伏摇摆，如滔滔巨浪，雄伟壮丽。大岘山间一条峡谷，是南北通行的要道，两边皆是断崖削壁，峰岭陡立，峥嵘险峻，仰头望去，只可见一线蓝天。刘裕骑在马上，引大军自峡谷中通过，见燕兵不出，举手指天，喜形于色。刘穆之随侍在侧，好奇的问道："我军尚未遇敌，将军何以如此高兴？"刘裕道："兵已过险，士有必死之志；余粮栖亩，人无匮乏之忧。我军大捷在即，焉能不喜？"

　　燕王慕容超先遣左将军段晖等，率步、骑五万进据临朐，听说晋兵入岘的消息，便留老弱守广固，自领四万"具装甲骑"前来支援。"具装甲骑"是燕国的重装骑兵，训练有素，装备精良。所有的战马全都配备着马铠，包括面帘、鸡颈、当胸、搭后等部分。"面帘"是一块狭长的铁片，上面开有眼孔，主要保护马匹的面部。"鸡颈"是保护马颈的护甲，由鱼鳞状甲片连缀而成，前面有搭扣。"当胸"与"搭后"保护着马匹的身体。作战时，这些骑兵都穿着明光铁铠，先持长槊作远距离的冲锋，待冲入敌阵之后，便用长剑、弯刀或狼牙棒左右劈刺，很是凶悍。

　　刘裕料敌先机，知道南燕骑兵的厉害，便以步兵居中，用战车四千辆分左右翼，车悉张幔，由精壮的兵士执槊驾车，又以轻骑在外为游军，乃方轨徐行，来到临朐南数里之处。临朐城墙是青砖砌成，墙根厚数十步，愈高愈削。城墙上旌旗飘舞，密布刀枪。城墙四角各建有一座箭楼。箭楼上下共有四层，每层都密布箭孔。刘裕正在瞭望城池，忽见远处烟尘大起。原来，是公孙五楼率两万名具装骑兵前来

第九章 北伐灭燕

围攻。刘裕疾命战车居外，呈一环形，将步兵与辎重围在里面。不一会儿，燕军的骑兵前后交至，吹唇沸天，绕营奔驰。

晋军知敌强我弱，并不出战，只是凭车坚守，伺机反攻。这些战车都是双辕、四轮、长毂，车厢呈长方形，后方开门，车厢外侧装有生铁护甲，车轴上置铁锏，以减少轴毂的摩擦。车辕前端有木制的车衡，衡上缚两軏用以驾马。每辆战车驾马二匹，不仅配备了铜制的马衔、马笼嘴、马镳等，还披挂着皮革制成的马甲。晋军战车之外挂着布幔，可防御弓箭。士兵们立于车后，手持长槊、马槊，伺机刺杀逼近的骑兵，又用强弓硬弩，对远处的骑兵施放弩箭。公孙五楼指挥骑兵，一连冲锋了几次，都没有突破晋军的车阵，倒被射杀了不少人马。时间一分一秒的过去，激烈的战斗进行到傍晚，南燕的战马奔驰了大半天，很是劳乏，灵活性大不如前，更难以躲避晋军的箭矢，很多南燕骑兵被射下马来。燕王慕容超立在城头观战，听着城下数万将士的厮杀之声，见战事陷入胶着，不禁有些焦急，眉头紧皱，额上挂着一层细细的汗珠，便命麾下四万骑兵尽数出城增援。

天色暗了下来了，一轮殷红色的夕阳坠向西边的临朐山。晚风阵阵，席卷着战场上弥漫的血腥气。临朐城外，晋军的环形大阵方圆数里。阵中数万将士依托战车，顽强抵抗着燕军骑兵的冲击。战车前后，倒满了敌我双方的尸体。刘裕头戴铁盔，身披重铠，手持腰刀，骑着战马，立在营里的一处土丘之上，指挥若定，身边数十名卫士举着盾牌，为他遮挡着敌人的箭矢。土丘左边是五千预备队，随宜应赴，有缺辄补；右边摆开数百面战鼓，鼓声隆隆，擂得震天响。刘裕遥见城下烟尘大起，发现有大批骑兵涌出城来，料知南燕精锐倾巢而出，即将朱龄石、檀道济召来，对他们二人说："慕容超悉兵出战，临朐城中留守必寡。你们从预备队里抽调三千人，绕至城北，乘机取城。"朱龄石手里拎着一柄宣花巨斧，斧刃上已是血迹斑斑。檀道济两眼通红，右手提着一柄厚背薄刃的鬼头刀，刀头朝下滴着血珠儿。二人领命之后，不敢怠慢，立即带了步兵三千，悄悄脱离战场，绕到

临朐城的北边。

　　这时，太阳落山，最后的一抹晚霞也渐渐暗淡，暮色渐浓，天地融进冥冥的暮色。高大的城堞，呈现出青黛色的轮廓，城上城下一片混沌。檀道济带着一支五百人的敢死队，借着夜色的掩护，摞甲先登，杀散城头守军，斩其牙旗。朱龄石随后率部登城，命军士一齐鼓噪呐喊，在城上插上晋军的旗帜，又由城北杀向城南，与慕容超的卫队短兵相接。慕容超听说城北失陷，大惊失色，脸色发青，眼珠子瞪得溜圆，连头发都抖动起来了，好一会儿才缓过神来，忙对侍从说："快，快扶朕下城。"几个侍卫扶着慕容超匆忙下了城，骑上马，开了东门，弃城逃回了广固，忙乱之中，将御马、印玺、辇舆等丢弃，皆为晋军所得。刘裕命人将慕容超的御辇等物列于阵前，让将士们齐声大叫道："俘虏慕容超了。"十余万燕军战斗了一整天，本已疲惫不堪，又见临朐已失，遂四散溃逃。刘裕纵兵追击，大败燕军。

　　当晚，慕容超骑在马上，一路催骑蹀行，只带了几百人，狼狈地逃回广固。他在皇城门外，踏着下马石下地，才觉得胯下酸痛，腿脚都木了，便扶着一名侍卫，趔趔趄趄地回到宫内，惊魂初定，想起慕容镇当初的话，不禁后悔不迭。第二天，慕容超便命人将慕容镇从狱中释放，命其为录尚书、都督中外诸军事。慕容镇换去囚衣，穿上王公服，来到金殿谢恩。慕容超坐在龙椅之上，早没有了当初的骄狂气焰，叹了口气，说："桂林王，朕上次没有听你的良言，致使临朐失陷，现在晋军将至，形势紧迫。朕想派使者去长安，向秦国请兵来援，你以为如何？"

　　慕容镇跪在地上，手抚金色的地砖，只觉丝丝凉意，正透过手指，渗入骨髓，听了慕容超的话，暗自叹息了一声，道："百姓之心，系于一人。今陛下亲率六师，奔败而还。群臣离心，士民丧气。闻秦人自有内患，恐无暇分兵。"慕容超一愣，道："那依你之见，朕就束手待毙不成？"慕容镇凛然道："陛下，前线败回的散卒还有数万，聚在城内，宜赏以金帛，率之一战。若天命助国，必能破敌；

第九章　北伐灭燕

如其不然，死亦为美！"公孙五楼跟着慕容超逃回来，右臂还中了一箭，正用白色绷带吊在脖子上，犹自疼得钻心，听慕容镇建议决战，忙道："不可。晋兵乘胜，气势百倍，我以败军之卒与之对阵，难以取胜！秦与我大燕分据中原，势如唇齿，安得不来相救？但不遣大臣则不能得重兵。尚书令韩范为燕、秦所重。请陛下派他前往长安请兵。"慕容超觉得公孙五楼的意见比较稳妥，便派尚书令韩范去长安乞师。

这天清晨，初升的太阳把广固城头照得一片金黄，薄薄的雾气正在慢慢散去。城外鼓声大作，兵马纵横，正是晋军乘胜逐败而至。广固城墙高达数十丈，东西垣相距五千米，略成方形。有东、西、南、北四座城门。拱形的城门洞，高、宽各五、六米。门外均筑有瓮城，还建有数十米高的闸楼和箭楼。箭楼上设有箭窗，利于射击。箭楼两侧有十余间庑房，与城台相连，形如雁翅。阖城四隅还有突出城外的墩台，高约二十米，飞檐八层，插椽孔穴，历历可数。城外有一道护城壕，深达数丈。

刘裕见广固防御严备，便以兵扼守四门，又与刘穆之等人，骑着马，带了一小队卫士，踏勘地形。广固城的东西两墙之外，有五条河流穿城而过。这五条河或宽或窄，水流或缓或急在下游相汇，潺潺流向城南四十里外的巨蔑水（今山东弥河）。刘裕等人来到五河交汇之处，见河水清澈见底，游鱼历历在目，河底密布着奇形怪状、大大小小的鹅卵石。一阵风拂过，河面波光粼粼，河畔不时有青蛙"呱呱"地叫着。岸边生长着野花和杂草，随风摇曳，还有几百棵老柳树，郁郁葱葱，枝繁叶茂。刘穆之骑在马上，指着五河交汇之处道："将军请看，这里便是'五龙口'。当年，石勒攻曹嶷于广固，望气者以为五水过城，难以攻拔，若塞五龙口，城必自陷。石勒如计而行，果然迫得曹嶷请降。后来，慕容恪也曾围段龛于此，亦如石勒所为，不久段龛便投降。将军可动用民伕，于"五龙口"筑起堤坝，聚大水围城，则慕容超插翅难飞。"刘裕点头称是，遂发民伕

万余人，开筑堤坝。

这一晚，凉凉的夜风拂过城头，透过树叶的缝隙，又吹动着城外一眼望不到头的军营。月光如水，在天地间流淌。薄雾如纱，使城上城下变得一片朦胧。草丛里传来小虫轻轻地鸣唱，声音细微，像从地下发出来的一样。晋军大营里的灯光渐次熄灭，将士们开始进入梦乡。刘裕独坐帐中，正准备休息，忽听营外一阵大乱，隐隐可闻刀枪撞击之声，忙抓起腰刀，冲出帐外，召集卫士，前往营外探察。原来，慕容镇在西城墙下挖了条地道，趁夜偷袭，打算破坏晋军的水坝。不想刚一出城，便被晋军的巡逻兵发现。双方当即动起手来，朱龄石的防区就在附近，带兵来援。慕容镇见敌军四集，料知讨不了好处，只得带队原路退回城内。刘裕当夜命人堵塞了地道口，第二天，又环城筑起长围。长围用土石筑成，高三丈，厚一丈五。长围之内，穿堑三重，深两丈。十余日后，晋军的堤坝筑成，将五龙口堵得严严实实。五条河流的水为堤坝所阻，不能下泄，流入广固城外的深堑里，汇成一条大河，将广固城包围了起来。

转眼秋天到了，蔚蓝的天空一碧如洗，朵朵白云在天上慢悠悠地飘游着。金风阵阵，吹落树上的黄叶。落叶随风四处飞舞，像无数只黄色的蝴蝶。这些日子，刘裕分兵略地，抚纳降附，采拔贤俊，援才授爵，因而任之。北方华、夷大悦，百姓荷戈负粮而来者，日以千数。又过了半个月，地里的庄稼开始成熟。一片片黄澄澄的稻子，垂着沉甸甸的穗头，随着秋风起伏，好似翻滚着层层波浪。大豆裂着豆荚，露出饱满的豆粒。一望无际的麦田，像金色的海洋。麦浪滚滚，一片金黄。菜地里一片绿油油，棉桃绽开了花絮，还有火红的高粱、黄澄澄的玉茭。山坡上的大红枣、柿子、核桃和板栗，也都渐次熟透，像小灯笼似的，挂满了枝头。

秋风吹过田野，五谷飘香。满坡满野，全是成熟的粮食。晋军将士们拿着镰刀，在田埂间来回穿梭，开始抢收庄稼。"喀嚓喀嚓"的割麦声响彻耳际。几千辆架子车停在地头，由军士专门看护。士兵们

第九章 北伐灭燕

抄着木杈，将成捆的小麦挑到架子车上，再用粗麻绳勒紧。所有的麦子被统一堆放在场里，在烈日下晾晒。第二天，麦子就全部干透，再套上牛、马等畜力，拉着石碌碡，在场里碾压。随着牛、马"踢踏踢踏"的转着圈，麦粒就"刷刷"的落了下来。军兵们用木杈将麦秆挑在一边，将地上的麦粒收集成一堆一堆的，等到一场风来，便开始扬场，将麦麸除去，再把麦粒一袋袋装好，运进了军营。自此，晋军因齐地粮储，悉停江淮漕运。

又过些日子，天气渐渐凉了，城外的小草已经枯黄了。郊原上一丛丛的野菊，绽开着几朵小小的黄花，在凉劲的秋风中微微颤抖着。这一日，原来蓝湛湛的天空突然翻脸，露出灰沉沉的颜色，一阵凉风吹过，便"息哩索落"地下起了秋雨。到了下午，那片浓重的雨云被风卷着，渐渐地飘向西边，天又青了。晋军营外，忽然来了一小队人马，约有百余人，全作秦军打扮。这队人马来到晋军营前，自称是秦王姚兴派来的使者，让军士通报。刘裕听得秦使到来，便命人将其引进大帐。

秦使三十多岁年纪，一身戎装，来到帐内，向刘裕躬身一礼，便呈上秦王姚兴的书信。原来，秦与南燕结盟，接到韩范带去的求援信，便遣人前来下书。刘裕请使者坐在一旁，取信观瞧，只见信上写道："慕容氏相与邻好，今晋攻之急。秦已遣铁骑十万屯洛阳；若晋军不还，便当长驱而进……"刘裕看罢信件，嘴角露出一抹轻蔑的笑容，对秦使道："本将军空国兴师，越数千里而伐燕，岂是畏战之人？"说着，将信件撂在桌案上，又道："回去告诉姚兴：我克燕之后，本打算息兵三年，再取关、洛。如果他现在就想前来送死，亦无不可！"使者听了这话，脸色一变，却也不敢说什么，只得告辞而出，茶水都没喝上一口，上马自去了。

刘穆之正在外巡营，听说秦使到来，忙来到刘裕的大帐。刘裕笑着把刚才的话原原本本的告诉了刘穆之。刘穆之听罢，一跺脚，埋怨道："将军，您这话不足以威敌，适足以激怒姚兴。若广固未下，秦兵奄至，不知将军何以待之？"刘裕不以为然的道："兵贵神速！姚兴若能派兵来援，一定不会让我们知道。如今他公然遣使到此，不过是虚张声势而已。晋师不出，为日已久。姚兴见南燕将亡，难免恐慌，自顾不暇，何能救人？"刘穆之见刘裕这么说，也只得罢了。刘裕所料不错。原来，秦王姚兴听说南燕吃紧，本派卫将军姚强率步骑五万来救，不想边境连遭夏王赫连勃勃袭扰，只得将姚强的兵马追还长安助防，却写了封信，命使者送达，虚言恫吓，却被刘裕看破。

第二年一月，天气酷寒，天空是灰蒙蒙的，广固城上凝结着一层冷冷的白霜。肆虐的寒风呼啸着掠过，光秃秃的树梢在风中晃动着，树上的鸟儿早已不知去向。大半年来，燕王慕容超困守孤城，日子自是难熬，整个人变得瘦弱憔悴，再也寻不回往日的风采。这天，慕容超乘辇登上城头，巡视城防，见周围战士们饿得东摇西晃，一个个脸皮松松垮垮，头发长长的，肮脏不堪，脚上的鞋子都露着脚趾头，不禁暗自叹了口气，手抚城垛，向城外望去。外面广袤的田野一览无余，上覆着皑皑的白雪，根本看不到援军的影子。城下一片烟雾缭绕。晋军大营将全城围得铁桶相似。尚书悦寿随侍在一旁，乘机进言道："天地不仁，助寇为虐，将士们日就凋陨。今守困穷城，已无外援。陛下若割大岘以南的土地给晋军，或可转祸为福，以全宗庙。"慕容超听了这话，只得命悦寿出城，至晋军营中议和。

随着一阵"吱呀呀"的声音，广固久闭的城门缓缓开启。悦寿头戴皮冠，身披厚袍，孤身一人，骑着匹瘦马，打着面白旗，出了城，在冰上过了大堑，来到长围之前。晋军的哨兵早已发现了悦寿，高声喝道："干什么的，别往前走了，否则开弓放箭。"悦寿道："我是燕尚书悦寿，奉王命前来议和。"哨兵道："你在这里等候片刻，我们前去通报。"

刘裕闻报，便命军士将悦寿带至中军。冬天来临之前，晋兵和土为泥，制作了几百万土坯，环城建起了土坯房，足以抵挡冬天的严寒。悦寿来到刘裕的中军，见那房子虽是土坯建成，却很是宽敞，有

第九章　北伐灭燕

两间屋子大小。屋宇高大，地面平整，两边密列持刀悬剑的将士。悦寿不敢东张西望，直走到刘裕的帅案前，跪倒行礼，道："下官是南燕尚书悦寿，奉我主之命，前来议和。"说着，递上议和表。卫士接过表章，放在刘裕面前。刘裕身披青色棉袍，胁下悬刀，坐在案后，并不看表，直问道："既是议和，不知燕王怎么打算？"悦寿道："我主愿献马六千匹，并割让大岘以南的土地，永为大晋藩臣。"刘裕冷笑一声，道："慕容氏窃据位号，已历数十年。今我奉辞伐罪，怎可容你苟安一方？若要议和，必要慕容超出降方可。"悦寿心里一寒，欲待再说，刘裕已令帐中卫士将他送回广固。悦寿无奈，只得起身出帐，回城复命，见了慕容超，将刘裕的话复述了一遍。慕容超听了，脸上的肌肉抽动了几下，默然良久，叹道："国家兴亡，自有天命。我宁奋剑而死，也不能衔璧偷生。"

第二天，天气特别冷。空中不见太阳，厚重的乌云低垂着，像是要下雪。北风劲吹，原野空旷，树木萧索。城外的大堑里，结了一层厚厚的冰，堑边尽是枯草。刘裕见城中没有动静，知道慕容超不肯投降，遂擂鼓聚将，准备悉众攻城。刘穆之熟知天文历数，在旁劝阻道："将军，今日往亡，不利行师。"刘裕手按宝剑，端坐案后，说："我往彼亡，何为不利！"遂披甲上马，调遣军士，越过冰面，急攻广固。

晋军四合如黑云，将士们树起云梯，涌向城头，又用冲车、飞楼、悬梯、木幔等攻城器械遥临城上。城中的守军被困已久，粮草断绝，斗志全无。这天傍晚，广固的西城墙被冲车撞塌。晋军潮水般涌入，先后占领南、北城楼。上万的燕兵束手被擒，被用绳子捆绑着连系起来，每数十人一堆。周围的晋兵用长矛一阵猛刺，当场把他们杀死。一时间，广固城内伏尸枕藉，血流奔泻。慕容超带了数十骑，越城而逃，却陷到大堑里，被生擒。刘裕入城之后，忿广固久攻不下，遂放兵大掠，夷其城隍，斩王公以下三千人，没入家口万余，又将慕容超装入囚车，送到建康，斩于市。

第十章　松林黑店

> 刘裕将过淮水，而河上风涛大作。从人皆惧，刘裕慨然道："若天命助国，风当自息；若其不然，覆溺何害！"即命登舟，舟移而风止。夏，四月，刘裕至建康。

刘裕灭燕之后，得十五郡、八十二县、三十三万户，休兵数日，又命将校镇守广固，遂领兵南还。这一天，大军行至下邳（今江苏省睢宁西北）。下邳既占水运之利，又据灌溉渔猎之便，土壤肥沃，物产丰富，为中原水陆通衢。城中人丁兴旺、商贸繁荣。下邳郡守知刘裕凯旋，忙带人出城劳军，送了几千口肥猪羔羊，还有大批的粮食。

正值三月，天气晴好，春意盎然。城外的柳树上，鹅黄色的嫩苔缀满枝条。青青的小草，在路边破土而出。刘裕曾任下邳太守，见此大好春光，不禁动了故地重游之念，便带上刘穆之、丁昤，又领着数名亲兵，骑上马，出了军营，去城内闲游。众人纵马来到下邳城外，但见沂、武二水在城外交汇，滔滔汨汨，注入泗水。城北的岠山上云

第十章 松林黑店

气蒸腾，古木蔽日，主峰峭拔险峻，号称"白云峰"，东南有座圯桥。著名的"圯桥进履"的故事，就发生在那里。众人来到桥前，见眼前是一座石拱桥，长四十米，弧形的桥洞横跨洨河，宛如长虹凌波。桥身结构匀称，座落在天然地基上。桥面平缓，中间行车马，两旁走行人。桥上的石栏、石板、栏槛、望柱上装饰着精美的石雕，有兽面、花饰、竹节等，古朴美观，饰纹精细。大桥顶部正中，雕有传说中的吸水兽，轮廓清晰，线条明快，还雕有数条蛟龙，或盘踞游戏，或登陆入水，神态俊逸，雕法苍劲。桥下的河水，在阳光下波光粼粼，蜿蜒数里。

刘穆之手抚着石栏杆，游目四顾，道："秦灭韩后，张良于博浪沙刺杀秦始皇失败，隐匿于下邳，便是在此处遇到了圯上老人黄石公，得授《太公兵书》，遂佐汉高祖成一代大业。"刘裕道："不错！大家看，桥头还有一块大石，据说便是当日遗迹。"众人听了，一齐来到桥头，见桥边果立着一块三尺多高的青石，嶙峋突兀，上面用红漆刷着三个大字："进履石。"丁旿一介武夫，听不得别人掉书本子，率然道："圯桥进履之事真假难辨，这块石头恐怕也是后人附会而立的吧！"刘裕笑道："历史上的事情，真真假假，哪里说得清呢。"众人边说边行，下了桥，来到城门前，跳下马来，让亲兵们在城外看着马匹。刘裕便与刘穆之、丁旿进了城，先沿着马道登上城墙，望见下邳城外河湖纵横，渔船往来，便伸手拍了拍城堞，道："二位，这里便是白门楼了，是三国时吕布殒身之处。"又指着马道旁的一处湖泊道："那里就是官湖。当年，曹操围吕布于下邳。城内军兵挖土以加厚城墙。后来，掘土之处积水成湖，又被官家于四周围上石岸，便成了今天这个样子。"众人披襟当风，遥想起三国英杰，陡发思古之幽情。

太阳渐渐平西，阳光普洒于灰瓦红墙上。三人下了城，沿着一条长街走向城内。街上挤满了行人车马，两旁是些茶舍、酒馆、当铺、作坊。五颜六色的招子，在人们头上高高飘荡，偶尔可见突兀横出的

宋武帝刘裕

飞檐。街道两旁的空地上,有不少小商贩,见缝插针的铺开摊子,摆着五花八门的商品,招揽着生意。

刘裕一行三人在大街上信步走着,见天色将晚,便准备在城内打尖,正巧前方十字路口处有一家酒馆。那酒馆是青砖砌成的两层小楼,外列木栅,摆着一张肉案,门侧摆着许多酒坛。门口挂着两盏大红灯笼。二层的屋檐之上,高挑着一根细竹竿,上面挂着一块青色的布招,上写一个斗大的"酒"字。店里一片喧闹,猜拳声、谈笑声、杯盏碰撞声,简直要把楼板掀起来。几个小二端着酒菜,在楼上楼下飞快地穿梭着。刘裕等人在迎门处找了张空桌,点了一桌子菜,还要了两坛桂花酒,坐将下来,正吃着,忽见店外几个亲兵引着一名将官,沿街走来。

领头的亲兵一眼瞅见了刘裕,道:"刘大人在这里了。"说着,便过来躬身施礼,道:"大人,朝廷派毛修之将军送到紧急公文。毛将军先去了军营,听说您进了城,便找了过来,在城外遇见我们,故此来寻。"毛修之字敬之,荥阳阳武人,东晋辅国将军、豫州刺史毛宝曾孙,征虏将军、梁秦二州刺史毛瑾之子,约有二十多岁年纪,一张长条脸,眼睛深邃有神,鼻梁高挺,穿着一身军装,满脸风尘之色。刘裕倒也认得他,便道:"修之,什么事这么急?"毛修之神情凝重,向刘裕深施一礼,从身上掏出公文,递了过来,道:"大人一看便知。"刘裕见公文袋上封着火漆,上有"十万火急"字样,忙折开细读,看了没两眼,脸色突变,拿着公文的手竟有些颤抖。刘穆之坐在一旁,见刘裕面如死灰,便撂下酒杯,问道:"将军,什么事?"刘裕不答,将公文递与刘穆之。刘穆之接过一看,见上面赫然写着何无忌战死的消息,不由得心中惊骇。

原来,刘裕北伐之后,盘踞在海岛上的卢循便蠢蠢欲动,先寇南海,又攻广州。广州辖十三郡五十七县,州治在番禺(今广东省广州市)。刺史吴隐之率兵民顽强拒战百余日,直至去年十月,终是不敌。卢循攻占番禺之后,纵兵杀戮,又放火烧光了阖城的府舍民居,

第十章 松林黑店

聚残骸为一座大坟，葬于城外沙洲之上，竟得髑髅三万余枚。卢循遂自称平南将军，摄广州事，又使徐道覆克始兴（今广东省韶关西南），执始兴相阮腆之。此前，徐道覆便曾派部下化装成伐木工人，到南康山砍伐船材，运进始兴城内廉价出售，价格比市面上低好几倍。居民们贪图便宜，争相购买。久而久之，城内船材大积而人不疑。徐道覆领兵攻进始兴后，根据收据一一征集船材，不准隐匿不报，又雇用大批工人打造战船，很快组建起一只庞大的船队。410年初春，卢循与徐道覆在始兴会师，兵分两路北上，乘船直取建康。徐道覆领东路军，取道赣水（今赣江）而下，向寻阳（今江西省九江西南）进军，连克南康（今江西省赣州市）、庐陵（今江西省吉水北）。西路军由卢循率领，破桂阳（今湖南省郴州市）、湘东（今湖南省衡阳市）、长沙（今湖南省长沙市）诸郡，进至巴陵（今湖南省岳阳市）。晋镇南将军何无忌率军出战，与卢循、徐道覆的联军遇于豫章（今江西省南昌市）。两军兵锋初交，大风猝起，吹沙蔽日。何无忌所乘的大船为风水冲击，把持不定，漂泊东岸。贼舟乘风逼近，箭矢并发。何无忌辞色无挠，手持苏武节战死。豫州刺史刘毅引军逆战，又败于桑落洲。晋军全线崩溃，中外大震。朝廷不敢再待在建康，准备北投刘裕，后知贼兵未至，这才作罢，便派毛修之急召刘裕回京。

　　已是黄昏，残阳如血。晚霞的颜色越来越暗，在归巢的鸟雀声中收起了余晖，大地遂为一片暮色笼罩。刘裕惊悉何无忌的死讯，默坐良久，长叹一声，起身出店。丁旿从身上掏出块碎银子，扔在桌上，与刘穆之、毛修之等人于后相随。众人来到城外，从亲兵们的手里接过缰绳，上马疾回军营。中军帐中已点起油灯蜡烛，照耀得四下通明。刘裕坐在帐中，嘴唇闭得紧紧的，双手握成个拳头，心里好像拴了块石头似地直沉下去，既痛念何无忌，又担心京城失守，眉头拧成个疙瘩。众僚佐知道刘裕与何无忌的交情，也无人敢说话，一时，帐中显得有些沉闷，唯有灯影摇摇。过了好一会儿，还是刘穆之开口道:"大人,卢循连克何、刘二镇,后方危急。我们明天还是全速行军,争取尽早赶回。"刘裕缓缓地摇了摇头,道:"贼兵逼近京邑,这个时候,我军回援,已是不及。"刘穆之一愣,道:"那您的意思是……"刘裕扫视了一眼众人,道:"明日,我与你们几个轻装先行,速回建康,以京师兵马御敌。北伐部队暂由朱龄石统领带归。"诸人听了,自是从命,便各回帐中准备。第二天一早,天光放亮,四野鸡啼。刘裕率刘穆之、丁旿、毛修之、檀道济等人,又带了十几名卫士,全都换上便装,骑上快马,离了军营。为尽快回到京师,刘裕等人取道沂山,直奔淮河。

沂山又称海岳,山高林密,有"大海东来第一山"之称,所谓"泰山为五岳之尊,沂山为五镇之首"。这里山岭连绵,两峰之间,有一道两三里长的山沟。众人沿着沟间的小路而行,来到狮子崮。狮子崮是沂山头一座高峰,山上长满了赤松、麻栎、刺槐等杂树,远望似雄狮卧岗,绵延数里。将近中午时分,众人出了狮子崮,耳畔传来阵阵水声,犹如波涛,又走了一会儿,就来到百丈崖瀑布前。这条瀑布落差近百米,四季长流不断,远远望去,如一匹白练,直从天上垂落下来,煞是壮观。刘裕等人绕着瀑布而行,但觉茫茫水雾,扑面而来,虽是暮春时节,仍觉得一股寒意逼人。瀑布旁是一大片松树林,方圆十余里,里面有许多上百年的老树。每棵都有一搂多粗,松针茂密,郁郁葱葱,组成一道绿色长城。树冠上长满了纵横交错的枝干,在半空中铺开,如一张层层叠叠的大网,将阳光全挡在了外面,使得树林里有些阴暗。大风吹过,万木倾伏,松涛阵阵,不绝于耳。林中飘荡着轻纱般的薄雾,林间小径上长满了杂草,依稀可辨。众人进了林子,正纵马而行,忽听刘穆之在身后惊叫道:"大家小心!"刘裕一愣,就见一棵大树后的杂草一阵晃动,突然窜出一头野猪。

那是一头成年野猪,体长两米多,身躯健壮,四肢粗短,足有六七百斤,一身刚硬的鬃毛又黑又长,嘴巴尖尖的,露出一尺多长的獠牙。野猪的咬合力很大,可以轻松咬断人的骨头,身子一纵可达一

第十章 松林黑店

米多高，奔跑起来，疾逾奔马，是一种很难缠的野兽。所以，很多有经验的老猎户都说"一猪二熊三老虎"，意思是在林中打猎时，最不能随意招惹的就是野猪。这头野猪见了刘裕一行人，低低的咆哮着，发起威来，两只短小的耳朵直立，浑身的鬃毛都竖了起来。

刘裕猝遇野猪，不禁暗暗叫苦，知道自己一行无意间闯进了它的领地，逃是逃不掉了，只能凭着人多势众，将它杀死。想到这里，便跳下马来，"嗖"的一声，抽出腰刀，凝神以对。丁旿等人见状，也都下马，各执刀枪，将野猪围在中间。那畜牲嘶吼一声，挺着两颗尖锐的獠牙，直向刘裕等人撞了过来。这一下若是给撞上，轻则骨断筋折，重则当场丧命。众人纷纷避开，各挺手中兵刃，向野猪身上劈刺。野猪却恍若未觉，只晃了晃脑袋，又返身疾冲而至。原来，这野猪没事就在松树干、岩石上蹭痒，沾了许多松脂、砂砾在身上，日久天长，犹如在身上穿了一层护甲，可以说是刀枪不入。

野猪咆哮着，在众人的包围圈里横冲直撞，两只雪白的獠牙东挑西刺。一名军士一个不留神，被獠牙划过小腿，立即皮开肉绽，鲜血崩流。刘裕见刀剑对野猪毫无办法，便从别人手里抢过一杆长枪，在猪背上连扎了几下，却硬是捅不进去，只是留下了几个白点。野猪连挨了几枪，倒也吃痛，发起狂来，张开嘴巴尖叫着，掉头向刘裕扑了过来。刘裕与野猪尚离着十余米，已觉一股腥风扑面，暗道："好畜牲！"便背倚大树，手挺长枪，直对着野猪张开的嘴巴捅了过去。只听"喀嚓"一声，刘裕手里的枪杆只剩下了半截，那一尺多长的生铁枪头却也从猪嘴里捅了进去，直透入脑。野猪冲至刘裕身前不到三尺处，翻身栽倒，四蹄乱蹬了一阵，气绝身亡。

众人惊魂甫定，围在死掉的野猪旁，七嘴八舌地议论。丁旿说："今日若不是大人神勇，这畜牲定要伤我们几个弟兄。"刘裕手里挂着半截枪杆，喘着粗气，看着倒在地上的那头猛兽，心中连称侥幸。刘穆之刚才一直站在圈外，直惊得脸色煞白，这时，擦了擦额头的冷汗，道："这种成年野猪最是凶猛，发起狂来，能将一头猛虎顶飞。

宋武帝刘裕

万幸被大人杀死，否则，后果不堪设想。"众人在林中周旋了半天，精神高度紧张，现在一卸心劲儿，都觉得有些肚饥，便七手八脚的将野猪驮在马背上，来到了松林中的一条小溪边，砍去猪头和四个猪蹄，剥去猪皮，将野猪肉切剁成块，在水中清洗干净，串在树枝上，又在林中拾来些松柴，生起篝火，烧烤起野猪肉来。须臾，野猪肉烤熟，众人饱餐一顿，略事休息，便继续赶路。

这一日，刘裕一行人出了沂山，来到淮河岸边。淮河流域广大，与长江、黄河、济水并称"四渎"。河水清澈幽蓝，却又深不可测，在淡淡雾霭中，流过两岸青山。刘裕等人骑在马上，手搭凉蓬，向四外观瞧，却不见房舍、田畴，连一个人影都看不到，河中也看不到渔船。丁旿在一旁道："大人，我们急于赶路，错过了渡口，来到这前不着村、后不着店的地方。四周没有庄稼，看来离村镇还有段距离。请您在此歇息。我与檀将军分头去找，看能不能寻条渔船过河。"说着，便与檀道济各领了数名亲兵，分去了河的上、下游。刘裕目送他们离去，一提马缰，与刘穆之、毛修之来到一棵柳树旁，跳下马来，在树下铺了毡子，权作休息。过了良久，仍不见丁旿等人回来，刘裕坐得不耐烦起来，立起身，望望日色，对刘穆之、毛修之说："我们也别在这儿等了，干脆去上游走走，看能不能碰上他们。"刘、毛二人也觉得无聊，听了刘裕的话，正中下怀。

三人骑上马，顺着河岸，向上游行去，走出十几里，蓦然见前方有一处房舍，建在河边，四周绿树掩映，杏帘一角，斜挂林梢，竟是一家客栈。当时的水陆通衢上，多建有这种简易的客栈，向往来的脚夫、船夫卖些酒饭，收费低廉。刘裕等人睡了几天的帐篷，难解鞍马劳顿，见了这家小店，便欲在此打尖休息。三人纵马来到客栈前，见大门敞开着，就跳下马，将马匹拴在门前的柳树上，先后走进门去。客栈里面是很大的一间客堂，杂乱地摆着些方桌、条凳。靠墙的一张桌子上，放着些碗、筷、酒器、茶具。客堂东侧搭着柜台，上面摆着算盘、笔墨等杂物。客堂西边开有一道小门，通向后院。

第十章　松林黑店

　　已是下午，太阳悬在天空，发出柔和的光晖。店里先有两个客人，大概是错过了饭点，才寻到这客栈吃了些东西，正要出店赶路，与刘裕等人在门口相遇。刘裕上前一步，抱拳当胸，道："二位老客，打扰了。"那两个客人都穿着一身粗布衣服，身上各背着个小包袱，见刘裕神态英武，却是言谈有礼，忙拱手道："不敢，朋友是从淮北来？"刘裕道："不错！我们三人本打算去建康做点儿生意，却听说五斗米教起事。二位可是从京师来的吗？不知那边情形如何？"其中一位客人道："这位朋友，您算是问着了，我们刚从京里来。目前，卢循的兵马还没到。刘裕大将军若能及时赶回，建康自然无恙。"刘穆之在后边听了这话，与毛修之相顾色喜。刘裕道了谢，与两位客人别过，走到柜台前。掌柜的四十多岁年纪，一脸横肉，两只金鱼眼，身形矮胖，见了刘裕等三人，忙热情地招呼道："客官，是要住店吗？"刘裕点头，道："正是！给我们来一间上房。"掌柜的眉开眼笑，说："客官，请随我来。"说着，引着刘裕等人去了后院。

　　后院有二十几间屋子，黑漆镂窗，都是客房。院里搭着个天棚，算是厨房。灶下火光荧然，釜锅中的热气腾腾而上。一个小二，腰里系着围裙，正当垆涤器。掌柜的推开一间房门，引着刘裕等人走进去。屋里倒还整洁，迎门靠墙处摆着一张八仙桌，两旁是几把椅子。四周的墙上粉刷过，青砖墁地，靠南墙放着一张宽大的竹床。掌柜的很是殷勤，道："客官，小店兼营酒食，您要不要用点什么？"说着，递过菜单来。刘裕等人中午也没吃饭，正有些肚饥，便要了几斤驴肉，又要了两壶酒，命掌柜的送到房里来。掌柜地答应一声，便去安排。

　　不一会儿，店小二进来，麻利地揩抹桌案，请刘裕等人就坐，随后端进两盘酱驴肉，摆在桌上，又提来两壶酒和杯、筷，便退出房去，顺手带上了门。毛修之提起酒壶，给三人面前的酒杯里斟满了酒，自己提起筷子，夹了块肉，放在嘴里咀嚼了几下，脸色一变，道："大人，有些不对。"刘裕与刘穆之提起筷子，正要夹肉吃，见毛修之神色郑重，忙住手道："修之，怎么了，这肉不新鲜吗？"毛修之又夹起块肉，仔细地看了看，道："这不是驴肉，明明是牛肉。"原来，两淮严禁屠宰耕牛。普通的客店畏惧官府盘查，从不出售牛肉。唯有开黑店的人，才敢不顾重刑，私下屠牛卖肉，他们买一头牛不过花费五千钱，得肉却不下二三百斤，对外称是马肉或驴肉出售，便能有四五倍的暴利。

刘裕和刘穆之都知毛修之出身世家，精于美食。他既说是牛肉，那自是牛肉无疑。毛修之又低声道："将军，这掌柜的虽一身生意人打扮，却是眉横杀气，眼露凶光，现在又拿牛肉冒充驴肉，咱们八成是进了黑店了。"刘穆之听了这话，心中暗自惕厉，低声道："凡开黑店的，都备有蒙汗药。这壶里的酒恐怕也喝不得……我们还是快走。"刘裕等人立起身来，正要出门，忽听门外传来一阵阴恻恻的笑声，接着，便是那掌柜的声音："今日大吉大利，肥猪拱门！你们既然来了，还想走吗？"刘裕没等掌柜的说完，已迅疾插上门闩，又来到窗前，伏下身子，从窗棂的缝隙里向外观看。

客房前面，七高八矮地站了五六个人，手里都拿着明晃晃的钢刀。掌柜的换去长大的衣服，穿着一身短打，立在前头，又说："朋友，出来吧，还能在屋里躲一辈子吗？"刘裕抽出腰刀，扬声喝问道："你们是什么人？"掌柜的道："不才隶于卢循教主帐下，奉命在此开店，打探两淮情报，也顺手做点没本钱的生意。咱这个客栈，僻处江岸，远离闹市，吃住的都不是街坊邻居，更不靠回头客，愣是守株待兔。那些往来大江南北的客商，只要在此留宿，是来一个宰一个。不远处，便是深阔湍险的淮河。杀了人，就投到河里。哈哈……"他说起这杀人越货的惨事，竟是得意洋洋。刘裕听了，心里暗惊，原以为这只是家黑店，却不料竟是卢循派出的坐探。掌柜的立在外面，又道："你们进店的时候，打探行人消息，听说卢教主领兵未至，便面露喜色。我又不瞎，便瞧出你们必是朝廷的人。今日既

第十章 松林黑店

进了我这店,嘿嘿,休想活着出去!"刘裕等人在屋里听了,更是惊骇,没想到三人一进店便已露了行迹。

正在这时,忽见后窗一开,从外面跃进一个人来。刘裕眼疾手快,不待那人双脚落地,已是挥刀劈了过去。那人小腹中刀,惨叫一声,身子倚着墙,慢慢地倒地,手里的钢刀落地。毛修之抽刀在手,纵过身去,对准那贼的胸口就刺,只听"噗"的一声,将他刺了个透心凉。这时,屋顶上几声轻响,瓦片被人揭去了几块,露出一个尺许宽的洞。洞口处闪出半张人脸,向下窥视了一会儿,便探下一只铁矛来,矛尖闪着寒光,对着刘裕的胸口,疾刺而至。刘裕抛掉手里的钢刀,双手闪电般地伸出,握住了枪杆,两膀一较力,将铁矛撞了回去。屋顶上的贼人毫无防备,被矛柄正顶在喉咙上,疼痛难耐,慌乱中一翻身,"咕噜噜"的从房顶上滚落,大头朝下,摔在地上,"喀嚓"一声,将脖子摔断,当场气绝。

掌柜的在院里跳脚大骂道:"你们连坏我两个弟兄。今日老子跟你不能善罢甘休。来呀,再来几个人,拿着弓箭上房顶。"刘裕听了,对刘穆之、毛修之二人道:"贼人若是从房上放箭,倒也难挡。屋里总是呆不住,我们还是出去的好。"刘穆之颤抖着声音说:"大人,贼众我寡,出去恐怕也是凶多吉少。"刘裕泰然自若道:"那倒未必。这几个蟊贼,还不是我的对手。"听得屋顶上的瓦片被踩得乱响,便拾起钢刀,一手抽出门闩,打开房门,率先走了出去,双脚不丁不八,立在台阶之上,傲然不语。毛修之、刘穆之也跟了出来,立在刘裕身后。掌柜的倒有些意外,道:"好,有胆色,乖乖地放下兵刃,免得大爷费事。"刘裕正要答话,突听店外一阵大乱,有人正在外面砸门,道:"快开门,我们要住店。"刘穆之听外面分明是檀道济的声音,不由得大喜,扯着嗓子叫道:"檀将军,快来,我们进了黑店了。"檀道济在外一听,心中发急,命军士将两扇大门撞开,直闯了进来。掌柜的和几个伙计见势不妙,转身要逃,早被刘裕、檀道济、毛修之等人围住,只得负隅顽抗,没多大工夫,便纷纷中刀

· 145 ·

倒地，一个个身首异处。原来，檀道济去下游找到了一条船，返身回报，却不见了刘裕，心中放心不下，便带人一路寻了过来。刘裕见贼人伏辜，纳刀入鞘，命众人去后院寻些干柴，准备把这黑店烧掉。

不一会儿，一个军士由后院匆匆赶来，躬身禀道："大人，后边发现几匹马，好像是丁督护和咱们几个弟兄的。"刘裕吃了一惊，随着军士来到后院。后院非常宽敞，树多草密，有些荒凉。西墙下支着几根木柱子，搭建起一个简易的柴棚，里面堆放着许多干柴。棚边拴着五六匹战马，鞍辔俱全。刘裕一眼就认了出来，其中一匹红鬃马，正是丁旿的坐骑。刘穆之跟在旁边，见此情形，顿觉心惊肉跳，道："坏了，莫不是丁督护也来过这家黑店？看样子，必是着了道儿。"刘裕心里着急，吩咐一声："来呀，赶紧搜，活要见人，死要见尸，哪怕是挖地三尺，也得找到丁旿。"众军士领命，在后院开始搜索。不一会儿，檀道济大叫道："快来看。"刘裕与众人闻声赶了过去，见那里是块菜园，却久已荒芜，里面长满了野草蓬蒿。檀道济指着身前，对刘裕说："大人请看，这里的杂草全被压平，似乎是有人拖着重物从这里过去。"刘裕一看，果不其然，眼前一块地上的野草倒伏着，留下一大片拖曳的痕迹，便循踪来到墙下，见一片野篙和茅草之下，隐隐露出一块青石板。石板被杂草遮挡着，相当隐蔽，若非刻意搜寻，很难发现。众人齐力将石板抬起，露出个洞口。洞口处有土垫的台阶，斜着通向地下，似乎是个地窖。从洞口处向下望去，里面黑漆漆的，深不见底。

刘裕左手打着火把，右手提着钢刀，弯下腰，全神戒备着，走进洞去，行了约摸有一丈多远，见洞顶有一大片绿茵茵的青藤直垂下来，拨开青藤，再往里走，就有一股寒气扑面而来，借着火把的光，可见洞壁上长满了苔藓。众人曲曲折折地走着，但觉洞中时宽时窄，宽处可容十余人，窄处仅供两人并行，有的地方，还得弯腰侧身爬过。再往里进，洞顶越来越矮，两边越来越潮湿，隐隐听见有滴水的声音，地上乱石嶙峋。刘裕手里举着火把，正摸索着走着，忽闻前

第十章　松林黑店

方传来人的呼吸之声,当下加快脚步赶过去,见洞底横七竖八的卧着几个人,犹自昏迷不醒。刘裕不及细辨,命人将他们尽数拖出洞外,借着夕阳的余晖一看,果然是丁旿和那几个亲兵,忙命人提来几桶凉水,泼在丁旿等人头上。一会儿工夫,丁旿睁开眼睛,坐将起来,见刘裕等人围在身边,兀自不清楚发生了什么事。原来,丁旿带人出外寻船,行至此处打尖,不小心喝了蒙汗药酒,顿时昏了过去,被人拖至后院地窖中,若非刘裕等误打误撞地赶来,早已遭了毒手,此时听刘穆之说罢前情,不禁一阵后怕,伸手摸着脑袋,连称侥幸。

太阳已落下西山,苍茫暮色笼罩着大地。四外景物已变得模糊,尚能影影绰绰地看清人的面孔。刘裕等人在柴棚里搬了许多干柴,一捆捆的堆放在客栈内外,又在柴堆上扔了几个火把。不一会儿,火焰腾腾燃起,将这黑店连那几个贼人的尸体,一并化为灰烬。众人这才纷纷上马,纵马而驰,来到淮河边。

半夜时分,月光透过薄薄的云层,照耀着大地。天空中繁星万点,似颗颗明珠。淮河上忽然起了风,刹那间,原本平静的河水,像滚沸了一样,泡沫四溅,汹涌奔泻,不断冲向岸边。河中起了两三丈高的大浪,推涌追逐,声若雷鸣。刘裕等人迎风站在河岸上,直觉立脚不稳,借着星月的光辉,隐隐可见层层浪涛轰然而至,发出万马奔腾般的喧嚣。檀道济找来的那只船,也只是一艘普通的渔船,浮在黑漆漆的河面上,左右摇摆,就像狂风中一片小小的叶子,任由滔天巨浪的摆布。无数大浪撞向船身,溅起的水花有一丈多高。船老大的衣服早已被河水打湿,双手死命的扳着舵,控制着船不让它倾翻。毛修之站在岸边,看着这样的情景,心里发慌,对刘裕道:"大人,风急浪高,我们还是等天亮再走吧。"刘裕却恨不得插翅飞回建康,慨然道:"若天命助国,风当自息;若其不然,覆溺何害!"即命登舟,舟移而风止。四月,刘裕至建康。

第十一章　孟昶之死

> 刘裕缓缓摇头，道："这也说不过去。当年，桓玄篡位，威震天下；彦达犹敢毁家纾难，随我在京口举兵，是何等的气概！如今卢循兵势虽盛，却远不及桓玄；我军虽弱，尚有战士万余。彦达何至惊惧自裁？"

这天早晨，一场雨飘飘洒洒地从空中落下，雨丝若千针万线，在地上溅起了点点水花。城外潦水纵横，长江里浊浪涛天，江水卷着草根、树叶、断木残梁，打着旋涡，泛着白沫，咆哮呼号，奔涌而去。

扬州刺史府里，刘裕正与刘穆之、徐羡之等人，在大厅里商议着退敌之策。这年，刘裕已年近五旬，略显疲劳地倚着椅背，皱眉道："卢循大兵压境，北伐之师还未回到建康，京师卫戍部队仅一万多人，朝野人情恟惧。看样子，是得招募些兵勇了。穆之，国库里的装备器械还有多少？"刘穆之正为这事发愁，见刘裕问及，两手一摊

第十一章 孟昶之死

道："大帅，北伐这一年多以来，我们在前方浴血拼命，京师却一片歌舞升平。现在一准备打仗，各种毛病全出来了，竟是个四面漏风之局。昨天，我去库房打算调些布帛，为将士做些衣袍。库里的布匹倒是堆积如山，但早已霉腐，用手一戳一个洞。兵部的情形也差不多，虽存有十万人的器械，但矛柄槽朽，箭簇生锈，皆不堪用。好在军粮一项有羡之坐镇……"徐羡之手里端着茶杯，在一旁插言道："目前军粮也不充足。上个月，徐州运来的十万石军粮多半霉变，不能食用，已被我退还，并命其如数补齐。"三人正说着，忽有家人来报，称孟昶冒雨来访。刘裕听了，忙命快请。不一会儿，孟昶来到厅前，将蓑衣脱在厅外，进来见过刘裕，相互施礼落座。

孟昶戴着一项月白色方巾，被雨打湿了一角，脸色有些发黄，两腮微陷，眼里布满了血丝，薄薄的嘴唇抿成一条线，显得心事重重，穿了一件黑色缎面长袍，腰悬宝剑，脚下穿一双皂靴，上面溅满了泥点。看得出，何无忌的死对他打击不小。孟昶和刘穆之、徐羡之等人打过招呼后，便开言道："刘兄，方才朝廷收到急报，称卢循大军已到了寻阳，离京师是越来越近。兄弟方寸以乱，想知刘兄将何以应对？"刘裕沉吟道："卢循、徐道覆新破何、刘二镇，贼氛正恶。今日之计，守为上，战为次，待北伐大军归来，再出兵大战。你看如何？"孟昶搔首踟蹰道："卢循所将之兵皆三吴旧贼，百战余勇，拳捷善斗，既乘胜而来，凶焰甚盛。为今之计，是不是奉皇上过江？"

刘裕温言道："今强寇内逼，人情危骇。朝廷一离京师，恐怕到不了江北，便自瓦解土崩。再说了，'我能往，寇亦能往，'即便顺利逃到江北，不过东走广陵，西据历阳，贼兵岂有个不尾随而至的？"孟昶面显不豫之色，称："贼兵势大，又居上流。我军寡弱，必败无疑。兄弟以为，还是过江暂避为是。"刘裕见他坚执过江之说，慨然道："彦达，我们的兵力虽寡，仍足以一战。若能退敌，则臣主同休。否则，我当横尸庙门，遂其由来以身许国之志，决不能远窜江北求活！"

· 149 ·

宋武帝刘裕

　　孟昶性本偏狭,见刘裕听不进自己的话,皱着眉头,紧咬着嘴唇,一条深深的皱纹向下巴处伸展过去,道:"刘兄,当初,是我赞同你北伐,不料却让卢循乘虚入寇,还害死了无忌……"说到这里,不禁一阵哽咽,双目泪光莹然,又道:"今京师已危,社稷将覆,全是我的罪过。兄弟不忍死于贼手,倒不如现在死在你手里,乞赐一刀,以谢天下。"刘裕连日调兵遣将,很是疲劳,听孟昶这么说,既悲且怒,道:"彦达,你且容我打完一仗再说。若是战败,你再死也不晚,现在着什么急?"二人越说越呛,声音也是越来越大。孟昶内心激动,额上青筋暴出,立起身来,一咬牙,"嗖"的一声,从腰里抽出长剑,就向自己的颈下抹去。刘裕眼疾手快,抢步近前,夹手夺过长剑,向地上一扔,喝道:"老孟,你疯了不成?"孟昶满脸通红,鼻翼大张,道:"我自己想死,不用你拦我!"刘穆之、徐羡之见状,纷纷上来解劝。刘裕与孟昶不欢而散。

　　中午时分,雨停了,天空仍是阴沉沉的。扬刺史府内一片清凉。翠绿的竹叶全无波动,修长的枝条兀立着。刘裕正在内宅和张夫人相对而坐,忽然一个丫鬟走进房中,禀道:"大人,前院有孟府的家人前来求见,称有急事,非要见您。"张夫人皱眉道:"这般急三火四的,有什么事啊?"刘裕立起身来,一边披着外衣,一边说:"早上的时候,彦达与我大吵一架。这会儿派个家人来,莫不是接我去他府里接着吵?"张夫人笑道:"孟昶的脾气就是急了些,你也多担待他些。"刘裕道:"那是自然,我去去就回。"说着,离了内宅,来到前厅,见孟昶的亲随孟兴正在厅内等候。

　　孟兴一见刘裕,上前"扑嗵"一声,跪倒在地,还没来得及说话,就大放悲声,道:"大人,我家老爷……服毒自尽了。"刘裕一听这话,好似耳边响了一声霹雳,脚下一个踉跄,几乎跌倒,忙手扶桌沿,颤声道:"你……你仔细说,到底怎么回事?"孟兴哭着道:"今日上午,我家老爷回到府里,似乎心绪不佳,把自己关在书斋里,午饭也不吃。夫人放心不下,前去探视,发现书斋的门在里面闩

第十一章 孟昶之死

着。夫人在外连唤几声，不见有人应答，觉得不妙，忙命人把房门撞开，进去一看，我家老爷伏在桌案上，已是绝气身亡。案上放着半杯残茶，经人验过，里面是放了砒霜……"刘裕听到这里，只觉得头晕眼花、手脚冰凉，好一会儿，才道："你带我去府里看看。"说着，匆匆出了门，与孟兴一起，骑马赶往孟昶府第。

自任吏部尚书之后，孟昶就把家搬到了建康，住在宣武大街北头的一所大宅里。孟府占地约数千平方米，分为府邸和花园两部分，拥有各式建筑群落二十多处。刘裕来到府门前，就听到里面哀声大作，见门上已然挂了白，心里顿感一阵空荡茫然，甩蹬下了马，只觉得脚下发飘，好似踩着绵花。孟府的家人一个个神情悲戚，见是刘裕到来，迎上前来，施礼已毕，直让了进去。刘裕一边向院里走，一边对孟兴说："你家老爷现在何处？带我去看。"孟兴道："小人离开的时候，老爷还停在书斋里。"说着，便在前引路，来到后院书斋。刘裕一脚踏进书斋，就看到孟昶的遗体正躺在一张软榻上。软榻大概是临时抬来的，放在屋子正中。孟昶双目紧闭，容色如生，嘴角微微渗出一缕血丝，已穿上了敛服。刘裕眼泪止不住地流了下来，嘴里喃喃道："彦达啊彦达，你好糊涂……"孟昶的妻子周氏，全身缟素，跪在榻边，两眼哭得红肿，一见刘裕，顿时又哭得言不得、语不得。刘裕担心周氏过于悲戚，便命几个丫鬟，将周氏扶到内宅休息。

这时，孟府几个家人抬着棺材来到书斋前。刘裕呆呆的立在一边，瞅着孟府家人将孟昶的尸首安放到棺材里，抬往前院，自己颓然坐在书斋内的一把椅子上，双手抱着头，弓着腰，不知过了多长时间，脑子里一个念头忽如电光火石般地一闪，心道："彦达与我情同兄弟，联手做过多少大事！就算今日忿争，何至服毒自尽？"想到这里，心里疑云大起，霍然抬头，恰见刘穆之随着孟兴匆匆赶到，便把这个想法说了出来。刘穆之思索片刻，道："孟大人也许是担心卢循破城，惧而自尽呢？"刘裕缓缓摇头，道："这也说不过去。当年，桓玄篡位，威震天下；彦达犹敢毁家纾难，随我在京口举兵，是何等的气概！如今卢循兵势虽盛，却远不及桓玄；我军虽弱，尚有战士万余。彦达何至惊惧自裁？"思来想去，不得其解，便立起身来，在屋里仔细观察。

这个书斋有两间屋子大小，西边的窗户上挂着一块鹅黄色布幔，已被撩开，外面的阳光直照了进来。东面是个大书架，直顶到房梁，上面摆满了各种各样的藏书。南墙上挂着一大幅孟昶手绘的《烟波垂钓图》，很是灵动。南窗下摆着一张铁梨木书案，足有九尺多长，五尺多宽。案前斜放着一把椅子。书案左侧的地上摆着几盆文竹和吊兰。案上整齐码放着名人法帖，还有一方砚台。砚台里盛着漆烟墨，一支紫毫笔就搁在砚台上，旁边摆着一支笔海。笔海呈筒形，口底相若，里面插满了大大小小的毛笔，如树林一般。笔海的前边，放着一只茶杯。刘裕对孟兴道："你家老爷就是在这里服毒的？"孟兴满脸戚容，道："正是，桌上的茶杯里还有半杯毒液。"刘裕走过去，见杯中残茶呈碧绿色，心里不禁隐隐作痛，急忙移开目光，走到南窗前，向外望去，见外面就是花圃。今晨刚下过一场雨，地面犹湿。窗下有一行浅浅的脚印，直通向花园门口，不觉心里一动。

这时，张夫人在府里听到消息，换了一身素淡的衣服，带了两个仆妇，乘着轿子赶来，到了书斋里，眼泪汪汪地问道："弟妹呢？"刘裕叹了口气，道："我怕她伤心，命丫鬟扶到内宅去了。"张夫人道："我去看看她。"说着，与刘裕来到孟府内宅。正房门前立着两个丫鬟，见刘裕与张夫人同来，忙打起帘子，请二人入内。张夫人走进屋里，见周氏正坐在一张椅子上垂泪，上前一把抱住，放声痛哭。刘裕在一旁道："你先别忙着哭，我有一事不明，要问弟妹。"说着，对周氏道："弟妹，彦达今日回府，可曾有异样表现？"周氏容颜惨淡，两眼哭得像桃儿似的，手里拿着一块帕子，却是不答。张夫人嗔怪道："你只管问这些没要紧的干什么？"刘裕搓着手道："嗨，你怎知这不要紧？"又转头问周氏道："弟妹，彦达回府之

第十一章 孟昶之死

后,可曾去过花园?"周氏摇了摇头。刘裕又问道:"既没去过花园,那书斋南窗下的一行脚印却从何而来?"臧氏道:"窗下有些脚印算什么稀奇,偌大的孟府,难道就没有个花匠?在花园里走来走去,留下脚印又怎么了?"刘裕沉声道:"脚印是靴子底留下的。花匠哪里穿得起靴子?普通家人也只是穿布鞋。况且,那脚印只有出去的,却没有过来的。"张夫人愣了一会儿,突然打了个冷颤,道:"你这是什么意思?难道……"刘裕不语,只是点了点头。

周氏虽在悲痛之际,却也听到了刘裕夫妻的对答,脸色猛得变得惨白。刘裕负手立在一边,又道:"彦达性情虽是偏激,却久历艰难,颇多识见,就算今日与我议事不合,哪有回府服毒的道理?这事必有古怪。"周氏蓦地号啕大哭起来,跪倒在地,道:"若我家相公果然死得不明不白,还请大人为我们做主!"刘裕忙让张夫人将周氏搀起,道:"弟妹不必客气,我与彦达情若兄弟,这事自是义不容辞。你且告诉我,彦达死前,有谁去过书斋?"周氏听了,止住悲声,道:"书斋在后院,平时只有两个书童在里面侍候。"想了想,又道:"还有管家,叫孟富全,他也可以去书斋。"刘裕道:"那就好,我这就去找他们问话,看能不能查出些端倪。弟妹,你也要多保重,不要过于悲伤了。"说罢,嘱咐张夫人好生陪着周氏,便出了房门,匆匆走向前院,却见刘穆之和傅亮迎面走来。

傅亮字季友,北地郡灵州县人(今宁夏回族自治区吴忠市),现任刑狱贼曹,年仅二十三岁,眉清目秀,头戴幅巾,身着褒衣大袍,足下一双歧头履,腰束宽带,恭恭敬敬地来到刘裕面前。刘穆之道:"大帅,卑职有一事禀报。"刘裕见他神色异样,便道:"穆之,什么事?"刘穆之说:"我在书斋听了大人的一番话,也觉得孟大人死得蹊跷,便去找傅亮,命他带忤作前来验尸。不想这一验,就发现了古怪。"傅亮在一旁接口道:"卑职看过孟大人的遗体,是中毒而死无疑,只是死状奇特,迥异寻常。孟大人的嘴里,一直有血沫流出。卑职撬开孟大人的嘴,发现里面已是溃烂,便命忤作取银

· 153 ·

针扎在孟大人的舌下、喉咙、腹部。扎在舌下的银针,针尖发黑;扎在喉咙和腹部的银针,却是亮白如昔。这就说明,孟大人虽是服毒而亡,但这毒药并未入腹。"

刘裕听了,心里"咯登"一声,脊梁沟像被人泼了一瓢凉水,浑身的汗毛都要乍起来,道:"如此说来,彦达服毒时,并非自主。否则,毒药早已入腹,口腔里的余毒微乎其微,不至于烧成现在这个样子。"傅亮道:"正是。卑职前几年办过一起案子。凶手是把人打晕了,再灌进毒酒,制造服毒自尽的假象。那毒酒不到肚里,却留在了口中,故此,尸体五脏完好,却将死者的嘴烧烂了。"刘裕听了,已是心里有数,便命傅亮且退,对刘穆之道:"彦达必是为人所害。你觉得凶手是谁?"刘穆之沉吟道:"大战在即,戒备森严,外人近不了孟大人的身边,恐怕是府里人干的。"刘裕道:"不错,家贼难防!穆之,你速速回去,让丁旿带兵到此听侯调遣。"刘穆之应命而去。

下午时分,天又阴沉起来。大片灰色的云朵低悬于空中,几乎触手可及。地上没有一丝风,空气仿佛凝滞着。刘裕不动声色地来到前院,见前院里已搭起了灵棚。灵堂就设在大厅里,准备供奉孟昶的灵柩。孟府家人已然披麻带孝,出出入入地忙碌着。灵堂的正中摆放着棺材,前设供桌,上摆牌位、香案、蜡烛、三牲及各式各样的供品,两对白烛高烧。大厅的门楣上挂上了白布,中堂被撤下,换上了斗大的"奠"字,左右两边高挂挽联。大厅左边的厅房已然腾空,准备存放亲朋赠送的祭幛。

不一会儿,刘穆之和丁旿带兵赶到,将兵士留在府外,来见刘裕。丁旿道:"大人,孟府前、后门都有军兵把守,四面墙外也有人巡逻,绝走不脱一个人。"刘裕点了点头,与刘穆之、丁旿等进到书斋,又找来孟兴,道:"你去将管家、两个书童还有府里的花匠都找到这里来,就说我有话问他们。"孟兴领命而出,不一会儿,管家和书童来到。管家孟富全三十多岁,一双眉毛又短又粗,眉梢有些下

第十一章　孟昶之死

垂，长着两只三角眼，一只鼻子微微翘起，尖尖的嘴巴，中等个子，穿着身孝服，一进屋就给刘裕磕头。两个书童，一个叫青书，一个叫墨池，都是十六七岁的年纪，脸上稚气未脱，也都穿着白布孝服，随着管家，跪在地上。

刘裕坐在一把椅子上，仔细打量着他们三人，道："今日是谁在书斋侍候你们老爷？"青书答道："书斋里就我们两人，只要老爷过来，都由我和墨池侍候。"刘裕道："你们老爷今日在书斋，都做了些什么事情？"墨池道："今日老爷一进书斋，就把我和青书撵了出去，说是要自己静一静。我们二人便去了前院，直到后边传来哭声，才知道老爷已经不在了……"刘裕打量了一眼青书和墨池，见他二人穿的都是布鞋，再看孟富全，脚下却穿着一双靴子，便对管家道："你今日去书斋见你家老爷了吗？"孟富全道："小的今日一直在忙府里的事情，老爷回来，在府门前见过一面，然后过不多久，就听说老爷在书斋服毒自尽了。"刘裕又问了几句，不得要领，便命丁旿将三人暂领到西厢房里，看管起来，自在屋里筹思。

正在这时，孟兴引着府中花匠来见。花匠六十多岁，头发斑白，穿着一身半新不旧的衣服，手里兀自拿着一柄花铲，脚下穿着一双草鞋，见了刘裕，跪下行礼。刘裕道："老人家，不用多礼，请站起来说话。"花匠立起身来，站在一旁。刘裕问道："老人家，今早你可在花园里？"花匠道："在的，我平时就在花园的花棚里住，没事轻易不会离开园子。"说到这里，在衣襟上蹭了蹭沾满了泥的双手。刘裕又问道："今天在花园里，有没有见到什么人？"花匠经刘裕这么一提醒，似想起了什么，道："有的，今天在园中见过孟管家。"刘裕忙问道："老人家，你详细说。"老花匠道："今晨下雨，园子里无人前来游玩。后来，雨渐渐停了。我便戴上斗笠，出了花房，来到园子门口的花圃里，侍弄那几株月季。中午时分，我正蹲在花丛后面，却瞥见孟管家经由园门出去。奇的是，我却并未见他进去。"刘裕听了，道："老人家，有劳你了。"扭头对刘穆之道："赏他五两

银子。"老花匠连忙道谢，接了银子，随孟兴退了出去。

　　刘裕立起身来，背着手，在地上走了两圈，道："穆之，你怎么看？"刘穆之道："大人，孟管家方才回您话时，两眼紧着眨，多半是心虚。现由花匠的话来推测，他的嫌疑最大。孟大人之死，我看与此人脱不了干系。"刘裕点了点头，向门外招呼一声，命丁旿将孟富全带进来。孟管家走进厅里，跪在地上。丁旿手按刀柄，立在厅门处。刘裕假作踱步，绕到孟富全身后，向他靴子底望去，见上面的花纹，依稀与书斋窗下的脚印相似，心里已拿定了七八分，回身在椅子上坐了，盯着他，却是不语。孟富全被刘裕看得心里发毛，低下头去。刘裕突然道："孟管家，今日你到花园去了吧？"孟富全浑身一震，却故作困惑状，道："大人这是说的哪里话来？今天早上就开始下雨，到中午才停。小的下午又开始料理老爷的后事，全天不曾去过花园。"刘裕道："不曾去过，那书斋窗下的鞋印从何而来？"孟富全听了这话，额上顿时渗出了一层冷汗，却道："大人所说，小人不知。"刘裕冷笑一声，便道："好，我们就去花园。"说着，立起身来，与刘穆之出了书斋。丁旿一挥手，过来两个军兵，将孟管家从地上提了起来，推搡着，随着刘裕进了花园，来到书斋的南窗下。

　　刘裕命军兵将孟富全的靴子扒下来一只，与窗下的鞋印一对，正相吻合，便冷森森地问道："你还有何话说？"孟富全浑身像筛糠一样哆嗦起来，脸色如七八样的颜色染的，红一阵，青一阵，嘴上却还是抵赖。刘裕大怒，道："看来，不动大刑你是不招啊。来啊，给这畜牲上夹棍。"军兵们答应一声，有人就取来了三尺多长的夹棍，夹在管家的两足上，用力一勒绳索。孟富全惨叫一声，两眼翻白，顿时晕了过去。一个军士去花园的井边，提来一桶凉水，朝他头上一泼。不一会儿，孟富全悠悠醒来。刘裕咬着后槽牙，拧眉立目的道："怎么样？不招继续夹。"孟富全垂着头，双手撑在地上，额头上冷汗潸潸而下，喘着粗气道："小人招了，是平仁药铺的吴掌柜，许了一万两银子，让小人下毒害死了孟大人。"刘裕追问道："吴掌柜是什么

第十一章 孟昶之死

人？为何要杀孟昶？"孟管家见问，却又嗫嚅起来。丁旿立在一边，见他不尽吐实，抽出腰刀，走近过去，手起刀落，便削下了孟管家的一只耳朵。孟管家杀猪般地惨叫，抬手捂住伤口，手指缝里不断渗出鲜血，只得供道："吴掌柜是卢循一党，一直潜伏京师，为卢循通风报信。"说到这里，自知已无从隐瞒，只得说出实情。

原来，卢循虽据广州，却在建康布有眼线。吴掌柜便是卢循的坐探，在京里盘下一家生药铺，作为掩护。此次卢循引军来犯，先派人秘密入京，与吴掌柜联络，命其伺机刺杀朝廷重臣。吴掌柜早将孟富全收买，与之结成酒肉朋友，这次更许以重金，请孟富全得便毒杀孟昶。今日孟昶从刘府回来之后，心绪烦乱，一个人在书斋里。孟富全见有机可乘，借回事为名，进到书斋，假作倒茶，绕到他身后，乘其不备，将一枚细长的钢针，猛的刺入孟昶的大椎穴。孟昶顿时口吐涎沫，伏在案上，虽是睁着眼睛，却是动弹不得。孟富全拔出钢针，闩上房门，又掏出身上藏的砒霜，泡在茶里，喂入孟昶口中。那砒霜毒性何等猛烈，不一会儿，毒性发作。孟昶身发寒颤，口里直滴出血来，顿时死去。孟富全见得手，便从窗口跳到了花园里，再由花园悄悄回到前院，自以为制造出孟昶自杀的假象，不想却百密一疏，在窗外的泥地上留下了脚印。

刘裕问出实情，心中大怒，道："你毒死家主的砒霜也是吴掌柜给的？"孟富全道："是的，几日前，吴掌柜的叫我过去，递给我一包砒霜，约有二钱，对我说'回去下在孟昶的茶里，神不知，鬼不觉，管教他一命归阴。'小人一时财迷心窍，干了这等事……"刘裕听到这里，命人将孟管家先押了下去，自心里想："大盗久踞京师，我竟一点儿不知，万一作起乱来，可是险得很哪。"想到这里，便对丁旿道："我们去平仁药铺走一趟。穆之，你就在这里留守。"刘穆之点头答应。丁旿道："这等贼人，让卑职带兵去拿就是了，不足劳烦大人。"刘裕恨恨地道："彦达之死，这掌柜的是祸首。我非得亲自拿了他不可。"说着，便与丁旿出了门，又领了几十名军士，骑上

· 157 ·

马一起前往平仁药铺而来。

平仁药铺与孟府隔着一条街，小小的两间门脸。门前挂着的一面青布招子，已被雨水浇透，湿淋淋地垂着。刘裕等人来到药铺门前，先闻到一股浓烈的药香。两个伙计在外面忙碌着，正准备下板关门。刘裕跳下马来，命丁旿带人在外相候，自己大踏步走了进去。

柜台后坐着一个四十多岁的中年汉子，头戴瓦楞帽，身穿黑色长袍，左手端着一个泥胎紫沙小茶壶，正有滋有味地品着茶，见有客人上门，忙搁下茶壶，起身招呼。刘裕来到柜台前，上下打量了对方两眼，道："你可是吴掌柜？我要买些药材。"那人见刘裕衣冠楚楚，气宇轩昂，不敢轻视，满脸堆笑的道："敝人正是姓吴，贵宅可是有人身染小恙？"刘裕摇摇头。吴掌柜一愣，又道："客人莫非也是做药材生意的？"刘裕还是摇头，道："更不是。"吴掌柜讪笑道："既然如此，不知客人为何要买药？"刘裕冷哼一声，道："掌柜的，你开店卖药。我上门买药，便是照顾你的生意，买得越多，让你赚得越多。你只管问东问西的做什么？"吴掌柜笑容一敛，正色道："客人，我们虽是做药材生意的，却是宅心仁厚，所谓'但愿世上人无病，宁可架上药生尘'只要世人平安，小店的药就是卖不出去，也是开心的。"刘裕恍若不闻，只管歪着头，目光不瞬地盯着他，眼里直要喷出火来。

吴掌柜见对方面色不善，却又不知何故，只得强笑着问道："不知客人要买些什么药？"刘裕道："要买一百斤砒霜。"吴掌柜愕然道："买一钱砒霜，就要官府的批文。小店哪敢卖你一百斤？再说，也没有那么多存货。"刘裕鼻子里哼了一声，道："那好，一百斤没有，两钱总有吧？我多给你银子，还要什么官府的批文？这二钱砒霜，拿回去下在茶里，神不知，鬼不觉，管教他一命归阴。"这后半句话，正是吴掌柜对孟富全说过的。吴掌柜听到这里，脸色立变，瞧着刘裕，如见活鬼，额上的冷汗直流了下来。

刘裕难抑心中怒火，劈面一个漏风巴掌甩了过去，就听"啪"的

第十一章　孟昶之死

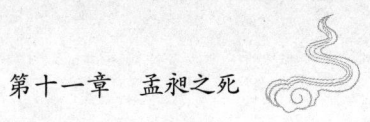

一声脆响。吴掌柜被打了个趔趄,顿时掉下两颗槽牙,半边脸红肿了起来。刘裕戟指大骂道:"好你个杂种,害死彦达,断我股肱,老子这次就要宰了你。"这时,丁旿从外面带人冲了进来,将吴掌柜擒住,连那两个伙计,一并押回刺史府中。吴掌柜见到孟富全,知事情败露,抵赖不得,只得认罪。刘裕派军兵把孟富全、吴掌柜等人解往孟府灵堂,将其剖腹剜心,祭奠了孟昶。

第十二章　殄灭卢循

> 刘裕沉吟着说："贼兵若于新亭直进，宜且回避，胜负尚在两可之间；若敌船回泊，此成擒耳。"

410年4月，卢循兵发寻阳，麾下大小舰船千余艘，包括楼船、斗舰、蜈蚣船、蒙冲、海鹘、走舸，还有运粮漕船和传令船等各型船只，战旗猎猎，风驰电掣似的在江面上航行。江水如沸，巨浪被船头劈开，旋卷着，激荡开合，浪花飞溅。傍晚时分，天空变得暗沉沉的，落日的余晖铺在江上。卢循的战船全都下了锚，停在江中，渐次亮起灯火。有的船舷四周还挂起了灯笼。点点灯光倒映在水上，灿若繁星。远远望去，整个船队犹如停矗在江面上的宫殿。

卢循是东汉名儒卢植之后，今年三十四岁，长眉入鬓，二眸深邃幽然，高挺的鼻梁，薄薄的嘴唇，五官都长得恰到好处，算是个俊美的人物，乘坐着一艘楼船。这艘船首昂尾翘，竖有两根巨桅，船面设重楼三层，其高如城，旁有护板。卢循坐在最高层的船舱里，透过窗口，望着舷侧的潋滟水波，依稀可见一波又一波的江水撞击着岸边

第十二章 殄灭卢循

的礁石。这时，一只蒙冲小船，冲浪穿波，荡悠悠地来到卢循的座船前。有水手喊了一声："原来是徐将军！"便搭一张跳板，将小船上的人接上来。卢循知道，这一定是徐道覆前来禀见。

不一会儿，徐道覆身穿着软甲，外罩缎面紫袍，腰悬宝剑，足蹬快靴，来到船舱里，向卢循躬身施礼。卢循端直地坐好，笑道："道覆，船舱里狭窄，不必拘礼，来，快坐。"徐道覆四十多岁年纪，肤色黝黑，浓眉大眼，两片厚厚的嘴唇，头发被江风吹得有些凌乱，依言坐下，道："教主，卑职今日收到建康的消息，称刘裕已然回到了京城，还杀了咱们的几个坐探。"卢循久惮刘裕声威，听到这个消息，心里有些发怵，犹豫道："徐将军，刘裕既归，则建康不复空虚。我意欲攻取江陵，据二州以抗朝廷，如何？"徐道覆闻言知意，猜到教主动摇了进攻建康的决心，忙道："我军既已到此，可不能再打退堂鼓。刘裕虽然回返，但兵微将寡。我们以十万壮士，击其疲敝之卒，胜之易如反掌。否则，刘裕息甲半年，必率精兵越岭来讨。那时，虽以教主之神武，亦不能敌。现在这个机会，万万不可错过。"卢循颇不愿再往建康，但听徐道覆言之有理，只得引军继续东下，直扑京师而来。

4月19日，卢循大军抵至淮口（秦淮入江之口），舰船百里不绝。建康内外戒严，琅琊王司马德文都督宫城诸军事，屯广武门。刘裕率兵出屯石头城，整修越城（今江苏省南京中华门外秦淮河南岸），筑起查浦（在长江南岸，直对秦淮口）、药园（药园，盖种芍药之所）、廷尉（廷尉寺舍所在，因以为地名）几个堡垒，都派兵把守，又命人砍伐巨木，在淮口树起一排木栅。木栅由栅栏板、横带板、栅栏柱三部分组成，高约两米。栅栏后驻劲兵三千，防止卢循水师直入秦淮河。

四月的天空，湛蓝又深远。江水像一条蓝幽幽的飘带，盘旋回绕，两岸是雾霭缭绕的青山。卢、徐率水师来到建康城外的江面上，战船蔽江而下，旗枪密布，前后莫见舳舻之际。船行之处，激起一排

· 161 ·

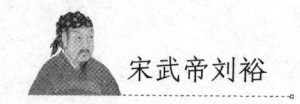

排的波浪。波浪借着风势，在船边汹涌奔腾，相互碰撞着，溅起几米高的浪花，发出"哗哗"的声音。

这天，刘裕披甲登上石头城，手扶城堞，向远处瞭望，但见城外是星罗棋布的村庄，环绕着绿油油的秧苗。长江之上，烟波浩渺。敌船遍布长江以北的水面，来回游弋，旗帜翻飞，留下一棱一棱的波纹，阔达数里。刘穆之穿了一身戎装，侍立在侧，见敌军势大，建议道："大帅，敌军的攻势不明，我们不如派兵防守各个要塞。"刘裕思索了一会儿，说："贼众我寡，若分兵而屯，一旦有失利之处，则沮三军之心。今聚兵于石头城，随宜应赴，既令贼无以测多少，又于众力不分。"刘穆之终究是有些担心，忍不住问道："大帅，眼前这一战，可有取胜的把握？"刘裕沉吟着说："贼兵若于新亭直进，全力来攻，其锋不可当，宜且回避，胜负尚在两可之间；若敌船回泊，此成擒耳。"新亭（今南京市雨花台区一带）是建康南部门户，去城十二里，多有丘墟坑堑，其势回环险阻，濒临长江，位置险要，为"兵冲"之地。

刘裕正说到这里，忽闻鼓声阵阵，远处有数十艘敌船出没，风帆连咽，径直驶向新亭，不禁神色一变，一双手紧攥成两个拳头，脸上的肌肉抽搐了几下，既而见敌船又回泊蔡洲（今南京江宁区西南小岛），这才松了口气。原来，徐道覆本打算自新亭登陆，恃兵力优势，数道猛攻。卢循却是被刘裕打怕了，坚决不肯冒险，听说徐道覆引兵大进，急得直跺脚，立即命人持令旗召回徐道覆，称："若决胜负于一朝，乾没求利，既非必克之道，而且无谓的杀伤士卒，不如按兵等待更好的战机。"徐道覆收到退兵命令，知卢循多疑少决，扼腕而叹道："我终为卢公所误，事必无成；使我得为英雄驱驰，取京师如探囊取物！"却又不敢违令，只得率船队回泊。

第二日，东北风大作，撼木扬尘。太阳早已没了踪影，整个天空像是拉上了一条暗黄的幔帐。败叶、断枝被卷到空中，像断了线的风筝，飘飘摇摇，上下翻飞。刘裕在石头城中披挂升帐，擂鼓聚将。

第十二章 殄灭卢循

不一会儿,檀道济、毛修之、丁旿、徐逵之等将领先后到齐,身穿甲胄,分立两旁。刘裕居中而坐,先对檀道济道:"道济,今日西风甚急,贼船尽泊在对岸。你率步兵三千,先备火具,由上游渡江,藏于西岸,乘敌不备,便纵火烧其船舰。"檀道济躬身领命而去。刘裕又对诸将说:"今日之战,诸君各领所部,进退自由。但一听到中军鼓声响起,则万众齐奋,并力向前冲杀,退者立斩!"诸将自是奉令行事。

外面的风越刮越大,天空一片灰黄。晋军开出石头城,登上战船。刘裕乘坐的战船长三十余丈,舱五层,可容数百人,配备着双桅、双舵、双铁锚。江上风大流急,几丈高的大浪奔腾呼啸,声振天地之间,惊心动魄。刘裕头戴熟铜盔,身穿锁子连环甲,手持白虎幡,走上船头,麾兵将战。白虎幡是一种旗帜,上绣一只插翅白虎的图像,用作传布军令的符信。忽有一阵劲风吹过,将刘裕手中的幡竿吹折。那幡飘飘摇摇地飞上半空,连翻了几个跟斗,便落在水面上,不一会儿,就沉入于水中。晋军将士们见状,相顾失色,认为是不吉之兆。刘裕却满不在乎地笑道:"往年我与桓谦战于覆舟山。战前,幡竿也曾断折。这次又是如此,是为破贼之吉兆。"言罢,即换了一面军旗,麾兵顺流而下,杀向卢循的船队。

狂风不住呼啸,卷着尘土、沙粒从江面掠过,击起漫天水雾,打在船上哗哗作响。卢循见刘裕率兵出战,也催动战船,上前迎击。晋军的战船底尖,航行迅速,逆风亦可行,不惧风浪,若迎若拒,东逐西走,西逐东走,势若游龙。徐逵之、丁旿各领十几艘斗舰,竹桅木帆,两头尖翘,其形如梭,不辨首尾,在水面上进退如飞。斗舰的船身四周,密钉着茅竹以为掩护,船头上全包了铁,又高又锐,机动性极强,突入贼人船队之中,东冲西撞,将敌船撞破了许多。毛修之带着十余艘连环船,伺机接近敌军船队。连环船也属一种轻型战船,每船长四丈,形似一船实为二船。前船占三分之一,后船占三分之二,中用二铁环相连。前船上满载硫磺、干柴,船头外密排倒须钉。后船安桨，载乘士兵。毛修之率着这支小型连环船队，专拣敌人的楼船下手，蜂聚蚁附般地展开攻击，先将前船钉于楼船之上，再点燃引火之物，同时解脱铁环，率后船返航。不一会儿，前船烈焰旋起，敌人的楼船接二连三被焚。刘裕乘坐的战船，高大如城，见敌船便乘风下压，如车碾螳螂，一边冒烟突火地追杀敌舰，一边命麾下数百名士兵四面开弓放箭。一阵大风刮过，刘裕的大船向江心漂去。贼兵驾着一艘大舰逼近，箭矢并发。刘裕手执长刀，率左右百余人，立在甲板之上，用刀拨打着对面射来的箭矢，准备接敌。不一会儿，两船临近。有十几名凶悍的贼人，手执刀枪，跳到了刘裕的座船上，围了上来。刘裕大喝一声，声若霹雳，手起一刀，将为首的一名贼人拦腰斩断。尸体分成两半，倒在甲板之上，鲜血横流。其余的贼人见刘裕如此勇悍，惊骇莫名，返身就走，驾船远远逃开。

　　狂风吼叫着，扯天扯地，四处乱卷，忽而直撞，忽而横扫。江上的一切的景物变了色。江堤上的一排排大树左摇右晃，树枝"咯咯"地截断。狂风撕碎了船帆，折断了樯橹，吹得人们在船上立足不定，把船舱都掀翻了。卢循见晋军攻势猛烈，麾军退泊西岸，犹自喘息未定，忽见船队里起了火。一时之间，风助火势，火助风威，长江之上，烟焰蔽天，江水被染得一片通红。原来，檀道济领兵埋伏在岸边的树林中，见敌舰来泊，即率军一个冲锋，突至江畔，命将士们在箭头上绑附上浸过油脂的麻布，点燃之后，用弓弩射向敌舰。卢循的战船中了火箭，顿时着起火。刘裕见状大喜，即命击鼓。丁旿、徐逵之、毛修之等人听到鼓声，一齐率军奋勇杀入。贼兵大溃，被杀及投水死者凡万余人，失去操纵的战船在波涛汹涌的江面上漂荡，像一片片无所依附的枯叶。卢循立在船头，看着眼前的这惨烈的厮杀场景，知大势已去，不敢再战，便率领残兵，狼狈而逃，退回番禺去了，所弃辎重堆积如山。刘裕纳其降附，宥其逼略，整军回到京师。

　　半夜时分，大风止息。一轮弯月挂在墨染似的天空，又不时躲进薄纱一般的云层里，泛出朦胧的光晕。刘裕将兵马驻扎在城外，犒赏

第十二章　殄灭卢循

三军已毕，带了十几名亲兵，走过京师漫长的街道，回到府里，命亲兵们各自去休息，便解去甲胄，来到内宅。后院里没有一点儿声响，正房里烛光荧荧，透出橘黄色的光芒。刘裕掀起帘子，走进屋里，见张夫人上着白布衫，下束百褶裙，坐在床边，犹自未睡，手里正扎着一方绣帕，旁边的炕桌上放着一盏铜烛台，同时燃烧着几支蜡烛，光照一室。刘裕解下腰刀，脱掉长大的外衣，道："夫人，你怎么还不休息？"张夫人起身，接过刘裕的外衣，叠起放在墙边的衣柜里，返身坐下，道："你在外拼命，我怎能安心入睡？"又一声唤，叫来丫鬟，吩咐道："你到厨房去，让人炖些银耳莲子羹来作夜宵。"丫鬟答应一声退下。

刘裕坐在张夫人身旁，忽见烛台一侧，放着一条白绫，约有三尺，便拿在手里，觉得轻飘飘的，指尖感受到绫子的滑腻，问道："夫人，这绫子是干什么用的？"张夫人平静地说："若是今天战败，我就用这白绫悬梁自尽，誓不以皎然之躯为仇人所辱！"刘裕一愣，几步走到窗前，把绫子从窗口扔了出去，回身坐在张夫人旁边，替她正了正头上的金钗。张夫人温柔地望着刘裕，见丈夫的脸上添了些皱纹，眉目之间透着沧桑，眼底布满红丝，颔下新冒出的胡子茬儿多半发白，怜惜道："相公，你也有些年纪了，身上又担着万斤的担子，既杀退贼兵，该当好好休养一段时间。"刘裕双手背在脑后，往床上一躺，道："贼兵虽败，元凶未除，将来必有后患。我已命檀道济在玄武湖编练水军，不日就要从海路直取广州，进而覆贼巢穴，斩草除根。"张夫人一惊，道："相公，海道险远，必至为难，可比不得江上。"刘裕见夫人发急，坐起身来，笑道："要不怎么大治水师呢？卢循屡为国患，此人一日不除，社稷一日不安。我们有了犀舟劲楫，定能于十二月殄此妖孽。夫人，你就瞧好吧！"张夫人欲待不信，但见丈夫一副成竹在胸的神气，也就不言语了。

第二日，天朗气清，阳光温暖。弯弯曲曲的秦淮河，响着潺潺的水声，日夜不停地穿城而过。京师内外，人心大定，各买卖铺户都已开门营业,大街小巷,熙熙攘攘的人流不断。刘裕正在府中,忽见家人来报,称朝廷有旨到,忙命大开府门,亲自出府相迎。使者便是琅琊王的贴身太监王德林,后随司马德文进了宫,现为皇城太监副总管,一张圆脸上带着笑,面白无须,头戴幞头,身穿圆形袍衫,足下一双皂靴,身后跟着两名小太监。一个小太监手里捧着个黄绫的包袱,里面装着圣旨。另一个小太监手里捧着个长而扁的匣子,看上去沉甸甸的。刘裕与王德林倒也熟稔,笑道:"王总管,怎么今日劳动你的大驾?"王德林满脸堆笑,拱手为礼,道:"大帅,朝廷有旨,特命小的来传诏。"说着,二人走进府内,来到前院的客厅。

王德林正了正幞头,回过身来,从小太监手里接过圣旨,捧在手里,面南背北,站在大厅中央,朗声道:"刘裕接旨。"刘裕一撩袍子,跪倒在地,道:"臣刘裕恭聆圣谕。"王德林"窸窸窣窣"地打开圣旨,读道:"奉天承运,皇帝诏曰:'扬州刺史刘裕躬擐甲胄,跋履山川,摧锋陷阵,为国干城,着令加封为太尉、中书监、加黄钺。'钦此!"黄钺是以黄金为饰的斧,本为帝王专用,有时也特赐给专主征伐的重臣。刘裕击退卢循之后,自知必有恩诏,想不到竟赐下黄钺,倒有些意外。王德林将圣旨卷好,双手递给刘府的侍卫,又接过小太监手里的长匣子,打开来,见里面放着一柄黄钺。整柄钺做工精良,用金水走了许多遍,黄澄澄的,一面是扇形的刃,两角略微上翘,阔约二十厘米,锋利无比;另一面是长方形钺背,上有竖孔,安装着二尺多长的钺柄;柄端装有铁刺,状如枪头,把端有牙形护手柄。王德林取出黄钺,恭恭敬敬地递给刘裕,随后跪在地上,磕了个头,笑着道:"太尉今日拥旄秉黄钺,来日伐鼓乘朱轮!小的以后全靠您老关照了。"刘裕忙将他搀起,道:"不敢,有劳了。"又让人取来五百两银子,送与王德林。王德林推辞了半天,只得收下,告辞而去。

这一天,就有许多朝臣得到消息,纷纷来向刘裕道贺。下午时分,刘毅也随众前来。刘毅败于桑落洲之后,率残兵长途跋涉,前几

第十二章 殄灭卢循

天才回到建康，一路之上，从者饥疲，死者又有十之七八，正在京待罪，听到刘裕升了太尉，心里又羡又妒，却也只得来贺，到了扬州刺史府前，见门上新换了一块牌匾，高挂在门楣正中，上写"太尉府"三个金光闪闪的大字，便迈步进府，来到厅上，双手抱拳，称扬刘裕升迁之荣。刘裕起身相迎，道："盘龙，咱们弟兄不必这么客气，快坐。"刘毅鬓角的头发略秃了一些，脸颊瘦削而黝黑，额头上有了一道道的皱纹，身披皂袍，腰间悬刀，依言坐在一边，道："方才来的时候，从玄武湖边经过，见里面樯橹如云，不知所为何事？"刘裕便将准备南征卢循的事说了一遍。刘毅精神一振，道："太尉，不知何日率船队出发？"刘裕道："玄武湖水师还要再练几个月，大概要到十月份。"刘毅一脸热切的道："出兵之时，兄弟愿随军而行，略效绵薄之力。"刘裕略一思索，道："盘龙，我远征广州之后，京师总得有人坐镇。无忌、彦达都不在了，你还是在京留守吧！"刘毅听了，也只得遵从。

天色渐渐晚了，斜阳的余晖，映红了天际，西方灿烂的云霞，被染成一片绯红。刘毅辞了刘裕，骑马回府，在街上碰到司马楚之迎面来。司马楚之身穿箭衣，外罩紫色大氅，手里拿着马鞭，骑在马上，身后随着十几名骑马的亲兵，见了刘毅，道："刘将军，刚从太尉那里来？"刘毅点头称是，道："王爷这是去什么地方？"司马楚之道："我正要到太傅的府上，刘将军，一起过去谈谈？"刘毅新吃败仗，担心获罪，也欲引司马休之、司马楚之等人为奥援，听了这话，正中下怀，便拔转马头，随之来到了司马休之的府上。司马休之正与中领军谢混坐在厅上，一见司马楚之、刘毅来到，热情相迎，吩咐一声摆宴，便有家人流水价送上了美酒佳肴，可谓汇集名馔，择取时鲜，搜寻珍异，更有伎乐数部，于堂前承应。

几杯酒过后，司马楚之见刘毅强作欢颜，猜到他是为打了败仗一事发愁，便道："刘将军，胜败乃兵家常事，天下哪有常胜将军？你也想开些。"刘毅被司马楚之瞧破心事，只得道："卑职这次损兵折将,还不知朝廷会怎么处分!"司马休之喝了口酒,将酒杯往桌上一搁,说:"刘将军不必担心,明日我就去见琅琊王,为你开脱,定保无事,以后振作起来,为国效力的日子长着呢。"刘毅听了,心头一阵轻松,不由得连连道谢,又道:"这次,末将本打算随军南征广州。太尉以京师重地,命我在京留守。"司马楚之不在意地道:"留守就留守吧。海上风波涛天,也险得很。"谢混端着酒杯,微微一笑,道:"我看太尉这一手很是高明哪!"刘毅听谢混话里有话,忙道:"谢领军不妨明言!"

谢混翘起二郎腿,轻轻摇了摇,道:"卢循、徐道覆铩羽而去,已是强弩之末。这个时候,太尉命你留京,分明是不给你破敌立功的机会,免得你东山再起!"刘毅自败于桑落,知物情已去,常怀愤激,听了谢混这几句挑拨之言,信以为真,执杯愣了片刻,将杯中酒猛地灌进嘴里。司马休之见状,忙安慰道:"刘裕手秉黄钺,势足以斩侯王,不可与之硬顶。刘毅将军想再振威名,倒也容易,只是你目前所领的豫州是个小州,师老民疲,无兵可用。过些日子,我与谢领军一同上表,保你为荆州刺史,如何?"荆州(约今湖北、湖南二省全境)面积占东晋国土的四分之一,土广兵强,地居上流。荆州刺史常督七、八州事务,实力雄厚,是最有权势的封疆大吏。刘毅闻言大喜,脸上那副感激涕零的样子,真是难描难画。司马楚之也凑趣道:"刘将军到了荆州之后,还少得了立功的机会?来,我们大家举杯,共贺刘将军。"当下,四人推杯换盏,尽欢而散。

转眼到了十月,凉风吹过,落叶纷纷,渲染着一地的金黄。玄武湖水师编练已成,依次开入长江。江面上,战船往来,漾起的层层浪花,不断地向远处漂移,相互碰撞着,溅起了无数颗细小的水珠。这几个月,檀道济陆续添造了不少战舰,包括十余艘巨型战船,每艘长四十余丈,宽十八丈,船有四层,船上架着九根巨桅,可挂十二张帆,配备双锚,每根锚重逾千斤,一艘船可容纳千余人;还有许多蒙冲、走舸等轻型战船,首尖尾宽,是用坚硬的松、杉、樟木等打造而

第十二章 殄灭卢循

成；更有新型的车船（亦称轮桨船），以脚踏木轮推进，广丈六尺，长十二丈，首柱下端有船首冲角，每艘可容战士百人。所有的战船上，都配备有刀、矛、弩矢、长斧、钩拒、长钩矛、拍竿等武器。

这天，江上微波粼粼，映着阳光，如破碎了的金色翡翠。风越来越大，浪也越来越高，一浪追着一浪。白色的浪花跃起，如一匹迎风飘舞的绸缎，打在船身上。重重水雾，像自山巅崩落的雪堆，不断地向着船头翻滚下来，又似在水面上挂起了一层纯白的罩纱。刘裕率振武将军徐逵之、扬威将军毛修之、天门太守檀道济等，领三百多艘大小船只，组成一只强大的机动舰队，搭载将士五万余名，南下远航，自海道袭番禺。建威将军朱龄石率北征之师返回了建康，此次也随军出征。晋军水师出了长江，来到海上，但觉海风阵阵，迎面吹来。大小战船张起了帆，乘风破浪，平稳而又矫健在海面上飞速行进。

十二月，晋军从海上奄至广州。广州地气和暖，四季无冰，海上却起了大雾。大雾漫天，遮天蔽日，分不清东南西北，辨不明四面八方，将一切都隐没在白茫茫的雾里。苍穹像被一层厚厚的纱包裹着，咫尺开外，物体朦朦胧胧，看上去若隐若现。晋军船队借着浓雾的掩护，由狮子洋入东江口，又转进珠江口，靠着罗盘的指引，迅速而又轻捷的在海面上航行，身后留下条条发光的水痕，直达番禺城下。徐逵之等人各率所部，迅速在城外竖起云梯攻城，晋军顺云梯爬上城头，杀散守城士兵，打开城门，放大军入城。

清晨，天色渐渐白了起来，雾却更为浓郁了。灰色的雾气在海面上腾起，随风移动着，顺着城堞向番禺城里漫灌，掩盖了大街小巷、高屋崇楼。卢循退回广州后，不以海道为虞，这天早上起来，洗漱已毕，一开房门，见外面一片灰沉沉的，视线被雾挡住了，只能望到数步之外，一团团微带寒意的湿气，像羊毛团般沉重地涌来。正在这时，府外突然传来阵阵喊杀之声。卢循吓了一跳，转身回屋，抓起挂在墙上的宝剑，匆匆来到前院。一个家丁飞快的跑了进来，道："禀教主，晋兵袭城，已经杀到府外了。"卢循大惊，疾令聚众迎敌，但

宋武帝刘裕

为时已晚,耳边传来刀枪撞击之声,密如爆豆,突见府门大开,一人浑身浴血,手提半截宝剑,踉踉跄跄地走了进来,刚走到卢循身前,便"扑通"一声栽倒在地上。

旁边一个家丁眼尖,惊叫道:"是徐将军。"卢循俯身一看,果然是徐道覆,只见他身上大大小小的伤口不计其数,流血遍体,已然气绝身亡。卢循感到一阵绝望,心像一片落叶,一会儿被风吹向云天,一会儿又飘进深渊,抬眼望去,翻腾缭绕的雾气中人影晃动,不知有多少敌兵冲杀过来,忙起身回到内宅。内宅里充满着惶惶不安的气氛,家丁、丫鬟像无头苍蝇似的四处乱藏。卢循听着外面越来越近的喊杀声,自知死期将至,乃先鸩妻子,而后自尽。刘裕攻克番禺后,外抚旧民,内戮贼党,分遣诸将击定岭表诸郡,又命建威将军褚裕之行广州刺史,勒兵谨守,然后振旅还京。

第十三章　帷幄运筹

> 刘裕笑道："这算不了什么！想我刘裕，当年也曾长街卖过草鞋。"王镇恶想不到刘裕如此平易，不觉心头一松。他尚未明白，但凡雄才大略的人物，都是很本色的。

时值十二月底，这天下午，天空阴沉沉的，彤云密布。寒风在建康的上空啸叫盘旋，摇撼着光秃秃的树枝。紧接着，大片大片的雪花，飘飘洒洒地落下来。京师的大街小巷，全都披上了银装。朝廷收到刘裕由广州传来的捷报，遂下诏大赦，又命各地举贤良方正。贤良方正之举，本由汉武帝创设，意在取德才兼备之人为官，是察举制常科。东晋立国江南以来，一直沿袭汉制，岁举贤良、方正等人才。每逢年终岁尾，各郡便将选拔的人才集齐，以安车驷马送至京师。这几天，今年被举荐的人陆续到了建康，再过些日子，便将被分派到郎署为郎官，以观其才能。其中更有清贵子弟，可直接担任宫廷宿卫，历练几年后，就可出任县令、太守，或在朝廷任职。

刘裕远征广州期间，加刘穆之将军之号，配以资力，命其留镇太尉府，料理诸事。刘穆之受命之后，每日在签押房办公，晚上干脆就住在里边。这天下午，刘穆之与徐羡之拟完手头公文，又将前日批复汇总，准备分发各处执行，忽见天降大雪，便搁笔立起，走出户来，袖手立于檐下，观赏雪景，见暗黑的天空下，鹅毛般的大雪，团团片片，落了一地。正在这时，傅亮头戴斗笠，身披蓑衣，脚下穿着一双油靴，踏着一地的碎琼乱玉而来。傅亮现任吏部郎，来到阶上，摘下斗笠，脱去蓑衣，随手抖了抖，摺在廊下，笑着拱手为礼，道："好大的风雪啊！刘大人、徐大人，卑职给你们送来贤良方正的名单。"说着，从怀里掏出一纸公文，递了过来。刘穆之伸手接过，与徐、傅二人回到屋里，打开公文看罢，交给徐羡之，皱着眉头道："从这份名单看，今年取的多是些官宦子弟！"傅亮道："大人所见不错！最可笑的是，司马文祖居然也名列其中。他是司马太傅的侄子，平日里游手好闲，是出了名的纨绔子弟。如今，外面对这颇有微词。"徐羡之看罢公文，道："司马文祖性懒且贪，每天约了一帮浮浪子弟四处瞎混，从不肯读书，怎么也成了贤良方正？"傅亮低声道："自孟昶大人去世后，便是刘毅将军兼管吏部。坊间传言称，司马休之见举士之期临近，命人将刘毅请来，托他关照。大概刘毅徇情，卖弄公器，也是有的。"

刘穆之道："各地举荐的贤良方正，是要公庭对策的。司马文祖素日里不学无术，怎么过这一关？"傅亮道："皇上每日里浑浑噩噩的，不知冷暖，倒给了司马休之、刘毅舞弊的机会。'对策'那一天皇上驾临文华殿，卑职与吏部诸人在场。司马文祖这活宝在殿上胡枝扯叶，也不知说了些什么，令众人听得一头雾水。然而，刘毅竟上奏，称他为'通经达变'之士，硬将司马文祖取中。"徐羡之紧了紧身上的大氅，叹道："朝廷岁举贤良，本是选取廉正之人，为国所用，不失为任用升迁的正途，现在却成为大族安插私人的工具。"刘穆之道："起初，贤良方正的考核比较严格，也保障了吏治的清明。

第十三章　帷幄运筹

本朝名公巨卿，有不少便是经由此途出身，为官之后，建功立业，足以垂范后世。但近年来，考核日趋松弛。一些地方，就出了察举不实的现象，更有不少滥竽充数者。"

傅亮笑道："刘大人这话说的很是，底下人为走捷径入仕，甚至矫伪饰行，沽名钓誉。我听说，会稽一个叫韩平仁的，早年曾被举为贤良方正，任职平远太守，考虑到自己的弟弟没有名气，便预先与弟弟商议好，再将族中长者请来，当众分家。自己尽取肥田美宅，而只给弟弟很微薄的一点财产。但弟弟并不与兄长争竞，坦然而受。从此，宗族乡党都夸奖做弟弟的谦让而攻讦韩平仁为人贪鄙。果然，当年弟弟就被举荐为官。然后，韩平仁又将族中长者们请来，讲明真相，重新分家，这次分得当然很公平。于是，韩平仁兄弟的名声不胫而走。"刘穆之道："这还算好的。一些地方豪强更过分，依其财势，逢举士之时，爱恶随心，荣辱在手，请托权贵，全无考校之实。拿这次察举来说，就有刘毅、司马休之、司马楚之等人互相吹捧、弄虚作假，已谈不上化元元、移风俗。"徐羡之摇头叹道："长此以往，富贵者乘其财势，操纵国家抡元大典，以黠逆应至孝，以贪饕应廉吏，名实不相符，将坏吏治。刘大人，何不待太尉归来后，参他们一本。"刘穆之到底老练些，连忙摆了摆手，道："不可！太尉秉政日短，根基尚浅，还不宜开罪司马休之。依我看，此事糊过去吧。"

三人说到这里，已是傍晚。天色暗了下来，那雪仍是纷纷扬扬，下个不停。徐羡之和傅亮起身辞出。刘穆之亲自相送，来到府外。傅亮走下台阶，脚下一绊，一个踉跄，几乎摔倒，定睛一看，原来府门外的雪地上，倒着个人，身上厚厚地落了一层雪，宛如一个雪堆，如果不仔细看，根本看不出来。刘穆之疾步走过去，伏下身，拂去那人头上的积雪，见是一个三十多岁的汉子，已被冻得面色青乌，伸手一探他的鼻息，喜道："还有得救，来呀。"便唤过两个家人，将雪中之人扶到府里，搀进签押房隔壁的一间廨舍里。家人将那人抬在一张床上，又在床前生起两个旺旺的炭火盆，使屋里很快温暖如春。徐羡之命人把那汉子的湿衣服扒掉，给他换上一身干净的内衣，又盖上一床厚厚的棉被。不一会儿，那人悠悠地睁开眼睛。傅亮命人去厨房做了碗面，多加辣椒、葱、姜，给那人喂了下去。那人身子骨倒是健壮，只是几日不曾进食，又冷又饿，这才倒在雪里。如今，一碗香喷喷的面条下肚，脸上有了些血色，知道是眼前众人救了自己，挣扎着要下床道谢。刘穆之连忙按住他的肩膀道："你身子还虚得很，先睡一觉，有事明天说。"徐羡之和傅亮见那人并无大碍，便也相继辞去。

第二天一早，雪止天晴，整个院里一片银装素裹，几只麻雀在雪地里跳来跳去。刘穆之起床之后，取出自己的一件旧棉袍和一双棉鞋，捧在手里，来到廨舍，见那汉子刚刚睡醒。刘穆之将衣物递与那人，让他穿上。那人足足睡了一整夜，已恢复了精神，穿衣下床，给刘穆之磕头。刘穆之忙扶起他，坐在桌前，见眼前这人身量不高，却是干筋黑瘦，便道："这位朋友，我是刘穆之，你是什么人？"那人操着浓重的关中口音道："原来是刘大人，小人叫王镇恶，说起来侪侪无名。但小人的祖父，便是前秦丞相王猛。前秦为姚苌所灭后，小人逃离长安，四处漂泊，迤逦来到江南。不想今天在这里与您相遇。"王猛（325～375年），字景略，东晋北海郡剧县（今山东潍坊寿光东南）人，出身贫寒，后与苻坚一见如故，论废兴大事，异常契合。苻坚即位后，王猛官至丞相、大将军，在前秦任职十八年，辅佐苻坚扫平群雄，统一北方，被称作"功盖诸葛第一人"。王猛死后，苻坚穷兵黩武，终为姚苌所杀。姚苌占据关中，国号"秦"，史称后秦，定都长安，也已逝去多年。

刘穆之见眼前这人竟是王猛的孙子，惊道："原来是名门之后，失敬失敬。"王镇恶摇头叹道："小人穷途潦倒，有辱门楣，说来惭愧。"刘穆之道："王兄弟来到江南，不知何故？"王镇恶道："姚苌死后，他的儿子姚兴嗣位。对我们王家百般刁难。小人一家在长安存身不住，只得分离迁徙，一门星散，生不能相依，死不能相守，已

第十三章　帷幄运筹

是今不如昔了。小人久闻太尉智勇过人，故不远千里而来，愿见太尉一面，请兵伐秦。"原来，王镇恶怀苻坚厚恩，每思灭亡姚秦，替苻坚报仇，这次从关中来到建康，花完了身上的盘缠，连棉袍都卖了，昨晚走在街上，饥寒交迫，竟晕了过去。刘穆之捋着胡子，赞道："当年，张良为韩复仇，锥秦始皇于博浪沙。王兄弟此来，也是效法前贤之意了。"王镇恶道："不敢。苻王对我们家恩重如山，不料却死于姚苌竖子之手。今其子姚兴在位，好虚名而无实用。小人来到江南，愿劝太尉取关中，还请刘大人引见。"刘穆之沉吟道："太尉远征广州未归，命我在府内留守。这样，王兄弟，你且在这里住几天。待太尉回来，我自会引荐你。"王镇恶道："不敢打扰，小人自去外面找家客店居住。"刘穆之略一思忖，道："也好，西直门大街上有家王家老店。你便去那里，有事我派人去找你。"说着，命人取出二百两银子，包在一个包袱里，赠于王镇恶。王镇恶也不推辞，坦然而受，道："多谢刘大人，小人还会时时过来请教。"说着，提起包袱，告辞而去。

这是个严冬的早晨，房上、树上、地上，都被白雪覆盖着，像蒙上了一张巨大的毯子，闪着寒冷的银光。凛风阵阵，不时有雪花从树枝上、屋顶上落下。王镇恶踩着积雪，在大街上深一脚浅一脚地走着。远处响起了叫卖烧鸡卤肉、馄饨水饺的声音，街道两旁的铺子开始营业，还有很多小贩，扫干净路边的积雪，支起了摊子，卖些杂货。

王镇恶走到西大街，找到王家老店。店面坐南朝北，三间门脸，门前挂着招子。小二刚下了板，见他走近，笑嘻嘻的招呼道："客官，住店吗？"王镇恶道："正是。"便随着小二，来到一间客房里，放下包袱，向四周看了一眼，见房中倒还整洁。小二先端进来一只炭火盆，又打扫地面、收拾床铺。王镇恶坐在窗前的一张椅子上，慢慢向小二打听道："小二哥，你就是京师本地人吧？"小二道："正是，小人五代都居住在建康。"王镇恶道："那你可知刘穆之大人是什么出身？平素为人如何？"这小二颇喜饶舌，打量王镇恶是个外乡人，听他问及，乐得讲论一番，一边收拾着房间，一边道："说起这位刘穆之大人哪，别看现在蟒袍金带，当年却也是穷苦出身。他家里本穷，却又嗜酒食，不修装束，常往大舅哥家蹭饭。他大舅哥姓江，家里有钱，为人却势利，瞧不上自己的这个穷妹夫，一见他来，就冷嘲热讽的，给他脸色看。刘穆之却是满不在乎，一次，又到大舅哥家吃白食，一屁股坐在上席，酒足饭饱之后，就向大舅哥要槟榔。江家老大忍无可忍，没好气地说：'妹夫，今天你足吃一顿，颇可撑几日，偏又要消食的槟榔。你吃了槟榔，很快肚饥起来，岂不又是我家倒霉？'宾客们在旁听了，无不掩口而笑。刘穆之虽不在乎，他夫人江氏可受不了，坐在一边，满脸绯红。第二天，江夫人偷偷地剪发去卖，把钱扔还给她哥，说：'还你昨天的饭钱！'说罢，含泪便走。"

王镇恶听到这里，一拍桌子道："这江家老大也是可恶，郎舅至亲，几餐饭值得什么？犯得着这样砢碜人吗！现在刘穆之青云直上，岂不是要找他的麻烦？"小二道："刘穆之成了太尉的红人之后，想起江家老大作践自己的事，本打算寻衅报复。江夫人知道后，双膝跪地，哀告他说：'相公，想当初，我哥没少奚落你。现在你位高权重，我代我哥向你赔罪，盼你大人大量，莫要害他。'刘穆之忙搀起夫人，感念夫妻恩义，不好把事情做绝，也就算了。"王镇恶听了，暗道："家有贤妻，男人不作横事。这江夫人也算深明大义。"小二又道："现在，刘穆之大人内为谋主，外统都畿，别的还则罢了，只是这三餐却一定要丰盛。一早便准备十余人的肴馔，从不单独吃饭，曾对太尉说：'我自幼贫贱，常饿肚子，自蒙太尉知遇，虽然想着要节俭，然而一日三餐的花费是多了些。此外，不以一毫负公。'"王镇恶听了，点了点头，心想："刘穆之出身低微，能跻身青云，自有其过人之处，倒不妨一交。"自此，便在店里住了下来，隔几天，就去找刘穆之谈论一番。刘穆之爱其才华，每欲留王

第十三章　帷幄运筹

镇恶在府中为官。王镇恶关弓甚弱，倒有筹略，喜论军国，不善吏事，便一直借故推托。

不知不觉，到了这年二月，江冰开始融化。建康城内，莺鸣雀噪，处处一片生机。刘裕由广州凯旋，率大军返回建康，将兵马驻扎在城外，与众亲兵入城。队伍前是十二面大纛，皆有数人托持牵扯。随后是五百亲兵，各持弓弩刀槊，引导着刘裕的座车。座车前有八匹马驾辕，左右是随车护卫的亲兵两千人，再后面是鼓吹乐队，敲打着大鼓、铙鼓、羽葆鼓，夹杂着笛、箫、胡笳、筚篥等吹奏乐器，最后是铁甲武士五千人，浩浩荡荡回到了京师。

刘毅、司马楚之、司马休之、刘穆之、傅亮等人将刘裕接进京城，摆宴接风，很是热闹了几天。过了几日，天气渐暖。刘穆之去见刘裕。刘裕穿了一身便装，头戴逍遥巾，身穿青色长袍，腰系一条三色丝绦，丝绦上挂着一块玉佩，足下一双朝靴，见刘穆之一早就赶了过来，便道："穆之，今天来这么早，有事吗？"刘穆之便将王镇恶的事说了一遍。刘裕一听，倒来了兴致，道："将门有将，相门有相。这王镇恶不妨一见。你这就去把他邀来。"刘穆之领命，离了太尉府，来到王家老店。王镇恶刚起床，正在吃早饭，见刘穆之到来，忙起身道："刘大人，一起用点儿？"刘穆之道："我已用过了。王兄弟，你的事我给太尉说过了。太尉这就要见你。"王镇恶听了，意外又高兴，没心情再吃早饭，把嘴一抹，道："我这就同你去。"

二人离了店，来到太尉府。门前的侍卫见是刘穆之，自然没什么说得。王镇恶随着刘穆之走进大门，绕过照壁，沿着一条石子墁成的甬路来到大厅。大厅经过整修，是一栋重檐九脊顶的建筑，九开间，上有黄瓦盖顶，压得密如鱼鳞。厅前有较深的前廊，廊下支撑着五根青色石柱。进了客厅，顶上斗拱交错，东墙上挂着一幅中堂。中堂两侧，贴着一幅对联。其他两面墙上，挂着字画。中堂前摆着一张长桌，阔达两丈，周围摆着十几把椅子，椅子上还铺着青布椅垫。地面是大理石铺成，整洁而平整。阳光透过南面的两扇大窗，直照了进

来。整个客厅并无华丽的装饰，却显得干净整肃。

刘裕两鬓飞霜，身体却并未发福，宽宽的肩膀，两道眉毛微微挑起，眼角有着些鱼尾纹，正坐在桌案之后，身旁立着几个书吏，见刘穆之到来，撇下手里的文书，立起身来，道："你们来了，这边坐。"说着，将二人让到客座，命仆人献茶。刘裕知王镇恶远来相投，心下先有几分好感，上下打量了他几眼，道："听穆之说，你是王猛丞相之后？"王镇恶素闻刘裕之名，忙道："不错！只是鄙人失坠家声，可谓有辱先人。"刘裕笑道："这算不了什么！想我刘裕，当年也曾长街卖过草鞋。"王镇恶想不到刘裕如此平易，不觉心头一宽。他尚未明白，但凡雄才大略的人物，都是很本色的。刘穆之在旁道："太尉，镇恶兄弟这次来江南，是有大事相商。"王镇恶道："小人此来，是要劝太尉收复关中。"刘裕听了，敛了笑容，沉吟道："劳师远征，不是小事。你既敢这么讲，自然有你的道理，可否详细说来听听？"

王镇恶道："太尉，五十四年前，三原大战，秦将邓羌、苻黄眉生擒了姚苌，本欲将其斩首示众。苻王（苻坚）当时还是太子，念姚苌微有才干，留其一命，即位后，更封姚苌为扬武将军，又命姚苌的儿子姚兴为太子舍人，待姚家可谓仁至义尽。不料，苻王兵败淝水之后，姚苌以怨报德，趁乱起兵反叛，自称万年秦王，在五将山俘虏了苻王，又把苻王缢死于新平佛寺。今姚苌已死，姚兴继位，奄有关中。姚兴休弱多病，政令无常，国势已衰，正是王师收复关中最好的时机。"王镇恶一边说，一边从桌上取过纸笔，在纸上曲曲折折地画了起来。刘穆之在旁看得一头雾水，刘裕却知他画的是关中地图，标出的是山川江河与要隘关口，心里暗道："此人果然知兵，真是天助我也。"嘴上却不置可否，思索了一会儿，道："事关重大，还是请朝中大臣一起商议。"说到这里，便命家人去请刘毅、司马休之、司马楚之等人前来。

下午时分，天上的太阳隐去了踪影，空中阵云变幻，微风轻拂。

第十三章 帷幄运筹

刘毅首先来到，在太尉府门前跳下马，就见丁旿挎着把腰刀，带着几个卫士在门口立着。丁旿笑着迎了上来，道："刘将军快请进，太尉正等着你呢。"刘毅点了点头，将缰绳交与随从，迈步进府，来到厅里，见过刘裕，一边吃茶，一边闲聊。不一会儿，司马休之、司马楚之二人也都到了，分别落座。刘裕见众人到齐，向司马休之道："司马兄，半年不见，你不仅不显老，反倒越来越精神。"司马休之哈哈一笑，道："下官在京师养尊处优，不像太尉那样鞍马劳顿。今日太尉相召，不知有何事情？"刘裕道："有个从关中来的人，请大家见一见。"说着，便命人召来王镇恶，向大家介绍道："这位便是王猛丞相之孙，名叫王镇恶。"众人见王镇恶一头短发，发茬又粗又黑，脸呈酱紫色，宽宽的浓眉，两道眉骨突出，下面的一双眼睛深深陷了进去，两个眸子烁烁放光，虽衣衫简朴，骨瘦如柴，浑身却透着股子精悍。刘裕又给王镇恶介绍了刘毅等人，便道："这次，镇恶间关万里，来到江南，是想请兵伐秦。兹事体大，所以将诸公请来，议一议此事。"

王镇恶站起来，团团一揖，道："诸位上官，今姚兴在位，穷兵黩武，国内民众苦不堪言。关中百姓，日夜期盼王师，如枯苗之望甘霖。此时不伐，更待何时？前次太尉伐燕，兵不留行，若能再振神威，必可一鼓而收复长安。"司马休之手捋着颌下三缕长髯，听了王镇恶这番话，摇了摇头，道："事情恐怕不像你说的那样子。我听说姚兴也非等闲之辈。他即位之初，便擒杀苻登，彻底清除了前秦残余，抚定关中，又灭后凉，逼降南凉、北凉和西凉，占了西方重镇姑臧，全部据有陇西、河东、上郡等地。十二年前，姚兴还曾打下洛阳，领有淮河、汉水以北许多地方，在位以来，不断开疆拓土。目前，秦之国土南至汉川，东逾汝颍，西控西河，北守上郡，可谓鼎盛一时。这个时候，不可轻言出兵吧。"王镇恶一哂道："鼎盛谈不上，恐怕是盛极而衰。关中军力，大不如昔。早在十年之前，北魏曾以五万大军攻陷高平，将高平府库洗劫一空，继而侵入河东，将当地百姓尽数徙到平城，又击败了黜弗、素古延等秦的附庸部落。关中震动，人心惶惶。姚兴为找回面子，亲自带兵八万进攻北魏并州，却大败于柴壁，精锐损失过半，从此一味自保，再无力与北魏抗争……"

司马楚之插言道："这些年，姚秦虽然势衰，但姚兴在位近二十年，以儒兴国，劝课农桑，收用贤士，广纳善言，不是慕容超所能比的。数年前，关中天灾频频，姚兴还自降帝号。这在历朝帝王之中，也是少有人为的事情。"王镇恶不以为然道："姚兴年轻时，也许是有些才干，但近年来，年迈昏庸，立嫡子姚泓为太子，又宠爱三子姚弼，放任姚弼发展势力。如今，秦国立储之争，已把很多大臣一并卷入，政治倾轧和内讧不断，国内矛盾已然激化。此时伐秦，可谓上应天意，下顺民心。"司马楚之见王镇恶辞锋甚健，自觉不好反驳，便向刘毅递了个眼色。刘毅会意，道："国家刚经卢循之乱，元气未复。粮饷双缺，拿什么来打仗？况且我军多水军、步兵，缺少骑兵。姚秦的军士自幼生长马上，骁勇善战。我军一旦与之平原遭遇，免不了为其所冲突，必至焦烂。"王镇恶道："秦国兵力，殊不足言。当初，姚兴重用赫连勃勃，给其封号，命其统领甘、凉部落。赫连勃勃羽翼日丰，野心大涨，于五年前建立大夏政权，从此反噬，日夜袭扰秦境，在北边不断给姚兴放血，剿灭了秦军不少精锐。前几年，太尉伐燕。姚兴正是受赫连勃勃的牵制，才无法派出援军，只得坐视慕容氏被灭。由此看来，姚兴的兵势并不可畏。"众人各说各的理，争得不可开交。

司马休之见王镇恶牙尖嘴利，态度强梁，冷笑道："你这般瘦小枯干，坐着动动嘴皮子倒可以，恐怕不能抢枪使棒，更不能上阵杀敌吧？"王镇恶毫不示弱的道："汉初张良，貌如好女，却能运筹帷幄之中，决胜千里之外。镇恶不敢远攀古人，却从不以形貌取士。"司马休之见王镇恶出言顶撞，不由得微微变色。王镇恶说到这里，立起身来，向刘裕作了个揖，道："该说的，小人都已经说完。谋之欲众，决之欲独。这等军国大事，还请太尉内断于心。"说罢，昂然辞

第十三章 帷幄运筹

出。刘毅见王镇恶负气而去，便道："太尉，这人的话不可信，出兵之事，还请三思。另外，太尉既已返旆，兄弟打算尽快赶回豫州，特此禀明。"刘裕于众人相争之时，一直没有发言，此时听了刘毅的话，便道："好吧，盘龙，明日你就回豫州，有什么事情，可专折奏闻。"众人又谈了一会儿，便相继辞去。

　　天色将晚，空中阴云密布。冷风尖啸着，卷土扬尘，从街道上掠过。王镇恶离了太尉府，走不多远，天上下起雨来。不一会儿，那雨越下越大，雨点连成了线。王镇恶向四周望了望，便立在一家铺子的屋檐下避雨。一阵风吹过，雨丝斜坠，如烟、如雾、如尘。这时，街上来了一小队人马，为首的正是司马休之。司马休之身披蓑衣，骑在马上，一眼瞅见王镇恶，便勒住马缰，低下头，向身边的校尉吩咐了几句。那校尉便带了几个军士，向王镇恶这边走来，到了屋檐下，将头上的斗笠向后掀了掀，打量了一眼王镇恶，手按刀柄，盘问道："你是干什么的？"王镇恶道："我是从关中来的，流落至此。"校尉道："我看你分明是个奸细，来呀，给我拿下。"话音未落，几名军士上来就要绑人。王镇恶又惊又怒，道："好端端的，凭什么诬陷我是奸细？"一句话没说完，两只胳膊已被反剪到身后。一个军士掏出绳子，就要捆他。

　　正在这时，远处马蹄声大作。有一队骑兵，冲风冒雨，疾驰而至，为首的将官正是朱龄石。朱龄石身披蓑衣，来到近前，不及下马，就断喝一声，道："不得无礼。"那些军兵便停下手，但仍将王镇恶按在地上。朱龄石回过头，对着司马休之一抱拳，道："太傅大人，末将这厢有礼了！"司马休之见朱龄石前来阻挡，心下有些不悦，道："朱将军，我见此人可疑，正欲将他拿问。不知将军为什么喝止？"朱龄石笑道："太傅误会了。这人是太尉的门客，奉太尉之命出来办差。还望您看在太尉的面上，放他一马。"司马休之一皱眉，欲待不允，却见对方抬出刘裕这顶大帽子来压自己，无奈之下，只得将就盖个喧，道："原来只是场误会。"说着，便命那几个军兵

放了王镇恶，拔转马头，领着人径自去了。

王镇恶衣服上沾满了泥水，胳膊被拧的生疼，一边揉着，一边站起身来，倒也识得朱龄石，连忙过来道谢，苦笑道："今日要不是将军来得及时，我可要被当成奸细拿了。"朱龄石跳下马，从军士手里取过一件蓑衣，为王镇恶披上，低声道："王兄弟，你是聪明人，还看不出他们是故意找茬吗？"王镇恶抹了一把脸上的雨水，奇道："将军何出此言？"朱龄石道："本朝灭燕之后，太尉权势大张，为朝中诸贵所嫉。伐秦之事，异议者多，就是这个原因了。如今，你力主出师关中，自然被一些人视为眼中钉。你出府之后，太尉担心有人寻你的麻烦，即命我带人随行，暗中保护。"王镇恶心里一凛，心道："不错，兴兵灭国这样的大事，我却肆口而谈，是有些孟浪了。太尉的态度一直不明朗，自是为此。"想到这里，不禁颇有些后悔。朱龄石鉴貌辨色，道："王兄弟，做大事者，不可意气用事。太尉一时拿不准，倒也并非全盘否决你的建议，何不随我先回太尉府静候几天？须知，时移事异。过些日子，事情说不定会有转机呢。你既得罪了朝贵，在江南已是寸步难行。如今，除了太尉，无人能护得你周全！"王镇恶刚遇上这场闹，知道此言不虚，无奈之下，只得随朱龄石回了太尉府。

第十四章　豫州荆州

> 刘穆之道:"太尉所虑不错。荆州地居上流,实力强大,每出枭雄,如本朝初年,荆州刺史王敦两次拥兵南下,酿成'王敦之乱';权臣桓温先据荆州,再灭成汉,又下建康,把持朝政二十余年。如今,刘毅去了荆州,又私屯重兵。太尉不可不防!"

412年6月,豫州闹起了水灾。肆虐的洪水从淮河上游奔泻而下,冲入城镇,淹没村庄,澎湃着席卷了一切。淮河大堤决口时,正值深夜。当洪水冲进了家门,两岸村庄里熟睡的人们才惊醒过来。顿时,四野呼声四起,夹杂着房倒屋塌的声音。惊慌失措的人们,在黑暗中扶老携幼,向高处逃命。但还是有很多人,在梦乡里就被洪水毫不留情地卷走。肆虐的洪水,裹挟着家具、树木、房梁、牛马,还有一具具人畜尸首,汹涌地向西奔去。方圆数百里内,一片汪洋。豫州境内三十余县,有二十六县受灾。远近村落,半露树梢屋脊,大片土地被淹没,庄稼早就不见了影子,乡区坟墓骸骨随波而起。一些府县的城

墙被洪水撕裂，滔滔大水涌入城内，又漫过街道桥梁，大街小巷浊流滚滚。整个城市立成泽国，路面仿佛江面，两旁树木被大水冲得东倒西歪。幸存的人们挤在房顶上，看着脚下呼啸奔腾的洪水发呆。过了几日，大雨停歇，洪水也渐渐退去。但道路已被冲毁，原来繁荣的城镇被夷为平地，死亡数千人。

豫州（今安徽省北部、江苏省西北部）治所在姑孰（今安徽省当涂）。姑孰地势较高，幸免水淹。许多人因洪水泛滥而无家可归，逃到了姑孰城内。大街上人山人海，挤满了成千上万的灾民，馆舍店肆早已人满为患。有些灾民就在街上搭起了窝棚，将湿淋淋的行李堆得到处都是。灾民们的财物、牲畜、粮食全都付之东流，到了城里，只能沿街乞讨，一个个满身泥浆，东倒西歪地走在街上。进城逃难之际，父子母女不相顾。许多人在慌乱中与亲人失去了联系，这时便四处叫喊着寻亲，整个城市一片鼎沸，噪声震天。

豫州刺史刘毅收到各地急报后，忙募齐人伕，赶往江堤决口处，筑起新堤，蓄纳江水，并派兵在姑孰城内四处弹压，又命人用几万条沙袋堵住城门，防止江水入城。诸事粗定后，刘毅与众僚佐登城四望，但见远处水潦纵横，渺渺溟溟，莫说是道路和田野，就连一些树木都被泡在水中，只露着个树冠。副将朱显之是刘毅的心腹，三十多岁，瘦削高挑的身材，很显精干，一张刀条脸，两道淡眉，眼睛细小，隆鼻阔口，微有胡须，身披战袍，腰悬佩刀，随侍在侧，道："大人，洪水虽退，城里却凭空多出几万人，每日都要吃饭，可需要不少粮食！"刘毅穿件方心曲领长袍，腰细黑色丝绦，足蹬一双快靴，听了这话，愁眉不展道："本州经卢循之乱，库房空虚，去哪里筹措这么一大批粮食呢？"朱显之思索道："眼下赈灾之事，仅靠朝廷拨下的救济粮可办不来，免不了要商人相助。地方上的盐商，家里豪富，每助州里修桥补路、建造官廨，更曾在军需、庆典、工程上捐输巨额银两，多则十几万，少亦数万。卑职以为，可以和他们拉拢一下。"刘毅听了，便道："好吧，显之，就这么办。"朱显之道：

第十四章 豫州荆州

"卑职这就去找些大户劝捐,再拟道告急文书,上奏朝廷。"当下,刘毅与朱显之共议,定下捐款章程:凡士民工商,每交银百两,即可使子弟一人获得入太学的资格,还可获得荣誉性的功名。一个多月时间,刘毅就收到了三十多万两白银的捐资,又接到朝廷紧急调拨来的二十万斤粮食,遂命人在城里搭起了百余座粥棚,每日施粥。

过了些日子,天气渐热,艳阳高照,知了在树上不停地叫着。刘毅正在刺史府内,与朱显之商议再去买些粮赈灾,忽见亲兵来报,称朝廷使者到来。刘毅吩咐快请。不一会儿,太监王德林手里捧着一道黄绫诏书,笑嘻嘻地走了进来。刘毅与朱显之忙命人摆好香案,跪倒接诏。王德林居中而立,打开诏书,朗声道:"奉天承运,皇帝诏曰:'江、荆凋残,刑政多阙;顷年事故,绥抚未周。遂令百姓疲匮,岁月滋甚,财伤役困,虑不幸生。今命豫州刺史刘毅调任荆州刺史,兼督江州诸军事,思欲振其所急,恤其所匮!'钦此。"刘毅听了,便知司马休之手面做到,心里欢喜,忙站起来,接过诏书,供奉在香案之上,又摆宴招待王太监,便请朱显之做陪。

酒过三巡,菜过五味。王太监见无外人,低声对刘毅说:"刘大人荣迁,可喜可贺,只是您孤身去荆州,手底下没有自己的人,恐怕也不好办事。小人临来之前,太傅专门交待,命你从豫州挑选精兵强将,一并带往荆州。"刘毅心里清楚,司马休之是希望自己据强藩制衡刘裕,便道:"明白,显之自然是随我到荆州。另外,我再从豫州挑选一批精兵带过去。"朱显之在旁听了,提醒道:"大人,擅割本州兵力,是有违朝廷禁令的。再说,后任刺史马上要到,须也瞒不过他。"王太监一笑,道:"朱将军尽管放心。太傅对此事早有安排,已命鲁宗之将军继任豫州刺史。"朱显之知道鲁宗之是司马休之的旧部,顿时放下心来,但转念一想,搔首道:"这里选调一万名精兵,倒是不难,但军饷从何而来?"刘毅端起酒杯,道:"显之,你怎么忘了?现在我们手里就有三十多万两银子。虽说这笔银子本是用来赈灾的,但现在只能挪做军饷。"讲到这里,又轻描淡写道:"说不得，只好让灾民饿几天肚子了。"王太监忙道："江陵王已派人调拨了一批粮食，不日将由鲁宗之将军押运至此，可用来赈济灾民。"刘毅听了，更是宽怀。当下，三人痛饮了一晚。第二天，刘毅送王太监回京城，又命朱显之挑选万余精锐，带往荆州，却只拿出十万两银子作军饷，将其余的二十多万两白银全部侵吞。

　　荆州为古九州之一，以境内有蜿蜒高耸的荆山而得名，治所在江陵（今湖北省江陵），东与扬州分界，南越衡山，北至荆山，下辖襄阳、江夏、长沙、衡山、零陵等二十余郡，是东晋最大的州。刘毅率领着部队，最前面是两千铁甲军开路，随后是五队骑兵清道。刘毅骑着一匹膘肥体壮的黑色战马居中，左右是十二队骑兵，各擎着青龙旗、白虎旗等，旌旗飘舞，幡幢蔽日。随后是多队精壮步卒，约有五千余人，全都头戴兜鍪，身着铠甲，手持大戟、刀盾、弓弩，声势十分浩大。刘毅带着人马来到江陵城外五十里处，见荆、江二州的文武已在此迎候多时，为首的，正是建威将军、江州都督庾悦。

　　庾悦本镇豫章，为了迎接刘毅，特意来到江陵，身穿官服，见大队人马压地而来，略一计算，惊觉刘毅居然带了上万军兵来到，很是诧异，却不及细思，只得来到刘毅马前拱手施礼，道："下官恭迎刺史大人。"刘毅一看到庾悦，顿时想起句章之辱来，面色一变，既不回礼，也不说话，一抖缰绳，催马昂然而过，竟将庾悦晾在了当场。庾悦看着刘毅远去的背影，不禁又恨又怕，心头泛起一股霉意。果不其然，刘毅到任不久，便以江州内地，治民为职，不宜置军府，遂上表朝廷道："江州以一隅之地，力弱民慢，而军府犹置，文武将佐，资费非一。愚谓宜解军府，移治豫章，以简众费……"随后，朝廷下诏，撤掉庾悦的建威将军之号。建威军府的文武三千悉入刘毅幕府，符摄严峻。刘毅又命庾悦不得回豫章，暂留江陵，不时召见，数相挫辱。庾悦自知犯在刘毅手里，心中郁郁，入冬之后，背上就生了恶疽，卧床不起，命家人前往豫章，急召亲信沈田子。

　　沈田子字敬光，吴兴郡武康县（今浙江省德清县武康镇）人，是

第十四章　豫州荆州

庾悦一手提拔起来的副将,听说庾悦病重,连忙奔马而至,穿了一身劲装,上襦下裤,腰间佩刀,来到江陵城。庾悦的亲眷都在豫章,唯与几名家人寄居于客舍。一个老家人见沈田子到来,引着他进到庾悦的卧室。庾悦脸冲着外,在床上安静地侧躺着,双眼紧闭,气若游丝,面色苍白,头发有些凌乱,整个人显得弱不禁风。一个郎中坐在床前,为他把着脉。沈田子走到床前,轻声唤道:"大人,卑职奉命前来。"见庾悦没有动静,又转过头询问道:"大夫,庾大人的病怎么样?"大夫把完了脉,正在收拾着药箱,摇了摇头,道:"庾将军这病是从气上得的,怒火攻心、肺腑不调,则疽发于背,而背部又是人五脏之系,这病……凶险得很哪。"说着,起身到外屋开方子去了。

沈田子心里一沉,伏下身去,低声连唤道:"庾大人?"庾悦缓缓的睁开眼睛,眼珠儿上挂着些血丝,略略动了一下,嘴唇张开,喉咙发出几个模糊不清的音节。沈田子目中含泪,伏下身去,道:"庾大人,您有什么未了的心愿,只管吩咐。"庾悦用尽全身力气,缓缓的说:"刘毅……隐没赈灾银两,又……擅割豫州文武万余人,志存不轨。我已为此写了封信,就放在枕头下……"沈田子轻轻伸手到庾悦的枕头下,摸到了一个纸袋,拿出来,见上面封着火签。庾悦有气无力的道:"你马上去京师,把这信……送与太尉……"沈田子道:"将军放心,卑职一定办到。"庾悦脸上露出一丝喜色,微微点了点头,便合上了眼睛,再不说话了。沈田子将信揣进怀里,轻轻地从房里退了出来,命家人仔细照料,遂骑马连夜出城,直奔京师而来。

静谧的夜空下,繁星点点。野外萤火浮游来去,远处不时传来犬吠之声。沈田子单人独骑,鞭马长骛,日夜兼程,直走了二十多天,才来到京师,径至太尉府,求见刘裕。刘裕听得江州都督庾悦有信,命人将沈田子引到前厅相候。沈田子立在厅里,不敢就坐,这才感到全身有一种无法言说的疲惫,三百六十个骨头节无一不疼。这时,帘子一掀，刘裕步入厅内。沈田子忙向刘裕躬身施礼，道："卑职沈田子，现为江州副将，参见太尉。"刘裕见沈田子三十多岁，面白无须，长身鹄立，一身戎装上全是路尘，便摆摆手，坐在一张椅子上，道："罢了，坐下说话。你是庾将军的部下吧，到此何事？"沈田子依言坐在一旁，眼圈一红，道："庾悦将军病重，大概命不久矣，命卑职将此信送与太尉。"说着，从怀里掏出那份密信，双手递与刘裕。刘裕接过信打开，见上面称："刘毅自任豫州刺史以来，凡国帑过境，无不染指，更乘水灾之际，虚增灾情，提高收捐数额，将私收的银子充作军饷，侵吞赈灾银二十多万两。……又擅将豫州精兵万余人调往荆州，并不禀明，居心叵测……"刘裕看罢，脸上罩起了一层乌云，沉吟良久，便对沈田子说："你远来辛苦，先下去休息，过几天，我自会给你回复。"说着，一声唤，叫来一名家人，让他给沈田子在府内安排个住处。沈田子起身道谢，随着家人去了。

刘裕一个人坐在厅里，手里捏着这份信看了又看，反复思忖，胸中如有一团火在烧，各种念头在心如蚂蚁啃啮，一连几天都是寝食不安。这一日，噩耗传来，称庾悦已于江陵病逝。刘裕收到消息，暗想："人之将死，其言也善。庾悦临终上书，看来盘龙的事竟有八成是真的。"想到这里，便命人将刘穆之找来。不一会儿，刘穆之从签押房匆匆赶到。刘裕命其落座，将庾悦的那封信交给他，说："前几日，庾悦派人送来这个，称刘毅在豫州侵贪赈灾银，更领大批精兵去了荆州。你先看看。"刘穆之接信看过，不禁也惊讶失色，沉吟着说："我看庾悦的话倒有几分靠谱。"刘裕道："哦！怎么说？"刘穆之道："各州开捐，历来都是收粮济赈，何以豫州改粮为银？这本就可疑。至于刘毅领兵去荆州之事，去豫州一查便知，毕竟大队人马行动，须瞒不过人们的耳目。"

刘裕想了想，道："刘毅若仅是贪赃，倒还罢了，但擅割豫州兵马，却干系非小。"刘穆之道："太尉所虑不错。荆州地居上流，实力强大，每出枭雄，如本朝初年，荆州刺史王敦两次拥兵南下，酿成

第十四章 豫州荆州

'王敦之乱'；权臣桓温先据荆州，再灭成汉，又下建康，把持朝政二十余年。如今，刘毅去了荆州，又私屯重兵。太尉不可不防！"刘裕阴沉着脸，双目中精光闪烁，道："这事只能暗地探察，不可张扬出去。我们明日去豫州走一趟，摸摸情况。"刘穆之看着刘裕的脸色，心里打了个突，知道此事关乎刘毅生死，也不敢大意，道："太尉，不妨再叫上丁旿同往，更安全些。"刘裕点头，道："你这就去和丁旿说，明日一早便行。"

第二天早上，刘裕起床之后，换过便装，草草用过早饭，与刘穆之、丁旿骑马赶赴豫州。三人纵马疾驰，昼夜兼行，一直来到姑孰。这个城市的规模不大，共四个城门，城内两条干道相互交叉，呈十字形。刘裕等人进城的时候，已是傍晚，天色暗淡，街上的行人已不多。三人在十字街西头，找了一家不起眼的小客栈住下。到了晚上，刘裕等用过晚饭，围坐桌前，商议下一步的行动。刘裕拨了拨油灯的灯芯，道："豫州刺史现在是鲁宗之，他与司马休之、刘毅过从甚密。咱们不必去惊动他。"刘穆之道："卑职与豫州书吏有过一面之识，明日，便可叫他到客栈里来，晓之以情，动之以理，让他交出赈灾账本，一查便知。"刘裕道："这个办法不错。"三人又商量了一会儿，见天色已晚，便各自回房睡了。

第二天，刘裕在房中梳洗已毕，用过早饭，便让刘穆之去找豫州书吏。刘穆之领命出了客栈，沿着大街，一路打听着，向豫州府衙门走去。豫州府衙离此不算太远，有十几个院落、上百幢房屋，外面环绕着丈余高的围墙，独占一个街区，不与民居相连。衙门外，一个照壁正对大门，起到屏障作用，磨砖细砌，顶覆红瓦，向北的一面还有砖雕。砖雕是个像麒麟一样的怪兽，怪兽周围雕刻着许多金银财宝状的图案。这怪兽名不见经传，俗称"犭贪"，雕刻在照壁上，据说就是为了提醒衙门里的官员不要贪得无厌。照壁南面贴满了官府的告示、批词、判语等。刺史府的大门坐北朝南，也叫"头门"，三开间，每间各安两扇黑漆门扇，总共有六扇门。大门两侧有两个石狮

子，还站着几个衙役，头戴红黑帽，手里拎着水火棍。

刘穆之身穿青布长袍，足蹬一双半新不旧的布鞋，走到几个衙役面前，双手抱拳，道："各位辛苦，敝人是贵府书吏的好朋友，从京师到此，要会他一会。"衙役并未起疑，便进去通报。豫州书吏姓王，三十七八岁的年纪，焦黄的面孔，两只小眼睛，一个蒜头鼻，嘴唇外翻，下颌微有胡须，听说故友相访，穿着一身吏人的公服，迎了出来，见是刘穆之，吓了一跳，道："刘大人，你怎么来了。"刘穆之低声道："此处并非说话之所，借一步说话。"王书吏知道刘穆之权势熏天，不敢违拗，便随之来到了客栈中。刘穆之引着他进到屋里，见刘裕、丁旿都在，也不向他引荐，只是温言道："这二位都是自己人，你不必担心。我到此有机密事务，还望鼎力相助。"王书吏瞧了瞧一旁的刘裕和丁旿，弄不清他们的身份，只得道："刘大人有什么事，尽管吩咐。"刘穆之道："我奉太尉之命，前来了解前时赈灾的情况，可否劳你将账本交与我看看？"王书吏一听，心知必是刘毅的事发了，见刘穆之亲自来查，料想干系非小，只得答道："账本在衙门里，小人这就去拿。"刘裕在旁听了，冲刘穆之使了个眼色，刘穆之会意，道："好，既然如此，那我就陪你一同去取。"说着，立起身来，与书吏出了店舍，又来到了刺史衙门。

王书吏带着刘穆之进了衙门，转进大堂左侧的一个四合院，来到一间厢房门前。门框上挂着一个木牌子，上写"文档库"三字。书吏立在文档库门前，"悉哩哗啦"的从腰里掏出一串钥匙，打开房门，又扭头对刘穆之道："刘大人，库房重地，还请在外稍侯片刻，我取了账本，马上出来。"衙门的规矩，外人是不能随便进文档库的，否则，当值的书吏就要获罪。刘穆之点了点头，在门外相候。王书吏走进房中，回身将门关上。刘穆之在外左等右等，过了好长一段时间，仍不见他出来，心知不妙，上前一把将门推开，却见里面空无一人，只有一排排的书架。书架皆为木制，上面分门别类的堆放着州内的公文、档案，如记录户口的"黄册"、记录土地赋役的"鱼鳞图册"、

第十四章 豫州荆州

诉讼卷宗等等。后窗却大开着，窗扇还在随风晃动，显然王书吏已跳窗逃走了。刘穆之忙到档案架上翻看，见标着"赈灾"的一栏空着，上面的账本已不翼而飞，只得转身离了文档库，出了衙门，匆匆回到客栈，将衙门内的事情一说。刘裕皱眉道："这人想必是带着账本逃了。茫茫人海，却到哪里去找？"见刘穆之一脸愧怍，倒也不忍责备，只说："我们今晚就在这客店休息一夜，明日就回京师吧。"

这天晚上，刘穆之心里有事，翻来覆去总是睡不着，到了半夜，就听墙头上窸窸窣窣的有动静，忙翻身坐了起来，紧接着，就听"扑嗵"一声，有重物落地的声音，心里一惊，三两下穿好衣服，抄起宝剑。这时，门外传来叩门声，有人低声道："刘大人在里面吗？"刘裕、丁旿已被惊醒，先后从隔壁屋里出来。丁旿喝问道："什么人？……啊，原来是你！"刘穆之一听，便将门闩拉开，见外面立着一人，月光下看得清楚，竟然是王书吏，忙回屋打着火石，点起灯烛，让刘裕、丁旿和王书吏进来。

王书吏一进门，就跪在地上，磕头如捣蒜，连声道："刘大人救我！"刘穆之心里糊涂，问道："你起来说话，到底是怎么回事。"原来，刘毅贪了赈灾银，为了堵住底下人的嘴，衙门里的人都给了一些好处。王书吏曾得了一百两银子，今见刘穆之来秘访此事，心里惊慌，回到文档库后，将赈灾账本藏在身上，从后窗跳了出去，直接去找刺史鲁宗之。鲁宗之是刘毅一党，也曾分了一万两白银，听说此事后，便将王书吏藏在自己后宅，到了半夜，将府中管家找来，命其将王书吏勒死，杀人灭口。管家却和王书吏是朋友，便悄悄地给他送了个信。王书吏大惊，连夜越墙而出，逃出了刺史府，待跑到大街上，又想自己无处可去，只得又回到客店。说到这里，他从身上掏出那本账本，双手奉上道："刘大人，我一时猪油蒙了心，做下糊涂事，却险些送了自己的性命。他不仁，就别怪我不义。事已至此，我犯不着再瞒着了。账本在此，请过目。"刘穆之大喜，接过账本，道："你尽管放心，旁边这位，便是当朝太尉，定可为你做主。"王书吏听了，颇感意外，连忙磕头，口称有眼无珠。刘裕命丁旿将他搀起，坐在一旁，自己与刘穆之坐在桌前，手拿账本，在灯下一页页仔细翻阅，结果与庾悦所禀的一样，不禁长叹一声。

刘穆之瞧了瞧刘裕的脸色，道："太尉，刘毅上下其手，公然贸赈征银，毫无忌惮，实为大逆不道。"丁旿在一旁也道："按说，卑职本不该多嘴。只是刘毅将军这次从灾民嘴里夺粮，未免有些伤天害理。"王书吏道："卑职亲眼所见，这几年，刘毅将军在豫州刺史任上，屡次收受赃银，还打着资兵饷、赈贫民的名义，向各地勒索馈送。有些行贿的人干脆把银子放到酒坛、菜筐里送交，以掩人耳目。"刘裕听了这话，脸色由白转青，急促地呼吸着，眼里闪烁着怒火，道："刘毅调任荆州刺史，辄割豫州文武万余人自随，这事也是真的了？"王书吏点了点头，道："太尉明鉴，这事是一点不假。"刘穆之合上账本，说："国法明文规定，荆州府置将不得过五百人，吏不得过五千人。刘毅带了一万多精兵去荆州，已是公然违禁。"刘裕铁青着脸，哼了一声，立起身来，在地上转了几个圈，对刘穆之道："穆之，此事既已查实，我们要立即赶回京师，再作定夺。"又对书吏道："你干脆与我们同去，以后就在我府里给你按排个位置。你的家眷，等事平之后再来取。"王书吏大喜，道："卑职愿为太尉效劳。"这时，天色已然大亮，刘裕让丁旿出去，给书吏买了匹马，又让刘穆之结算了店饭账。四人出了门，骑上马，快马加鞭，赶回了建康。

回京之后，正值七月末。骄阳似火，天地间热浪滚滚。这天上午，刘裕将刘穆之单独留在客厅，与之密议。客厅的大理石地面上泼了凉水，几面长窗全都打开着，犹觉燠热无比。刘裕穿着一件薄袷衣，道："刘毅在豫州折捐冒赈，任意侵欺，又于江陵私屯重兵，恐终成祸乱。"刘穆之脸上流着汗珠，手里拿着柄蒲扇使劲摇着，道："太尉，荆州资实兵甲，居朝廷之半，每有尾大不掉之势。除了王敦、桓温相继构兵，近年，荆、江二州刺史桓玄更曾谋权篡位，为

第十四章 豫州荆州

太尉所亲见。刘毅傲狠凶戾,以为与您建义之功相埒,常怏怏不服,这番到了荆州,其志难测。卑职以为,应立即发兵袭江陵。"刘裕听了,默然良久。刘穆之见刘裕犹豫,又劝道:"当断不断,必受其乱。刘毅涉猎传记,一谈一咏,自诩为雄豪,引得朝野缙绅辐凑归之,与司马休之、谢混等人结为一党,势力日张,恐终不为公下。"刘裕还是不忍,道:"我与刘毅俱有克复之功,其过未彰,不可自相吞噬,还是先请朝廷下道诏书,召其还都。若刘毅奉诏,岂不更好?我今日便进宫请旨,就让傅亮去江陵传诏。傅亮为人精细,到了江陵,一面传诏,一面探探刘毅的虚实。"说着,一声唤,叫来丁旿,命他去传傅亮来见。丁旿一怔,道:"太尉,您大概还不知道。傅亮被司马休之下狱了。"

刘裕闻听此言,一阵错愕,瞬时间,二人都看出一种危险的苗头,意识到一场政治倾轧的临近。还是刘裕先反应过来,问丁旿道:"这是什么时候的事?为何将他下狱?"丁旿道:"就是您去豫州这几天,末将也是刚刚听说。司马休之在早朝时,指斥您在广固屠城,又在广州杀降。傅亮挺身而出,与之愤争。司马休之就上奏朝廷,给他安了个咆哮朝堂、不敬大臣的罪名,将他关进了廷尉大牢。"刘裕听到这里,霍然起身,对刘穆之道:"我们这就去廷尉衙门,好歹也得把傅亮救出来。丁旿,你去召集亲兵,一起去。"丁旿现在也明白这事必须得尽快解决,否则,下一个被逮的可能就是自己或刘穆之了,遂干脆地答应一声,走出厅外,立在台阶上,一声唿哨。府里的五百名亲兵闻声而至,在阶下列队。刘裕头上戴了顶黑漆细纱的笼冠,身穿宽领窄袖的绯色官服,与刘穆之、丁旿二人,带着这支亲兵队伍,出了府,直奔廷尉衙门而来。

第十五章　夜袭江陵

刘毅坐在浓霜挂叶的草丛里，听着越来越近的军兵搜索的声音，心里充满了绝望，思前想后，不禁长叹一声，道："贫贱常思富贵，富贵必履危机！我若是在北固山下做个樵夫，何至于到这步田地！"语气里全是无力回天的凄怆，说罢，遂起身走到一棵大树旁，解下腰带，挂在树枝上，自缢而死。

廷尉衙门管理天下刑狱，可奉诏逮捕、囚禁和审判有罪的王公大臣，位于京师南直门大街上。衙门正面有一座牌楼，上悬匾额，题着"宣化坊"三个大字，牌楼下是一座高大宏伟的石头牌坊，左右两边还有戗柱斜撑。衙门的正门三开间，进深一间，又称"仪门"，直达大堂，平时关闭，只有在上官或贵宾来临时才会打开。"仪门"两侧开有便门，也称"角门"，按东进西出的规矩，人们一般是从东便门进、西便门出。廷尉王慕恩听说太尉刘裕到来，疾命大开仪门，穿戴整齐，忙不迭地接了出来，恭恭敬敬地将刘裕等人迎了进去。众亲兵

第十五章　夜袭江陵

就留在衙门之外，在牌坊下列队等候。

一进仪门，眼前便是一个很大的院落，足有亩余。院落开阔幽静，气氛肃穆。沿墙有几丛翠竹，四季常青。众人走过院子，来到大堂。廷尉大堂为五楹厅堂，坐北朝南，高耸威严，大案、要案都要在这里审理。大堂前后檐下皆有回廊，左侧有平房十余间，为议事厅和隶皂房；右侧配房十余间，是案卷库和刑具库。进了堂内，正中屏风上绘有山水朝阳图，山正、水清、日明，即"清正廉明"。屏风之前，有一块高出地面约一尺的地方称作"台"，台上四根柱子围成的空间称作"官阁"，是廷尉坐堂审案之处。官阁内放着书案，书案上置文房四宝、令签筒、惊堂木等升堂用品，旁边有一木架，上置官印及委任状。官阁顶篷上绘有三十六仙鹤朝日图，上方挂一匾额，题写着四个大字："明镜高悬"。

一缕缕阳光直射进堂内，像一束束亮闪闪的金线。刘裕在堂上落座，王慕恩小心翼翼地于下座相陪，刘穆之、丁旰一左一右，立于刘裕之后。王慕恩四十岁左右，脸部轮廓分明，眸子里黑眼仁多，白眼仁少，高鼻梁，薄嘴唇，下颌微有胡须，命衙役献茶后，满脸堆笑的问道："今日太尉枉顾敝衙，不知有何见教？"刘裕也不客气，直截了当地说："王廷尉，听说傅亮现关押在你这里？"王慕恩听了，心里"咯噔"一声，只得据实而回，道："不错，傅亮咆哮朝堂，顶撞太傅，正押在廷尉狱中。"刘裕"唔"了一声，又问道："给他拟的是什么刑？"王慕恩一脸的尴尬，期期艾艾地道："回太尉，傅亮目无国法，藐视国威……拟于……秋后问斩。"刘裕心中的怒火直撞到喉咙，勉力往下压了压，不冷不热地道："傅亮颇有劳绩，虽然是顶撞了太傅，但也是激于一时义愤，怎么就定了这么重的刑？"王慕恩见刘裕变了脸，心里为难，又不敢将责任推给司马休之，只得让底下的人顶缸，道："是敝衙手下人议的，卑职看过之后，也觉得有些重了，还没报上去。既然太尉问及，卑职命人再议就是了。"

刘裕恍若未闻，仰起头来，看了看官阁上挂着的那块匾，说：

宋武帝刘裕

"穆之，你看这堂上悬着一块'明镜高悬'的牌匾，是什么来头？"刘穆之自是明白刘裕的心意，应声而答道："回太尉，传说秦始皇有铜镜一面，能照出人的五脏六腑。若有心术不正之人去照这面镜子，心脏跳动就会不正常。秦始皇多疑好忌，常用此镜来照近臣，若发现异常，就会先下手将其杀掉。刘邦破关入咸阳后，曾将此镜悬挂于廷尉公堂之上，使之照鉴忠奸善恶、辨明是非真假，又令天下官府，于大堂上方悬挂"明镜高悬"的匾额，以示清正廉洁，明察秋毫。"刘裕听了，对王慕恩说："王廷尉，贵堂上既有这块'明镜高悬'的牌匾，相信你平日里定是明察善断了？"王慕恩久历宦海，也是善望气色之人，如何听不懂刘裕的话外之音？忙道："不敢，卑职这就命人再审傅亮一案，定还他一个公道。"刘裕方立起身来，淡淡地道："傅亮关在狱中，还请善自相待，若有个好歹，后果你可仔细掂量着。"说完，一甩袍袖，带着刘穆之、丁旿二人，走出大堂，离了廷尉衙门，上马引着亲兵径自去了。王慕恩弯着腰，将刘裕等送出府外，目送众人远去，才直起身来，摘下头上的官帽，额上已是湿津津的一层热汗。

已近晌午，太阳升上了中天。熏风拂过，气温骤升。树上的知了一个劲儿地鸣叫着，地面滚烫，树荫处的狗儿吐着舌头。刘裕等人不顾酷暑，离了廷尉衙门，马不停蹄直奔皇城。琅琊王司马德文听说刘裕晋见，忙请至太极殿相会。刘裕命其他人在外相候，自己迈步进入殿内，见了琅琊王，躬身施礼。司马德文让太监在丹墀之下摆了两把椅子，与刘裕相对而坐。司马德文的头发挽在脑后，显得脑门有些突出，双唇红润，眼睛里闪着柔和的光泽，上身着方心曲领的黄袍，束以大带，腰间佩带着玉剑、锦绶，道："太尉今日入宫，不知何故？"刘裕道："臣今日正为荆州刺史刘毅而来。"司马德文一怔，道："哦，不知刘毅将军出了什么事？"刘裕道："王爷，早年京口举事，刘毅畏懦不进，几败义师，本应明正典刑。但朝廷宽大仁厚，依旧宠信，并授予其要职。刘毅不引咎自责，却日益骄狂，欺上凌

第十五章　夜袭江陵

下，放纵无度，刻剥征求，不循政道，乘调任荆州刺史之际，擅自带走豫州部众一万有余，不曾向朝廷回报片言只语，又隐没巨额赈灾银两，实为恣肆骄纵，目无朝廷。臣以为，宜将刘毅召回京师问责。"

司马德文虽为人恬退，从不参与司马休之、刘裕之间的政争，但对朝事并非全不关心，见刘毅与司马休之越走越近，早料到他要倒霉，听完这番话，心中雪亮，知道刘裕这是要与刘毅摊牌了，便道："太尉所言甚是，我这就拟一道诏书，送往荆州，调刘毅回京述职。"说着，唤过一名太监，取过文房四宝，在一张黄绫上草了旨，又道："太尉请回，这道诏书我就去用玺，再命人送往江陵。"刘裕道："不敢有劳天使。臣以为，可让傅亮充任传诏使者。"司马德文一愣，道："前日在朝堂之上，傅亮公然顶撞太傅，已被下狱，再充诏使，恐怕不妥吧。"刘裕一拱手，道："回禀王爷，傅亮生性耿直，虽口无遮拦，但罪有可恕。臣已去过廷尉衙门，想来傅亮一案很快就会水落石出。"司马德文抱定个垂拱无为的态度，道："既然如此，待傅亮出狱之后，就让他走一趟吧。"刘裕听了，又闲谈了几句，便告辞出宫了。

第二天，傅亮被廷尉衙门释放，身着一件白纱单衣，素袜黑履，来太尉府拜谢，见刘裕施礼，道："卑职得脱牢狱之灾，多亏太尉施以援手，感激不尽。"刘裕命其落座，笑着道："季友，不必这么客气，这几天，苦了你了。"傅亮道："衙门里的人惮于太尉声威，这几天倒没敢对卑职动刑。"刘裕手捻胡须，道："那就好。你新出监牢，本应休息几日，但我有一事，迫在眉睫，不得不劳烦你走一趟。"傅亮微一躬身，道："卑职不过是在牢里住了几天，并没吃什么苦头。太尉有事，但说不妨。"刘裕便道："季友，刘毅在荆州，闹得很不像话。我已上奏朝廷，准备下诏将其召回。这道诏书嘛，便想请你去江陵传达。你意下如何？"傅亮道："这是太尉的信任，卑职有什么不愿去的？明日便可登程。"刘裕大喜，又低声嘱咐道："你这次去江陵，须得仔细些。刘毅若是奉诏，自无话说；若其不

· 197 ·

然，你立即回来，向我禀报。"傅亮点头受教，道："卑职明白。"

第二天，傅亮去宫中请了诏书，带了几个从人，骑上马，离了建康，直奔荆州。荆州的治所是江陵（今湖北省襄阳），曾称为"郢"，是战国时期楚国的国都，西控巴蜀，北接襄汉，襟带江湖，指臂吴粤，为东南重镇。整座城池由城砖和条石砌成，周长三十多里，高约二十米，厚达七八米，外有护城河，逶迤挺拔、完整坚固，有六个城门，城上建有二十四座敌楼。阖城东西长，南北短，呈多边形，依地势而高下，顺湖池而迂回。这一日，傅亮来至江陵城外，但见水如素练，城似游龙，便径直入城，找到荆州刺史府。

荆州刺史府屹立于城北，飞楼涌殿，华拱画梁，顶覆铜瓦。刘毅前一天接到司马休之的密信，知刘裕入宫请旨之事，已有所准备，此时在府里听得使者到来，便率众出来迎接。只听三声炮响，如同石破天惊，在江陵城上空回荡，刺史府的正门大开，刘毅身穿簇新的官服，率领着一众文武佐吏，迎了出来，随后是仪仗队，举着些金瓜、旗幡，四周还响起了鼓乐之声。傅亮一身传诏使者打扮，手捧诏书，与从人立在府外，见这副派势，心想："刘毅早年不过是个好赌的樵夫，现在摇身成了刺史，倒有些官威。"此时，刘毅率众来到近前，倒身下拜，傅亮昂然不动，手捧圣旨，算是代天子受礼，待刘毅拜罢，打开诏书，朗声读道："奉天承运，皇帝诏曰：'夫去弊拯民，必存简恕，舍网修纲，虽烦易理。荆州刺史刘毅本为爪牙之将，治事临民，或非良干。江、荆凋残之余，愈见其瘼。着令刘毅回京，另有委任！钦此！"刘毅率众听完诏书，立起身来。

傅亮将圣旨转交给刘毅身后的随从，自己双膝跪倒，向刘毅磕头，道："下官参见将军。"刘毅哈哈一笑，双手将傅亮搀起，道："傅大人不必客气，咱们可是老朋友了。"傅亮见刘毅闻诏之后仍是洋洋如常，倒有些意外，道："不敢！卑职往年在京师，常见将军，颇聆教诲。如今您的风采可是不减当年，细瞅起来，竟还年轻了许多。"刘毅仰天大笑，一手挽着傅亮，便向府内走去。傅亮随之走上

第十五章 夜袭江陵

台阶,绕过一道照壁,便觉眼前豁然开朗。刺史府的天井非常宽敞,地上铺着青条石,院中央建有假山和凉亭,错落有致,与回廊相连,直通至大堂旁边的客厅。客厅前饰有滴水瓦、花瓶窗。刘毅道:"傅大人请到这边厅里。太尉最近怎么样?"傅亮听刘毅问及,微一躬腰,答道:"太尉日夜宵旰,倒是清减了许多。"刘毅叹道:"我与太尉同时建义,情若兄弟。傅大人回京,还请替我多劝一下太尉,毕竟是奔五十岁的人了,理应多多保重才是。"刘毅这番话说得情真意切,很是诚恳,丝毫没有言不由衷的迹象。傅亮却深知刘毅行事每不循常理,只得作出一副感动的样子,频频点头道:"太尉对将军也是惦念得很呢,常在京师说起与将军的旧情。"二人边谈边说,进厅落座。

厅内迎门靠墙处摆着一套檀木桌椅,四壁悬挂着名人书画,案上摆着商周彝鼎。刘毅命仆人献茶,笑道:"傅大人远来不易,可在江陵略作盘桓,四处游赏几日。"傅亮道:"多谢将军,卑职正愿时时请教。"二人又闲谈了几句,刘毅话风一转,道:"按理说,我将荆州的事务料理一下,抬脚就可与你回京师。只是底下有些事不好处理。这些兵将从豫州随我到这里,刚安顿下来。我若突然撇了他们而去,恐怕将士们不从。"正说着,忽听厅外一阵喧哗,七八个军官打扮的人,全身披挂,推开门前的几个卫士,直闯了进来。为首一人正是朱显之,怒目横眉地走进厅内,立于席前,手按剑柄,两眼直视着傅亮。傅亮被他瞧得有些发毛,向刘毅询道:"这位将军是……?"刘毅并不答他的话,却问道:"朱显之,你带着将校擅自闯厅,意欲何为?"朱显之一脸不平之色,向刘毅深施一礼,道:"末将这几日在外练兵,今天才回到江陵,听说朝廷欲召大人回京,不知可有此事?"刘毅道:"不错!我正与钦差商议。这事与你无干,快快退下。"朱显之却是充耳不闻,昂然道:"荆州重地,少不得大人坐镇,回京之事,还请再议。"傅亮坐在一旁,先是惊愕,旋即回过神来,冷笑一声,也不言语,倒要看看他们怎么演下去。

宋武帝刘裕

刘毅瞥了一眼傅亮，对朱显之喝道："好大胆子，'君命召，不俟驾而行。'我既奉旨，自当刻日登程，还轮不到你来指手画脚。"朱显之一梗脖子，道："荆州为国之西门，实离不得大人。方才，卑职已下令封锁了荆州各水陆隘口，没有我的令箭，大人离不开江陵半步。"话音刚落，又从厅外闯进数十名军士，一个个攮袂露刃，虎视眈眈地盯着傅亮。窗外兵甲铿锵，竟也是围满了军兵。傅亮饶是胆大心细，明知刘毅做戏给自己看，此时此刻，他倒想看看刘毅与朱显之如何继续往下演。这时刘毅一拍桌子，长身而起，指着朱显之道："大胆，怎么可如此对待天使？还不退下。"朱显之这才冷笑两声，带着众兵将退出厅外。刘毅作出一副气恼的样子，对傅亮道："傅大人，你看，这……这……这也太不像话了。"傅亮料定刘毅不会乖乖地跟自己回京，只得道："将军久镇外藩，声望极高，难怪底下人舍不得让将军走。事已至此，将军且容下官回京奏明，朝廷或别有诏，再定将军行止。"傅亮这话的意思很清楚，不论你刘毅回不回京师，都犯不着把使者扣在这里。刘毅一笑，回身落座，道："那就有劳了。只是傅大人来此一趟，鞍马劳顿，我也应略尽地主之谊。来呀，摆筵。"一声令下，很快筵席摆上，廊下乐师细吹细打起来。厅内的紧张气氛一扫而空，换了一副热情融洽的场面。第二日，傅亮便辞了刘毅，匆匆回京师复命。

412年9月，天气由闷热变得凉爽。金风阵阵，夹杂着一缕缕果实的清香，拂过京师的大街小巷。路旁树木的叶子开始变得衰黄，随风一片一片地飞散，在半空中打了几个旋，落到地面上。王镇恶在京师已住了一年多，在刘裕麾下任咨议参军，领一份干饷，在建康城里买了所宅院，就在太尉府的后街上，出入倒也方便。这天中午，王镇恶正在书房里看书。书房很大，两间房子不曾隔断。北边放着一张书案，上有各种兵书。案上的笔筒里插着几支毛笔，旁边的一方砚台里还有些墨汁。王镇恶坐在桌前，看了会儿兵书，有些百无聊赖，伸了个懒腰。这时，一个仆人进来问道："大人，快到饭点儿了，中午做

第十五章 夜袭江陵

些什么？"王镇恶是关中人，想了想道："做碗油泼面吧。"家人正要出去，忽听外面有人道："多做一个人的。"王镇恶心里一惊，站起身来，还未待迎了出去，就见门帘一挑，那人已登堂入室，原来是刘穆之来访。

刘穆之头戴洒然巾，穿了一件合领大袖的宽身袍衫，脚下一双蓝色缎鞋，施施然走了进来，双手一拱，笑道："王兄弟，我恰好从你宅前路过，想与你谈谈，不及请家人通报，贸然而至。今日中午可要叨扰了。"王镇恶拱手回礼，笑道："刘大人素性奔豪，食必方丈。今日到我这蜗居，只怕委曲了。"刘穆之笑道："你倒打听得清楚！我也听说，你府里的厨子是做油泼面的名手。所以，今日闯门来品尝。"说着，二人相对大笑，分宾主落座。王镇恶命家人准备酒菜。不一会儿，两个家人抬来一个餐桌，桌上是八个菜，六荤两素，在桌旁放下两把椅子，又捧来一壶酒，给二人倒上。二人坐在桌前，一边喝着酒，一边说着些闲话，渐渐有了几分酒意。家人又端来个托盘，里面放着两碗油泼面，给每人面前放了一碗，便退了出去。那油泼面用的面条是手工制作，煮熟之后，非常筋道，上面撒上厚厚的一层配料，再将一铜勺烧的滚烫的菜油直淋到调料上，顿时便将面上的那层配料烫熟，满碗红光，香气四溢。刘穆之将碗里的面用筷子翻拌均匀，大口吃着，果觉美味，须臾，将那碗面吃完，连面汤都喝干净，这才放下筷子，抹了抹头上的汗珠，道："真过瘾。"王镇恶道："刘兄，厨房还有，再添点儿？"刘穆之摇了摇头，道："饱了，不必了。"王镇恶也吃完了面，放下筷子，命家人将残席撤下，沏上茶来，与刘穆之啜茗而谈。

这时，刘穆之的神色才郑重起来，道："王兄弟，我这次来，可不光是为了吃面。"王镇恶也知刘穆之到此必有要事，但他不说，自己也不好问，今见刘穆之提起，便接口道："刘兄有什么事？不妨明言。"刘穆之低声道："太尉要对外用兵，想命兄弟你为先锋。"王镇恶在建康虽非投闲置散，可总觉是无用武之地，闻听此言，心头一阵狂喜，忙问道："莫不是要伐秦？"刘穆之摇了摇头，伸出右手食指，向南边一指。王镇恶略一思忖，便明白过来，道："南边是荆州，……莫不是要讨伐刘毅？"刘穆之道："正是！刘毅赃贿狼籍，又与司马休之勾结，将危社稷。太尉已调集兵马，准备突袭江陵。兄弟，刘毅不除，太尉怎可放心北征？这次可就看你的了。"王镇恶两眼放光，道声："明白！"刘穆之又说："太尉知刘毅与司马楚之、谢混等人过从甚密，所以，这次是秘密发兵，并不像往日那样大张旗鼓。你今夜就随我出城，去江边见太尉。"王镇恶一惊，道："太尉已在江边？"刘穆之道："不错。太尉现在船上，已命朱龄石、檀道济先去京口调集人马，明天就要出师了。"王镇恶胸中的痛快简直无法言说，又知事情重大，不敢将内心的情绪过于外露，只是郑重地点了点头。

　　到了半夜时分，一弯月牙静静地挂在西南天边。刘穆之和王镇恶披上斗篷，悄悄地出了府，骑上马，一个从人都不带，径直来到城门前，拿出早就准备好的令箭，命守城的军兵打开城门。二人出城之后，纵马飞驰，来到江边。江边一片漆黑，伸手不见五指，眠鸥宿鹭，阗然无声。刘穆之与王镇恶又行不多远，就见江边停着一艘黑黝黝的大船，船头上挂着两盏灯笼。刘穆之和王镇恶到了船边，跳下马来，便听到江畔的暗影里传出一声警惕的喝问："什么人？"刘穆之低声道："是丁将军吗？我是刘穆之，与镇恶兄弟一起。"那人正是丁旿，听是刘穆之，松开握在手里的刀柄，迎上前来，道："原来是刘大人和王参军，太尉已在船上了，请二位上船。"说着，三人沿着桥板登船，进到船舱。

　　船舱里很宽敞，足可容十余人。刘裕身披甲胄，正坐在舱内，面前的桌子上点着几支蜡烛。刘穆之等人一进舱门，带进一股凉风，桌上的烛焰晃动，四壁烛影直摇，照得众人的面孔忽明忽暗。刘裕命三人落座，道："路上没被人发现吧？"刘穆之道："太尉放心，我和镇恶等到夜深人静才出的城，没遇到旁人。"刘裕即以王镇恶

第十五章　夜袭江陵

为先锋，领振武将军衔，又将一张江陵的地形图铺在桌上，借着烛光，对王镇恶道："镇恶，你来看。我们的水军经长江，便可直达江陵城边。若刘毅知我军将至，不过岸上屯兵，未必有时间下船水战。你到江陵城外，深加筹量，可击，便烧其船舰，且浮舸水侧，以待我大军，并宣扬诏旨并赦文，让大家明白，罪止一人，其余一无所问；若刘毅全然未防，便可乘便袭击江陵城。"王镇恶肃然道："卑职遵令。"刘裕又与刘穆之等人商议攻战之事，到了第二天早晨，船只到了京口。檀道济、朱龄石率水师四万，已泊在京口外的江面上。

偌大的长江之上，旌旗飘扬，白帆点点，与天上白云相映，几只飞翔的海鸥来回盘旋。江水有些混浊，有如无数条巨龙扭在一起飞旋而下，在两岸之间咆哮奔腾。浪头一个跟着一个，雪崩似的重叠起来，卷起了巨大的旋涡，狂怒地冲击着堤岸，发出"哗哗"的响声。王镇恶率一百艘艨冲，每船载兵五十人，昼夜兼程，直取江陵。这些战船行在江面上，轻盈得如同一只只掠水的燕子，疾行如飞，冲风破浪，逆流而上，于数日后，即将抵达姑孰城外的江面。由于前次的洪灾，姑孰城外还是泥泞不堪，荒无人烟。江堤被水浸泡得犬牙参差，堤外遍布沼泽，长着茂密的水草，零星的几棵杂树上，爬满了密密的藤蔓。王镇恶身披大氅，立在船头，耳畔传来水浪拍打着船帮的声音，时而雄壮，时而舒缓，知道这里曾是刘毅的辖地，便传令船队暂停前进。到了晚上，所有的船都熄了灯，映着天上的月光，疾速前进，悄无声息地掠过姑孰，于10月22日抵达豫章口，离江陵城二十里。

江陵城外，湍急的水流在江堤和礁石间迂回奔流，发出声震峡谷的涛声，如狂奔的野马群，一泻千里。王镇恶命将士们下船上岸，每条船上仅留一二人，在岸上立六七面大旗，旗下置鼓，又对留守人员说："你们估计我军将至江陵城下，便催动战鼓，给敌人造成后有大军的假象。"又派人烧毁江津（今湖北省沙市东南）的荆州船舰，遂引兵径前袭城。这时，恰逢朱显之欲出江津。朱显之身披铠甲，骑在马上，带了数名亲兵，离城五六里，忽见有一队人马，以急行军的速度迎面而来，又望到本州船舰已被焚烧，耳边更传来阵阵战鼓之声，顿觉不妙，遂拔转马头，飞驰回城，向刘毅禀报。王镇恶率众紧随其后，趁城门未及关闭，挥师突入江陵，迅速封锁住各大小街道。朱龄石、檀道济的兵马也赶来支援，派军士屯扎于各城门，许入不许出，与荆州军展开混战，又派人去见刘毅，送上诏书及赦文。刘毅皆焚而不视，与朱显之退入内城，督士卒顽抗。

到了晚上，王镇恶、檀道济、朱龄石合兵一处，猛攻内城，四面树起云梯。在隆隆战鼓声里，数千名军兵向城头爬去。檀道济头戴熟铜盔，身披铁叶连环甲，手提一柄四方八棱的铜锤，身犯矢石，顺着云梯爬上城头，手扒着垛口，就要入城。朱显之手提宝剑，正在城头督战，一见檀道济，纵身上前，轮剑就砍。檀道济一个鹞子翻身，跃进城堞，横锤硬接硬架。这柄锤重五十余斤，锤头呈方形，锤身、锤柄皆为精铜铸成，锤身雕镂花印，所击之物无不粉碎。朱显之一剑砍在锤上，直震得膀臂发麻。檀道济大喝一声，轮动铜锤，虎虎生风，劈面砸来。朱显之不敢横剑招架，只得侧身避开，剑走轻灵，伺机进招。二人在城上舍生忘死，直斗了二十多个回合。朱显之一个不小心，手里的宝剑碰到锤上，就听"当"的一声脆响，剑身竟被铜锤砸弯，形似卷尺，不由得一惊。檀道济没等他反应过来，一锤横抡了过去，正中朱显之的腰部。朱显之结结实实地挨了这一锤，整个人飞起三尺多高，像断了线的风筝，直从城头坠下城墙，摔了个骨断颈折，当场气绝。荆州军兵顿时没了斗志，抛枪弃戈，四散而逃。这时，朱龄石也带兵冲上城头，挥动宣花斧，大杀四方，沿着马道来到城门处，斩关落锁，打开城门。王镇恶挥刀跃马，率军冲进了内城。刘毅见势不妙，急忙率左右亲兵下了城，经过一番苦战，突围而出，独自逃到城北的一处果园里。

第二天拂晓时分，果园里飘荡着轻纱般薄雾。不一会儿，阳光从扶疏的树干间隙照射了下来。刘毅躲在浓霜挂叶的草丛里，听着越来

第十五章　夜袭江陵

越近的军兵搜索声，心里充满了绝望，思前想后，不禁长叹一声，道："贫贱常思富贵，富贵必履危机！我若是在北固山下做个樵夫，何至于到这步田地！"话语里全是无力回天的凄怆，说罢，起身走到一棵大树旁，解下腰带，挂在树枝上，自缢而死。王镇恶的军士寻到这里，将刘毅的尸体拖到市上，斩首示众。11月，刘裕率大军至江陵，赠王镇恶"汉寿子"的爵位，又在荆州宽租省调，节役原刑，除其宿畔，倍其惠泽，礼辟名士，显擢才能，荆州人心很快安定了下来。

第十六章　两淮屯田

> 荒野日辟，户口日昌，沙碛之区，绝无弃地，泻卤之土，尽变膏腴。数载之后，刘裕兴兵伐秦，取关中，克长安，金戈铁马，气吞万里，武功之盛，一时无两，而军粮所需，半自两淮屯田。

413年4月，刘裕率舰队由江陵凯旋而归，经由淮水进入豫州境内。淮水湍急，飞星溅沫，浪花朵朵。水面上一片浑浊，看不到水鸭、水鸟的踪影。两岸有几棵东倒西歪的杨柳、刺槐，是上次洪水肆虐留下的痕迹。大大小小的战船，在宽阔的河面上疾行如飞。船头高高昂起，尖尖的桅杆林立，直指着天空，随着波浪上下起伏着。

傍晚时分，河风渐凉。刘裕命船队泊在岸边，自己披上大氅，立在大舰的最高处，放眼放去，但见淮河两岸杂草丛生，芦苇遍地，荒凉无际，没有房屋，更看不到人烟。看得出，豫州经了洪灾之后，仍没有恢复元气。正在这时，忽闻身后脚步声响起，回头见是刘穆之登船来见。刘穆之手里拿着一份公文，来到近前，道："太尉，益州

第十六章　两淮屯田

（今四川、重庆、云南、贵州等四省大部分地区）大乱。巴中氏王杨盛告急，称成都王谯纵举兵相攻，请兵援救。"谯纵本为益州刺史毛璩的参军，桓玄之乱时，毛璩派他领兵平定氐人之乱。谯纵借士兵惮于远征之机，阵前倒戈，杀入成都，屠了毛璩全家，遂割据蜀郡，自立为成都王。如今又想吞并氐人首领杨盛的地盘。

　　天色越来越暗，刘裕引着刘穆之回到舱里落座，看罢公文，道："谯纵趁乱割据，本属僭越，若再占了巴中，更要跳梁。穆之，你这就传令下去，大军暂停回京，向西开拔，准备讨蜀。"刘穆之沉吟道："蜀中万里，成都为大。卑职以为，谯纵虽可伐，太尉却不宜领军西征。"刘裕闻言一愣，道："这是为何？"刘穆之道："太尉，自巴蜀通中国之后，凡割据擅命者，不过一传再传，可谓蹶然而起，熠然而灭，恃险愈甚，其亡愈速。东方伐蜀大军，虽多以告捷，但统兵将帅辄遭不利，至于死贬。如汉光武命大将岑彭、来歙伐公孙述，岑、来二将全被刺客所杀；魏伐刘禅，大将邓艾、钟会皆至族诛。"刘裕听了，有些将信将疑，两道眉毛一挑，道："穆之，照你这么说，就任由谯纵吞并巴中不成？"刘穆之道："太尉，谯纵不可不讨，但于麾下择一威望将佐，命其领兵前往即可。"说着，略一思忖，道："毛修之将军就是蜀人，不妨让他带兵平叛。"刘裕却并不认可刘穆之的推荐，沉吟道："修之是毛璩的侄子，与谯氏有仇，由他领兵去，必多所诛杀，而蜀人必以死自固……你看朱龄石怎么样？"刘穆之闻言道："太尉，历来定蜀之人，皆为雄才杰出的大将。朱将军刚过三十岁，资历似乎浅了些。"刘裕摆摆手道："不然，龄石英毅果敢，智勇双全，必能平蜀。你这就去把他召到我的船上。"刘穆之听了，只得领命而去。

　　几朵云彩遮住了夕阳，河风阵阵，带来水面上的一层凉意。暮色中的淮河，流波无声，显得有些沉静和深邃。河边浮着不少绿藻，像一条窄长深绿的带子。侍卫进舱点上了灯烛，轻轻退了出去。刘裕坐在船舱里的桌案前，取过一张蜀中地图看了起来，不一会儿，就听甲板上响起了脚步声。外面的侍卫道："禀太尉，朱龄石将军求见。"刘裕道："快请。"朱龄石身披黑色战袍，内衬软甲，腰悬宝刀，走进舱来。刘裕笑道："来，龄石，外头有些凉了，坐下说话。"朱龄石躬身施礼，道："还好！将军宵旰勤政，卑职怎敢偷安。"说着，坐在刘裕对面。刘裕将蜀中告急公文交与他，道："龄石，你先看看。"朱龄石双手接过，很快看完，将公文轻轻放在案上。刘裕命侍卫给朱龄石斟了杯茶，道："龄石，谯纵蕞尔小丑，残民以逞，恣睢无度。我打算命你率军前去平乱，怎样？"朱龄石看过公文，已料到刘裕会命将入蜀，但没想到会是自己，先是一愣，随即便一挺胸膛，沉稳地说："太尉有命，末将自当遵从。"刘裕思索着说："谯纵的主力正在攻打巴中，他自己手里掌握的军兵还有一万左右。我军共四万人，分两万人给你，可有取胜的把握？"

朱龄石心中激动，只觉一股热血涌将上来，一拍胸脯道："我军兵力超过敌人一倍，倘是由小将来带，若再打输了，那还算是人吗？定要犁庭扫穴，方不负太尉知遇之恩。"刘裕满意地点点头，取过那张蜀中地图，指着上面，道："据蜀中传来的情报，谯纵已在内水（今涪江及其下游嘉陵江）做好防备，派大将谯道福以重兵守卫涪城（今四川省三台西北），命秦州刺史侯辉、尚书仆射蜀郡太守谯说等率兵驻扎彭模，沿水两岸构筑了城垒。龄石，为今之计，你以主力从外水（今四川省成都市府河及其下游岷江）取成都；命偏将从中水（今四川省沱江）攻广汉（今四川省射洪南），老弱者乘战舰十余艘从内水向黄虎（今四川省射洪境），以为牵制。兵贵神速，你明日就引兵出发。"朱龄石有了刘裕这番指点，心里更是有底。当天晚上，刘裕便向军中宣布朱龄石为伐蜀元帅，中分大军之半以配之，又命王镇恶、檀道济等悍将，悉隶其麾下。

第二天清晨，朱龄石的伐蜀部队搭乘着七十多艘大小船只，包括楼船、桨船（分上下两层，上层为战士，下层为桨手）、飞虎战舰（尾阔底尖，尾阔可以分水，头小底尖减少阻力）、艨艟等。每艘战

第十六章　两淮屯田

船上都配备了橹、舵、桨、帆等船具,桅杆上升起了风帆,被朝阳染红了,像一面面巨大的红绸在飘扬。朱龄石身披甲胄,外罩战袍,来向刘裕辞行。刘裕立在楼船的甲板上,执手勉励了几句,授以兵符。朱龄石跪地接过兵符,辞了刘裕,返回自己的坐船之上,立于船头,手舞令旗,打出"立即开船"的旗语。麾下将士们摇动桨橹,大大小小的战船逐次开动,穿波掠水,破浪而去,船后留下道道发光的水痕,渐行渐远。

太阳越升越高,河堤之上,杂草丛生,给人一种无边无际的荒凉感。刘裕立在大舰上,目送朱龄石的船队离开,又见两岸秃山如剥,黄风过处,沙土飞扬,便回到船舱,草草用过早饭,将刘穆之、徐羡之二人找来,三人围坐舱内。刘裕道:"朱龄石征蜀大军两万多人,每人每天一斤粮,往百日,攻百日,还百日,以六十日为休息,没有几百万石军粮是办不来的。可否就地从益州筹粮?"徐羡之总司粮秣,皱眉道:"太尉,眼下益州穷困,平均三户只有一头牛,五户才得一辆木轮车。土性瘠薄,轮流耕歇,加之水旱不时,转致荒歉,每亩得粮不过三十石,除去国家租赋、口粮,再留下来年的种子,已是所剩无几。在这样的情况下,很难保证大军所需的军粮。"

刘裕也知是实情,道:"若从江南运粮呢?"徐羡之仍是摇头,道:"按目前行情,运粮一石,价涌七倍。今大军征蜀,运兵过半,功费巨亿。再说了,一路之上的人吃马喂,消耗也不少。"刘裕沉吟说:"既是这样,那就告知朝廷,将原来拨给我们的军粮,全部调往蜀中。"刘穆之有些犹疑,道:"那我们这里的两万人怎么办?"刘裕斩钉截铁地答道:"我们自己动手解决。"刘穆之有些明白刘裕的意思了,道:"太尉是说……军垦?"刘裕点了点头,推开舱户,指着外面道:"你们看,淮河两岸淤出不少土地。我们暂缓返京,就在淮河边垦荒。军中现有存粮,省着些用,大约可以支撑到秋季。"徐羡之道:"淮河两岸,经了那次水灾,土地荒芜、渠道淹废。要是兴兵屯垦,恐怕不是那么容易。"刘裕道:"'不遇盘根错节,无以别利器。'容易的话，我就不来做了。淮河两岸淤出的无主土地，足有数百万亩。在河决淤地上屯田，可谓便民、足兵的良策。我明日上封表章，让朝廷尽快调拨些耕牛、种子和农具来。"

第二天，刘裕上表朝廷，称："夫定国之术，在于强兵足食，秦以急农兼天下，汉以屯田定西域。为今之计，养兵而不病于农者，莫若两淮屯田。请拨给畜力、农具、籽种。"这封表章便让徐羡之带回京师。刘裕又将麾下士兵分为若干屯，沿河布列，每个士兵垦地十五亩。于是五里一屯，每屯有兵五百人、地七千五百亩。将士们征尘未拂，汗渍未除，就在荒原上驻扎下来，放下刀枪，拿起锹镐，亦兵亦农，开始军垦。荒郊野外，帐篷短缺，更谈不上什么住房。将士们就地搭起"地窝子"。所谓"地窝子"，就是用铁锹在地上挖下四四方方的一个土坑，深约一米左右，宽两米至四米不等。坑的四周垒起半米高的土坯或矮墙，顶上胡乱搭上几根椽子，再盖上外面捡来的树枝，最后糊上泥巴和草叶。地窝子里面搭着长方形的大坑，上面铺满了麦草，虽然简陋，通风效果也差，却颇可抵御风沙。

为了解决工具短缺的问题，刘裕从各营抽调一些会打铁的士兵，收集破铜烂铁，自己锻造锹、镐等农具。有的战士用芨芨草搓绳子、编筐子，有的伐木制作长长短短的扁担。淮河两岸长着密不透风的芦苇，一眼望不到边，鱼儿鸟儿在里面藏身、做窝。将士们到河边去割些芦苇，剥去苇叶、划开芦苇，再赶着驴马，拉着石碾，将破开的芦苇碾压成苇箔子，便可用来编织成光滑的苇席，铺在土窝子的炕上、顶上。

这天清晨，天边泛着些白光，空中大片的云朵舒卷着。远方是流水样起伏的山脉，笼罩着氤氲的雾气。淮河大堤上，爬满了各种各样的植物和叫不出名的野花。南风徐来，花草随风摇曳，翩翩起舞。傅亮带了几千人，赶着耕牛、骡马等牲畜，携带着各式农具和粮种，来到淮河畔的军营里，交接完物资，便来见刘裕。刘裕也住在深达两米的土窝子里，由于睡不惯土炕，便命士兵用木板搭起了床，底下垫着

第十六章 两淮屯田

装满沙土的口袋。床前的空间很狭窄，只摆着简单的桌椅。桌椅都没有刷漆，上面的白茬儿还露在外面。蜀中的战报不断传来，桌上的奏报、文书已堆起了三尺多高，大部分是朱龄石直接从军前发来的，也有蜀中郡县直接发来的情报。

傅亮挽着发髻，穿着单薄的白色袷衣，见过刘裕，施礼落座后，道："太尉，自朱龄石领兵入蜀后，那里的情势想必有所好转。"刘裕道："不错，昨天接到朱龄石的来信，我军已至白帝城，大破蜀将谯悦，马上就要攻克广虎了。"傅亮道："太尉识才敢断，拔朱龄石于细微，使之一战功成。虽说朱龄石骁勇，但若不是太尉力排众议，一心提拔他，他也难得建此功勋。"二人正说着，刘穆之一脚踏了进来，见傅亮也在，打过招呼，坐在一旁。刘裕见刘穆之衣服的下襟湿了半边，问道："穆之，你衣服怎么湿成这个样子。"刘穆之笑道："嗨，别提了。刚才去河边捡柴火，脚下一滑，不慎掉进了河里，幸亏同去的几个军士眼疾手快，及时将我救起来。"说着，来到桌前，取出一小撮茶叶，投入一把泥胎茶壶里，又转身出屋，提进来刚烧沸的一壶水，往里倾倒了些许开水。干燥的茶叶在水流的浸泡冲击下，顿时发出细碎的哗哗声。傅亮取过三个茶杯，在桌上摆好。刘裕与二人喝了几杯茶，兴致也高起来，道："我们出去走走，看看这片屯垦区。"刘裕现在有了个习惯，每天再忙，都会骑马在屯垦区里转一圈。三人遂走出"地窝子"，骑在马上，沿着河堤，一路巡行。将士们在河堤旁栽下了许多杨柳，因为靠近水源，长得很是健硕。

由于气温转暖，路面有些湿滑。傅亮骑在马上，见淮水两岸，兵屯相望，周围百余里，军势雄壮，首尾相应，不禁慨叹道："太尉屯田之举，足见高明！古人云：'戍边以养兵为先，养兵以军食为要。'凡有军兴，必修屯政。屯田是千古之策，宜亟经营。"刘穆之听傅亮引经据典，也道："曹操昔破黄巾，大兴屯田，积谷于许都，以制四方。太尉率军在淮北屯垦，且田且守，亦耕亦战，将来不仅能为军队提供充足的给养，也保障了军队战斗力。六七年间，便能积三千万斛于淮上，足够十万大军五年军粮。大江南北一旦有战事，我军便可泛舟而下，再无军粮匮乏之虞。"刘裕听二人所言，正中自己下怀，不禁手捻须髯，连连颔首。三人边说边行，来至一片沼泽前。沼泽里的水是墨绿色的，看上去很混浊，似乎不深，里面长满树丛和细密的芦苇。

一阵风过，从沼泽中腾空飞起一群大雁和数不清的野鸭，就在半空盘桓，密密麻麻的，像乌云一样遮天蔽日。刘裕抽弓搭箭，略一瞄准，右手一松，那箭飞上半天，只见空中一声长唳，一个黑影翻着跟头扎了下来，"扑通！"一声，直栽到远处的水洼里，溅起一团水花。刘穆之在旁赞道："太尉好箭法。"说着，便欲策马过去拾落雁，不想那风却是越刮越大，裹挟沙土如墙而进。漫天的灰尘，迷得人难睁双眼。两米以外，一片昏黄。刘裕等人在马上坐不稳，只得跳下马来，伏在地上避风，任那狂风卷着尘沙，扑簌簌地往身上扑。天地瞬间晦冥。三匹马全都惊了，挣脱缰绳，跑得无影无踪。过了好一会儿，大风终于止了。刘裕等人立起身来，满头满脸的都是尘土。

傅亮惊魂甫定，游目四顾，见里许之外便是河堤，堤前光秃秃的，既无树木，也无芦苇，地上生着些杂草，道："我们的马都跑了，按原路返回太远。不如走这片草地上河堤，沿着河堤行去，便可抄近路返回大营。"刘裕忙道："季友，那边草地上的草皮早已被水泡坏，只是根部贮藏着许多空气，增加了草皮的浮力，才能飘浮在水面上。这样的草皮，远远看去，就像实地，但底下全是深不见底的稀泥。人若是给吞进去了，连根骨头都剩不下。"刘穆之在一旁道："不错！那片草地其实是一片沼泽。这种沼泽地危险的很，位置并不固定，很难捉摸，表面跟结实地面一样，还长着绿油油草皮，往下不到半尺，就是空的。人一旦不小心踩上去，立刻就得掉进去，爬都爬不出来，一晚上兴许就能埋进去上千人。前几天的晚上，咱们的一个小队听到外面的草甸子上有些怪动静，以为是狼，就想去捉几条狼打打牙祭。结果一进去就再没回来，几十号人马全陷死在里面了。"傅

第十六章 两淮屯田

亮听了,暗暗心惊,道:"我们还是按原路返回吧,虽然远了些,但是安全。"刘裕道:"那倒不必,沼泽地边缘长着一种红色的荆条。往日,将士们常取来编筐编篓。我们只要踏着荆条旁边走过,就是安全的。"说着,三人小心翼翼的寻路上了河堤,沿堤而行,到了傍晚,才回到了营中。

时间一晃到了九月,自驻兵淮北,刘裕便身先士卒,带领大家起早贪黑地开荒造田,又筑长围,修立堤堰,溉田千余顷,也不再向朝廷要粮,只是全力保证征蜀大军的军粮供应。豫州军中的存粮本就不多,这样一来,辎重营只得在伙食上精打细算,一日三餐成两餐,几乎顿顿都是杂粮,如玉米面窝窝头什么的,白面也成了稀罕物,能吃到大米就是奢侈。每顿饭每人一勺清水煮白菜,偶尔吃上一顿炒土豆便是美味佳肴。有时侯菜都没有,只得用盐水拌着辣椒面下饭。刘裕本人也很少能吃到肉,与大家同甘共苦。卫士们偶尔到淮水里捕鱼,给他做顿清蒸鱼改善生活。饮用水只能用去淮河里挑,挑回放在桶里,滤净泥沙之后仍有些混浊,喝到嘴里免不了牙碜。

这一日,朝廷遣人劳军,带来了大批的蔬菜瓜果,还带了几十名优伶,为将士们作百戏表演。节目很是精彩,有高絙(高空走绳)、吞刀、角觝、履火(幻术)、寻橦(杂技)等诸般杂耍,笙歌妙舞,热闹非凡。台上的俳优技巧高超,术多奇幻,口中吐火,自缚自解。将士们整齐地坐在临时搭建的戏台前,看得相当过瘾,不时爆发出一阵阵热烈的掌声。傍晚时分,天边的云朵在晚霞的映照下,五彩缤纷。营房边的树影衬着落日的余晖,显得参差迷离,婆娑有致。刘裕在房中款待使者,刘穆之、傅亮陪坐。亲兵端上几碗面,摆在桌上。刘裕笑着道:"这里比不得京师,没什么好吃的,请用一碗'四道弯'面。"使者有些不解,道:"卑职吃过清汤面、牛肉面、刀削面、油泼面,倒是头一次听说这'四道弯'面。这名字倒古怪!"刘裕笑道:"今年的一万多亩小麦,临长到三尺多高时,一连遇到了四次大风。每次大风过后,小麦一片一片倒伏。将士们只能到地里将小麦扶起。后来收割时，小麦茎秆上有四道弯痕。大家便称这种小麦做成的面为'四道弯'。"使者感叹道："太尉千金之躯，在此真是辛苦了。"刘裕道："我不辛苦，将士们才是真得苦。刚来时，大家住的是地窝子，啃的是窝窝头，喝的是黄汤水，平日里还要种地开荒，以劳养武，又忙里偷闲，在河堤上栽下树木，植起草场。"使者听了赞叹不已，又问道："太尉，蜀中可有消息？"刘裕道："龄石军前有信，称上个月已克广虎。"使者道："朱将军入蜀以来，征伐历年，成都尚未下，可要朝廷增兵？"傅亮在一旁插言道："太尉，京师兵力，除沿江布防之外，不过五千多兵马，实不可再调。"刘穆之道："何不从蜀周郡县征兵？如此有几个好处，一是本地土著，熟悉地形民风；二是不劳大军往返奔波，战后就地安置；三是蜀中民风强悍，以民为兵，颇可破敌。"刘裕听了，一拍桌子，喜道："穆之，真有你的，这个主意不错，明日就派人知会朱龄石，命其就地募兵。"第二天，傅亮就按着刘穆之的意思，拟写了一道公文，派人八百里加急，递往蜀中。

这一年的冬天来得早，进了十月，天气一天冷似一天，已然刮起了白毛风。白天，枯草、败叶满天飞。一到晚上，露重霜寒，将士们在帐篷里冻得辗转反侧，难以入睡。刘裕命将士们打土坯，建起了一排排的土坯房，又细细地筛沙子、土，掺上水后，抹在墙面、屋顶上，可抵受风雪的冲击。不知不觉，到了隆冬季节。野外寒风刺骨，大雪没过膝盖。河面结了三尺厚的冰，堤上的杨柳枝上也挂满了冰碴子。将士们到淮河里挖起冰块，拉到营房里，放在锅里化开饮用。这天，刘裕率领将士们去河里拉冰。几千辆独轮车队排成了一条长龙，行走在河堤下的羊肠小道上，浩浩荡荡，蜿蜒流动，情景蔚为壮观。大家身穿棉袄，脚穿毡筒，来到厚厚的冰面上，手里拿着镐，开始刨冰，"嚓嚓嚓"的声音，节奏均匀，悦耳动听，在千里冰封的河面上回荡。

第二年一开春，洪泛区因为靠着淮河，水量充沛，加之土地肥

第十六章　两淮屯田

沃,稍加管理,即适宜农作物生长。将士们对土地精耕细作,遍种稻、麦、黍、粟,辅以充足适当的肥水。到了秋天,农桑辐辏,庄稼长势喜人,小麦、玉米等农作物获得了丰收。打下的粮食一垛垛、一堆堆,得谷百余万斛,不仅足够本军开支,还有余粮周济蜀中大军。

这一天,徐羡之自京师来见,见刘裕仍是住在土坯建成的屋子里。房子四面漏风,面积也不大,迎门是张简易的木板床,旁边摆着简单的桌椅,剩下的空间刚够两三个人转身。徐羡之施礼落坐后,四下打量了一下,便道:"太尉何必如此自苦?"刘裕的身材瘦削了许多,头发早已灰白,额头皱纹堆累,手背粗糙得像松树皮,披着一件青蓝色的夹衣,不以为意地道:"将士们都这么住,我怎好搞特殊!京师情形怎么样?"徐羡之道:"倒没什么大的动静。只是自刘毅死后,司马休之失了奥援,便将谢混调往玄武湖,统率水师。"刘裕冷笑一声,道:"玄武湖的精兵全在这里,谢混能做得什么事?"正说着,刘穆之匆匆来见,道:"太尉,卑职刚收到朱将军的八百里加急,称我军已抵平模(今四川省彭山东),离成都二百里,谯纵命秦州刺史侯晖、尚书仆射谯诜率兵万余扎营平模,夹岷江岸筑垒拒守。诸将认为北岸的城垒险阻,敌军众多,都要先攻南岸。朱龄石却是力排众议,先攻北城⋯⋯"刘裕听到这里,抚掌大笑,道:"好!贼寇尽聚北城,仅屠南城不足以破北。若全力攻破北垒,则南城将不攻自破。"刘穆之微笑道:"太尉料事如神。第二天早晨,朱将军率兵先攻北城,一直战至中午。将士们烧掉敌军瞭望台,四面登城,斩杀侯晖、谯诜,再转回头来攻打南城。南城敌军果然不战而溃。现在,朱龄石已率军舍船登陆,直取成都了。"刘裕听了,脸上现出如释重负的表情。

徐羡之又说:"太尉,蜀中战事虽进展顺利,眼前的屯垦之务亦不可轻。豫州为江南之屏障,三吴之藩篱。太尉今以开屯为首务,可谓规划久远,率将士们以耕代战,就地解决了粮饷,也免于远途运粮之苦。日后,还可招纳流民来此,再发给他们籽种、耕牛、农具等,帮助他们恢复生产，便可按亩征税，按丁索赋。"刘穆之也在一旁道："屯政专为养兵，若能兵民并济，自可战守兼宜，也免得'师行则举，师旋则废'。如今，淮河岸边的屯垦，搞得是红红火火，生地渐渐养成了熟地。江南侨民众多，本有人多地少之患，大可招些失地的农民，来此参与开垦。"刘裕喜道："军屯强武实兵，却只是一时之计。下一步，即应召集流亡，转向民屯。穆之，你这就拟个榜，招民认垦荒废地亩，或可免税若干年。这个你与羡之参酌！"刘穆之答应一声，自去办理。数日之后，遂下令："凡是到豫州垦荒者，一律编入民籍，每户给地二十亩，免赋三年，并提供农具、耕畜、种子等。"此令一出，民众踊跃来赴。很快，淮河两岸安置了大量失地的农民，当年开垦农田十多万亩。人们又在家里养了鸡鸭牛羊，采竹叶木实，贸盐以自供，沿河建起一条条水渠，每百里建有一座水库。昔日河水肆虐之地，变成了万顷良田，到处是墟落炊烟，鸡鸣畜叫之声相闻，数千里之内，行旅晏然，林茂粮丰，一片繁荣景象。

不久，蜀中捷报传来。朱龄石引军至牛脾（今四川省简阳西），击斩蜀大将谯抚之。谯小苟率军自打鼻山（今四川省彭山南岷江西岸）溃退。谯纵诸军望风而走。朱龄石引众军弃船登岸，步行前进，攻入成都，斩杀蜀军大将十五人。谯纵见麾下诸营垒逐个土崩瓦解，遂逃向涪城，为巴西人王志所杀。谯道福得知彭模失守，率领精锐部队五千人，日夜兼程前来救援，听到谯纵死讯，弃军逃到獠族住地。巴西百姓杜瑶将谯道福绑送至朱龄石军中，斩于军门。蜀中既平，氐王杨盛奉表称臣，遣子入侍。刘裕收到蜀中消息，即命朱龄石为辅国将军，封丰城县侯，食邑千户。

413年秋季的一天，风和日丽。刘裕引兵回京师。大军行百余里，但见田畴平整如镜，道路平坦笔直。淮河大堤上下，布满了笔直的林带。柳枝浓浓密密，层层垂挂，直拖到地面上，如一道道绿色瀑布，在风中摇摆着。这两年来，淮河两岸的耕地猛增了三百余万亩。荒野

第十六章　两淮屯田

日辟，户口日昌，沙碛之区，绝无弃地，泻卤之土，尽变膏腴。数载之后，刘裕兴兵伐秦，取关中，克长安，金戈铁马，气吞万里，武功之盛，一时无两，而军粮所需，半自两淮屯田。

第十七章　乱起萧墙

> 马仁贵一抬手，将盘里的金子向桌上一倾。金元宝在桌上乱滚，骆斌的眼珠子就跟着那元宝滚，心想："这么一大注横财摆在眼前，不取未免有伤阴鸷。神不知鬼不觉的做了，谁能查到我头上？"一咬牙，便从桌上拿起那包毒药，放在怀里。

　　金秋时节，丹桂飘香。蓝天之上，成群结队的大雁，排成"人"字形，悠悠飞过。刘裕率军抵达京口城外的江面上，泊舟江畔，将部队驻扎于城外的兵营里，又大筵数日，犒赏了三军，便带着两千骑兵，由陆路回京城建康。

　　这一日，天清气朗，秋风过处，路上洒满了金灿灿的落叶。众人来到建康城外四十多里处，已可望见京师高大的城楼。刘裕终究是近五十岁的人了，连日骑马行军，有些劳累，额头上微微渗出一层薄汗，便手搭凉篷，四处眺望，见左前方有一片竹林，棵棵竹子翠绿挺拔。竹叶扶疏之处，露出飞檐挑角，知道那里是座庙宇，便命军兵继

第十七章 乱起萧墙

续前进，自己带上丁旿、刘穆之离开了大路，打算到庙里休息一下。

刘裕三人骑着马，穿林而过，来到庙前，发现眼前是一座龙王庙。南方多江河湖泊，每个村镇都建有龙王庙。庙里正举办着庙会。四里八乡的人们于秋收之后，来此谢神还愿。刘裕等人未到庙前，已听到锣鼓之声。庙外扎起了福门福柱，高高悬挂着大红灯笼，还有几排鲜亮的旗帜迎风招展。由庙门望进去，院里张着宝盖幡幢，更有游人信徒云集。人们或进香祈求，或观光游览，万头攒动，一派火红景象。庙外十几米宽的香池里，香灰堆积如山，腾起漫天蔽日的青烟。池旁跪满香客，祈求福禄寿禧，岁岁平安。

庙前是一大片空地，商贩们摆起各式小摊，兜售着地方杂货、日用土产品、家禽家畜、农具等。还有的摊位摆着些长命锁、玉如意、宝葫芦、香袋、避邪剑、生肖石等，种类繁多，制作精巧。这些林立的摊位之间，夹杂着许多小吃摊。刘裕等人觉得有些肚饥，便跳下马来，将马拴在庙外的树木上，找了个摊位，坐了下来，要了些小吃吃起来。三人吃罢，庙里的坛醮斋戒、水陆道场也接近尾声。香客们陆续从庙门涌出，纷纷散去。刘裕见人走得差不多了，与刘穆之、丁旿向庙内行去。这座龙王庙坐北朝南，占地数亩，庙门敞开着。门前植着几株枝叶茂盛的槐树，阳光之下，一片片的叶子黄、绿参半，巨大的树冠如一把大伞。树枝上落着几只小鸟，一边梳理羽毛，一边吱吱喳喳地吵着。墙根之下，露出几茎淡绿的小草。三人走上台阶，迈步进了庙门，见院中建有祈雨台，一条甬道通向大殿。大殿五间，黄色琉璃瓦的殿顶，在阳光下巍然屹立，显得庄严古朴，两边是东、西厢房，后面是东、西道院。前院里，有几个乡农模样的人，戴着斗笠，穿着短衣，脚下蹬着草鞋，在厢房里出出入入。刘裕等人也并不在意，走过院子，登上数级台阶，进了大殿。殿内有彩塑的五位龙神立像，中央为黄龙，两边分别为青、赤、白、黑等四尊龙神。四壁上画着五龙出海的壁画，画中的五条龙从大海中腾飞而出，脚踏祥云，身姿矫健，栩栩如生。此外，还画着日、月星君及雷公、电母、风神、

· 219 ·

雨伯诸神。

　　刘裕三人正在大殿内饶有兴致地观赏，忽听殿外传来一阵喧哗之声，便踱了出来，循声觅去。这时，院里已没有了香客信众，唯有几个本庙的道士，正在收拾着旗幡锣鼓。左边的厢房里，有人正扯着喉咙说话，声音粗壮。厢房的窗户敞开着，刘裕从窗口望进去，见房里摆了一张八仙桌，桌旁放着几把椅子。几个乡里人正围在桌旁，或立或坐。一个四十多岁的中年汉子，头上包着一块灰色的毛巾，鼻头红红的，脸上长着一圈络腮胡子，上身披着件破旧的单衣，下边是条蓝布裤子，裤腿卷到了膝盖，坐在桌子一侧，正说道："各位老少爷们，俺赵二的几个本家兄弟，都是正经的老客，手里还有豫章公府的路引，去蜀中用茶叶换的马，公平买卖，合理合法，不知什么缘故，让郡守老爷给抓了去，马全扣了，人挨了三十板子，还不放出来，听说已给下了大狱。俺是实在没折，才把大家请来。各位好歹给俺出个主意，把俺那几个弟兄捞出来。"

　　他对面坐着一个老者，看样子是个乡绅，一头花白的头发，在脑后梳成个发髻，满脸都是皱纹，颌下一把山羊胡，穿着一件绛紫色的长袍，哑着嗓子道："司马大人早放出话来，没有他的允准，任何人不得随便贩马。咱们就算联名具禀，向廷尉衙门控拆，恐怕也起不了多大作用。赵家兄弟也是不晓事，怎么就犯到他的手里？看样子，只能花些银子捞人了。"一个二十多岁的小伙子，浓眉大眼，穿着补丁摞补丁的衣服，打着赤脚，也在一旁道："这司马大人来到郡里以后，要钱也是厉害了些。上个月，俺修了家里那几间将倒不倒的土坯房，每拉一车土，居然也要交纳几十文钱。"原来，这座龙王庙，也是附近村民们的议事之处。刘裕听他们说得热闹，便与刘穆之、丁旿走进房去。

　　屋里的人正讲得口沫横飞，忽见刘裕等人进来，一齐住口，用疑惑的眼光打量着。刘裕一拱手，道："各位，我正在庙里游玩，听你们说话有趣，特进来坐坐。没打扰你们吧？"那个叫赵二的汉子为

第十七章 乱起萧墙

人豪爽,闻听此言,便指着旁边一把椅子说:"不妨事,朋友尽管坐。"刘裕道声多谢,便坐在那把椅子上,丁旿和刘穆之立在他身后。刘裕打量了一下众人,对赵二道:"刚才听老弟说,有几个本家被郡守抓了,敢问是怎么回事?"那乡绅虽是上了些年纪,却眼不花,耳不聋,有些识见,瞅丁旿和刘穆之毕恭毕敬地立在刘裕身后,料到来人的身份非同小可,便向赵二连使眼色,意思是让他不要乱说。但赵二心里憋着口气,正要一吐为快,见刘裕问,哪还管那么多,一拍大腿,道:"咱们江南水乡,马匹本就短缺。前些日子,俺的几个本家弟兄,好不容易通过茶马古道运来了三十多匹,却又被郡守给扣住,愣要罚二百两银子。俺兄弟都是穷人,平时做点小生意,挣几个钱儿过日子,哪里拿得出这许多银子?结果全被关进了大狱。这下子,家里乱了套。昨天,几个弟妹带着孩子找上门来,又哭又闹,硬让俺给拿个主意。老哥你想,俺也是个土里刨食的,能有啥法子?今儿个,只得把几位老少爷们请到庙里来议一议,看能否给廷尉衙门上个公禀,告这司马府台一状,把俺的几个弟兄救出来。"

刘裕听到这里,大致明白了事情的原委,扭头对刘穆之道:"这个司马府台是谁?"刘穆之颇晓京畿文武的底细,答道:"这里的郡守是司马文祖,便是司马休之的侄子。这厮早年不学无术,常纠结一些无赖之徒,骗胁往来的客人,要勒钱物,稍不如意,便公然殴打,无异劫掠,前两年走了刘毅的路子,被举为'贤良方正',今年就俨然成了一郡之守,还有个不刮地皮的?"丁旿立在一旁,插言道:"才几年的工夫,这家伙就成了三品大员!嘿,这么快!"刘穆之道:"司马文祖门第高华,做起官来自然占便宜。所谓'上品无寒门,下品无世族。'公侯子弟,出仕即为五品官。列卿及尚书等中级世家子弟,起家则为六品官;刺史、太守子弟,能得个七品官就不错了。司马文祖是天潢贵胄,升官自然快了。"刘裕哼了一声,道:"若方才几位所说属实,司马文祖身为皇亲,不思报效,却是强取豪

· 221 ·

夺，勒索民众，岂不成了地方一害？"

那乡绅听刘裕说话对路，便大着胆子道："您有所不知，司马大人还将城郊坟地划占，须交纳银两，才可埋尸。这可真是吸血榨骨头地要钱！我这把年纪，就是想死也不敢了。"赵二也在一旁道："如今，本郡除三地官屯之外，大部分土地已被司马文祖霸占。咱这里有上千的侨民，为了活下去，只能给他当佃户。"刘裕听到这里，一皱眉头，正要说话，忽听门外传来一阵急促的脚步声，一个十一二岁的半大小子，光着脑袋，上身打着赤膊，晒得漆黑，下身穿着条半截裤，赤着脚，飞快地跑了进来，对赵二道："阿爹，不好了，外面来了些郡里的衙役。"赵二惊道："我们在这里议论，怎么会惊动他们？"那乡绅抖着胡子道："这还用问，地保、庙祝都跟郡里通气儿，一定是他们通风报信。大家快走。"众人匆忙起身，刚出了庙门，就见庙外立着十几名衙役。这些衙役头戴红缨帽，身穿公服，手里各执刀尺、锁链等器械，已将众人的去路拦住。

没多大工夫，司马文祖坐着大轿，带队来到庙前。队伍前面是七八个家人，手持长鞭，随后是八面大鼓，还有几面铜锣，"咚咚擦擦"地响个不停，声音震耳，再接着便是开道用的旗锣伞盖，还有几个差役举着木牌，上写"回避""肃静""投文""放告""听审""止讼"等等字样。司马文祖乘坐着一乘绿呢大轿，旁边有两人掌着对扇，每把扇都有二米高，仅扇柄就有一米多长，扇子上嵌有小镜子，在太阳下闪闪发光，随后是百余名武士，高擎着成对的金瓜、钺斧和朝天镫，夹杂着五颜六色的旗子。刘裕立在庙前的台阶上，见了司马文祖的仪仗，冷哼一声道："好大的势派！"扭头问刘穆之道："这个郡里有多少人？"刘穆之答道："大概有三四万人吧！"刘裕心里默默计算了一下，道："若要养这么一大队人马，得耗费多少民脂民膏！"

二人对答之际，司马文祖的大轿落地，两个轿夫过去把轿帘掀起。司马文祖咳嗽一声，大摇大摆地从轿里走了出来，挥手命锣鼓暂

第十七章　乱起萧墙

停。这人还不到三十岁,吃喝得肥肥胖胖,头戴纱帽,身穿绛红袍,足下一双薄底快靴,腰系玉带,两只小眼睛滴溜溜地转着,不时地眨上那么几眨,打量着面前的几个乡农道:"你们这帮刁民,竟敢在此聚众,诽谤上官。尔等可知罪?"众乡人见司马文祖气势汹汹,一时噤若寒蝉,无人答言。那乡绅上了些年纪,家里又有钱,最是胆小怕事,心里开始后悔,不该来趟这浑水。司马文祖见此情形,更是威风,一甩袖子,喝道:"来呀,将这几个刁民统统拿下,带到衙门里去。"众衙役们听了,答应一声,抖开铁链,如狼似虎地闯上来,就要捕人。

　　刘裕几步走下台阶,扬声喝道:"且慢。"说着,分开前面的众人,来到衙役们面前。丁昕手按刀柄,与刘穆之紧随其后。众衙役一见有人出头,便停下了脚步。司马文祖开始有些意外,定睛一看,见眼前竟是刘裕,顿时吓了个痴呆,期期艾艾地道:"原……原来是太尉大人!"刘裕冷笑一声道:"这里是天子脚下,有王法的地方。各位老乡既非游手好闲,也非地痞无赖,更不曾打架斗殴、敲诈勒索,为什么要绑他们?"司马文祖听刘裕语气严厉,如被雷击了的蛤蟆,连忙跪倒,道:"卑职接到地保的密报,说这里有人聚众滋事,故而领着衙役前来弹压。"刘裕负着手,稳稳的站在那里,慢条斯理地说:"司马大人,你扣了赵家兄弟的马匹,可是有的?"司马文祖脸一红,不敢抵赖,道:"不错。卑职到任之初,便有文告,令民间买马须得上税。赵家兄弟无视卑职的条例,故而被押在狱中。"刘裕道:"据我所知,茶、马皆由朝廷征税,郡县并无收税之权。况且,赵家兄弟买马持有官府发放的许可文书,不知罪在何处?"司马文祖忙道:"太尉教训的是。下官回去后,立即放人,再将马匹退还给他们。"

　　刘裕却是不肯放松,又问道:"你到郡守任上,有多长日子了。"司马文祖恭恭敬敬地答道:"卑职去年方才到任。"刘裕道:"蕞尔小郡,户口不足数万,哪里养得起你这么多仪仗人马?况且你

· 223 ·

隐占侨民，圈据耕地，有违我大晋律例。"刘裕越说越气，喝问道："你的印绶在哪里？"司马文祖满头冷汗涔涔，道："印绶在衙门里，不曾带在身上。"刘裕道："也好，你回去料理完赵家兄弟的事，便将印绶缴还吏部。你这官职，就算是被我免了，回家好好反省，以后有机会，再为国效力吧！"司马文祖此时气焰全无，只得朝上磕了个头，立起身来，慢慢退下，带着手下一帮人，偃旗息鼓，灰溜溜地去了。这边赵二等人见状，已是喜笑颜开，连连道谢。刘裕和大家客气了几句，与刘穆之、丁旿骑上马，向众人拱手作别，便回向京师。

　　傍晚时分，夕阳渐渐收敛了光芒，如一盏光焰柔和的大红灯笼，悬在天边。道旁的柳树低垂着头，湿润的枝条，在凉风里轻轻摇晃着。刘裕回到府前，跳下马来。张夫人挽着发髻，鬓角斜插着一支银钗，身上一件淡黄色绸衫，率众家人，正在门前等候。夫妻二人久别重逢，并肩回到内宅。房里已摆了一桌家宴，二人相对而坐，各叙离情。刘裕喝了几杯酒，先说了一番淮南屯田之事，讲到"四道弯面"的故事，引得张夫人掩口而笑，接着又谈到今日遇到司马文祖的过程，将酒杯放在桌上，道："一个小小的郡守，不但行事跋扈，还隐占侨民上千人，这还得了？"张夫人见丈夫神色不怡，为他斟了一杯酒，淡淡地道："侨民依附于豪门，种地只交租，不上税。这样下去，只使豪门益富，却于国事无补。"

　　刘裕点头道："夫人所言不错！江南户口日繁，田地垦殖，国库收入却不见增，原因就在这里。"原来，八王之乱后，大批北人南迁，西至淮畔，东届海隅，十家五落，各自星处，被称为侨人。元帝开国江东，因之设立了许多侨州、侨郡、侨县安置这些侨人。仅在晋陵（今江苏省常州一带）一郡，就有侨立的徐、兖、幽、冀、青、并六州的十多个郡和六十多个县。这些侨置郡县只是办事机构，却并无实土。各州侨人和原来的江南土著百姓杂处混居，却分属于不同的州、郡、县管理。侨民的户籍称为白籍，以区别于土著居民的黄籍，

第十七章　乱起萧墙

既无产业，就不负担国家调役。刘裕又道："侨民免税，本为权宜之计。如今，四海升平，国泰民安。侨民各安其业，早就应分隶当地州县，与原住民一般，为国家纳粮当差。夫人，我明日上朝，便将此事上奏朝廷。"

半夜，刘裕躺在床上，听着屋里院外一片寂静，脑子里却是翻江倒海，想着若将无数侨民与豪门剥离，必然危及世家大族的利益，不知会生出多少波折，思前想后，在床上翻来覆去，辗转难眠，张夫人躺在旁边，见他跟烙饼似的，便说："左右是睡不着，不如去后花园走走。"夫妻二人便披衣起床，也不惊动丫鬟，悄悄走出房门，来到花园。明月当头，如一挂银钩，清辉薄晕，将整个园子罩上一层银光，园中的花草树木、假山叠石皆影影绰绰，若远若近，似有似无。刘裕夫妇携手并肩，缓步而行，来到花园的凉亭里。凉亭旁植着一丛菊花，开得正艳，芳香扑鼻。夫妻二人倚着栏杆，听着四外秋虫唧啾，心里都觉得有些温馨。张夫人抬头看着天上的月亮，轻声道："再过些日子，就是中秋了。"刘裕道："到时候，把兴弟夫妇叫来，咱们吃顿团圆饭。"二人正说着家常话，忽然听到脚步声，便住口不语，就见园门处，影影绰绰地走来一人。那人似乎背着一个口袋，落脚挺重，渐行渐近，看样子，像是府里的做菜的冯厨子。刘裕和张夫人都很喜欢他做的菜肴，就让他总管后厨。不想这么晚，这冯厨子竟进到花园里来。

刘裕和张夫人一声不出，隐在栏杆之后，看他到底要做些什么，就见冯厨子喘着粗气，背着口袋，一直向后花园的西墙走去。刘裕扯了张夫人一把，二人悄悄地跟在后面。冯厨子不知后面有人，径自来到西墙下，将口袋放在地上，将一块太湖石挪至墙边，又弯下腰，将口袋提起来，站在石头上，看样子，是打算越墙而出。刘裕断喝一声道："老冯，你在干什么？"冯厨子毫无防范，听到语声，吓了一跳，连人带口袋从太湖石上摔了下来，趴在地上，一抬头，见面前立着刘裕和张夫人，更是吓得魂飞魄散。刘裕问道："这么晚了，你拖着个口袋，却是何故？". 冯厨子不敢起身，只是磕头如捣蒜，一个劲儿地说："太尉饶小的这一回……"刘裕和张夫人听得不知所云。这时，值夜的家人听到动静，也都赶了过来，手里拿着火把，将周围照耀的如同白昼。张夫人道："你把口袋打开，让我们看看。"冯厨子无奈，只得打开口袋，里面除了半袋子大米，还有两块猪肉，每块都有十几斤重。

刘裕方才明白，原来冯厨子是在偷东西，皱着眉头道："你在我府里多年，算是老人儿了。我一直以为你老实厚道，想不到你手脚竟如此不干净！我问你，偷了几回了？"冯厨子已是吓黄了脸，道："太尉饶小人吧，小人就偷了这一回。"张夫人好气又好笑，道："你实话实说，倒底偷了几回？"冯厨子道："不敢瞒夫人，确实就这一回。"刘裕见他不说实话，心头火起，便道："来呀，打他三十板子，今晚就赶出府去。"众家人一拥而上，将冯厨子按倒在地，便欲行刑。冯厨子扯着嗓子叫了起来，道："小人上有老下有小，全指着小人养活，这次若被赶了出去，无人再肯收留，全家都得饿死。求太尉饶命，小人以后再也不敢了。"张夫人为人和善，平日里讲究宽以待下，见冯厨子一个劲儿地告饶，心中不忍，便道："算了，老爷，老话说得好：'厨子不偷，五谷不收'。放过他吧。一点子东西，犯不上。"刘裕一向敬重张夫人，听她有恕意，便放缓了语气，对冯厨子说："看在夫人的面子上，这次就饶了你。但你这小偷小摸的毛病，以后可得改改。从今日起，厨房要是再丢东西，全着落在你身上！"冯厨子连忙磕头答应。刘裕和张夫人发落了冯厨子，已近三更，都觉得有些疲倦，便回房睡下。

第二天一早，刘裕穿戴整齐，带着几个亲兵去上早朝。太极殿内，安帝坐在龙椅之上，琅琊王司马德文侍立在侧。众官员一个个神情肃穆，鹭行鹤步，庄重地行了三跪九叩大礼，文东武西，分列两边。司马德文朗声道："众爱卿，有事出班上奏，无事卷帘退朝。"刘裕手持笏板出班奏道："陛下，江南侨民自永嘉播越，爰托淮、

第十七章 乱起萧墙

海,所居累世,坟垄成行,与土著无异。自非改调解张,无以济治。请准土断(按住地编定户籍)之科,令居民不分侨旧,一律在所居郡县编入黄籍,按人丁征兵、缴税,然后率之以仁义,鼓之以威武,超大江而跨黄河,抚九州而复旧土。若臣所奏合允,请付外施行。"

司马休之头戴纱帽,身穿官服,手持笏板,正立在班里。他在京畿一带占的土地最多,更有上万的侨民作他的佃户,如今听刘裕要实行土断,这可危及其养命之源,立即出班驳道:"侨民并无产业,通过开荒或其他手段有了土地田园。为了安抚他们,并借其武力北伐,自然要给以免租免调的优待。"刘裕抗声道:"当年不得不如此,但如今侨民在江南已历数代,居处既久,人安其业。若仍不实行土断,未免间伍弗修。更有世家大族视侨民为私附,使之做部曲、佃客、奴婢,日久天长,便呈尾大不掉之势。"司马休之怫然变色道:"南下之初,侨民皆望重返故里,故而各树邦邑,思复旧井。如今,朝有匡复之算,民怀思本之心,若一律土断,岂不使民间骚然?"刘裕抗声道:"侨民与土著杂居流寓,民无定本,伤治为深。如今朝廷实行土断,分境画疆,让侨民、土著各安其居,自可使九土攸序,人无迁业。"双方激辩不已,群臣也分成两派。司马德文立在丹墀之上,知刘毅既死,司马休之没了外援,势力已是大减,遂从刘裕之议,下诏命各州郡依界施行。从此,江南侨置的郡县多被并省,归入本地郡县,又取消客籍户、检核隐占户口;不分侨民土著,一律缴纳田租户调,大幅增加了国库收入,这便是历史上有名的"义熙土断。"

退朝之后,众官一边交头接耳,一边各自散去。司马休之气呼呼的出了午门,坐上八人抬的大轿回府,见司马文祖正在厅里相候,还不知侄子已被免官,没好气道:"文祖,你不在郡里,怎么私自回京?这事若让言官知道,不大不小又是个罪过!"司马文祖无奈,只得将昨天撞见刘裕的事说了一遍。司马休之听完,顿时气得七窍生烟，抓起桌上的茶壶，"啪"的一声，在地上摔了个粉碎，说道："今日朝堂之上，刘裕力主'土断'，看来是要对咱们下手。我这把年纪，早已活够了，偏你又不是这么不省心，什么人不好招惹，偏犯在他的手里？"说着，抬起脚来，愤愤然地走出屋去。司马文祖讨了个没趣，又不敢和伯父顶嘴，只得出府上马，没精打彩地回到了自己的府第。

　　司马文祖的府宅在太傅府第的北边，坐北朝南，呈长方形，占地数十亩，正南是三楹黄绿琉璃瓦顶的山门，飞檐斗拱。前院东西两侧分别为十余间配房，中有一个宽阔的院落，沿着一条石子铺就的甬道，就来到客厅。管家马仁贵见主人回府，忙上前迎接。马仁贵是司马文祖的亲信，平日里狗仗人势，在城里开办酒馆、当铺，强买强卖，更邀结一帮地痞，足有百余人，都是无正当职业的浮浪子弟，各戴其魁，横行于市，专事游荡，设阱陷人，或骚扰路边店，强讨硬要，甚至动手抢夺店内钱财。今日，马仁贵见司马文祖一脸晦气地坐在厅里，不禁一愣，道；"大人，这是怎么了？"司马文思叹了口气，发牢骚道："这刘裕是卖草鞋的出身，能有什么识见？仗着打打杀杀，坐到了三公之位，前日免了我的职不说，今又妄言土断。光咱们家，就隐有佃户千余人。这事若被刘裕知道，我们的脑袋，都得被摘了去。"马仁贵垂手立在一旁，目光闪动，略一思忖，道："大人，把姓刘的做了，不就结了？"司马文祖脸色突变，忙道："噤声！"马仁贵一脸不在乎地道："大人不必担心，厅外都是我们的人。"说着，从怀里掏了个桑皮纸包，放在桌上，指着它道："要成大事，还得靠它。"

　　司马文祖奇怪的打量了一下，道："这里面是什么？"马仁贵层层打开纸包，亮出里面的东西，一片一片，亮晶晶的，雪白如霜，低声道："少爷，这是一种毒药，须先在红信石里提炼出砒霜，再把砒霜喂给蟾蜍，然后从蟾蜍尸体上提取出来。这药无色无味，最妙的是缓慢发作。服用之人七日之后，始毒发身亡。您看，这岂不是好东

第十七章　乱起萧墙

西？"司马文祖看着眼前的这包毒药，心里一阵慌乱，低声道："哪里来的？"马仁贵得意地一笑，道："我当铺里有个朝奉，祖上是山中药农，颇知药性，请他给我提炼的。奴才知道您要谋划大事，有朝一日，也许用得上。"司马文祖微微变了脸色，道："这个先放在这里，如何投毒，倒还要费些思量。"马仁贵道："大人，'重赏之下，必有勇夫。'只要舍得花钱，就能买通太尉府里人，让他为我们下毒。"司马文祖犹豫了半响，一咬牙，道："就这么办，你先物色着，有了合适的人，速速来报。"马仁贵点头答应，告辞而出。

　　过了些日子，已是入冬。天气有些阴沉，厚厚的乌云直压下来。北风一阵阵地紧吹，天空又飘起了雪花，飘飘洒洒落下，把个京师裹成了一片混沌世界。骆斌是随刘裕由京口来建康的家人之一，却嗜酒好赌。这天中午，他先在一家酒馆里噇饱了黄汤，又晃晃荡荡地走在街上，寻到一家赌场，没两个时辰，就把刚发的月例银子送了进去，却是满不在乎。他前些天从太尉府里偷了一套玉质餐具，打算拿去当铺，盘算着至少能换十几两银子，一冬的吃喝可就不愁了。下午时分，骆斌歪戴着帽子，斜披着外衣，手提包袱，来到马家当铺前。当铺门外有一排木制栅栏，栅栏钉着铜质云牌，牌面镂空，凿成万字不断头的花样。沿街一溜粉墙，上面用红漆刷写着巨大的"当"字，门楣上挂上两个幌子。一进门，是一个高大的屏风，绕过屏风，就见到一张高高的柜台，比一般铺子的柜台高得多。

　　骆斌走进当铺，来到高大的柜台前，举起手里的包袱，递了上去。一个朝奉，身着皂衫角带，伸手接过包袱，当面打开，见包袱内是个盒子，里面装着一套玉器，价值不菲，忙道："这位爷，要当多少？"骆斌本不在行，见对方问及，便说："十五两银子。"朝奉道："看您这套家伙，只值得五两银子，怎样？"骆斌惊道："你可看仔细了，这是上好的玉器，怎么就给这么点儿？"朝奉淡淡一笑，道："这是当，不是卖，懂吗？小号这个价算不错了。不信，你到别的当铺试试，肯定给不到五两。"骆斌有些失望，愤愤道："老子不当了，你把东西还我。"朝奉也不动气，道："得咧，我给您包上。"说着，将那套玉器放回盒子里，盖好盖子，包在包袱里，递还给骆斌。

骆斌接过包袱，转身要走。忽然，从柜台后转出一人，叫道："骆老弟，请留步。"骆冰一听，抬头一看，居然是马仁贵，不由得倒抽一口凉气，一张脸涨得通红。马仁贵走出柜台，亲热地把他让到客座，吩咐伙计泡茶。骆斌怀里抱着包袱，坐在椅子上，如坐针毡，不知说些什么才能化解眼前的尴尬局面。马仁贵却是泰然自若，道："骆老弟，怎么着，最近手头有些紧是不是？"骆斌无奈，只得点头道："这阵子手气不好，赌输了不少钱，实在没办法。马大哥，你怎么在这里？"马仁贵道："这个当铺有敝人的本钱。闲来无事，便过来走走。"骆斌一听就明白，这当铺一定是马仁贵开的。彼时开当铺虽然利润丰厚，却常会遇到无赖讹诈、兵痞劫掠，还要担心衙门骚扰。除非马仁贵这样后台强硬的人，一般普通人根本不敢涉足其中。此时，马仁贵笑嘻嘻道："骆老弟，你这套'云根'可否请我看看？"骆斌一愣，问道："什么'云根'？"马仁贵见他不懂，心里暗笑，便解释道："哦，这是我们当铺里的行话，袍子称'挡风'，裤子为'又开'，狐皮称'大毛'，戒指称'圈指'，银子称'软货龙'，金子称'硬货龙'，玉器嘛，就称作'云根'。"马仁贵这套行话流水般地一说，把骆斌听了个目瞪口呆，只得将手里的包袱递了过去。

马仁贵接过来，打开瞧了瞧，道："东西倒是不错。老弟，我给你说句实在话。你既到小号里来过，就算到别家当铺，一定当不出更高的价钱了。"骆斌疑心马仁贵要讹自己，摸了摸脑袋，问："这却是为何？"马仁贵哈哈一笑，道："我们开当铺的，相互间有通用的暗语，对付的就是你们这些'货比三家'的当户。方才你的那套'云根'，在小号朝奉的手里一过，便已被作上了暗号。你看那盛玉器的

第十七章　乱起萧墙

盒子，上面是不是有指甲掐出来的痕迹？其他当铺的朝奉拿到你的盒子一瞧，就知你是从敝号过去的，而且知道敝号给出的估价，当然不会给你高价了。"骆斌打开包袱一看，果不其然，这才恍然大悟道："想不到开个当铺还有这么些门道。"马仁贵摇头晃脑，得意地道："那是自然，若没两把刷子，我们岂不是要喝西北风？"骆斌听到这里，转念一想，便道："马大哥，既是熟人，好说话。兄弟这套家伙，能否给个公道价？"马仁贵一笑，道："这没得说，但骆老弟可否说说这套'云根'的来历？来历不明的东西，小号可不敢收。"骆斌当然不能说是从太尉府里偷出来的，只得道："这是家传的。"马仁贵一笑，道："这套玉器不是一般的行货，看来骆兄弟的府上，以前定是大户人家。"骆斌脸一红，说不出话来。马仁贵也不再深问，立起身来，道："兄弟，借一步说话。"说着，二人来到当铺后院的一间厢房里。

马仁贵关上门，请骆斌在桌旁的椅子上落座，又取出钥匙，打开墙边的一个柜子，从里端出一个托盘来，托盘上盖着一块红布。马仁贵将托盘放在骆斌面前，道："兄弟，你猜这里面是什么？"骆斌见他神秘兮兮的，不明白他的意思，只是摇了摇头。马仁贵一伸手，掀去了托盘上的红布，只见里面金光灿灿，竟是满满的一盘金元宝。有道是："美酒红人面，钱财动人心。"骆斌见了这么多财物，眼都直了，道："马大哥，你这是什么意思？"马仁贵低声道："这一千两赤金，却不是我的，是司马文祖大人送与兄弟你的，他想托你办点儿事。"骆斌瞅着满盘的金元宝，咽了一口唾沫，道："什么事？但说不妨。"

马仁贵从怀里掏出那包毒药，珍而重之地放在骆斌面前，道："兄弟，你在太尉府里，逢个机会，把这包东西，悄悄撒在太尉的饭菜里。"骆斌打了个寒噤，正欲拒绝。马仁贵一抬手，将盘里的金子向桌上一倾。金元宝在桌上乱滚，骆斌的眼珠子就跟着那元宝滚，心想："这么一大注横财摆在眼前，不取未免有伤阴骘。神不知鬼不觉

地做了，谁能查到我头上？"一咬牙，便从桌上拿起那包毒药，放在怀里。马仁贵大喜，又嘱咐了骆斌几句，便将金子包在包袱里，让他带走。

这天傍晚，天气越发的寒冷，积雪难以融化。城里城外、房顶大院，如铺上了一层银毯。屋檐上垂下一溜溜的冰凌，树枝树梢，都挂上了一层厚厚的银霜。骆斌久居太尉府内，人头、路径都熟，扯了个理由，悄悄溜到专为刘裕夫妇做饭的厨房，趁着左右无人，打开那包药，便向菜盆里倒去。可巧前天中午，冯厨子盘点时，发现少了套玉质餐具，不禁大怒，心想："不知是哪个杀千刀的，偷了玉器。万一被太尉知道，这个贼名儿岂不是要加在我的身上？"遂时刻留心，今日瞥见骆斌鬼鬼祟祟地进了厨房，便蹑足潜踪地来到窗外偷窥，一见骆斌向菜盆里撒东西，就一个箭步闯了进来，喝道："骆斌，你在干什么？"

骆斌吓了一跳，手一哆嗦，那包毒药一半倒进菜盆里，一半掉在了地面上。冯厨子上前将他扭住。骆斌急欲脱身，想掰开厨子的手，哪知冯厨子的两只手如铁铸的一般，牢牢地扣住他的腕子不放。骆斌急了，用力一推。厨子一个趔趄，正碰在油瓶子上，"叮当"一声，将个瓶子打得稀碎，油洒了出来。二人脚下一滑，同时摔倒，又将一个菜架子碰倒，"哗哗啦啦"一片乱响。外面的人听见动静，纷纷涌了进来，见冯厨子和骆斌扭打在一起，不知就里，纷纷过来解劝。冯厨子红头胀脸的叫道："这小子不知在菜盆里下了什么东西！大家不要放走他，快请太尉来。"众人听了，就有人飞跑去禀报刘裕。

不一会儿，刘裕带人赶到，见厨房地上一片狼藉，瓜果蔬菜被踩得稀烂，地上油迹纵横。冯厨子将骆斌压在身下，两手紧攥着他的两只衣领，差点儿把骆斌勒断气儿，见刘裕到来，这才把手松开，立起身来，一指骆斌道："太尉，这小子不是好人，刚才我在窗户外瞧得真真儿的，见他往菜盆里放东西。"刘裕心里一沉，道："放的

第十七章 乱起萧墙

什么？"厨子向地上一指，道："呶，还有些洒落在外面，就是这个了。"刘裕走近前去，让人取来一张纸，小心翼翼地将那些冰片样的东西包了起来，交给丁旿，命他去找人鉴别。骆斌做贼心虚，此时已面无人色，嘴里舌头乱搅，总说不出个囫囵话。刘裕一见，就知此人有鬼，冷笑一声，命几个亲兵将骆斌五花大绑起来，带到了前院。不一会儿，丁旿匆匆而返，对刘裕道："太尉，请许太医看过了，包里是剧毒的药物。"刘裕心里一寒，问道："没看错？"丁旿点了点头，道："错不了，许太医说，这种毒物是行家制的，市面上买不到，入口之后，要过个五六日才会发作，无药可救。"刘裕听了大怒，一挥手，几个大汉上前，皮鞭、夹棍，冲着骆斌一顿招呼。没多大工夫，骆斌被整得死去活来，昏过去几次，又被冷水泼醒，惨叫连连道："不要打了，我全招。"刘裕止住众人，道："说，是谁命你前来下毒？"骆斌道："是司马文祖的管家马仁贵，送了我一千两金子，让我前来投毒。"刘裕听了，道："原来是他？一千两金子，可真不少啊！"丁旿在一旁道："太尉，马仁贵拿不出这么多钱财，此事一定与司马文祖有关。"刘裕道："不错。"便吩咐人将骆斌好生看管，重赏了冯厨子，又命丁旿点起人马，前去缉拿司马文祖与马仁贵。

天色渐晚，司马文祖在府里早就等急了，一桌丰盛的酒菜已经放凉，也无心去吃，坐不一会儿，就立起身来，在地上来回的踱着步，道："都这个时候了，骆斌要是得了手，也该回报了。怎么总不见这小子过来？"马仁贵立在一旁，心里也是七上八下的，便道："今晚也许不得便，大概得到明日吧。"两人正在议论着，忽听府外一阵大乱，一个家人慌里慌张的跑了进来，道："大人，不好了，太尉府里发来了不知多少兵马，把咱们的府给围了。"司马文祖是纨绔子弟，殊乏应变之才，冒冒失失派人投毒，已是如同儿戏，今见大祸临头，吓得手脚冰凉，不知如何是好。正在这时，丁旿带人破门而入，直闯进厅里，将司马文祖与马仁贵结结实实地绑了起来，推推搡搡押入太

宋武帝刘裕

尉府，与骆斌对质。当夜，气温骤降，滴水成冰。司马文祖与马仁贵皆泥首面缚，跪在地上。二人又冷又怕，浑身乱颤，借着火把的光，见两边全是凶狠的打手，又见地上散放着血迹斑斑的刑具，吓得直欲晕去，不待动刑，便老老实实地全部交待。刘裕见证据确凿，便斩了骆斌与马仁贵，以司马文祖究属皇亲，便将他交与廷尉衙门治罪。

第十八章　飞星秘档

刘裕听到这里，不由得倒吸一口凉气。飞星楼他是去过的，那是京城著名的酒楼，想不到竟是司马休之的秘密据点。

这个冬日的清晨，虽然天寒地冻，却是晴空万里。天地间没有一丝风，千家万户的袅袅炊烟，笔直地飘向空中。王慕恩身披锦袍，坐在衙门的签押房里，紧皱着眉头，脑门上都起了一层褶子。前些日子，太尉刘裕命人将司马文祖解送到廷尉，便像是给王慕恩的脑袋上压上了一个千斤的磨盘，让他简直喘不过气儿来。按说，司马文祖买凶投毒，蓄意谋害大臣，证据确凿，理应问斩，但王慕恩却迟迟不敢裁断。毕竟司马文祖是司马休之的侄子，司马休之身为太傅，在朝中经营多年，门生故吏众多，岂是好惹的？可话又说回来，刘裕太尉手握兵权印把子，更不能开罪。若不能将司马文祖明正典刑，后果也是堪虞。一连数日，王慕恩既无心办公，也没有会客，反复琢磨着这件事，脑袋都快想破了，仍然一筹莫展。这会儿，他正仰脸坐

在椅子上，双目微合，长吁短叹地发愁，忽听脚步声响，一个衙役走了进来，送上一副拜帖，恭敬地说："老爷，刘穆之大人来访。"王慕恩心中一惊，暗道："刘穆之可是太尉的智囊！不行，现在还不能见他。"他端详了一下帖子，又递给衙役道："原帖奉还。告诉刘大人，我今天得病了，改日再会吧。"一语未了，只听门外靴声橐橐，渐行渐近，有人大笑道："王大人说话中气十足，害的什么病？哈哈哈……"说着，刘穆之穿着一身淡蓝色的棉袍，腰间系着宽带，带子上挂着一块玉佩，足下一双皂靴，笑嘻嘻地走进房来，向王慕恩一拱手，道："给王大人请安！在下略通医道，愿为大人祛此小恙！"说话间，走至桌旁，便自坐了。

王慕恩猝不及防，好一会儿才回神来，命衙役且退，又咳嗽了两声，掩饰道："这几日不小心冒了风寒，确实不舒服。刘大人既是杏林名手，便请为我一诊吧。"刘穆之还真的通些医道，便挪了下椅子，挨近身来，煞有介事地将三根手指搭在王慕恩的左腕上，诊了诊脉，笑道："王大人的脉，举之有余，沉之不足，浮散无根，稍按则无，主思虑恍惚，惊恐忧疑。这些日子，大人想必是体乏无力，饮食不振。此症皆因操劳公事，思虑太过之故，非药石可解，总以静心调养为主。"王慕恩心里暗惊，自己的症候居然全被对方说中了，一眼瞥见刘穆之狡黠的目光，只得强笑道："刘大人果然博学多才，诊得好！"刘穆之笑道："大人但能坦怀期物，则心态自然平和。这不，太尉命我邀你过去谈谈，则心结自解。话是开心锁嘛！王大人，咱们现在就走吧！"说着，立起身来，右手一摆，做了个请的姿势。

王慕恩见此情形浑身汗毛"噌"的一下，全都竖了起来，犹豫了片刻，终究是不敢违命，只得出门坐上轿子，随刘穆之一同来到太尉府，一下轿，就发现今日的太尉府迥异于平时。门前甲士林立，五步一岗，十步一哨，戒备森严。府内从大门直到厅前，夹道站满了亲兵，一个个弓上弦，刀出鞘。王慕恩本是文官，见了这阵势，腿肚子已然开始转筋，把汗湿的手掌紧紧攥成拳头，仍然克制不住身体的颤

第十八章 飞星秘档

抖,想找个理由溜之乎也,却又不敢开口,只得硬起头皮,随在刘穆之后面,一步一挪地蹭进了大厅。刘裕一身公服,沉着脸,坐在厅内,身后立着丁旿,见王慕恩来到,既不相迎,也不命座。大厅里一时非常寂静,弥漫着一种无形的紧张。

王慕恩怀中如揣了个兔子,战战兢兢地立在厅里,路上准备好的话,全忘到了九霄云外,只得躬身一揖,对刘裕道:"太尉见召,不知有何指教?"偌大的厅中只有四个人,说话的声音嗡嗡发响,像瓮中一样。刘裕鼻子里哼了一声,道:"王大人这是明知故问啊!司马文祖派人投毒,被我拿获。你却拖着案子不办,是何缘故?"说着,目光灼灼地瞅着他。王慕恩诚惶诚恐,手足无措地立在当场,额头上渗出了一层细汗,嗫嗫嚅嚅道:"衙门里积压的案件太多,司马文祖入狱以来,还没来得及过堂……"刘裕不待他把话说完,便打断道:"王大人,不必虚言搪塞。今日就问你一句,司马文祖谋害本官,该当如何处置?"王慕恩被逼得无路可退,只得结结巴巴道:"按律……当斩!"说完这句话,两条腿软得像没了骨头,"扑嗵"一声,跪倒在地,过了片刻,方才喘吁吁的道:"……卑职才疏学浅,不堪廷尉之任,愿辞职归老田园,请求太尉恩准。"

刘穆之在一旁鉴貌辨色,看出王慕恩不敢开罪司马休之,必有难言之隐,便道:"王大人,你是不是有把柄在司马休之手里?说出来,太尉为你做主。"王慕恩脸色泛青,听了这话,双眼望向刘裕,见刘裕正瞅着自己,心里盘算:"事已至此,太傅不会轻饶了我。但火烧眉毛,还是且顾眼前吧!"便道:"太尉,桓玄篡位前,一干逆臣齐上劝进书。卑职的贱名……煌煌在列。后来,为了保命,卑职又曾送给桓振一万两银子。桓玄败亡之后,这些事情被朝廷查知,本要治罪。太傅将这事压下,却屡屡以此相要挟。上次释放了傅亮,已惹得太傅不喜欢。这回若依律杀了司马文祖,太傅一定不肯干休。卑职势必会被打入逆党,丢官罢职不说,全家老小都得问斩。"刘裕和刘穆之听到这里,才清楚为什么王慕恩会如此忌惮司马休之。

王慕恩既已说开了头，心里一阵轻松，言语流畅了许多，又道："太尉，司马休之曾派专人搜罗、记录下百官的大小过错，还立起一秘档库，里面保存的全是这一类资料，听说，竟比吏部的档案还要详细。"刘裕闻听此言，不禁一惊，道："竟有此事？"扭头对刘穆之道："穆之，你听见了吧！想不到，京师竟然还有第二个朝廷。我们全被蒙在鼓里。"刘穆之道："这就是了！太尉你想，这些当朝的大臣，宦海浮沉几十年，谁还没点隐私？司马休之若以此要挟。自能令百官对他俯首帖耳。"王慕恩道："刘大人说得一点儿不错，司马休之打听到官员们的过失后，悉数存录，如某官犯过某罪，某官受过多少赃银等，每有风吹草动，便以此相钳制。我们对他是既怕又恨，却又无可奈何。"刘穆之问道："这个秘档库设在什么地方？"王慕恩道："听说是在京师飞星楼的后院里。那里戒备森严，不仅有打手日夜看守，还有十几名抄手，专门负责整理这些秘档。"

刘裕听到这里，不由得倒吸一口凉气。飞星楼他是去过的，那是京师著名的酒楼，想不到竟是司马休之的秘密据点。刘穆之思忖了一会儿，道："司马休之在天子脚下，公然搜罗百官隐私，挟制台府重臣，难道就没人查他？"王慕恩道："司马太傅位高权重，谁敢去老虎头上拍苍蝇？有一次，飞星楼有人打架，下官带着衙役们过去弹压，刚到那里，就有太傅的管家带着大队亲兵赶来，明为协助，实为监视。"刘裕听到这里，沉声问道："你这话都是实话？"王慕恩连连磕头道："下官此时所说，句句是实，若有半句假话，让我天打五雷轰。"

冬日的阳光透过窗棂，直照进室内。许多纤细的尘埃，在光影里凌乱飞舞。刘裕缓和了下语气，道："王大人，说不得，只好委屈你，暂时在我的府里住两天，免得走漏了风声。"说着，命人将王慕恩带了下去，又对刘穆之道："穆之，你看这事如何处理？"刘穆之道："太尉，司马休之挟制百官，与我们掣肘，很大程度上，依仗的就是这个秘档库。事已至此，我们干脆领兵抄了飞星楼，便可削弱司马休之的势力。"刘裕道："抄是抄得，但也得防备司马休之狗急跳

第十八章 飞星秘档

墙，带人前来火拼。明天，你和丁旿多带些兵。我们一早就去，免得到了中午时分，酒楼里人多嘴杂。"刘穆之和丁旿一齐躬身道："卑职明白。"

第二天一早，太阳从东方升起，朝霞满天，晨雾正在慢慢地散去。刘裕匆匆用过早饭，与刘穆之、丁旿二人，带着几百名亲兵，都穿着便装，暗藏利刃，出了府第，走街串巷，没多大工夫，就来到了飞星楼。飞星楼是京师最大的一家酒店，有多个楼阁、亭榭连绵相接，中间是三层主楼，飞檐画角，紧临着烟波浩渺的秦淮河，景色极佳。楼前有根十余丈高的旗杆，上面挂着酒旗。巨大的牌匾挂在二楼上，上题三个醒目的大字："飞星楼"。酒楼正面朝阳，阁檐上有只雪白的狮猫正在悠然踱步，楼顶上，几只鸽子"咕咕"叫着啄食。酒楼旁种着几株高大的槐树，脱落了叶子，只余下虬劲的枝干。楼外围着碧绿色的阑干，轩窗高开。门前用青条石铺就了一块平阔的地面，打扫的很是干净，门口左右各有一只石狮子。

时辰尚早，街头巷尾，都笼罩在柔和的晨光中。又过了一会儿，大街上有了络绎的行人。各买卖铺户也都开了门，远远传来小摊贩的叫卖声。刘裕命众亲兵散在四周护卫，与丁旿、刘穆之及三名侍卫走进飞星楼。酒楼刚下板，里面还没什么客人。大堂宽敞明亮，摆着多张桌子和长条凳，都擦得锃亮，四壁挂着些字画。迎门是个丈余长的柜台，上面放着算盘纸墨，柜台后面有个酒架，上面摆着酒坛、酒具。伙计殷勤的上来招呼，道："几位客官，这么早！小店刚开门，您若是想用点什么，可得等一会儿。"说着，引着刘裕等人坐在窗边的桌子上，热情地揩抹着桌案。刘裕与刘穆之相对而坐，丁旿与三个侍卫坐在旁边的一张桌上。刘穆之按事先编好的话说道："我们过来，是为了订几十桌酒席，中午请客要用。"伙计满脸堆上笑来，道："您老稍等，我这就给您请掌柜的。"说着，匆匆去了。不一会儿，掌柜的从后院来到前边。掌柜的长着一张团脸，面色红润，穿着蓝布棉袍，四十多岁年纪，很是精明，听说来了大买卖，忙过来相陪，嘻开一张胡子嘴，着实拉拢，又

命伙计斟来两杯热茶。

　　刘裕一边和掌柜的攀谈,一边四下打量着,见柜台左侧,有一个小门,上面挂着青色的布幔。有两个伙计,站在门前,有意无意的,总朝刘裕这边看,神情透着警惕。刘裕料定,那道小门一定是通向秘档库的入口,便趁掌柜的不注意,向丁旿使个眼色,朝着柜台方向一摆头。丁旿会意,站起身来,抄起一只酒碗,"啪"的一声,砸在一名侍卫的脑袋上,鲜血立刻就流了下来。那侍卫是早就交待好的,假作惊慌,站起身来,便向柜台旁跑去。丁旿在后大骂道:"好你个王八羔子,欠了大爷的钱不还,还想在这里吃酒。"一边骂着,一边随后就追。丁旿身后的两个侍卫,假作劝架,也跟了过去。站在柜台边的两个伙计还以为是讨债的起了纠纷,见有人满头带血的跑了过来,便将手一拦,道:"对不住,朋友,后面不接待客人。"侍卫一只手捂着脑袋,一只手与他们撕掳着。这时,丁旿已然赶到,嘴里喊着:"小子,欠债还钱,你这次跑不了啦。"声音未落,一拳击了过去。那拳头眼看要打到侍卫的头上,却突然拐了个弯,端端正正地擂在一个伙计的太阳穴上。那伙计毫无防备,要害中拳,两眼一翻,顿时晕了过去。另一个伙计还没反应过来,便被其他两名侍卫按在地上。这时,埋伏在外面的众亲兵冲了进来,将掌柜的和其他伙计都控制住。

　　刘裕立起身来,疾步走过柜台,撩起帘子,推开小门,走了进去,只闻得菜香扑鼻。原来,里面是一间厨房,足有三间屋子那么大。十几个厨师正在里面煎炒烹炸地忙活着,准备着中午售卖的食材。十几只大灶上,喷着通红的火焰,热油正在锅里"滋啦滋啦"地响着。众厨师见刘裕率众闯进来,都是一愣。刘裕等人乘他们没回过神来,飞快地走过厨房。厨房的另一边也是一道门,却关得严严实实,在外面根本推不开。丁旿随在刘裕身旁,从一名军士手里接过一柄大锤,抡锤就朝着门上砸了过去,没几下,就将门板砸穿,又飞起一脚,将门连着门框踹倒在地。刘裕带着人就闯了进去,见里面干净整洁,和外面迥然不同,靠墙摆着一个个高大的书架,上面是一摞摞的文件。屋里还有十几个书

第十八章 飞星秘档

手,正伏案抄写着什么,看到门被踹倒,一个个都是惊愕不已。

丁昕等人过去,将书手们推在一旁,看管起来。刘裕来到书架前,随手拿起一册档案,翻了几下,见里面记录的密密麻麻,全是当朝文武大员的秘事,又扔回架子上,命人将众书手绑了,押到外面。酒楼掌柜的还不明所以,急道:"你们是什么人?敢来这里撒野。告诉你们,这酒楼可是司马太傅的本钱。"刘裕冷笑一声,道:"我管它是谁的本钱!私建百官秘档,仅这一条,就够司马老儿上法场了。"掌柜的浑身一哆嗦,只得低声下气道:"这位朋友,有话好说,你们到底是什么人?"丁昕在一旁喝道:"看清楚了,这位是当朝刘太尉。"掌柜的一听此言,脸色变得煞白,遂低下头去,再不言语。刘裕命人将架子上的秘档全部装箱,连同一干人犯,一起押解到太尉府。

第二日早朝时,刘裕带人抬着那些秘档上朝,当众奏称:"司马休之备位大臣,本应与国同休戚,却另立私档,挟制百官,图谋不轨,宜加裁当,以清风轨。"朝廷见人证、物证俱在,回护不得,遂下诏,免去司马休之太傅之职,令其回府思过。刘裕见扳倒了司马休之,便命人将装满秘档的箱子抬到午门外,亲自取过一支火把,扔在成堆的薄册上,顿时火光熊熊燃起。刘穆之在一旁道:"太尉,为什么把档案烧了?留着以后也许有用。"刘裕笑笑道:"打天下靠的是本事,用不着挟人隐私。这种没出息的事,咱们是不干的。"刘穆之一挑大拇指,道:"太尉识见过人,仅凭这一点,司马休之就不是您的对手。"说话间,那几十箱秘档已然烧成了灰烬。

转过天来,天气渐渐寒冷。廷尉大牢的院墙边长着一棵歪脖子树,粗壮而蜿蜒的根系硬生生地扎进大墙之下,从苔痕斑驳的青砖缝隙里探出佝偻的身影。树皮异常粗糙,杂错的树干上挂着一些枯黄的叶子,好像随时都会落下来!司马文祖入狱之后,少不了上下打点,又盼着伯父能在外面想些法子,把自己救出去。半月前,司马休之也曾派人来探视,告诉他,正在积极斡旋,若是请一道恩旨,那就万事大吉。司马文祖见有了希望,心里暗暗高兴,这日出了五十两银子,

· 241 ·

请狱卒备办了一桌酒席，准备中午在牢里吃酒消寒。狱卒乐得作人情落实惠，一边往桌上摆着酒菜，一边道："大人的案子，看来是不妨事了。小的盼你一切顺遂。"司马文祖笑道："借你吉言。"正说着，突然听见外面有人问："司马公子关在哪里？"司马文祖转眼一看，竟是王慕恩，不由得一惊，又见王慕恩虽是穿着官服，却是一人前来，并没带一兵一卒，便慢慢放下心来，起身招呼道："王大人，今日这么闲在？不怕这里龌龊，一起来用杯酒？"

王慕恩笑吟吟地一拱手，道："王某久任廷尉，什么场面没见过？有什么忌讳的，正要和司马公子谈谈。"说着，便坐在桌边，自己动手斟了杯酒，端起酒杯，道："我几次想来，只是被些琐事缠住了身，不得如意。好不容易今日得个空。司马公子关在这里，实在是委屈了。来，敬你一杯。"司马文祖听着王慕恩热情寒暄，只得陪着他喝了几杯酒，道："我伯父这阵子还好？"王慕恩随口敷衍道："太傅就是太忙了，有许多事都得他老人家料理。"司马文祖又道："王大人，卑职这个案子，不知朝廷打算如何处理？"王慕恩道："国有国法！我虽有心照应，奈何身膺天宪，不敢任意行事。"司马文祖又碰了个软钉子，只好继续陪着对方吃酒闲聊。

这时，忽有一个衙役走了进来，向王慕恩躬身一礼，道："大人，外面都安排好了。"王慕恩一点头，霎时间面色阴沉，浑没有一丝笑模样儿，将酒杯放在桌上，立起身来，道："司马公子，诸事莫怪。王某是当差的人，只得依令行事。"司马文祖还没明白，疑惑地问道："王大人这是什么意思？"说话间，众衙役各执刑具，闯了进来。王慕恩换了一副公事公办的口吻，道："前几天，司马太傅私设秘档一事犯了，已被免职，现正闭门思过。"司马文祖听了，顿知大事不妙，随即被几个衙役按着，跪在地上。王慕恩从怀里掏出一份公文，打开宣读："司马文祖身为公侯子弟，却勾结匪类，意图谋害勋臣，实为丧心病狂，不诛不足以正国法，着令绑赴刑场，斩立决！"司马文祖已是瘫在地上，如一堆烂泥，嘴里说不出半句话来。王慕恩

第十八章 飞星秘档

收起文书，叹了口气，道："司马公子，对不住了。今日是我监斩，已吩咐了刽子手，把活儿做得利落些，决不会让你零碎吃苦。"说着，一挥手。几个衙役上前，将司马文祖五花大绑起来，押到外面，塞进囚车里，车声辚辚，直奔刑场。

北风无情地刮着。街道两边的树叶子已经落光，只剩下光秃秃的树干，不时有几片残雪落下。道路硬冻而干裂，路边长满了枯草，草叶上落着一层薄薄的霜。廷尉衙门的差役已在西大街上立起刑场。行刑时间定在午时三刻（正午12点），据说这个时候的阳气最盛，人的影子最短，此时行刑，可以冲淡杀人的阴气。一匹跛腿的骡子拉着囚车，出了刑部大狱，自东向西，过断头桥，经迷市，来到法场。临行前，司马文祖喝了两碗断头酒，整个人在囚车里看起来萎靡不振。刑场上阴风阵阵，一名刀斧手头扎红巾，斜披着绛红色的长袍，怀里抱着背厚刃薄的鬼头刀，杀气腾腾地立在刑场上。刑场四周插着小红旗，站满了军兵、衙役，足有上千人，将看热闹的百姓们拦在刑场之外。

刑场正中搭起了一座高台，上面摆着一张桌案，桌案上放着一个签筒，里面是一根根亡命签。王慕恩头戴纱帽，身穿官服，走上高台，在书案后落座。一个书吏来到案前，深施一礼，道："禀大人，午时已到，请开刑。"王慕恩提起朱笔，在杀人公告上将司马文祖的名字勾过，又抓起一支亡命签扔将下来，说了一声："斩"。下面的军兵、衙役们雷鸣般的齐应了一声，便将穿着囚衣的司马文祖推到法场正中央。刽子手在他膝弯里踹了一脚，让他跪下。一个衙役将司马文祖的发髻向前揪着，露出脖子。随后，刽子手举起手里的鬼头刀，一刀挥落，司马文祖的人头落地。

傍晚时分，红日落下苍山，余晖映照在水面上，把偌大的一条长江染成了蔷薇色。天色渐渐暗了下来，暮色从江面伸展到岸上，大地只余一片朦胧和静谧。司马休之的府里灯火通明，一道棉布门帘垂落在厅门前，大厅的四壁挂着用金花点缀的深红色织锦，迎门摆着一套铁梨木的桌椅，桌上点着两盏琉璃灯，光华夺目。司马休之散披着长袍，坐在一张椅子上，头发蓬乱，唇下青灰色的胡子长有一寸，也不去刮，眼窝深陷，双目无神地望着脚下的地砖。司马楚之一身劲装，腰悬宝剑，坐在一旁，对司马休之说："叔祖，刘裕一心削弱王室，方为国患，甚于桓玄。秘档之事既已暴露，不知您作何打算？"司马休之的心里一阵痛楚，好似有锋利的刀尖插入，叹道："朝廷加罪，倒还罢了。我这把年纪，早已将生死置之度外，只可惜大晋江山，不日将落入异姓之手。"司马楚之道："叔祖威名素盛，常为刘裕所忌，若还留在京中，恐怕早晚要遭他的毒手。为今之计，走为上策。城门校尉是我的旧部，侄孙今夜就可送您出城过江，再转道去关中。"司马休之听了这话，有些犹豫。司马楚之急道："叔祖，留得青山在，不怕没柴烧。您到了长安，向秦王姚兴请兵，再打回江南，亦未尝不可。"司马休之反复思量，知危机已迫在眉睫，刘裕早晚不会放过自己，那些曾为自己挟制的朝臣亦必伺机反噬，遂连夜收拾细软，带上儿子司马文思，换了青衣小帽，与司马楚之及几名心腹亲兵出了府。

已是半夜，月上中天，月光落在道旁的树丫上，又在地上筛下斑驳的黑影。冷风劲吹，赶着路上的层层浓雾。马蹄"的的"有声，在暗夜的长街上显得分外清脆。路边黯淡的灯光照映着漫长的街道，直通向远处深深的黑暗。司马休之与司马楚之一行人纵马疾行，直奔城北。京师北门又叫正阳门，拱券式的门洞，开在城台正中，上边是十余米高的箭楼。司马楚之等人来到门前，就听黑漆漆的城门洞里有人低声问："是王爷吗？"司马楚之勒住马缰，轻声回应道："是我。"随着语声，从门洞里走出一人，正是城门校尉，上前躬身施礼，道："卑职在此恭候多时了。"司马楚之道："辛苦你了，请开城。"校尉道："遵命。"遂掏出钥匙，打开了城门。司马楚之等人出了城，快马加鞭，一直来到江边。江边停靠着一条轻型小船，底尖而阔，航行迅速，船上橹桨俱全，还配备着八名经验丰富的水手。众人来到船前，跳下马来。司马楚之对司马休之道："叔祖，侄孙只

第十八章　飞星秘档

能送到这里了，江北有鲁宗之接应，还望叔祖前途珍重。"司马休之握着司马楚之的手，感动地说："楚儿，这次多亏你帮忙，后会有期。"说着，与司马文思上了船，准备渡江之后，再经广陵去长安。

一弯残月挂在天上，月色清冷，星光黯淡。长江之上，一片漆黑，唯闻涛声阵阵。司马休之的船正在江面上疾速前行，忽见前面来了一艘五牙大舰。这艘战舰的船身高大，树着两根桅杆，上张着官衔灯笼，上面明晃晃的五个大字："广陵太守徐"。甲板之上，站着许多军兵，或提灯笼，或执刀枪。为首一人，正是广陵太守徐逵之。徐逵之今夜带兵巡江，见对面来了一只小船，并不张灯，行迹诡秘，不由得起疑，遂下令划船迎上去拦截。一个军兵站在大舰的高处，双手拢成个喇叭状，高声喝道："喂，前面的小船，停止前进，待我们搜查。"声音越过江面，远远地传来。司马休之躲在船舱里，心里有些发慌，见两船越来越近，而徐逵之又是站在灯光之下，一身将官的装束，不由得情急智生，便取出宝雕弓，搭上白羽箭，一箭射去。徐逵之正手扶着栏杆，望着对面的小船，猛听到金风破空，暗道不妙，却已不及躲闪，顿时额头中箭，翻身落进江里。舰上一阵大乱，众军兵顾不得江水寒冷，纷纷解脱了衣甲，下水抢救主将。司马休之等人乘机驾船逃走，到了江北，弃船登岸，与鲁宗之汇合，共投长安去了。徐逵之被部下从江里捞上来，连伤带冻，已是气绝。

噩耗传回建康，刘裕惊疼交加，令丁旿去为徐逵之收尸安葬，再将孀居的刘兴弟接回建康。丁旿受命之后，坐船渡过长江，来到了广陵太守府。太守府门上贴了白，门前的空地上落了些枯枝败叶，显得有些萧索。刘兴弟披散着头发，两眼哭的红肿，穿着一身缟素，一个丫鬟扶着，来到前厅与丁旿相见，便询问起徐逵之中箭而亡的详细情况。丁旿本就讷于言词，垂手站在主公之女面前，听着她伤心地询问，更是难以表述。只有刘兴弟问一句，他才勉强答一句。刘兴弟的泪珠顺着脸颊滚滚而落，只得掩面叹息："丁督护啊！"多少伤心苦痛，尽在此言中。

第十九章　金戈铁马

> 广州献琥珀枕，价值连城。刘裕以琥珀治金疮，得之大喜，命碎捣分赐北征将士。

公元416年初，长安城里大雪纷飞。鹅毛般的雪花，盘旋飘舞在这座古城的上空。凛冽的西北风，发着尖厉刺耳的叫声，掠过乾安殿。偌大的殿宇，在漫天风雪里看起来隐隐绰绰。殿檐下，已挂起了一尺多长的冰凌。两扇宫门半掩着，台阶上结了厚厚的一层冰。几名太监、宫女，一个个低眉顺眼，小心翼翼地在殿中出出入入。殿内铺着锦质地衣，四角放着几个燃得正旺的炭火盆，墙上挂着金丝银线织成的帐幔，描龙画凤，绣工精致。一张阔大的轻纱帷帐，将大殿一分为二。帐帘挑起，露出里面的一张雕花檀木龙床。床上铺着一块黄缎子罩单，四围挂着黄色短幔。床前摆着几个镂花象牙脚凳和数盏银质灯架。已是黄昏，灯架上蜡烛全部点燃。秦王姚兴躺在床上，满脸病容，颧骨高高地凸起，眼睛没有光彩，嘴唇一动不动，呼吸微弱。几个宫女，梳着双髻，穿着直领对襟衫袄，手里捧着药碗，侍立在旁。

第十九章　金戈铁马

姚兴的侄子、齐公姚恢由安定（今甘肃省泾川北）赶回，也在一旁侍奉。太子姚泓坐在床前的一张脚凳上，见父皇病危，很是焦灼，愁云满面。姚泓字元子，二十八岁，是姚兴长子，头戴束发玉冠，身披黄色锦服，身形修长，肤色有些暗黄，为人孝友宽和，但文弱多病。姚兴的三子姚弼，暗地勾结姚恢等人，一直在觊觎太子之位。

这时，一个太监头上顶着雪花，蹑手蹑脚地从宫外走了进来，在姚泓耳边低声道："太子殿下，抚军将军姚绍有要事，请您移步至殿外说话。"姚泓听了，便让姚恢照顾着父皇，自己立起身来，迈步走出宫外。姚绍是姚兴的弟弟，五十多岁，头发略显花白，一张脸有棱有角，目光炯炯，穿着深紫色棉袍，腰系狮蛮带，背负着双手，立在宫外的廊檐下，望着光影里纷纷落下的白雪，见姚泓走了出来，忙过来施礼，关切的问道："太子殿下，皇上的病情怎么样？"姚泓叹了口气，低头不语。姚绍心里一沉，知道皇兄的病势不容乐观，便转了话题，道："殿下，臣方才接到密报，称广平公姚弼聚兵府内，有意作乱。太子殿下不可不防。"姚泓虽早知三弟图谋不轨，现在听闻，还是吃了一惊，道："皇叔，这个消息准确吗？"姚绍沉着的道："千真万确！姚弼打算等皇上晏驾之后，便起兵杀太子殿下而自立。"姚泓本来懦弱，听了这话，吓得变了脸色，不知如何是好。殿角飞檐上的铜铃，在风中"叮咚"作响。姚绍瞟了一眼年轻的太子，道："殿下不必慌乱，臣打算调任谦、梁喜接掌禁军，守卫皇宫。这两员将军都是我的心腹，必能忠于殿下。"姚泓忙道："如此，就有劳皇叔了。"姚绍逊谢道："皇上重病不起，而姚弼拥兵私第，欲不利于太子，此正是臣徇义之时。殿下放心，我自有安排。"说着，走下台阶，冒雪匆匆而去。

那雪越下越大，屋脊上一片雪白，殿前积雪盈尺。姚泓望着姚绍远去，怅然立于檐下，身影在台阶上拖得长长的，忽听殿内一阵大乱，有人叫道："皇上不行了，快传太医……"姚泓闻听，心里一阵悸动，双腿一软，几乎瘫倒在地，手扶着柱子定了定神，一路小跑着进到殿内,见父皇已在龙床上晕厥了过去。太医从偏殿匆匆赶了过来,跪在床前,给姚兴摸了脉,摇着头称:"皇上六脉全无。"周围的人听了,一齐号啕起来。姚恢以为姚兴已死,趁乱溜出宫,奔往姚弼的府上。

外面风雪交加,姚恢弯腰躬背地骑在马上,耳畔掠过"呼呼"风声,冻得索索发抖,双手勉强握着缰绳,冒雪前行。广平公府位于皇城北侧,门前静悄悄的,挂着两盏气死风灯,照着阶下厚厚的积雪。姚恢来到府门前,向左右望望无人,便上前敲门。不一会儿,大门"吱呀"一声打开,出来一个家人,见是姚恢,不敢怠慢,忙引着他去前厅。前厅里灯烛辉煌,人影摇摇。姚弼身披锦袍,腰里挂着一口宝剑,剑鞘是镀金的,剑柄镶嵌着一颗晶莹夺目的宝石,正坐在桌前,周围围着不少将校。自姚兴重病卧床以来,姚弼就聚兵府中,专伺时变,这会儿见姚恢到来,忙起身相迎,道:"贤弟,这么晚来,可是宫中有了消息?"姚恢几步来到姚弼近前,急切道:"三哥,皇上驾崩了。"姚弼眼皮一跳,颤声道:"这个消息可真?"厅里比外面暖和许多,姚恢头发上的雪花融化,雪水直流至后颈,不禁打了一个冷颤,道:"我刚从宫里出来,亲眼所见,怎么会假?"姚弼一咬牙,转头对厅里的亲信说:"你们都听见了?养兵千日,用兵一时。今日大家须得卖把子力气。"周围的将校们齐声道:"死生唯殿下所命。"姚弼一挥手,与众人涌出厅外,集齐两千多全副武装的军士,出了府门,踩着路上的积雪,直奔皇城的端门。

端门即是皇城的正门,砖石砌成,面宽七间,进深三间,上下均有回廊。上建有两层城楼,高十余米,南北上沿各有一米多高的宇墙。抚军将军姚绍已命侍中任谦、右仆射梁喜、冠军将军姚赞、京兆尹尹昭、辅国敛曼鬼并典禁兵,宿卫于城上,以防不测。姚弼率兵打着火把,顶风冒雪,如一条火龙,来到端门前,见两扇金漆的大门紧闭,又望到城堞上密布刀枪,不由得气急败坏,下令烧毁端门。叛军在端门前积起一堆小山似的干柴,泼上油脂,正准备放火。突然,门

第十九章　金戈铁马

上响起了警跸之声。姚弼和他的部下全都大吃一惊，一齐抬头，向城楼上望去。

　　城上被火把照得通明，漫天大雪里，秦王姚兴头戴冲天冠，身穿绣龙袍，颤巍巍地坐在辇上，由几个太监抬着，冒寒登上了端门，身边是些武装侍卫。原来，姚兴方才只是晕厥过去，经太医一番抢救，又悠悠醒来，听说姚弼叛乱，又气又恨，勉力坐上步辇，让人抬了过来。一个太监立在城头之上，手里捧着诏书，高声朗读道："奉天承运，皇帝诏曰：广平公姚弼怀奸积年，谋祸有岁，包藏祸心，扰乱社稷，着即赐死。众从乱者概不问罪。钦此。"姚绍全身披甲，持刀立在一旁，待诏书读罢，抹了一把脸上流下的雪水，大声道："皇上只罪祸首，不问协从。城下的将士，你们都是大秦的臣子，何必助逆？快快散去，免得玉石俱焚。"外面的叛军见姚兴未死，一个个相顾失色，弃甲抛戈，四散而走。姚绍领兵出皇城追击，捕杀姚弼，斩其党羽姚愔、散骑常侍吕隆、大将军尹元等。姚恢趁乱逃出长安，潜回安定。秦主姚兴不过是回光返照，经这么一番折腾，已是油尽灯枯，还未及下城，便在辇里溘然长逝。

　　长安大乱的消息，传到建康，已是三月份。太尉刘裕闻听秦国内讧，不禁大喜，便将刘穆之、傅亮、沈田子等僚佐召至府中计议。刘裕今年已五十四岁，身形虽不见佝偻，但无情的岁月，还是在他的脸上刻下一道道深深的皱纹，头发已白了大半，只是那双眼睛依旧有神，披着一件黑色缎袍，居中而坐，对众人道："自灭南燕后，我本有进取关中之志。只因内乱不断，一直不曾成行。今卢循已平，国内无事。我欲兴兵伐秦，克复关、洛，诸位以为如何？"王镇恶已随朱龄石班师回京，自江陵之役后，颇为刘裕所倚重，如今听了刘裕这番话，很是兴奋，率先响应道："天诱其衷，姚兴殒命。姚泓兄弟争位相残，正是我们进取的好机会。太尉若伐秦，卑职愿为前锋。"沈田子是江南土著，打心眼儿里不愿远征，听了王镇恶的这番话，暗皱眉头，委婉地对刘裕道："太尉北灭桓玄，南平孙恩，生擒慕容超，军功之盛，中外莫及。末将听闻'无外忧必有内患'今释姚秦以为外忧。太尉内抚群臣，使相辑睦，岂不为美？"傅亮头戴软巾，身着黑色棉袍，双手拢在袖筒里，道："卑职以为，太尉连年征战，丁夫疲于转运，妇女困于织纴。百姓们不得休养生息，已然元气大伤。伐秦之计，请俟他年。"刘穆之在关中布有眼线，对秦国情况了如指掌，听了沈、傅二人的话，颇有些不以为然，先剧烈地咳嗽了几声，才道："这些天，我收到长安密报。西秦主乞伏炽磐屡犯秦境；并州（今山西省太原西北）匈奴部落聚众反秦；夏王赫连勃勃雄据甘、凉，也一直在袭扰秦边。姚秦因此内外交困，国力大减，已是不堪一击。此时伐秦，胜算还是很大的。"

刘裕见刘穆之面色苍白，一脸病容，往日丰腴的双颊也瘦了下去，关心地问："穆之，你脸色这么难看，可是病了吗？"刘穆之苦笑道："一点小病，大概是着了凉，不碍的。有劳太尉牵挂。"沈田子沉吟道："姚秦奄有关中，实力雄厚，虽有外患，国本未伤，所谓'百足之虫，死而不僵。'这个时候伐秦，恐怕难操必胜。"刘裕一摆手，斩钉截铁地说："长安本是我大晋旧壤，为逆贼姚氏所据有年。姚泓懦而多病，兄弟乖争。我乘其危，兵精将勇，何故不克？"沈田子和傅亮见刘裕已拿定主意，只得奉命。刘裕手抒胡须，扫视了一眼众人，见大家再无异议，便道："镇恶，你既愿为前锋，当善择战机，提前部署。有什么想法，现在说说吧。"王镇恶思虑已熟，便简明扼要地说道："大军北征入关，当然要先走水路，可从京口沿长江而上，由淮水进入黄河，再逆河西行，转经渭水便可直达长安北郊。但我军各路人马整编完毕，至少得三个月，却又入夏，不宜远征。卑职以为，到八、九月份出兵，最为妥当。"刘裕听了，道："不错，秋高气爽，正好厮杀。"刘穆之转过头，望着王镇恶道："太尉今日委卿以伐秦之任，卿其勉之！"王镇恶沉稳地说："我若不克关中，誓不复济江！"当天，众人定议，刘裕遂令各地驻军至京口集结。

第十九章　金戈铁马

转眼到了八月中秋，这天晚上，皓月初升。刘裕与张夫人都是家常打扮，在后花园里，结饰台榭，设大香案，烧斗香，迎寒祭月。亭子旁边摆着香斗。香斗的四周糊有纱绢，上绘有嫦娥、玉兔，里面插满了点燃的线香，青烟袅袅。香斗旁是香案、纸扎的魁星及一些彩色旌旗。香案上银烛高燃，还摆满鲜果、月饼等祭礼。众人跪在案前，望空祷拜已毕，便在凉亭里小憩。亭子左侧是一片桂花树林。一株株丹桂亭亭玉立，枝繁叶茂。无数朵色泽淡黄的小花，衬着青绿色的椭圆叶子，清香四溢，直透出数里之外。桂树枝上挂着许多小小的桔灯，照耀的四外通明。

这几年，张夫人也明显见老，眼角布满了鱼尾纹，鬓边露出星星白发，但精神尚好，命丫鬟在亭子里安排桌椅，与刘裕等团坐赏月。桌上摆着月饼、西瓜、苹果、李子、葡萄、麻饼、蜜饼、桂花鸭等，还有一小碟桂浆芋头。刘裕尝了块芋头，赞不绝口，问道："这芋头上面浇的是什么？"张夫人笑道："我带着丫鬟，在节前采摘了些桂花，再用糖及酸梅腌制成糖浆，浇在芋头上。"刘裕的长子刘义符已十一岁，次子刘义真十岁。两个孩子也凑过来，各尝了一口，都觉得太甜，一齐咧嘴做了个鬼脸，又吃了半块月饼，便跑到亭子外面烧塔。那塔是用碎瓦片砌成，三尺多高，里面是中空的，顶端留一个塔口，投入木屑、竹片、谷壳等物作燃料。刘义符与刘义真将引火之物从塔下点燃，待火旺时，又从旁泼入松香粉。火焰轰然腾起丈余，把整座瓦塔烧得透红。兄弟俩在旁边拍手称快，又取来个柚子，在柚子上插满香，周身舞动，自称为"舞流星香球"。

微风飒飒，几朵似絮如绢的轻云，簇拥着皎皎明月升上了中天。淡清的月光，如烟似雾，洒到花园里，为花草树木披上了一层轻薄飘逸的银纱。婆娑的花草丛里，几只萤火虫飞来飞去，又飞去飞来。张夫人坐在亭子内，一边看着两个孩子玩耍，一边对丈夫道："听说过了中秋又要北伐了？"刘裕道："不错，兵马都已在京口聚齐，过了节就要出征。这次我想带义真同去，也让他历练历练。"张夫人提起酒壶，给刘裕斟了一杯蜜酒，自己也倒了一杯，端酒轻啜了一口，把酒杯又放在桌上，道："昨天，广州献一批琥珀枕。我想，琥珀有散瘀止血的奇效。咱们府的冯厨子，去年杀鸡的时候，不慎用刀在手上划了一道很大的伤口。郎中就是用琥珀末配药，给他外敷，伤口很快愈合，且不留疤痕。这些琥珀枕在我这里没什么太大的用场，倒不如你带了去，到战场之上，万一有个缓急，也可用来疗伤。"刘裕大喜，道："这事我怎么不知？"张夫人掠了一下鬓角的头发，抿嘴笑道："这些日子，你总是忙着出兵的事，哪还顾得了家里。"说着，命几个丫鬟去卧房，将那箱琥珀枕抬了来。

　　丫鬟们领命而去，不一会儿，抬着一个五尺见方的木箱，放到亭内。箱子上刷着金漆，描龙绣凤，很显华贵。张夫人立起身来，走到箱前，打开箱盖，对刘裕说："老爷，你来看。"刘裕走过去往箱里一望，果不其然，里面大约有二十枚琥珀枕，每枚约有两尺多长，在灯光的映照之下，晶莹剔透，光芒四射，耀眼生辉。刘裕随手拿起一枚，见那枕头犹如水晶，隐隐有一股松脂香气扑鼻而来，道："据说松脂沦入地下，千年化为茯苓，又千年才化为琥珀。琥珀自来便是珍物，极为难得，吸湿又不会发霉，不必点火，稍加按摩，就可散发出松香，制成枕头，颇具安神定性之效。夫人，这些琥珀全给了我，你倒舍得？"张夫人笑道："哎哟，再好的东西，也不如人命值钱。你带了去，给大家分分。全分是分不过来，只好给那些都督大将们每人一些。"刘裕将手里的琥珀枕放回箱里，道："琥珀对痈疽疮毒、跌打创伤、风湿病痛颇有奇效。古人曾云：'其中多琥珀，佩之无瘕疾！'咏的就是它的药效了。"说着，谢了张夫人，便命人将琥珀枕抬到前院捣碎，连夜分赠北征大将。

　　又过了几日，秋意渐浓，天气凉爽了许多。天空显得格外高远，四野叶枯草黄。晋豫章郡公、太尉刘裕以世子刘义符为中军将军，监太尉留府事；命刘穆之为左仆射，领监军、中军二府军司，留镇京师，总摄内外；命太尉左司马徐羡之为穆之副手；以左将军朱龄石守

第十九章 金戈铁马

卫殿省,总督京师兵马;以扬州别驾从事傅亮任留州事;自己率檀道济、王镇恶、沈田子、毛修之等将领赴京口,驻扎在江边的军营里。

这天清晨,朝阳初升。江畔的柳树叶子半青不黄。飒飒秋风吹过,有些叶子飘落到堤上,又随风落进江中。江面上波光粼粼,闪烁着点点金光。晋军数百艘战船沿江布列,旌旗如潮,桅杆林立。江岸之上,扎起了层层叠叠的军营,连绵逶迤,一眼望不到头。悠长的画角之声,此起彼伏。傅亮押解着黄酒一万坛、猪羊五千口,还有二十万石大米,来营劳军,将物资转交给辎重营之后,便赶往中军大帐,见了刘裕,躬身施礼道:"卑职一路行来,但见大营之中,军势雄壮,将士如猛虎,战马似蛟龙。太尉治军有方,此次出师可望全胜。"刘裕笑道:"季友,你看到的只是一部分,还有些胆小畏战的,竟至于自残肢体。昨天,刚处决了十几名逃兵。"说着,二人落座。傅亮又道:"我军于上月就已集结完毕,直至今日,却仍未离京口。敢问何时可得启行?"刘裕道:"楼船若无风力,行走缓慢。再过几天,待北风大作,便可出兵了。"傅亮道:"太尉确定这几日内就有大风?"刘裕道:"不错,我这几天默察风候,断定五日之内必有北风。届时,楼船乘风,行驶迅捷,一日行程便可抵现在三日。"

二人又说了一会儿话,见天色渐晚。刘裕吩咐摆酒款待傅亮。傅亮道:"军中一切从简为好,太尉不必过奢。"刘裕道:"军中委实没有什么好东西,只不过你此次劳军,带来美酒猪羊。我就用这些招待你,也算做个便宜东道。"说着,二人相对大笑。不一会儿,酒席摆上,果然是简单而实惠的几个菜。军士又搬来一坛黄酒。酒至半酣,刘裕对傅亮道:"季友,你做了多年京官,想不想到地方上任职?现今豫州刺史出缺,你去如何?"傅亮现为正三品,若得任豫州刺史,就成了从一品的大员,可谓不次超迁,忙起身叩头,道:"多谢太尉提拔,就恐卑职德才微薄,有负太尉眷顾。"刘裕忙道:"起来,起来,坐下说话。"傅亮又磕了个头,方才起身,侧着身子,坐在椅子上。刘裕端起酒碗,灌了一大口酒,放下酒碗,擦了擦嘴,道:"季友,须知今年与往年不同,戎事要紧。你到了豫州,立即就得筹措粮秣,年底要多交二百万石军粮!"傅亮心里一惊,道:"豫州户口有限,租赋历来有定额,忽然增收二百万石,不是小数。卑职乍一上任,即以此为初政,恐怕百姓以卑职为聚敛之人。"刘裕见傅亮神色惶恐,便道:"这次北伐,动用了七万将士,没有军粮,怎么打仗?两淮屯田数百万亩,多纳些粮应该不太困难。关中人口百万,地方数千里。我克复关中之后,收其金银玉帛以助国用,再减免豫州的租赋就是了。"傅亮听了,只得道:"卑职愚弩,得聆太尉高论,实是茅塞顿开,过几日就赶往豫州,办理军粮事宜。"二人边喝边谈,至晚而散。

三天之后,北风大作,呼啸着卷过田野、山岗,摇撼着大树的躯干,枯草落叶漫天飞扬。江上巨浪涛天,天地间混沌一片。一面"帅"字旗于楼船之上冉冉升起,在风中烈烈飘扬。旗上几个遒劲的大字:"大晋豫章郡公、督荆江扬益青州诸军事、太尉刘"。楼船上的旗手不停地打着旗语,传达着刘裕的号令。晋军将士络绎登上战船,依次启行,兵分五路征讨后秦。龙骧将军王镇恶、冠军将军檀道济率兵为前锋,自淮、肥一带取许昌(今河南省许昌东、洛阳东北);彭城内史刘遵考率水军,趋石门(今河南省荥阳北),自汴水入黄河,直指洛阳;宁朔将军胡藩率部赶赴襄阳,再攻阳城(今河南省登封东南),策应洛阳的前锋主力;振武将军沈田子、建威将军傅弘之率部由江北趋武关(今陕西省商南西南),牵制关中的敌军;冀州刺史王仲德统军赴泗水开巨野泽(今山东省巨野北)入黄河。晋军船队扬起白帆,井然有序地驶入长江。江面上,号炮声接连响起,震耳欲聋。数百条战船,如一条条硕大无比的巨鲸,凌波冲浪,箭似的向北方驶去。

9月,刘裕帅船队来到了徐州之外的江面上。碧绿的江水,荡起层层鱼鳞状的微波,在秋阳的照耀下,显得分外绚丽。江边的树木挂着金色的枯叶,将落未落,荫影下的江畔,野草丛丛。刘裕乘坐的楼

第十九章 金戈铁马

船在水面上疾行,前方的巨浪被船头劈开,旋卷着,合在一起,又激荡开去,波涛汹涌,浪花四溅。刘裕正坐在二层船舱里,船舱前开门,两侧有窗,里面也很宽敞,可容七八人,后部摆有矮桌和坐垫。这时,丁旿拿着一沓军情文报,兴冲冲地推开舱门来见,道:"太尉,姚秦于潼关(今陕西省潼关东北)以东置有豫、徐、兖三州,屯兵薄弱,且缺乏防备。我军进展顺利,连克数城。王镇恶、檀道济已拿下漆丘(今河南省商丘东北)、项城(今河南省沈立)、新蔡(今属河南省)和许昌。沈田子自汴入黄河,攻克仓垣(今河南省开封西北),击降秦兖州刺史韦华。王仲德率水军入黄河,路过北魏滑台(今河南省滑县东),守将尉建率众弃城北渡黄河西走。王仲德进屯滑台……"刘裕听到此处,眉头一皱,道:"我军伐秦,自河入洛,清扫山陵,却不可与魏构兵。"便将随行的王书吏召到舱内,先把军报与他看过,吩咐道:"你以我的名义,写封信给魏王拓跋嗣,解释一下滑台之事。"王书吏领命,坐在矮桌前,提起笔来,一挥而就,信上道:"洛阳,晋之旧都,而姚秦据之;晋欲修复山陵久矣。司马休之、司马文思父子,皆国之蠹也,而姚秦收之以为晋患。今晋将伐之,本欲以布帛七万匹假道于魏,非敢为不利也。不谓魏之守将弃滑台遽去。王征虏借空城以息兵,行当西引,于晋、魏之好无废也。"刘裕看罢,便命使者送往北魏都城。

过了段时间,王镇恶、檀道济所部又攻克阳城、荥阳(今河南省荥阳东北)二城,与沈田子会师于成皋(今河南省荥阳西北),合兵逼近洛阳。这天,檀道济身披团花战袍,腰悬宝刀,骑在马上,引军过了邙山,驻扎在成皋北边的草原上。草原地势辽阔,放眼望去,草甸微微起伏着,直达到遥远的地平线。草色半黄,覆盖着大地。有的地方,野草长得比人还高。草丛里虫鸣声声,就是看不到虫儿的影子。晋军在草地里宿营,四野茫茫,无边无际,不见人烟,飞蚊、跳蚤纷扰异常。半夜却又起了沙尘暴,一时之间,黄尘迷目,几不见人。风力之狂,吹倒了无数帐篷,令人殊难成寐。

当晚，秦人却又借着风势，在草原上放起了火。天干物燥，熊熊火焰从北到南，漫无边际，连成一片火海，直烧了过来。晋军来自江南，哪见过这样的野火？顿时慌了手脚，眼睁睁地瞧着大火越烧越近。檀道济闻报，忙不迭地披衣出帐，看到十余里之外，已是一片通红。火头子漫卷而来，大概用不了一个时辰，就会烧到眼前了。晋军的营盘扎在草原之上，就算人马能逃过这一劫，粮草辎重也万万带不走。大军离江南数千里之遥，一旦断粮，近在咫尺的洛阳秦军马上就会压过来，用不了几天，就会闹个全军覆没。檀道济想到这里，脸都白了。沈田子没戴头盔，披头散发，一脸的惊恐，在旁道："将军，快上马撤退，我带人在此扑火，必保您安然回到申城。"檀道济无奈，只得命众幕僚一齐上马，便要向南逃去，忽听远处马蹄声响，却是王镇恶驰马而至。王镇恶本统兵押着后队，此时前来，仍是镇定如恒，身披黑色大氅，到了檀道济的马前，勒住马缰，甩蹬下马道："请问将军，此欲何往？"沈田子颇不欲伐秦，一见王镇恶，气儿就不打一处来，破口大骂道："王镇恶，都是你撺掇太尉北伐！才让我们在此遇上了大火。今夜不知有多少弟兄要送了性命，老子先宰了你。"说着，"呛啷"一声，拔出宝剑，便要与王镇恶火拼。

檀道济连忙喝道："田子不得无礼，都什么时候了，还要自相残杀？"檀道济是刘裕嫡系，官阶也比沈田子高。沈田子不敢违令，只得收剑入鞘，立在一旁，恨恨地盯着王镇恶。王镇恶也不理他，不急不慢地对檀道济道："将军不必惊慌，我是北方人，也曾在草原上生活。草原上起了这样的大火，如果不遇雨，竟是长燃不熄。人逃到哪里，野火就会烧到哪里。"沈田子不待他说完，按剑而怒道："依你这么说，两万大军就只能坐等烧死不成？"这时，一阵阵浓烟涌来，呛得人喘不过气来。檀道济见火头又近了许多，军士们开始四处乱窜，营中腾起一片喧嚣，不由得心中急躁，道："镇恶，速速回营，带你的部下避火为是。"王镇恶却轻描淡写地道："不必避火！我来之时，已命军兵在营后放火，烧出一片空场，并已移营过去。"这

第十九章 金戈铁马

真是一句话点醒梦中人。檀道济何等聪明，一听就明白了，大喜道："镇恶，真有你的。"说着，急传将令，命各营将士在军营四周放起火来，烧出一片空地。野火烧到了营前，没了可燃物，自然熄灭。

过不多时，天光大亮。碧空如洗，金风阵阵，长空雁唳。军营四周，犹自烟雾腾腾，空气中弥漫着一股草木的焦味儿。檀道济便请王镇恶到帐中暂息。檀道济身材高大魁梧，硬实得像一座石碑。王镇恶面色黝黑，淡淡的眉毛下，一双眼睛炯炯有神，与檀道济一比，就显得瘦削了许多。两人入帐，各自落座。王镇恶说话向来干脆，直截了当地说："檀将军，洛阳就在眼前，守将是姚兴的四子姚洸，听说已集兵三万，伺机与我军决战。目前，你我联手，兵力也不过两万。敌众我寡，不知将军可有良策应对？"檀道济一夜未睡，却仍是精神抖擞，微微一笑，道："姚洸的主簿阎恢是我们的内线。据阎恢送来的情报说，洛阳司马姚禹是贪财好货之人。前些日子，我已派人潜入洛阳，送了份重礼给阎恢，让他贿赂姚禹，为我们作内应。据我估计，这事倒有八九分可成！"王镇恶大喜，道："如此，我军将兵不血刃，拿下洛阳了。"说到这里，二人相对而笑。

这天晚上，洛阳城内，华灯初上，秋虫长鸣。天地间秋色冥冥，城头上归鸦翩翩。飒飒金风过处，枯叶渐次飘零。洛阳司马姚禹三十多岁，一张长条脸，鹰勾鼻子，双唇削薄，身形高瘦，当初是走了姚弼的路子，才得以到洛阳任职，听说姚弼被杀，已是惶惶不可终日，忽见门上人来报，称阎恢求见，便命家人将其请入客厅。阎恢中等身材，疏眉细目，颌下微有胡须，穿着一身半新不旧的长袍，脚下一双长筒靴，手里提着一个小包袱，随家人进厅见了姚禹，躬身行礼。二人略事寒暄，分宾主落座。家人斟上茶来，退出厅外。姚禹目光闪烁不定，道："足下夤夜到访，不知何事？"阎恢一笑，开门见山道："姚司马，晋军来伐，不知您有何打算？"姚禹叹了口气，道："先皇乍逝，深宫喋血，内忧外患，纷至沓来。据

我看，形势不妙啊。"

阎恢听这话对路，便大胆地挑明来意，道："将军，良禽择木而栖，良臣择主而事。刘裕太尉兴兵伐秦，所向披靡，此殆天授，非人力也，秦国灭亡之日不远。将军何不弃暗投明？上可立不世之功，下可保宗族亲眷。"姚禹一听，不禁大吃一惊，道："阎主薄，你好大的胆子，敢说出这种大逆不道的话。我这就命人绑了你去见姚帅。"说话的语气虽严厉，声音却是很低，似是怕厅外有人听见。阎恢一笑，继续说道："姚司马，您受知于广平公，今广平公已为今上所杀，就算今日杀了我，日后也难保身家性命。"这句话极是厉害，正中姚禹的心事。姚禹听了，目光骤然变得黯淡，长叹一声，垂首不语。阎恢又解开桌上的包袱，露出里面的一个匣子，打开来，原来是满满的一匣珠玉宝石，在灯光的照耀之下，光华璀璨。阎恢将匣子向前一推，道："这是檀道济将军的一点儿心意，还请您赏收。"姚禹见了眼前这些财宝，不由得贪心大动，又想起国事家事，已是风雨飘摇，便轻轻点了点头。

第二天，秋风劲吹，树上的黄叶纷纷落在地上，如一张巨大的黄色地毯，给这座城市凭添了几分萧索。豫州牧姚洸三十多岁，留着一撮短而硬的八字胡，眼窝深陷，一双棕褐色的眼睛，头发在脑后挽成一个发髻，身披杏黄色长袍，见晋军逼近，已派使者去长安求救，又在府中召集文武僚佐议事。老将军赵玄额头上布满了皱纹，面如古铜，下颌留有三缕长髯，身材高大，宽宽的肩膀，虽已年逾六十，但中气充沛，声若洪钟，曾任后秦开国皇帝姚苌的帐前校尉，久经沙场，经验丰富，对姚洸说："今晋寇益深，人情骇动，众寡不敌，若出战不捷，则大事去矣。将军宜敛兵固守，以待援兵。洛阳形势险要，巩固不拔，西有休水环绕入洛，南接嵩峰进退有据。洛阳不下，晋军必不敢越我而西。"司马姚禹在座，听了这话，暗道不妙，忙站出来对姚洸说，说："殿下以英武之略，镇守一方，若婴城示弱，恐为朝廷所责！卑职不才，愿领一彪军马，前往虎牢关镇守，必能破

第十九章 金戈铁马

敌。"姚洸深以为然,便命姚禹领重兵进驻虎牢关,择机与晋军决战。赵玄苦谏不从,流着泪对姚洸说:"末将受三帝重恩,志在以身殉国。大帅不用忠臣之言,而为奸人所误,后必有悔。"姚洸仍是固执己见,听赵玄说话可厌,便打发他领兵一千,去守柏谷坞(今河南省偃师市东南四十里)。

秦主姚泓收到洛阳方面的告急文报,便派越骑校尉阎生率骑兵三千人、武卫将军姚益男率步兵一万前往助守洛阳,又遣东平公姚绍自蒲坂(今山西省水济西南)进屯陕津(即茅津,今河南省三门峡市西黄河上),以为后援。援兵未到,姚禹便以虎牢关降晋。虎牢关自古为东都锁钥,山河四塞,战略位置十分重要。王镇恶、檀道济等占了这一要地,遂领兵长驱大进,逼近洛阳。沈田子领军五千,包围了柏谷坞。柏谷坞地处嵩邙之间、河洛之畔,悬崖壁立,沟壑纵横。赵玄来到柏谷坞后,屯兵扎寨,建起三座土崖高垒,各高数丈,西接干沟,相互勾连,如锁似封。沈田子领兵猛攻,箭矢如雨,锐不可挡。赵玄凭险御敌,苦战数日,兵士损失过半,知事不可为,遂免胄策马冲阵,死于乱军之中。姚洸连失虎牢关、柏谷坞,知道洛阳再也无险可守,只得惶迫出降。秦军万余人一时解甲,束手就擒。檀道济说:"伐罪吊民,正在今日!"将他们全部释放。于是夷、夏感悦,纷纷前来归附。秦将阎生、姚益男等得知洛阳失陷,不敢往援,驻兵观望不进。

第二十章　气吞万里

> 刘裕收秦彝器、浑仪、土圭、记里鼓、指南车送诣建康。其余金玉、缯帛、珍宝，皆以颁赐将士。秦平原公姚璞、并州刺史尹昭以蒲阪降，东平公姚赞帅宗族百余人来降，刘裕皆杀之。送姚泓至建康，斩于市。

公元416年11月，已是隆冬，天寒地冻。太阳也怕冷似的，躲进了厚厚的云层，空中弥漫着冰凉的薄雾。道边的树干光秃秃的，树下的枯草在风中打着寒颤。东晋太尉刘裕率军开进徐州，驻兵彭城。彭城既是北国锁钥，又是南国门户，襟带大江南北，周边水系发达，为历来兵家必争之地。彭城的城墙高达数丈，周长十余里，外面还用条石迭砌一周，起到加固城基的作用。整个城市开有四门，门上镌有"金汤巩固""崇墉障流"等题名。门内建有瓮城。远远望去，城垣绵延，如匹练横亘；城楼高耸，似生铁熔铸。

刘裕在彭城收到洛阳捷报，高兴之余，又担心王镇恶恃勇轻进，

第二十章　气吞万里

便派使者前去传令，命其按兵不动、休养士马，随即盛排筵宴，召集麾下十余名文武僚佐，会于中军帐内。众武将结束严整，文官们峨冠博带，围桌而坐。席间觥筹交错，言语欢畅。刘裕身披锦袍，胁下佩刀，坐在桌旁，频频举杯，与大家开怀痛饮。不知不觉，众人都有了几分酒意。毛修之内衬软甲，外罩紫袍，借着酒兴，高声道："我军收复洛阳，太尉功勋盖世，宜进九锡（cì，通'赐'）。"九锡是臣子所能得到的最高封赏，包括九种礼器，分别是：天子所用的车马及衣服、乐悬、朱户、纳陛、虎贲、斧钺、弓矢、秬鬯等。得到了九锡的大臣，便可拥有和天子相近的权力，而在皇权衰微之时，九锡就成了权臣篡位的前兆。西汉末年，王莽先受九锡，后迫汉平帝刘衎禅位，建立新朝；东汉末年，曹操被汉献帝刘协赐九锡，后来其子曹丕便篡位称帝；曹魏末年，司马昭曾受九锡，之后其子司马炎篡权建立晋朝。从这个意义上说，作为权臣，获九锡之赐，离篡位称帝就不远了。

众僚佐都熟知这些历史，听了毛修之的话，一齐望向刘裕，帐内立刻静了下来。刘裕虽也喝了不少酒，但并未沉醉，忙不迭地摇手道："洛阳虽复，也是将士之力，且长安未下，我怎可受此重赏？"毛修之手里端着酒杯，庄容道："太尉，正因为还未拿下长安，才宜受九锡，使关中军民知您大权在握，自然会来归降，可为我军前行减少许多阻力。"刘裕听了，觉得毛修之这话倒也有些道理。众僚佐也有攀龙附凤之心，齐声附合，在一边着实撺掇。宴会之后，刘裕便派毛修之还建康，向朝廷求九锡。

毛修之领命之后，不敢怠慢，第二日就动身，一路马不停蹄，回到建康。建康正下着漫天的大雪。寒风越刮越紧，路面上覆盖着一层薄冰。毛修之先到太尉府，听门上人说，刘穆之已去了漕运署，便拨转马头，来到漕运衙门。漕运衙门位于建康城北，毗领着粮库，制度规模全仿京师衙署，有房百余间，分理粮储、收纳、支出、维修、防卫等事。衙署内建有一理事厅，倒也轩敞，为议理诸事之处。粮仓在东，自成院落，里面沿墙三面都是仓房。装粮食的仓房与一般房屋不同，除了门洞，没有窗户，都是一砖到顶的大瓦房，屋檐下开有若干透气孔，上面装着拦挡鼠雀的栅栏。仓房的地面用三合土夯成，非常平整，上用芦席围成一个个的粮囤。每囤存粮一千石。

刘穆之在建康掌留任，内总朝政，外供军旅，已有三天两夜没有合眼，眼圈乌黑，脸颊更显瘦削。那件棉袍穿在身上，显得有些宽大，晃晃荡荡的。正在这时，门上人来报，称毛修之由前线赶回。刘穆之打起精神，忙叫快请。不一会儿，毛修之来到堂内，从外面带进一股森寒的冷气，瞅见刘穆之病骨支离，不由得吓了一跳。刘穆之起身相迎，道："修之，一路辛苦了。"毛修之一拱手道："不敢，前方有些消息托我捎给大人。"刘穆之道："有事但讲不妨，请坐。"毛修之依言坐在一边，道："此次我军克复洛阳。诸人共议，以为太尉勋格宇宙，宜进九锡！故命末将回京，还请刘大人将这事转奏朝廷。"刘穆之听闻是这事，道："众望不可逆！明日我便上奏，请朝廷降旨。"毛修之听刘穆之说话时气弱带喘，关心道："刘大人留镇京师，纠察百僚，纲维庶政，虽责大事繁，但也得善自保养才好。羡之也在建康，有些事，不妨让他分担一些。"刘穆之道："羡之现充巡仓御史，自军兴以来，便全力保障漕粮北运，整日忙于修缮闸坝、培护堤岸、疏浚河道等事，比我还忙。现在，粮船由淮水入长江，再转入济水，一路畅通无阻。若前线进展顺利，粮船便可转至郑国渠、白渠，大约半年可到关中。这些，全是亏了羡之的辛苦操劳。"毛修之道："眼下天寒地冻，水面处处结冰。大军远征，旷月连年，若是水路不通呢？"刘穆之咳嗽了两声，说："辅以陆运即可，多用些车辆和畜力，足供军食调用。"此时，雪已止了，天空仍布满阴霾。二人又说了会儿话，毛修之便告辞而去。

12月，晋廷下诏，以刘裕为相国，总百揆、扬州牧，封十郡为宋公，备九锡之礼，位在诸侯王上，领征西将军，司、豫、北徐、雍四州刺史，又命朱龄石为传诏使者。毛修之随着朱龄石，一块儿回到彭

第二十章 气吞万里

城颁诏。刘裕这时却又改了主意，固辞不受，于417年正月，亲率水军自彭城入泗水，再由泗水转进黄河，一路北上，直指长安。

长安城外，鸟兽绝迹。天上不时飘落的雪花，把城内的宫殿、房屋、街道染成一片白色。秦主姚泓闻听晋军益深，将东平公姚绍召至未央宫商议对策。宫内四角点着檀香，烟雾缭绕。姚泓头戴冕冠，身穿龙袍，坐在丹墀上的一张金漆雕龙宝座上。东平公姚绍身披战袍，立在殿内，向姚泓道："陛下，晋兵已据洛阳。齐公姚恢镇守安定，素与姚弼交好。安定孤远，为夏王赫连勃勃所攻，终究难以救卫。臣以为，应将姚恢征还朝廷，再将安定的镇户迁至京畿，可得精兵十万。虽晋、夏交侵，犹不亡国。不然，晋攻豫州，夏攻安定，社稷将危。"姚泓听了，略一思忖，道："姚恢镇守安定，素有威名，为岭北所惮。镇人屡为夏国所攻，已与赫连勃勃结下深仇，理应守死无贰。赫连勃勃终不能越过安定远寇京畿。若撤还安定兵民，虏马必至长安。今潼关的兵力足以拒晋军，何必豫自损削？"姚绍道："陛下，安定人自以孤危逼寇，思南迁者十室而九，若姚恢拥精兵数万，鼓行而向京师，必为社稷之累！事机已至，宜在速决。"

姚泓禀性优柔，正在拿不定主意的时候，忽见宫外慌里慌张地跑进一个太监，来到殿内，跪下奏道："皇上，大事不好！陕津（即今茅津渡）递来八百里加急，称征北将军、齐公姚恢与扬威将军姜纪率安定镇户三万八千，焚庐舍，自北雍州趋长安，自称大都督、建义大将军，移檄州郡，扬言欲除君侧之恶。"这话一出，君臣二人皆骇然失色。姚绍道："陛下，国家重将、大兵皆在东方抵御晋军，京师空虚。姚恢性识鄙浅，从物推移，却又生性峻薄，惑于信受，早年勾结姚弼，颇怀不臣之志，自姚弼死后，内有自疑之心，此番与姜纪引兵而来，必有反意。"姚泓只觉得脑袋"嗡嗡"乱响，抚案叹道："今晋军内侵，四州倾没，西方又有赫连勃勃不时扰边。朝廷之危，有如累卵。姚恢以宗室镇守一方，国危不能救，而更图非望，实为大逆不道！不得不纠合义师，出兵讨伐。"便命姚赞及冠军将军司马国璠屯河东，命武卫将军姚鸾屯潼关，诸军皆受姚绍节制。姚绍驰驿至北雍州，传檄诸城，谕以逆顺。姚恢不从，在姜纪等人的鼓动之下，举兵称帝，南攻郿城，败镇西将军姚谌。姚绍命宁朔将军尹雅为弘农太守，守潼关，调潼关守军三万往讨姚恢，与之相持于灵台，招降姚恢的部将齐黄，随后大举进攻，擒斩姚恢、姜纪等人。

初春时节，洛阳的天气还是非常寒冷，城内外的树木未长出新叶，树下的野草上挂着一层白霜。王镇恶攻克洛阳后，本打算驻兵待援，却收到姚恢作乱的消息，又知姚绍从潼关调走了大批兵力，遂机断而行，乘机进击渑池（今河南省洛宁西），遣毛德祖攻蠡吾城（今河南省洛宁西北），引兵疾趋潼关。檀道济、沈林子则从陕县（今属河南省）以北渡黄河，攻拔襄邑堡（今山西省平陵境），再攻秦并州刺史尹昭于蒲阪，不克，转攻匈奴堡（今山西省临汾一带），为姚成都所败。蒲阪城坚兵多，一时难下。秦主姚泓以东平公姚绍为太宰、大将军、都督中外诸军事，假黄钺，改封鲁公，使督武卫将军姚鸾等步骑五万守潼关，又遣别将姚驴救蒲阪。檀道济命河东太守朱超石、振武将军徐猗之合攻蒲坂，又为秦平原公姚璞与姚和都所败。徐猗之战死，朱超石敛兵而退。檀道济见蒲阪不可猝拔，即引兵南下，与王镇恶会师，大败秦鲁公姚绍，夺取了潼关，斩后秦大将姚洽、宁朔将军安鸾、护军姚墨蠡、河东太守唐小方等人。姚绍闻姚洽等败死，愤恚发病而亡。姚泓听到这一消息，又惊又悲，忙派遣使者去平城，向北魏求救。

平城（今山西省大同市）为北魏都城，方圆数十里，内有宫殿苑囿、楼台观堂等上百处，人口数十万，九衢相望，里宅栉比。城北如浑水、城西武州川水穿城而过。北魏明帝拓跋嗣收到姚泓的求救文书后，便召集群臣至广阳殿议事。司徒长孙嵩已五十多岁，高大的身躯略有些驼背，两鬓斑白，额头上有了些皱纹，高鼻阔口，身披皂袍，手持笏板，首先出班，道："陛下，秦与我为兄弟之国，不可不救。臣愿领兵断黄河上流，阻截晋军西进之路。"博士祭酒崔浩三十多岁，身材颀长，肤色白皙，五官清秀如女子，身穿一件蓝色长

第二十章 气吞万里

袍，出班驳道："陛下，刘裕图秦已久。今姚兴既死，姚泓懦劣，国内多难。刘裕乘其危而伐，其志必取。长孙大人若率兵遏其前路，必会激怒刘裕。晋军说不定便会上岸北侵我国。今柔然犯我边境，黎民饥乏，若再与晋兵作战，便为腹背受敌。臣以为，不应救秦！"长孙嵩坚持道："刘裕狡诈贪婪，虽声称伐秦，其志难测，也许会北渡黄河，扰我边陲。前一阵子，滑台失守，便是明证。臣愿领兵赴黄河一线，以备晋军。"拓跋嗣听了众人的意见，又与群臣商议良久，遂命司徒长孙嵩督山东诸军事，率冀州刺史阿薄干等将领，率步骑十万屯于黄河北岸。

这年三月，料峭春风带着些许的寒气，吹过大地。万物复苏，柳树的枝条上，冒出一个个含苞欲放的小嫩芽，黄河里的坚冰融化，滔滔浊流，卷着大大小小的冰块，向东流去。刘裕以左将军向弥为北青州刺史，留镇碻磝（今山东省茌平县西南），自领四万水军进入黄河，准备逆河西上，与王镇恶等人会师潼关。北岸长孙嵩见状，便率兵随刘裕的水军而行，不时袭扰，迟滞晋军西进。波澜起伏的河水汹涌奔腾，浩浩荡荡，翻卷起滔滔浊浪。晋军在南岸拉纤的兵士，有时被激流冲至北岸，便被魏军杀伤。刘裕派军上岸攻击，魏兵便退走。晋军退回船上后，长孙嵩便又率兵卷土而来。

这天一早，天刚破晓，万籁具寂。大河上下笼罩着一层轻纱般的薄雾。东方河天相接之处，泛起一片鱼肚白，水面上渐渐光亮了起来。刘裕命丁旿率七百人及战车百乘，抢渡北岸，距水百余步列"却月阵"。整个军阵呈弧形，两头抱河，形似新月，以黄河北岸为月弦。刘裕全身披挂，立在楼船高处，望向对面的河岸，密切关注着魏军大营的动向。毛修之披着件青色长袍，随侍在侧，对刘裕说："太尉，敌众我寡，贸然登岸布阵，风险是不是大了些？"刘裕却是胸有成竹的说："无妨！我军大舰重楼，高者十余丈，掌握着绝对制水权，可保障"却月阵"后方及侧翼的安全，更可向阵中运送兵源和作战物资。一旦战事不利，阵中将士也可安然返回舰上。"说话间，丁昨已布好"却月阵",在每辆战车上安排了七名全副武装的士卒,又于阵中坚起一根白毦(相当于信号旗)。朝阳初升,江上泛起的道道金波,如千万条金蛇狂舞。黄河水卷着旋涡,沉重地流淌。刘裕先已令冠军将军朱龄石戒严,见白毦既举,便命朱龄石帅率两千精兵,携带杖、矛、锤、槊及大弩百张,疾行上岸,进入"却月阵",在每辆战车上增置二十名士卒,又在车外张起巨盾。

中午时分,黄河上起了风。浑浊的河水像滚沸了一样,到处是泡沫和浪花。魏军统帅长孙嵩起初见几百名晋军在岸边摆列战车,不以为意,此时,见晋军立营已毕,就与阿薄干率数万骑兵出营,四面围攻。河面之上,水深流急,波涛汹涌。哗啦啦的涛声,令人惊心动魄。"却月阵"前,蹄声如雷,征尘大起,地面都在微微颤动。朱龄石头戴铁盔,身披铁甲,屹立在战车之上,见魏军逼近,先故意示弱,命军兵以软弓小箭射向魏军。长孙嵩、阿薄干果然中计,认为晋军兵少力微,遂三面合围。朱龄石见敌军越来越近,遂令士卒改换大弩猛射。晋军大弩上装有弩臂、弓弦和弩机,射程远,命中率高。铁制的弩箭长八寸,可连续发射,杀伤力极大。随着一阵破空之声,"却月阵"内箭如飞蝗。北魏骑兵纷纷中箭,人倒马摧,死伤狼籍。阿薄干杀红了眼,挥舞着马刀,命骑兵们跳下马来,肉搏攻向战车,使晋军的强弓硬弩逐渐失去作用。朱龄石手里提着宣花大斧,见阵外挤满了无数的魏军,遂率麾下士卒踊跃鼓噪,执短兵奋击,又将所携带的千余条槊,全部截断为三四尺长,槊刃朝外,用大锤锤击槊杆,一槊便能洞穿三四名魏军。魏军死伤无数,在"却月阵"外抛下了上万具尸体,四散溃逃。阿薄干被槊刺死,长孙嵩身中数箭,跌下马来,几乎被乱兵踩死,幸得部下救起,引败军狼狈退至畔城。

刘裕击退北岸魏军后,率水军沿黄河继续西进。晋军的船队溯流而上,迂回于悬崖峭壁之间,船头劈开滚滚波涛艰难前行,于四月下旬,到达洛阳。洛阳为东汉故都,有外城、皇城两重城垣。外城周长六十里,城墙全部以砖石筑成,呈方形,高近三十米,下有石板砌成

第二十章　气吞万里

的下水道。城市四面开有八座城门，门外有墩台，门内两侧有垛楼，垛楼外有阙楼，两者之间有长廊相连，城上建有飞廊、马道。城内街道纵横相交，宽窄相配，将整个城区分割成三市一百零九坊，形如棋盘。皇城位于城西，周五千余步，城墙高约二十米，里面建有含嘉宫、上阳宫等殿宇，宫禁深邃，宏伟壮丽。

刘裕率军由云龙门开进洛阳城。云龙门在洛阳城南，城门宽约三十米，云龙门大街是这座城市的主干道，宽百余米，直达壮丽的皇城。刘裕等人沿着云龙门大街进了皇城，来到含元殿。含元殿上盖着金黄的琉璃瓦，在阳光下闪着耀眼的光芒，四周种着些参天的古树。殿内有十二根立柱，上雕蟠龙，地上铺着大理石，宽大的窗户上张着红色的帷幕。毛修之一边随刘裕在殿内倘佯，一边道："太尉，末将接到前方战报，称沈田子、傅弘之入武关，克青泥（今陕西省兰田），在峣柳（今陕西省兰田）先发制敌，趁秦军营阵未立，首先出击，大破姚泓主力，斩首万余级，得其乘舆服御物，秦主姚泓奔还灞上（今陕西省西安东）。"刘裕披着一件黑色的大氅，负手缓缓而行，道："沈、傅二将虽勇，但所领兵力不足。修之，明天你就率一万人马前往增援，另外多带些粮草。"毛修之躬身领命，又道："王镇恶在渭南大败秦镇北将军姚强与姚难在泾上（今泾河入渭之口）的联军，斩姚强，又败姚瓒于郑城（今陕西省华县）。姚泓急遣姚丕守渭桥（今陕西省西安北），命辅国将军胡翼度守城东北之石积，以姚瓒守灞东（今陕西省灞水以东）。姚泓则自屯逍遥园（今陕西省西安城西）。这倒还罢了，只是王镇恶领兵不足两万，已由黄河入渭水，径趋长安。卑职倒是有些为他担心呢！"刘裕停下脚步，抬头望着高大恢弘的殿顶，道："兵贵用奇，不必在众。镇恶兵行险招，成则威无不加，败则一身不保……大概这几天就会有消息了。"

这时候的王镇恶，正率军溯渭水而上。渭水是黄河的最大支流，河水蜿蜒滔滔，气势磅礴，如一条黄色巨龙。王镇恶部乘着二百多艘蒙冲小舰，行船者皆在舰内。战舰旁边，河水翻滚着，咆哮着，泛起簇簇浅黄的浪花。姚丕派出的探子，见舰队疾进而无行船者，皆惊以为神。这天早上，王镇恶的船队来到了渭桥，不远处便是秦军的大营。渭桥为南北向的石桥，宽六丈，长三百八十步，横跨在东西流淌的渭河之上，下有青石质的圆形桥桩。两侧桥桩的间距约二十米，底部堆着许多护桩卵石，卵石外罩以铁网，抵御着河流的冲刷。

将近黎明，星星依然在闪耀。渐渐地，高远的夜空开始发白，东方隐隐浮现出一道亮光。四野鸡鸣此起彼伏，一阵微风掠过岸边的树梢，吹过人的脸颊，带来一丝寒意。王镇恶令军士们吃过早饭，全部持兵登岸，船上不许留人，后登者斩。将士们领命，争先恐后地弃船上岸，在岸边列队。渭水湍急，腾起巨浪。二百余艘战舰随流而逝，倏忽不知所之。王镇恶头戴铁盔，身披鱼鳞甲，手持钢刀，站在队前，用刀尖指着数里之外的长安城，对将士们说："弟兄们，你们的家都在江南，眼前是长安北门，去家万里。今日进战而胜，则功名俱显；不胜，则骸骨不返。除此再无别的选择。不怕死的就随我来！"说罢，身先士卒，直奔敌营。五百名敢死队紧随在王镇恶身后，皆持大砍刀，如墙而进，突入姚丕的营内，放手砍杀。众将士紧随其后，大败姚丕。姚泓与姚瓒引兵来救，为败卒所踩踏，不战而溃。战场上横七竖八满是秦军的尸体。秦将姚难、胡翼度等人皆死于乱军之中。姚泓见兵败如山倒，拨马就往城里逃去，一路之上，见道边躺着许多伤兵，身上都是污血，肩膀挨着肩膀，脑袋抵着脑袋，有的人直挺挺地躺在地上，一动不动，不知死活，有的人痛苦地呻吟着，在地上辗转反侧。

姚泓单马入长安，遁回皇城。皇城的宫墙足有十余丈高，两扇大门却是敞开着，里面冷冷清清，太监、宫女早已逃得无影无踪。姚泓勒住马缰，跳下马来，双脚轻飘飘地走进去，步态透着疲惫，像喝醉了酒一般，歪歪斜斜，跌跌撞撞，在乾安殿前遇到了儿子佛念。姚佛念年仅十一，见父亲狼狈而回，忧形于色地道："今兵马皆尽，而晋寇近在咫尺，不知父皇有何打算？"姚泓叹了口气，道："事已至

第二十章 气吞万里

此，只有投降了。"姚佛念一手拉着父亲的袖子，仰起小脸说："晋人将逞其欲，虽降必不免，不如引决自裁。"姚泓怃然不应，转身走进乾安殿，无力地坐在龙椅上，正在发呆，忽听殿外"扑嗵"一声，传来重物坠落的声音，不禁吃了一惊，抄起身边的宝剑，走到殿口一看，原来是姚佛念登宫墙自坠而死。姚泓撒下手中剑，疾步走过去，跪在地上，抱着儿子的尸体，怔怔地流下的眼泪。这时，王镇恶等人已冲进长安，将皇城团团包围。下午，姚泓知大势已去，便带着妻子、群臣出皇城请降。王镇恶将姚泓等人押入大狱，得城中夷、晋六万余户，慰以国恩，号令严肃，又派人飞报与刘裕。

9月初，刘裕收到捷报，立即领兵赶赴长安。一路之上，旌旗飘舞，号带高扬，鼓声阵阵，军容甚盛。晋军过了潼关，沿着渭水北岸，一路行来，但见山河雄伟，关塞壮丽，更有冀阙、咸阳宫、兰池宫、甘泉宫和上林苑等，廊腰缦回，嵯峨庄严。大军来到灞上，忽见前面来了一彪人马。原来，是王镇恶陈列法驾，备千乘万骑，前来迎接。王镇恶左臂缠着绷带，用一根布条系在脖子上，身披黑色战袍，内衬软甲，腰悬宝剑，纵马来到刘裕的马前，跳下马来，跪在路侧，道；"末将恭候太尉。"刘裕忙下马，将其从地上扶起，道："镇恶，你的胳膊怎么了？"王镇恶笑道："那日在战场上，中了一支冷箭，已不妨事了。"刘裕执手相慰道："成我霸业者，卿也！"王镇恶谦逊道："太尉之威，诸将之力，镇恶何功之有！"说着，二人上马，引兵继续向长安进发。

刘裕骑着一匹黑鬃马，手搭凉棚，望向长安高大的城堞，道："镇恶，有人又称长安为斗城，是什么缘故？"王镇恶世居关中，自是熟悉，便道："长安的南城墙为南斗形，北城墙为北斗形，故又得名斗城。"刘裕久居江南，听了这话，更来了兴致，道："天下的城池，多是长方形。长安城为何大费周章，建成这般形状？"王镇恶文武全才，博通坟典，道："太尉，汉承秦制，以建亥之月（夏历十月）为岁首。刘邦灭项，入主咸阳时，正是十月，此时北斗的斗柄正指向西北。所谓'斗柄北指，天下皆冬。斗柄运于上，事立于下。'所以，萧何建宫室城垣，便将两边城墙建成斗星形状，以体象乎天地，经纬乎阴阳，据坤灵之正位，仿太紫之圆方。"刘裕道："长安城墙一定要仿南斗、北斗，原来有此深意。"王镇恶道："正是！《史记·天官书》称：'北斗七星，所谓旋、玑、玉衡，以齐七政'。'七政'即春、夏、秋、冬、天文、地理、人道。'南斗为庙，其北建星'。南斗，即斗宿。'斗为帝车，运于中央，临制四乡'。长安城建成南斗与北斗状，象征中央居要、政通人和、长安久长的含义。"刘裕道："那长乐宫、未央宫的取名，大概也是这个寓意了？"王镇恶笑道："太尉所言不错。"

二人边说边走，不一会儿，引着大军来到了长安。长安城方圆数十里，外城四面各有三个城门。城内有六条大街，是全城的交通干道。朱雀大街全长五千多米，纵贯南北，衔接着皇城的朱雀门和外城的明德门，把长安城分成了东西对称的两部分。东部是万年县，西部是长安县。城内居民区划分成了一百一十坊，形似棋盘，街衢井然。宫室、朝寝、宗庙集中在城市的中部和南部，左祖右社，前朝后市，布局严谨。

刘裕将兵马驻扎着城外，与王镇恶引着三千铁甲军入长安，沿着朱雀大街，一直来到城北的皇城。皇城南北一千五百米，东西约三千米。城四周有围墙，东有延喜门，西有安福门，北有玄武门。南面正中的朱雀门是正门，上有台阁式门楼。皇城内有东西街七条，南北街五条，左宗庙，右社稷。中部为未央宫，宫中还建有两仪殿、甘露殿、延嘉殿等，高大雄伟，气势庄严，更有无数亭台楼阁、池馆水榭、雕甍绣槛隐于青松翠柏之中。众人来到未央宫前。宫内已收拾妥当，太监、宫女列于宫门之外迎接。王镇恶跳下马来，对刘裕道："太尉鞍马劳顿，请先入宫休息。"说着，告辞而去。几个太监、宫女给刘裕磕了头，便引着刘裕走进宫内。

天色渐晚，那轮红日向西沉去。刘裕见未央宫前摆有假山怪石、花坛盆景，还有十几株藤萝翠竹，点缀其间，佳木茏葱，奇花闪灼。

第二十章 气吞万里

宫外四面是抄手游廊，外面白石为栏，有十几级石磴，便拾阶而上，走进内殿，见里面收拾得十分整洁，北墙下放一张雕花大木床，上挂青色帐幔，纱幔低垂。四壁粉刷的雪白，有如雪染冰砌，上挂锦缎。地下铺着金色方砖，一尘不染。床前是一张紫檀木的长条桌，上面放着鉴柱镜架、金盒银罐等。寝殿四角摆着香炉，里面燃着檀香。刘裕长途跋涉，也真是乏了，用过晚饭，便倒在床上，酣然睡去。第二日，刘裕命人打开秦国府库，见物资丰富，币藏盈积，遂收秦彝器、浑仪、土圭、记里鼓、指南车送诣建康，其余金玉、缯帛、珍宝，皆以颁赐将士，三军大悦。秦平原公姚璞、并州刺史尹昭以蒲阪来降；秦东平公姚赞率宗族百余人来降。刘裕将他们全都处决，又派人将姚泓押送到建康，斩于市。

第二十一章　青泥之败

> 刘裕驻足立在薄纱似的月光里，蓦然觉得有种悲怆之意，像雾一样在心里点点蔓延，暗道："可惜！百年之寇，千里之土，得之艰难，失之造次，一时不慎，使丰、鄗之都再沦于敌手……"想到这里，不禁慨然流涕。

这天早上，刘裕头戴束发紫金冠，披了件宽袖广身的锦袍，身后随着丁旿和几名侍卫，走过百余米的马道，登上高大的长安城墙，但见城内殿堂、曲台、渐台、选室、温室、承明等鳞次栉比，可谓是五步一楼，十步一阁。城外一座座山峰呈墨蓝色，山间雾霭泛起，似乳白的轻纱把重山掩覆，只剩下青色峰尖。刘裕露在冠外的头发已经全白，额头上皱纹堆垒，悄悄诉说着岁月的沧桑，眼窝微微下陷，眼睛不复往日神彩，但睥睨四望之际，见关山万里尽在掌握，心中仍是豪情陡生。

太阳越升越高，阳光透过云彩的缝隙，温暖的照射下来，让人身

第二十一章 青泥之败

上暖洋洋的。沈田子穿着一件紫色战袍，登城来到近前，躬身施礼。刘裕披襟当风，心情正好，笑着说："田子，你来有什么事？"沈田子自来到长安，就有些水土不服，现在脸色还有些发青，头发被风吹乱，有几绺长发覆在前额，道："太尉，前几日犒赏三军的时候，末将清点秦国府库，发现王镇恶从中盗取珍宝无数。而且他还私藏姚泓御辇，必是心存异志。"刘裕听了，很感意外，笑容立敛，暗想："此次灭秦，王镇恶实居首功，若仅是吞没些财物，倒没什么，但收用姚泓的御辇，这个问题就严重了。"想到这里，扭头对丁旿道："丁督护，姚泓的御辇可否还在？"丁旿负责宫中宿卫，身披一件宽长曳地的袭衣，腰悬宝刀，在一旁立的笔直，道："太尉，卑职亲见姚泓的御辇被扔在墙根下，只是上面的金银已被王将军剔走了。"刘裕释然，对沈田子道；"田子，用人不疑，疑人不用。你与镇恶谊属同袍，别总忌他。"沈田子这才无言。

太阳渐至中天，长安城里开始热闹起来。此时距晋军入长安一月有余，城中的生活秩序已然恢复正常。刘裕与众人下了城，沿着朱雀大街向皇城走去。街道两边，有些买卖铺户正在下板营业，几家绸缎庄、杂货铺、酒馆、茶舍、当铺都在门前挑起了招子。街边也零星冒出了一些小吃摊，售卖着浆水鱼、麻什子、面条、羊肉汤、饺子、油面沓沓、荞面饸饹等关中小吃。街道上行人不断，多为国字脸、单眼皮、丹凤眼，配着高高的鼻梁，彰示着关中人的相貌特点。

刘裕等人信步走来，觉得有些肚饥，看到街边有家"彭家羊汤馆"，便走进店里，见里面坐着十几名客人，有一股羊肉的香气扑鼻而来。羊汤馆的彭掌柜已六十多岁，矮矮胖胖，一脸的皱纹，眼型细长，内勾外翘，三绺花白的山羊胡子，穿着一件黑布长袍，见刘裕等人进来，忙热情地上来招呼。刘裕道："掌柜的，给我们来几碗羊汤。"彭掌柜为人精明，见对方个个佩刀悬剑，说话又是南方口音，知道必是晋军大将，忙将刘裕等人让到后院的雅座。彭掌柜换去宽大的衣服，亲自去抓了一只小肥羊，拉到井台旁杀了，去皮、剔骨，将大块的新鲜羊肉清洗干净，拿到廊下剁块，扔到厨房的锅里，煮将起来，又将羊腿骨用斧头劈开，扔进另一口大锅里，加入清水和香料，用小火慢炖，使其中的骨髓熬到汤里。彭掌柜的十个手指头又短又肥，像十个小棒槌，做起这些事情却显得非常灵活。没多大工夫，羊肉煮熟，滚烫雪白的羊骨头汤也熬好。伙计将羊肉捞出来，沥干水分，切成薄片，放入滚水里汆过后搁进碗里，再浇上羊骨头汤，洒上碧绿的香菜和葱花。一碗热气腾腾、香气四溢的羊肉汤就做成了，端得是色白似奶，水脂交融，鲜而不膻，香而不腻。彭掌柜手里托着个红漆的大木盘，将几碗羊肉汤端上桌来，在每人面前摆了一碗，又端来几个盛调料的蘸碟和瓶子，可凭各人喜好，随意添加。刘裕拿起汤匙，喝了一口羊汤，赞不绝口，道："怎么一点羊膻味也没有？"彭掌柜在一旁陪着笑道："汤里加了干地黄、归身、川断、怀牛膝、上北芪等药材，不但去掉了羊肉的膻味，而且补益身体。"说话间，店里的其他伙计包了些羊肉饺子下锅煮熟，又调了一大盆的羊杂，包括羊头肉、蹄、口条、肠、心、肝等，配上调料，一并端上桌来。

刘裕与众人喝了羊汤，又吃了些饺子和羊肉，觉得腹中很是舒服，便结算了饭钱，出了铺子，慢慢地走回皇城，来到太极殿外，却见毛修之正在殿前徘徊，似在等候着自己。毛修之穿着一件对领镶黑边的长袍，腰系宽带，足蹬一双鹿皮靴，见刘裕等人来到，忙躬身一揖，道："太尉，卑职接到岭北传来的消息，称夏王赫连勃勃占了安定。"刘裕听了，一皱眉，道："安定是中原通向西北的交通要道，不想被赫连勃勃占了去。若夏兵继续南下，倒也棘手。"说着，走进殿里，在龙书案前坐下。阳光透过殿外密密层层的枝叶，照射进殿内，在金色地砖上印满郯郯光斑。毛修之侍立在一旁，道："太尉，卑职久闻赫连勃勃之名。此人残暴嗜杀，曾命部下造五兵之器，既成之后，便让人用弓箭射铠甲，若射不穿，即斩弓匠；若箭矢透过甲胄，便斩铠匠，前后杀了数千人，由是所铸器物无不精丽。"沈田

第二十一章 青泥之败

子接口道："不错！赫连勃勃在营建统万城时，发岭北十万民伕，蒸土筑城，历时三年，每日验工。锥入一寸，便将筑城的人杀掉一批。故统万城墙建成之后，坚逾金石，上可砺刀斧。"刘裕立起身来，背着手在地上慢慢踱着步，过了一会儿，停住身形，道："赫连勃勃奉上慢，御众残，恐终为边害。只是我军征伐历年，人困马乏，目前不宜与赫连勃勃构兵。我想派人送给他一批珍玩礼物，约以盟好，你们觉得怎样？"众人互相看了看，都点头称是。毛修之更道："为今之计，恐怕也只得先拉拢他一下，免他乘衅纵虿。卑职不才，愿往统万城走一趟。"刘裕便命人修书一封，签上自己的名字，又备齐礼物，派毛修之为使者，前往统万城。

第二天，天刚亮，毛修之辞了刘裕，率十余名随从，纵马出了长安，不数日，来到秦岭。但见危峰兀立，像无数把利剑刺向青天。连绵不断的山峦，被密林覆盖着，苍黑似铁。过了秦岭，顿时荒凉了起来，群山逶迤，怪石峥嵘、幽壑纵横，行经数百里，不见人烟，放眼望去，但有黄沙弥漫，远处一座座高大的山岭，在云雾之中，时隐时现。晚上，众人在野外宿营。半夜时分，北风呼号着，野地里腾起一股森寒的凉气。毛修之躺在帐内，忽然听到"呜……呜！"的叫声，时断时续，时高时低，像是有人在号哭，便披衣出帐，见天上没有星月，四外一片漆黑，一眼望去，什么都看不到，只能听到风的呼啸，还有从远处传来的怪声，便回头对随从道："这大半夜的怎么会有人哭泣？"随从侧耳听了听，道："大人，这是狐狸的叫声罢了，没什么大不了的。"毛修之恍然，自失地笑了笑，只觉一股寒意袭来，打了个冷颤，便回帐睡下。

十余日之后，毛修之一行人踏着绵绵细沙，一路晓行夜宿，行经朔方，渡过黑水，终于来到了统万城。统万城面积数十平方公里，高隅隐日，崇墉际云。城墙全部用青灰色的土夯筑而成，四面各开一门，城隅建有角楼。皇城位于城南，呈长方形，内有华林灵沼，重台秘室，通房连阁，驰道苑园。毛修之到了统万城下，见城外水草丰

美，城门前戒备森严，有不少军兵把守，便命从人前去通报。

夏王赫连勃勃字敖云，匈奴铁弗部人，本是秦高平公没奕于的女婿，曾任秦安北将军、五原公。406年，赫连勃勃袭杀没奕于，兼并了没奕于的军队，次年自立为天王、大单于，国号夏，年号龙升，从此与秦成为敌国。一年多以前，赫连勃勃听到刘裕北伐的消息，即秣马砺兵，训养士卒，不断地蚕食鲸吞秦地，占据了秦岭以北的全部地盘，如今听说有晋使到来，便命人引毛修之入城，来宣政殿晋见。毛修之等人随着夏国官员来到宣政殿前，见殿宇宏伟高大。这里是赫连勃勃与群臣议事之处，两扇殿门敞开，左右摆列着铜铸的大鼓、飞廉、翁仲、铜驼、龙兽等，上面皆装饰着黄金，颇显华贵。五百名披甲执戟的武士，站得笔直，目不斜视，分列于殿门两侧。大殿阔九间，进深三间，有几根八角大柱支撑着殿顶，左右分列夏国的文武臣僚，或裘服左衽，或配刀悬剑。赫连勃勃身形修长，容仪奇伟，头戴冲天冠，身穿九龙袍，腰悬宝刀，高坐于龙椅之上。

毛修之进到殿内，定了定神，迈步来到丹墀之下，双膝跪倒，朗声道："大晋太尉刘公命末将前来下书。"说着，双手捧着书信呈上，又命从人献上礼物。夏国内侍从毛修之手里接过书信，呈给赫连勃勃。赫连勃勃接过书信看罢，未置可否，只道："贵使远来辛苦，且先去休息。"说着，命人将毛修之一行送入馆驿。赫连勃勃待毛修之等人走后，命百官且退，却将中书侍郎皇甫徽留了下来。皇甫徽写得一手好文章，凡夏国的诏书敕旨多出其手，见夏王将自己留下，不知何故。赫连勃勃命太监取来文房四宝，又取来一张矮桌，摆在皇甫徽面前，让他看了刘裕的来书，说："你这就替朕写封回信，不必太长。"皇甫徽会意，跪在桌前，提起笔来，很快写就，呈给赫连勃勃。赫连勃勃看过之后，便让皇甫徽退下，自己拿着这封信反复读诵，直至熟记。

翌日，天刚蒙蒙亮。毛修之在驿馆里一觉醒来，翻身坐起，揉着惺忪的眼睛，见镂空的雕花窗柏中射入斑斑点点的晨光，占据着房间

第二十一章 青泥之败

的每个角落，身下是一张大木床。床侧摆着一张铁梨木的桌子，桌上搁着一方端砚，玉雕的笔海里插着几支毛笔。西边靠窗的地上有几个瓷盆，上饰蓝色花纹，里面栽着几株冬青。毛修之掀起身上的丝被，坐在床沿，披衣穿上靴子，咳嗽了两声，来到盆架前，在盛着清水的盆里洗了脸，用雪白的毛巾擦干，简单地吃过早饭，就见驿丞走了进来，称夏王相召。毛修之不敢怠慢，穿戴整齐，唤起随从，入朝参见，到了朝堂之上，行礼已毕。赫连勃勃端坐在龙椅之上，和颜悦色地对毛修之道："毛将军，朕昨日看过刘太尉的大函，理应写封回书，所谓'来而不往非礼也'吗。"说着，命舍人执笔，自己便将皇甫徽写的那封信一字不漏地背了一遍。舍人边听边记在一张黄纸上，然后将信折叠整齐，装入绢袋。赫连勃勃又馈送了些礼物，连同回信一并交由毛修之。毛修之磕头辞了赫连勃勃，与从人纵马按原路返回关中。

这天一早，凛冽的寒风吹过长安，大雾笼罩着整座城市。高大的殿宇看不见顶，在白茫茫的大雾里若隐若现。太阳升起后，浓雾渐渐地变薄了，地上湿漉漉的。刘裕头戴平顶冠，身穿青色缎袍，外系罗料大带，下着绯色蔽膝，足蹬白绫袜黑皮履，大会文武于未央殿。毛修之刚回到长安，也来参见，当面禀明出使经历，并呈上赫连勃勃的回信。刘裕自憾学识不足，读了赫连勃勃的信，见其中文彩斐然，不禁掩书而叹道："赫连勃勃竟是文武全才，真非我所能及！"毛修之忙道："太尉也不必妄自菲薄！末将这次在统万城，瞧着赫连勃勃提到您时极是谦恭，可见他也畏服太尉的威仪，大概不会再南下牧马。"刘裕沉吟道："赫连勃勃为人贪暴无亲，轻为去就，所说的话也不能全信。我打算将都城由建康迁到长安，足以打消赫连勃勃对关中的觊觎之心，大家以为如何？"沈田子一身戎装，听了这话，心里"咯噔"一声，忙道："太尉，若迁都长安就意味着，西到天水，东到洛阳，方圆数千里都是京城外围。为拱卫京畿，则陇右、河西均须驻兵，太耗人力。"檀道济身穿曲领大袖的战袍，腰束革带，也不同意迁都，道："太尉，这些年，关中遭遇战乱，加之水土流失，农业欠收，一遇青黄不接，恐怕粮食都供应不上。"刘裕倒想到这一点，道："我们可依托江淮运河，从江南运粮至长安。"朱龄石道："若经江淮运粮，费用浩大不说，还要经常疏通、养护万里河道，工程浩繁。今曝师日久，士卒思归，迁都之计，未可辄行。"刘裕见麾下几员大将都反对迁都，正要再说，忽有外面侍卫来报，称刘钦之来见。刘钦之是刘穆之的兄弟，一直随刘穆之在建康。

刘裕听刘钦之远道而来，有些不祥之感，便命其进殿。不一会儿，刘钦之一身缟素，随着侍卫走进殿来。刘裕见他这副打扮，忙道："钦之，你穿成这个样子，是什么缘故？"刘钦之紧走几步，来到刘裕面前，双膝跪倒，眼泪滚滚而落，边哭边说："太尉，下官的兄长，已于上个月没了。"刘裕一听这话，如闻晴天霹雳，一时竟说不出话来。原来，刘裕北伐后，刘穆之镇守京师，每日里僚吏辐凑，求诉百端，内外咨禀，盈阶满室，只得事必躬亲，竟至目览辞讼，手答笺书，耳行听受，口并酬应，终于积劳成疾，一病不起。刘穆之死后，朝廷悚惧。刘义符与众人商议，打算让太尉左司马徐羡之继任刘穆之的职位。徐羡之为人谨慎，推辞说："刘大人逝后，留守之责终当有归。但世子不应擅作主张，还是向太尉请示后再作定夺吧。"刘义符便命刘钦之飞马赶到长安，向刘裕报信。

刘裕闻此噩耗，心里顿然空落落的，目光望向殿外，嘴唇儿打着颤，想起在京口初见刘穆之的情景，不觉鼻尖酸酸的，两行热泪扑簌簌地落在衣襟上。朱龄石在旁轻声劝道："太尉节哀！刘大人既已不幸，则京师重地，该当交与谁呢？"刘裕此时心烦意乱，沉默良久，拭了拭眼泪，便派刘钦之回建康传令，以徐羡之为吏部尚书、建威将军、丹阳尹，代管留任，又命刘义符将刘穆之厚葬，安排完这些事情，黯然道："我本打算留在长安，经略西北，而麾下诸将皆久役思归。现在，穆之身故，根本无托，只能东还建康了！"王镇恶一听这话，忙说："太尉，关中残民不沾王化，于今百年，一见大晋衣冠，

第二十一章 青泥之败

人人相贺。长安十陵是晋家坟墓,咸阳宫殿是公家室宅,太尉舍此欲往何处?"但刘裕归意已决,道:"今以次子与文武贤才共镇此境,卿可勉与之共事。"便命二子桂阳公刘义真为都督雍、梁、秦三州诸军事、安西将军、领雍、东秦二州刺史。刘义真时年十二岁。刘裕又命王镇恶为司马、领冯翊太守,委以守御之任;以沈田子为中兵参军,领始平太守,以毛修之为秦州刺史、天水太守,共镇关中。

12月,北风劲吹。鹅毛般的大雪越下越大,一会儿就在地上积了厚厚的一层。放眼望去,屋顶、树木和道路全成了白色,长安城内的千家万户都笼罩在一望无际的云雾中。刘裕率檀道济、朱龄石等人,引大军离开长安。刘义真、王镇恶、沈田子、毛修之等在长安南门外列队相送。长安南门高三十多米,周围有回廊。正面设四层箭窗。门楼左右有两座阙亭,内设钟鼓。拱形的城门洞高、宽各六米,深约二十米。刘裕带队走过门洞,来到城门外,但见旌旗招展,鼓声雷动。刘义真、王镇恶等人率麾下将士在雪地里跪倒,雷鸣般的齐声喊道:"恭送太尉凯旋。"刘裕向大家颔首为礼,便引兵一路向南行去。沈田子骑马送出二十里外,趁人不注意,悄悄对刘裕说:"太尉,王镇恶的祖父王猛为秦丞相多年,很得关中民心。王镇恶又新立大功,今握重兵在此,恐终不可保信。"寒风凛冽,朔气如刀。刘裕身披熊皮大氅,骑在马上,思索片刻,说:"王镇恶若有反意,正足自灭。当年,钟会灭蜀之后,作乱不成,全赖军中有卫瓘之故。俗话说:'猛兽不如群狐',今留卿及精兵万余人,何惧王镇恶?"沈田子心领神会,告辞回城。刘裕率大军,踏冰冒雪,向洛阳方向行去。大雪漫天,城外的高山峻岭也变得混沌隐约。数万晋军排成一条长龙,在雪中艰难行进,军旗在风中烈烈作响,走了半个多月,才到洛阳,又在黄河坐上船,开汴渠以归。

夏王赫连勃勃在统万城听说刘裕率军撤回江南,大喜,把军师中郎将王买德找来说:"刘裕南还,关中空虚。朕欲取长安,爱卿可有良策?"王买德为人足智多谋,是赫连勃勃的智囊,说:"刘裕入关灭秦，正是以乱平乱，并无德政施于百姓，今又亟返江南，不过急于篡位罢了，再无心经略北方。陛下以顺攻逆，大义通达天地。百姓盼望陛下之义旗，已是望眼欲穿。青泥（今陕西省西安市蓝田县南）是晋军的要冲，应派兵镇守，便可截断敌人来往通路，再进兵潼关和崤陕。届时，刘义真独坐空城，无处逃窜，必败无疑。"赫连勃勃遂命儿子赫连璝为都督前锋诸军事，兼领抚军大将军，率二万骑兵攻长安，以前将军赫连昌领兵伐潼关，命王买德为抚军右长史，南取青泥。

418年正月，西北风掠过长安，将刺骨的寒气遍布城市的每个角落。路边的小草枯萎发黄。皇城之外，几棵老槐树落净了叶子，在风中挺立着，像久经沧桑的老人。刘义真听说夏兵来犯，急召沈田子、王镇恶、毛修之来太极殿商议。刘义真脸上稚气未脱，头戴银冠，穿着一袭紫衣，玄纹云袖，坐在殿上，低垂着眼睑，手里摆弄着一柄如意，好半天，才抬眼瞟着面前的三员大将，道："诸位将军，夏兵快打到潼关了，可否请沈将军与王将军一同领兵，前往退敌？"龙骧将军沈田子听着刘义真的童音，心里有点儿泄气，道："少主，前线传来的探报称敌势浩大。我军不如退屯刘回堡，再向太尉请援。"王镇恶与沈田子素来不睦，今见他畏敌怯战，嘲讽道："大敌当前，沈将军却避战不进，岂不是有负太尉重托？"沈田子听了这话，又怒又怕，便欲反唇相讥。毛修之知他们二人互有心病，忙在一边道："二位，这个时候，正是我们同心同德之日。我看，还是咱们三人一起出兵，更有取胜的把握。"刘义真听了毛修之的话，也无甚说的，道："如此，就依毛将军所言。"说罢，便起身去了内宫。毛修之退出皇城后，邀沈田子、王镇恶同至自己营中，商议出兵之事。

将近中午时分，长安城里的大雾仍没有散去，到处一片迷蒙，宫殿、房舍都笼罩在雾里，白茫茫一片。潮雾扑面而来，透着丝丝凉意。毛修之统领四千余人，驻扎在城北。三人来到毛修之的大营，在中军帐里落座。沈田子进帐前，趁人不备，向随行的几名卫士嘀咕了

第二十一章 青泥之败

几句。那几名卫士会意,跟着沈田子进到帐中。毛修之居中而坐,请沈田子和王镇恶分坐两边,道:"二位,太尉回江南后,关中军务全在咱们三人肩上。现在既有夏兵入寇,如何御敌,咱们须得好好议一议。"王镇恶坐在帐子的左侧,道:"赫连璝是夏国太子,一出生就席丰履厚,实战经验不足,还则罢了。那王买德却是诡计多端,正领兵向青泥方向运动,看样子,是……"一句话未曾说完,沈田子的一名卫士悄悄走到王镇恶身后,拔出刀来,一刀挥落,将王镇恶砍了个身首异处、鲜血横流。毛修之坐在那里,惊得目瞪口呆,声音颤抖地道:"沈将军,你这是何意?"沈田子立起身来,手按剑柄,看着王镇恶的尸体,狞笑一声,扭头对毛修之道:"毛将军,我接到密报,称王镇恶欲尽杀南人,再据关中为王,所以我才下此辣手。"毛修之心里狐疑,不知沈田子说的是真是假,起身出帐,驰马奔进皇城,向刘义真禀报。

刘义真少不更事,闻讯大惊,披上甲胄,与毛修之等数百人登上端门,以察其变。天寒地冻,冷雾弥漫。端门檐下的燕子早就飞去了南方,唯余一些麻雀在忙碌着为自己抢窝,还有几株松竹立在门外的冰天雪地里,忍受着刺骨寒风的侵袭。不一会儿,远处来了数十人,渐行渐近,正是沈田子和他的卫士们。沈田子来到皇城外,见城门已关,便双膝跪倒,磕了几个头,又仰起脸来,声称王镇恶欲反,自己是迫不得已才将其杀死。刘义真手扒着垛口,见沈田子并未领兵来攻,略放下心来,命人打开端门,派自己的侍卫长段宏带人出去,将沈田子绑了。沈田子大概觉得,在敌兵压境的时候,刘义真不会轻易杀掉自己这样的战将,便任由段宏捆绑着进了皇城。刘义真带兵走下城来,气急败坏地责问沈田子道:"王镇恶谋反之事,尚且真假难辨。你擅戮大将,实为目无长上。"说罢,不容沈田子开口,便命人将他就地处斩。毛修之为人随和,与王、沈二将都有交情,见他们相继在自己面前死去,心中油然升起一种兔死狐悲之感,又知自己孤掌难鸣,断然挡不住赫连勃勃的虎狼之师,便对刘义真道:"殿下,夏军逼近长安，风声是一天紧似一天。王镇恶与沈田子既死，人情离骇，莫相统一。卑职以为，还是速速撤出长安，回江南的好。"刘义真见局势难以控制，心里早就惴惴不安，听了毛修之的话，正中下怀，便道："毛将军，你这就去传令，我们明日就撤兵。"

　　天色逐渐暗了下来，夜晚悄无声息地降临了。寒风吹散了雾气，天上现出一弯斜月和几点寒星，闪着幽魅的光。晋军将士不远万里来到富庶的长安城，听到撤军的命令，都想在临行前捞一把，纷纷打着火把，开出驻地，公然入户，强迫百姓献出自己家中的财物，渐至烧杀淫掠，无所不为。一时之间，长安城内，砸门声、鞭子抽人声、垂死者的惨叫声，响成一片。这天晚上，羊汤馆的彭掌柜和两个伙计已然睡下，忽听外面砸的门板响，心知不妙，急忙披衣起来，还没来得及打开房门，就见一伙乱兵破门而入。彭掌柜吓得浑身乱颤，战战兢兢地跪在地上乞命。那伙乱兵拿着刀，举着火把，闯入房中，将箱笼打开，把些金银细软一扫而光。彭掌柜年老惜财，心中割舍不得，对乱兵哀告道："列位军爷，请留几件衣物与我老汉送终。"这伙乱兵哪容分说，赶上前，劈面一刀，将他砍翻在地，又放了把火，将整个铺子烧成白地，那两个伙计也葬身火海之中。一夜之间，长安城中的百姓被搜掳殆尽，人们或无辜被杀，或悬梁投井，死者上千人。

　　第二天早上，晋军络绎撤出长安城，满载着金银宝货，方轨徐行，一路向南，每天仅行十余里。道路之上，唯有白雪皑皑。四野光秃秃的，既无树木，也无芦苇，雪地上露出些杂草。毛修之见行军速度实在太慢，便来见刘义真，说："殿下，夏兵快要追上来了，而我军中多挟财货，一日行不过十里。请令军中尽弃辎重，轻装疾行，方可幸免。"刘义真却舍不得抢到手的东西，不听从毛修之的意见。晋军走走停停，到了青泥，见前面横亘着一条小河，河里还结着一层薄薄的冰。河畔是硬冻而干裂的土地，长满了杂树，被风摇曳得"嘎吱"作响。晋军正欲过河，就听后面喊杀声阵阵，征尘大起。赫连璝、王买德率三万铁骑撵了上来，将晋军的长队截为两半。夏军全是

第二十一章 青泥之败

精悍的骑兵，对晋军的步兵具有辗轧性的优势，大半天的工夫，就将一万多晋军精锐屠戮殆尽，又将割下的人头层层堆叠，筑成一座骷髅台。朱龄石引军前来接应，也被夏军所杀。刘义真行在队列之前，正值日暮，夏军敛兵不复穷追，故得幸免。

　　夜色深沉，半个月亮斜挂在天幕上，将惨白的月光洒向大地。刘义真躲藏在路边的一片白桦林中，听得厮杀之声渐渐平息，四周唯余一片寂静。林间野草丛生，地上铺着一层枯黄的树叶。北风吹过，败草枯叶"簌簌"的响着。刘义真瞪着一双恐惧的眼睛，伏在雪地上，冻得全身瑟瑟发抖，几乎听得见牙齿捉对儿厮打的声音，正在恓惶之时，忽听远方有人在叫他的名字，声音不大，若有若无。刘义真一惊，只见朦胧的月光中，前方一人一骑缓缓行来。那人骑在马上，四处张望，嘴里低声呼叫着："义真将军……义真将军……你在哪里？"刘义真听音辨貌，发觉那人竟是段宏，不禁一喜，便从道边的草丛里钻了出来，道："是段将军吗？"段宏见到刘义真，忙跳下马来，上前一把抱住，道："少主，我在战场上与大队失散，落荒而走，到了夜里，见夏兵回营，才到处找您。天可怜见，可算是遇见了。"刘义真心情激荡，不由得流下泪来，问道："毛修之将军呢？"段宏摇摇头，道："毛将军断后，已为夏兵所擒。"刘义真听了这话，愧恨交加，一股酸涩从心头涌起，道："段将军，多谢你来救我。但我失了关中，无颜再见父亲。这样，你把我的首级砍下来，带回江南吧。"段宏惊道："这怎么可以？少主，马上就要天亮，夏兵也许还要继续追击，我们还是快走。"说着，将刘义真背起来，骑上马，双脚踹蹬，向南便行，一直逃到了彭城，才遇到前来接应的晋军。刘义真安全抵达彭城后，向刘裕发书，告知青泥之败的消息。

　　刘义真的信到了建康，已是晚上。建康的夜空黑蓝黑蓝的，几颗星星发出黯淡的光。太尉府的大厅里灯火辉煌，两扇窗户大敞着，窗边的台上放者一支蓝釉的花瓶，里面插着一枝海棠。刘裕收到刘义真的消息，知晋军败于青泥，且丢了关中，不由得又惊又怒，便集齐僚佐，欲刻日北伐，不料遭到了众人的一致反对。檀道济委婉地劝谏道："赫连勃勃虽攻取长安，却不敢乘胜过关陕，自是畏惧太尉，若知太尉亲征，必全力守潼关。我军连年作战，已然疲惫不堪，再去进攻，恐怕不易得手。"徐羡之头戴折角巾，足穿笏头履，身披紫缎长袍，深知留守的不易，说："太尉，上次伐燕，卢循趁机入寇，广州倾覆，何无忌将军战死。现今诸州又在闹水灾，民间粮食短缺，三吴群盗纷起，杀掠百姓，攻没郡县。大军在国内，还可弹压，一旦出境，恐有反顾之忧。"刘裕坐在桌前，嘴唇闭得紧紧的，也不答话，心里却知二人说的都是实情，眉毛颤动了几下，长叹一声，只得打消了北伐的念头。众人辞去后，刘裕摒去侍卫，独自走到庭院里，往来徘徊。已是半夜，月光朦胧，洒落一地冷清。刘裕驻足立在薄纱似的月光里，心中蓦然有种悲怆之情，像雾一样点点蔓延，暗道："可惜！百年之寇，千里之土，得之艰难，失之造次，一时不慎，使丰、鄜之都再沦于敌手……"想到这里，不禁慨然流涕。

这年6月，刘裕被封为相国、宋公（刘裕祖籍彭城，为春秋时期宋国的旧地，故以"宋"为号）、受九锡之礼，遂赦国中殊死以下，以徐羡之为宋国尚书令，从事中郎傅亮为侍中，檀道济为右卫将军，左长史王弘为仆射，右长史郑鲜之为奉常，行参军殷景仁为秘书郎，其余百官，悉依天朝之制。

第二十二章　昌明之后

众人见上面写的是："昌明之后，尚有二帝。"刘裕有些不解，扭头问徐羡之道："羡之，这是何意？"徐羡之略加思忖，道："太尉，'昌明'是先皇帝号。先皇驾崩之后，今上安帝即位。看老神仙这卦的意思，今上之后，还应有一位司马氏的皇帝。"

秋雨如丝，不停地敲打着景阳宫顶上的琉璃瓦。枯黄的秋叶，在空中划出一道道优美的弧线，和雨点一起跌落在地面上。宫外的花圃，消逝了花儿的夺目和璀璨，更没有绿叶的点缀，唯有几根潮湿的枯藤，怏怏地依着花枝，在如烟如雾的雨中，飘散出一种衰败的气息。

景阳宫的外殿与寝殿之间，隔着一道推拉式木门，门上挂着黄色的帐幔，帐幔上用银线绣出精致的图案。傍晚时分，暮色苍茫。外殿四角有几支鎏金的灯架，点着儿臂粗细的蜡烛，把全殿照得通明。北墙边摆着一张长条桌，桌子四围垂着紫色的短幔，旁边放着几把椅子。刘裕身披锦袍，立在外殿的窗前，借着透出窗外的烛光，看着漫天秋雨。窗外吹来了阵阵冷风，一丝一丝的凉意随着蒙蒙雾气涌了进来。刘裕关上窗户，回过身来，见徐羡之从内殿出来，便道："羡之，你也是精于岐黄之道的，看皇上的病势，还能挺多少日子？"徐羡之走近前来，道："卑职刚才进去探病的时候，替皇上把了一下脉，从脉象上看，皇上脉位浅显，脉气鼓动于外，却浮而无力，应是内伤久病，邪郁于里，气血阻滞，虚阳外浮，是为危症。恐怕……"说到这里，便住口不语。刘裕会意，轻轻叹了口气。徐羡之看了看刘裕的脸色，又说："相国，皇上久病，又并无太子，一旦驾崩，江山社稷总要有所托付，还请早做打算。"刘裕负手立于窗前，道："你看琅琊王如何？"徐羡之道："琅琊王禀性和弱，从不插手朝中大事，倒是不错的人选。只是这几天，江陵王司马楚之四处活动，到处拉拢朝中大臣，颇有意入承大统，……"二人正说着，一个太监从宫外走了进来，禀道："太尉，江陵王前来拜见。"刘裕一皱眉，道："叫他进来吧。"待那太监去后，刘裕对徐羡之冷笑道："司马楚之倒是热衷，打量着皇上不行了，以为九五有份呢。且看看他有什么花样。"

不一会儿，司马楚之头戴笼冠，褒衣博带，将蓑衣脱在殿外，来到宫内。徐羡之向司马楚之一拱手，便自去了。司马楚之额上的头发被雨打湿了一绺，见刘裕立在窗前，便走过来道："相国，小王在府内，很是悬系皇上的龙体，故此前来探视。"刘裕摇头道："皇上病情沉重，王爷这边请。"说着，引着司马楚之走向寝殿，撩起门上的帐幔，一眼就看到一张紫檀木宝塌，榻上铺着黄缎绣龙褥子。殿内东侧有一张花梨木方桌，上面放着铜香鼎，还有两只花瓶，桌边两侧各有一把檀木椅子，殿西放着一张长条香几，上面放着银缚山炉、香盒，还点着几支银烛。

夜色已深，一个太监正将安帝的上半身扶起来，另一个太监在给

第二十二章 昌明之后

他喂药，太医侍立在一旁。晋安帝头上缠着一块黄帕，双颊削瘦，颧骨高高突起，脸色如同一片枯萎的黄菜叶，两眼半睁半闭，呼吸若有若无，一副病入膏肓的样子，睁着一双蜡球似的眼睛，呆滞地看着前面。刘裕与司马楚之跪在地上，齐声道："臣刘裕、司马楚之给皇上请安。"安帝仿佛没听见似的，嘴角歪斜，任药汁顺着下巴流到脖子里。一个太监忙取过一块黄帕，替他擦拭着。刘裕和司马楚之立起身来，问太医道："皇上今日好些没有？"太医毕恭毕敬地道："皇上病势甚危，已是两日没进饮食了，全靠参汤吊着。"刘裕又嘱咐了几句，便与司马楚之退了出来。外面的雨渐渐停了，一阵秋风吹过，地上落叶飞旋，"簌簌"之声直透进殿内。刘裕和司马楚之分坐在长桌两边，太监给他们斟上茶来。司马楚之紧了紧袍子，对刘裕道："皇上的病势越来越重，时厥时醒，朝不保夕。看样子，大限将到。只是目前皇储未定。相国命世作辅，不知有什么打算？"正常来说，历朝的九五尊位都应由太子继承，但安帝是出了名的痴呆，无有子嗣。那么，安帝驾崩之后，便应从宗室里择一位来继承皇位。刘裕闻言知意，猜到司马楚之是在试探自己对皇位继承人的态度，便含糊答道："储贰事重，还得群臣共商。我明日去一趟玄武山上的三清观，为皇上祈福。立储之事，容当后议。"司马楚之见刘裕一味搪塞，无奈之下，又说了几句闲话，便起身辞出。

夜幕如一张巨网，张在城市的四面八方。刘裕出了皇城，骑上马，带着卫队行走在空荡荡的大街上。有几家商铺门前还挂着灯，灯光闪烁着，照得长街有些迷离，檐上不时有水珠滴落。刘裕来到府前，跳下马来，将缰绳交与亲兵，迈步入府，一进后宅，就见卧房里灯光闪耀，夫人的身影正映在窗上，便撩起帘子，走进房里。张夫人见丈夫回来了，忙起身相迎，接过刘裕的大氅，放在一旁，关切地询问道："皇上的病怎样？"刘裕摇了摇头，道："问了几个大夫，连羡之也说不好。"张夫人轻声道："万一圣上驾崩，那由谁继位呢？"刘裕坐在床前的一张椅子上，伸了个懒腰，道："现在还不清楚！明日，我要去三清观为皇上祈福。"张夫人道："听说这三清观的观主十分了得，他不仅道术高明，而且能掐会算，被京城的人们奉若神明。你明日去祈福时，何不请他卜一卦？问问国运。"刘裕点头称是。这时，城头谯楼上已报三更，夫妻二人熄灯睡下。

第二日，天晴得像一张蓝纸，阳光和熙，细碎而洁白的云块，在空中随风飘游。刘裕带上徐羡之、傅亮及一众从人，备齐礼物，直奔玄武湖畔的玄武山。山上遍植松柏，景色青幽。刘裕来到山下，跳下马来，与众人沿着青石板铺就的山路，步行上山。几名侍卫抬着礼物，随在后面。由山脚直至山巅，处处古木参天，浓荫覆地。山涧里流水潺潺，夹杂着山风阵阵，仿佛是天籁之音。一行人来到山腰的碑亭，见里面供奉着晋元帝的御笔。过了碑亭，又走了一阵子，便到了三清观门前。三清观坐西朝东，依山而建，四外山环岭绕，有群峰拱卫之势。山门前立着牌楼，过了牌楼，便见两扇黑漆的大门，掩映于苍松翠柏之中。观门虚掩着，门上高悬匾额，上题三个虬劲的大字："三清观"。

观主闻听相国前来为皇上祈福，忙集齐道众，大开山门，迎了出来。观主已然七十多岁，齿牙完坚，鹤发童颜，脑后梳着发髻，别着一支乌簪，穿着皂青色道袍，素袜云履，步履矫健地走出门外，见了刘裕，双手合十，打个问讯。刘裕拱手笑道："老神仙，好自在啊。过些日子，我也想来山上静养。在你这里一住，听风声鸟鸣，看日升日落，何等地逍遥。"观主笑道："相国命里富贵，非山野之人，今日驾临，敝观蓬荜生辉！"说着，将刘裕一行人迎进山门。整座道观占地约上万平方米，有灵宫殿、三清殿、玉皇殿等百十座殿堂，端得是殿宇宏丽，景色幽雅。刘裕等人一进院子，就见院中央是一株高大挺拔的古松，足有二十多米，褐色的树干有数人合抱粗细。这株松树已历千年，树皮表面很粗糙，树冠上分出十几个大树杈儿，每个大树杈上又分出些枝杈儿，虬干层层，向四面舒展，越向上越短。松针苍翠，郁郁苍苍。整个松树看起来就像一座青塔，又如参天巨伞。刘裕

第二十二章 昌明之后

等人来到树下,仰面望去,只见茂密的树冠,不见蓝天,唯有一丝丝的阳光,透过纤细的松针,在地上投下无数圆点。众人走过院子,来到三清殿上。殿内宽敞,足有五六间屋子那么大,全用灵芝、仙鹤、青龙、白虎、朱雀、玄武、八卦、八仙等道教图案装饰。殿上供奉三清道祖。刘裕等人拈香礼拜已毕,献上带来的礼物,请观内为安帝做七七四十九日的罗天大醮。观主自是奉命,便请刘裕等人到厢房宽坐,命小道士献茶,又摆上几盘白果、板栗、猕猴桃等。

观主陪坐在一旁,笑着道:"方才,小道已命厨房备办素斋素饭。相国休嫌简慢。"说着,几个小道士走进房里,端上些甜食干果,是为'四压桌',接着,又摆上"四大件",即鸡、鸭、鱼、火腿等菜肴,只是外具其形,却都是以面筋、豆制品为主料,辅以胡萝卜、藕、口蘑、玉兰片、木耳、莲子、笋、香菜等做成。观主又命人烫上猕猴桃酒来,那酒倒在碗里,略呈琥珀色,散发出一股浓郁的香气。酒过三巡,刘裕放下酒杯,笑道:"老神仙,久闻你能掐会算,我这次上山,还想请你给算一卦。"观主喝了几杯酒,脸红扑扑的,更见精神抖擞,手捻须髯,笑道:"不敢!相国想问什么?家宅还是前程?"刘裕道:"都不是,想问问国运。"观主道:"自当从命。"说着,命小道士取过一个竹筒,又从怀里掏出六枚金钱,放在竹筒里摇了一阵子,从中取出金钱,平铺在桌上,排成两列,或正或反,正面为阳,背面为阴。观主低头研究着卦象,嘴里念念有词,道:"乾为天、坤为地、水雷屯、山水蒙……有了,取纸笔来。"小道士奉上文房四宝。观主提起笔来,蘸饱了墨,在纸上写了一行字,递与刘裕。众人见上面写得是:"昌明之后,尚有二帝。"

刘裕有些不解,扭过头去问道:"羡之,这是何意?"徐羡之略加思忖,道:"相国,'昌明'是先皇帝号。先皇驾崩之后,今上安帝即位。看老神仙这卦的意思,今上之后,还应有一位司马氏的皇帝,才符"二帝"之数。"观主哈哈一笑,道:"小道孟浪了。"说着,收起了金钱,放入怀中。刘裕暗想:"我自京口兴兵以来,讨灭桓玄，灭燕克秦，声望隆重，宇内归服，与皇帝的区别，不过是头上的那顶冠冕罢了，但这顶帽子戴不到头上，总是不舒服。若我春秋鼎盛，再拥立一位皇帝而后等几年倒也没什么，可我已然五十七岁，时日无多……"心里这样想着，脸上却不动声色，端起酒杯，道："道长，贵观的猕猴桃酒果然不错，来，干了这一杯。"观主也举起杯，道："好，小道就借这杯酒，祝太尉诸事顺遂。"说着，众人一齐饮了杯中酒。

日暮时分，刘裕一行人下了山。半路上，傅亮道："太尉，今上病危。这些日子，江陵王紧着活动，看来他对皇位是志在必得。"刘裕道："司马楚之个性强悍，揽权过甚，若登上九五尊位，恐怕事多掣肘。"徐羡之有些担忧地说："司马楚之自恃皇族，拉拢了不少朝臣，府内有亲兵数千，还有谢混替他掌握着玄武湖水师，一旦在京城作乱，我们的性命全都不保。司马楚之现在可能已动了这个心思。"刘裕的脸色变得冷峻，道："羡之，回城之后，你就去传我的命令，命檀道济为京师中郎将，提调九门人马；命丁旿为骁骑校尉，加威烈将军，领亲兵三千，拱卫皇城；命段宏为扬州内史，总督京畿部队。"徐羡之一一记下，回建康之后，立即传令。

夜晚的天空上挂着一轮残月，清冷的月光洒下来，照在树上，像给树叶涂上了一层银色；照在地上，似给大地镀上了一抹银辉。自安帝病危之后，江陵王司马楚之便在京师四处走门子，又拉又拍，软硬兼施，遍访朝中大臣，希望他们拥戴自己登基，除了谢混之外，还拉拢到光禄勋钱粲、金吾左将军于承之等人。这时，司马楚之将这些人召到府里，正在秘会。王府大厅里灯火通明，谢混掌管着玄武湖水师，算是司马楚之身边的实权人物，一身戎装，正侃侃而谈道："晋自济江以来，威灵不竞，戎狄横骛，虎噬中原。刘裕率王师剪平东夏，不旌礼贤俊、慰抚疲民，却在广固、长安恣行屠戮以快忿心。朝政怎么能掌握在这种人手里？"钱粲听了，也在一边附和。于承之道："谢将军说的对！刘裕可谓智勇有余而仁义不足。今上若龙驭上

第二十二章　昌明之后

宾，便应由江陵王继承尊位，振作一番。否则，刘裕必会谋逆！"司马楚之被这番话搔到痒处，高兴得满脸放光，道："刘裕恃功揽权，仅府中文武就有上万人。徐羡之、傅亮本都是小吏出身，自成了刘裕的心腹，行事肆无忌惮。皇室威柄日去，小王看在眼里，真是有些痛心疾首。过些日子，我再进宫去探探动静。"

转眼到了冬末，这一日，呼啸的北风掠过路边的雪蒿，呼啦啦惊飞一群伶俐的麻雀。落光了叶子的树上，挂满了亮晶晶、毛茸茸的冰凌。司马楚之出了府，前去皇城给皇上问安，一到景阳宫前，见四周全是相国府的亲兵，一个个顶盔挂甲，背着大刀，刀柄上的红绸子在风中烈烈飞舞，便命人进去通报。不一会儿，刘裕匆匆出来，引着司马楚之进宫，说："皇上病情不见好转，正在喝御医熬得汤药。王爷请先在外殿相候，半个时辰后，就可进去了。"说着，一拱手，又回身进了寝殿。司马楚之坐在外面，脸色平静，心里却是又紧张又兴奋，现在是万事俱备，只欠东风。他府里的五千卫队已准备停当，只待安帝晏驾。若刘裕肯拥戴自己，还则罢了；否则，就会同谢混的玄武湖兵马，包围皇城，强行夺位。

司马楚之正想着，见一个太监出来，请他进去，便站起身来，整理了一下衣服，随着太监走进寝殿，看到刘裕正同御医站在床头，床尾一侧，立着琅琊王司马德文。龙床两边的帷幔高挑着，安帝微闭着眼睛，无精打采地躺在龙榻之上，头发枯槁，面颊惨白，没有一丝血色，一双眉毛微微蹙着，整个人气若游丝，已是奄奄一息。殿内还有十几个太监、宫女，随时听候差遣。司马楚之点头向刘裕和司马德文打过招呼，又轻声向御医了解了一下病情。刘裕立在龙床前，低声对司马楚之道："大王，今日我与公卿大臣商量过，以琅琊王司马德文年青睿智，堪承大统。若皇上归天，王爷就是新朝辅弼了，以后诸事还要多多借重。"这几句话虽轻，却如在司马楚之耳边响了个炸雷，令他当即变色。司马楚之嘴上含糊地敷衍了几句，便退了出去，刚走出殿外，就听到里面一个太监喊道："了不得了，万岁驾崩了。"随即便是一阵大乱，传出太监宫女们的哭叫声。司马楚之心里一阵激动，忙疾步出宫，刚走下台阶，就见丁旿迎面而来。丁旿结束严整，腰悬宝刀，很客气地问道："王爷，哪里去？"司马楚之不提防他有这么一问，先是一愣，只得答道："啊……，里面有些气闷，我略感头晕，出来走走。"丁旿听了，关切地道："王爷是万金之躯，可得善加保养，请到那边暂歇。"说着，也不管司马楚之愿不愿意，招呼过两个亲兵，将司马楚之半拖半扶地架到了一间偏殿里，便关上殿门出去。门外"嘎嘣"一声，竟是上了锁。

夕阳躲进浓厚的云层，唯有不多的几缕阳光，泻在静静的玄武湖上，湖水若有若无地闪着金光。湖中停泊的百余艘战舰，被残阳在水面上拖出了长长的斜影，随着幽风微微摇动。水师都督谢混正在湖畔的中军大帐里着急，他追随司马楚之多年，在这皇位更迭之际，自然将身家性命都押在了江陵王身上，如今到了关键时刻，却探不到一个准信儿，几次派人去司马楚之的府里，都说王爷一早就进了宫，到现在还没有回来，又派人去皇城，却被丁旿的人挡在外面。如今，中军帐内肃立着二十几个参将、副将，都是谢混的心腹，已是摩拳擦掌，跃跃欲试。但谢混接不到司马楚之的号令，虽眼见京师近在咫尺，终究不敢动手。他心里清楚，若贸然举兵向阙，这个干系可全落在自己身上，毕竟名不正、言不顺，底下的两万军士未必就肯干这犯上作乱之事，万一兵变，自己立成齑粉。再说，刘裕可是好惹的？在这个紧要关头，恐怕也已有所安排。天气渐凉，谢混因为用脑子，竟出了一头的汗。正在这时，忽听帐外有人通报，说京师中郎将檀道济到来。谢混不敢怠慢，连忙大开营门，亲自接了出来。

檀道济浑身披挂，身后随着十几名亲兵，与谢混进了中军大帐，扫视了一眼众人，昂然居中而立，也不客套，从怀里掏出一纸公文，朗声道："奉宋公手谕，着令免去谢混水军大都督之职。玄武湖兵马，概交由檀道济提调。"帐中诸将校一听这话，一阵哗然。谢混的脸上骤然没了血色，嘶声道："且慢，檀大人，卑职带兵多年，无过

第二十二章 昌明之后

有功。不知为何免去我的官位？"檀道济冷笑道："我此刻只是传宋公之令，有什么话，你去找宋公说吧。"谢混知兵权一去，自己立成刀俎之肉，当下心一横，道："我谢某人当的是大晋的官，不奉宋公号令。"檀道济大怒，道："谢混，你好大胆子，是仗了谁的势？告诉你，司马楚之此时已被拿下，正关在廷尉大牢里。我劝你还是乖乖就缚，少做些白日梦吧。"话音刚落，外面传来一片人喊马嘶之声。檀道济笑道："嘿嘿，京口五万大军已然开到，怎么着？你倒底是奉不奉令？"谢混的党羽在旁听了，本想帮忙的，这时也不敢动手，纷纷扔下手里的刀剑，跪倒在地。谢混一咬牙，睁着血红的眼珠子，嗖的一声拔出宝剑，便向檀道济扑来。檀道济身后的十几名亲兵齐亮兵刃，迎上前去，没几个照面，便在谢混的右臂上砍了一刀。谢混手里的剑落下，随即被几个亲兵打翻在地。檀道济抽出腰刀，走近几步，一刀将谢混的脑袋砍下，提着血淋淋的刀，恶狠狠地对帐内的其他军官说："还有不服的吗？"帐内诸人全都低下头，无人再敢强项。檀道济这才长出了一口气，缓和了些语气，道："诸位各自回营，约束好手下的兵士。以往与谢混勾结的人，概不追究。"众将官听了这话，慢慢放下心来，向檀道济躬身行礼，先后退出帐去。

安帝驾崩之后，司马德文柩前即位，是为恭帝，下诏为安帝风光大葬，命百日内不准作乐，四十九日内不得屠宰，三十日内不准婚嫁。安帝的棺椁称为梓宫，上面刷了四十九道漆，停放了二十七天，由七十二人抬出皇城，前有六十四位引幡人，后是全套的皇家卤薄仪仗队，打着白色的幡旗，抬着各式各样的纸扎，如压地银山一般，浩浩荡荡地行到蒋山，葬于休平陵。

这些事情办完，刘裕便开始对付司马楚之，授意廷尉衙门，奏称："司马楚之包藏祸心，觊觎神器，实属大逆不道，应即处斩，家产抄没，眷属没为官婢。"朝廷诏可。行刑这一日，司马楚之吃了断头饭，喝了壮行酒，被押入囚车，直送到菜市口的法场上。天阴雾重，一片惨淡气象，一阵冷风吹过，让人直凉到骨子里。司马楚之知

· 293 ·

道活命无望，神情倒也平静，来到刑场之上，出了囚车，昂然而立。午时已到，监斩官验明正身之后，将犯由牌抛了下来。一个刽子手走到司马楚之身后，在他腿弯处踹了一脚，让司马楚之跪倒在地，随即挥起大刀，一刀斩落。司马楚之眼前一黑，顿时没了知觉。

也不知过了多长时间，司马楚之悠悠醒来，感觉自己平躺在床，脑袋却还好端端的长在脖子上，只是颈处缠着厚厚的纱布，一阵阵疼痛难忍，又过了一会儿，意识慢慢地全都回来了，想起自己明明是被斩了的，不知怎么竟在这里。床前一灯如豆，散着昏黄的光。门声一响，于承之从外面走了进来，见司马楚之醒了过来，便坐在床沿上，低声道："王爷，你好运气，是圣上密旨，赐你全尸。钱粲大人买通刽子手，在法场上作了手脚，看似砍断了你的脖子，其实全没伤到你的要害，然后把你偷偷运到我的府里。过些日子，等你伤好，就送你去江北。"原来，刽子手是行刑的行家，自幼拿狗肉练习刀功，在狗肉下铺一张白纸。那狗肉被几十斤的大刀剁成了肉馅，白纸上却不许见半点儿刀痕。这样年复一年、日复一日地练习，功夫成了，就可以在刑场上作弊。刽子手若收了犯人家属送的重金，在行刑时，一刀下去。犯人脖子上皮肉外翻，鲜血涌流，看似死去，其实全未伤及筋络要害，被悄悄抬回去，将养一阵子，一样是好端端的一个人儿。这次刽子手被钱粲收买，便如法炮制，留下了司马楚之的性命。司马楚之弄明白了前因后果，心里暗道："这可真是两世为人哪。"过了一个多月，司马楚之的伤势渐好，在于承之等人的帮助下，乔装改扮，坐船过长江，投奔北魏去了，后来仕至镇西大将军、朔州刺史，卒于464年。

第二十三章　江南称帝

> 宋王（刘裕）徒步仗剑，荡残除凶，沉毅才略，一时之雄，巍巍四海，久已归心！

暮春三月，一场春雨过后，到处生气盎然，田野里的小草一片青翠。路旁的杨树上生出绿茸茸的嫩叶，在微风里舞动。傍晚时分，夕阳的光芒，投射在相国府（即原太尉府）的屋顶上，一片流光溢彩。客厅外的白色墙体与金色立柱，散发着温润的光泽。连绵的回廊，向两边舒展。厅里的六扇拱窗敞开着，中央是一张方桌，上面摆着茶具。四面墙下，各摆着几盆花卉。繁花幽幽，星星点点，彼此辉映。刘裕、傅亮、徐羡之三人围桌而坐，正啜茗而谈。

这一年，刘裕已然五十八岁，一头斑白的头发梳得十分认真，没有一丝凌乱，额头和脸上的皱纹像刀刻的一样，身形仍是非常挺拔，头戴玉冠，身披一件青色长袍，腰系阔带。徐羡之、傅亮二人，分坐在刘裕左右。徐羡之瘦瘦巴巴的身架，身穿蟒袍玉带，足蹬快靴，文绉绉地说道："相国以英特之姿，攘袂而起，平桓玄、定刘毅，灭南燕于二齐，克谯纵于庸蜀，殄卢循于交广，西执姚泓而灭后秦。相国之功，可谓是前无古人，宜进王爵。"刘裕微眯着双眼，饮了口茶，扫视了一下徐羡之和傅亮，将茶杯放在桌上，从容答道："桓玄篡位，鼎命已移。我首唱大义，兴复帝室，南征北伐，平定四海，功成业著，遂荷九锡。自思年已老迈，常惧盛满，颇想奉还爵位，归老京口。"徐羡之和傅亮听了，都是一愣，相互对视一眼，猜不透刘裕这番话的用意。中书令傅亮头戴方筒状高巾，身着一件天蓝色长衫，小袖圆领，腰系丝绦，脚下一双缎靴，道："相国开疆拓土，功业彪炳，自五胡作乱以来，祖逖、庾翼、桓温、谢安等人皆所不及，实为国家柱石，来日方长，怎可言退？"徐羡之也在一旁力劝。好一会儿，刘裕的心意似有所松动。看看天色已晚，徐、傅二人辞出。傅亮走出府外，从亲兵手里接过缰绳，翻身上马回府。

夜色弥漫，群星璀璨，月亮掩在云层里，泛着朦胧的光晕，街上已没什么行人。傅亮一边控马前行，一边琢磨着刘裕的那番话，越想越觉得古怪，约摸走出一箭之地，但觉凉风习习，拂过脸颊，脑子里电光一闪，连忙勒住马缰，沉思片刻，一拍大腿道："是了，相国有渐次受禅之意，而难于发言，故作归老之辞。"想到这里，忙拨马回到相国府，却发现府门已经关闭。四周很安静，门上挂着两盏灯笼，发散着橘黄色的灯光，照映着青条石的台阶，远处是一片黑暗。傅亮跳下马来，几步走上台阶，叩扉请见。家人打开府门，见是傅亮，有些奇怪，道："原来是傅大人。您刚走不久，怎么又回来了？"傅亮道："相国呢？"家人道："还在客厅。"傅亮道："快带我去。"家人只好引着傅亮来到客厅。厅里烛影摇摇，刘裕独自一人，在桌前正襟危坐。傅亮见了刘裕，也不多话，躬身一礼，只说："臣暂宜入宫。"刘裕解其意，无复他言，道："须几人相送？"傅亮略一思忖，道："数人即可。"刘裕即拨六名亲兵，交与傅亮。傅亮辞了刘裕，带着亲兵出了府。已是深夜，街上一片寂静，忽有一阵怪风刮过，吹得道旁的树枝齐摇，树上栖息的鸟雀一齐飞起，在夜空中盘

第二十三章 江南称帝

旋起落，发出啾啾的鸣声。傅亮吃了一惊，抬头望去，见天上正有一颗彗星，拖着长长的尾巴，缓缓地扫过深蓝色的夜空，由西北直达东南，流光溢彩，不禁抚髀叹道："古语有云：'长星竟天，为除旧布新之兆'。不想验于今日！"遂策马直奔皇城。

自司马休之、司马楚之、谢混等人死走逃亡以来，恭帝司马德文每日困于深宫，有如幽囚，常于夜深人静之时，披衣而起，徘徊中庭，或对月浩叹，或恍惚失神。这一晚，恭帝头戴乌纱折角巾，身穿盘领窄袖缎袍，外面罩了件紫貂皮衣，来到皇极殿外。皇极殿紧临着景阳宫，殿顶上铺着琉璃瓦，前面的两个屋檐高高翘起，上面精工雕着美丽的花纹。殿檐上还挂着铜制的风铃，随风摆动着，发出"叮叮、叮叮"的脆响。殿前左右各有两根汉白玉的石柱。恭帝身后，只随着心腹太监王德林。王德林十四岁净身进宫，在司马德文身边快二十年了，身量瘦瘦的，中等个头，一张青白色的脸庞，眼睛细小，总是眯缝着，薄薄的嘴唇，见恭帝在前踽踽而行，蓦地有些心酸，低声道："皇上，夜凉了，您还是回宫休息吧。"恭帝摇了摇头，紧了紧身上的袍子，抬眼向天上一看，见一颗慧星缓缓地向东南移动，直贯紫微座而过。恭帝通晓天文，见长星犯帝座，不禁一惊，忙吩咐王德林，叫来值夜的太监，在庭院里摆上祭桌，上陈"粢盛"（五谷）、玉帛、果品，自己换了身吉服，跪在祭桌前，手捧香蜡，嘴里念念有词地祈祷着。几个太监、宫女，手里举着灯烛立在一旁。祭祀将毕，王德林往桌前的火盆里投放黄色纸表，一股青烟袅袅升起。

正在这时，忽听远处有人喝问："什么人在此举火？"紧接着，丁旿带着一队侍卫走了过来，见是恭帝，忙躬身道："原来是陛下，方才中书令傅大人来到宫外，说有要事求见。既然陛下未睡，可否请他进来？"恭帝点了点头，走向皇极殿，王德林于后相随。殿内有六根高大的石柱，涂成金色，每根大柱都雕刻着矫健的金龙，须爪俱全，直欲破空飞去，周围是五颜六色的龙纹图案，彩画绚丽。殿顶的藻井上，雕刻着一条巨大的九爪蟠龙，鳞爪张舞，双须飞动，周围衬着流云火焰。四周的墙壁全是大理石砌成，几扇窗户敞开着，青色纱帘随风而漾。从殿门直到丹墀，铺着红色暗花地毯。丹墀上，是一金漆方台，高约两米。方台之上，围着雕龙围屏，里面安放着龙椅和龙书案。

殿内灯火通明，恭帝坐在龙椅之上，王德林手里拿着把拂尘，立在恭帝身旁。不一会儿，傅亮进殿，跪倒施礼。恭帝道："傅爱卿，免礼平身，夤夜入宫，不知有什么事？"傅亮道："陛下，方才可曾见长星竟天？"恭帝道："今夜天垂异象，朕正想明日将广咨重臣，共参休咎。"傅亮听了，道："陛下，天象关乎人事。'长星竟天，勋臣加官。'宋公首唱大义，起于草莽之间，奋臂一呼，遂枭桓玄之首，奉迎乘舆，再造晋室。既而治兵誓众，经营四方，扬旗东征，震惊旃裘之心，发舒华夏之气。臣以为，宋公宜进位宋王。"恭帝听了这话，有些犹豫，却瞥见丁旿手按着刀柄，立在一旁，心里一阵悸动，只得点头道："傅爱卿说的是，朕明日就命人草诏，加封宋公为王。"傅亮道："谢皇上。"说着，又磕了个头，便立起身来，与丁旿辞出。恭帝呆呆地坐在龙椅之上，全身一点儿力气都没有，看着原本熟悉的楼堂殿阁，感觉是那么陌生，又觉得自己和这威严壮观的皇城，已是格格不入，好一会儿，才道："德林，不早了，朕去休息吧！"说着，立起身来，扶着王德林，回向寝宫，一路上，自心里明白，刘裕篡位之事就在眼前了。

恭帝进了景阳宫，掩上了宫门，来到寝殿，见褚皇后不知什么时候已然醒了，正坐在床沿上。褚皇后是恭帝的发妻，身着高腰睡裙，腰里系了一条绸带，外边罩着一件对襟长袖小褙子，脚下一双绣花睡鞋，自成了皇后以来，仿佛也感受到恭帝压抑的心情，变得不爱说笑、常一个人呆呆地想心事，见恭帝进殿，便道："陛下，这么晚才回来，有什么事？"恭帝苦笑道："傅亮入宫，为相国请封宋王。"褚妃叹了口气道："刘裕权势越来越大，朝臣莫不趋附。我那哥哥，还算沾着皇亲，也总往相国府里跑。"恭帝的心情，如风中柳条似的

第二十三章 江南称帝

凌乱不堪，道："人往高处走。朕的天下已是风雨飘摇。褚国舅与相国走得近些，也是人情之常。"说到这里，带着一脸的忧郁，长吁短叹起来，不知不觉间，依偎在身旁的褚皇后已是泪落两腮。

第二天，天色澄清碧蓝，一尘不染，晶莹透明，如一望无际的海，空中闪耀并不刺眼的白光。恭帝下诏，晋封刘裕为宋王。刘裕穿了一身石青色缎服，对襟平袖，上绣五爪金龙，间以五色云，外罩一件黑狐皮的坎肩，在府里接了圣旨后，便立世子刘义符为王太子，立二子刘义真为桂阳公，三子刘义隆为彭城公，以徐羡之为尚书令、扬州刺史，中书令傅亮为尚书仆射，中领军丁旿为领军将军兼散骑常侍，入直殿省，总统宿卫；江州刺史檀道济为卫将军、开府仪同三司。

群臣恭贺之后，各自散去，唯有徐羡之陪着刘裕，慢慢地踱至后花园八角亭里。亭旁有几株梧桐树，树叶绿得发亮，在微风里飒飒作响。家人搬来一把藤椅，恭恭敬敬的放在亭内，刘裕坐在藤椅上，望了望天上清冷的太阳。徐羡之侍立在一旁，见左右无人，悄悄道："大王，司马休之等人在边境一带，每欲兴风作浪。晋室一日不灭，这些人就一日不肯消停。"刘裕听了，微微颔首，心想："自己出身寒门，虽军功赫奕，但仍为世家大族所忌，现已年近六旬，在世之日无多。儿子义符仅十七岁，每日游荡，昵近群小，未必能应付将来复杂的局面。"想到这里，便招手唤近徐羡之，附耳低言了几句，徐羡之道："卑职明白。"说着，告辞而去，出府找到褚国舅，秘密交待了一番。

这一日，恭帝着一件过肩通袖龙襕袍，领与袖口用小龙花边为饰，腰系九龙玉带，在庭院里踱了一会儿，便回到了寝宫，盘膝坐在胡床之上，却不见褚后，便道："皇后呢？"一个小太监端着一盒点心，走了进来，跪在地上，道："陛下，褚国舅来看皇后，正在偏殿叙话，还派人送了些点心给您。"司马德文见是妻兄送来的，不虞有他，顺手打开点心盒子，就觉一股甜香扑鼻而来，见里面是一盒蜜

· 299 ·

糕。这些蜜糕是用上好的蜂蜜,和上香油、面粉,再搭配上玫瑰、白糖、豆沙、枣泥、葡萄干等材料,最后烘干而成,制作精细,馅儿柔软起沙,外皮层多均匀。恭帝坐在椅子上,拿起一块蜜糕,正要放进嘴里,突见房门"哐啷"一声,被人从外面推开,一个人风卷着似的闯了进来,手起一掌,就将他手里的蜜糕打落在地上。恭帝一愣,这才看清进来的人正是褚后,忙道:"皇后,你这是干什么?"

褚后头上梳着发髻,上插花鸟状簪钗,身穿黄色飞凤袍,却是一脸的张惶,道:"陛下,'不信直中直,须防仁不仁。'我家兄长与宋王走得太近,他送来的东西,不可轻易入口!"恭帝一晒,道:"皇后,你多虑了吧!"褚后不答,走到门前,将殿外的一条大黄狗唤进来,用脚将地上的那块蜜糕踢给它。大黄狗上去一口,就将蜜糕吞了下去。没一会儿工夫,正舔嘴咂舌的黄狗突然发出一声哀鸣,倒在地上,四脚抽搐,嘴里流出黑血,很快就气绝身亡。恭帝见此情形,惊得目瞪口呆,不禁一阵后怕。褚皇后长长的睫毛上滚动着点点晶莹的泪珠,原本妩媚灵动的眼睛已黯然失色,道:"刚才,我陪兄长在前面说话,见他的一个家人来报,说已将一盒点心送给了陛下,就觉得不妙,飞跑过来。要是来晚了半步……"恭帝与褚后相对无言,绝望在二人的心里落了根,泪水在眼眶里打转。两人相拥,蜷缩在寝宫的角落里,任由暗影笼罩着、吞噬着。

这天半夜,阴云密布,几个响雷过后,狂风卷着暴雨,劈劈啪啪地击打着窗棂,又在院里东一头,西一头地乱撞着。闪电撕破夜空,照见那雨如瓢泼的一样。风雨声中,夹杂着树枝折断的声音。恭帝知刘裕要对自己下手了,不由得彻夜难眠,到清晨时,穿衣起床,见雨已停了,便走至外殿,将太监王德林找来,说:"德林,今日你陪我到花园走走。"恭帝在宫内还是可以自由行动的,也可到御花园游玩,只要不出宫,没人会干涉。王德林见皇上今日有此兴致,便随之来到了御花园。昨夜雨急风骤,枯枝败叶落了一地,花园里一片萧条。王德林怕恭帝触动愁绪,道:"皇上,还是回宫去吧。等到了秋

第二十三章 江南称帝

天,这园里的菊花都开了,才好看呢。那时,老奴再陪您进来逛,岂不是好?"恭帝一夜不曾合眼,眼窝深陷,眼睛里带着血丝,容颜憔悴至极,长叹了一声,道:"德林,我能不能活到秋天还难说呢!"王德林惊道:"皇上春秋鼎盛,何故出此不吉之言?"

恭帝向四外望了一下,见并无外人,便低声对王德林道:"德林,你跟了我快二十年了吧?"王德林躬身道:"老奴服侍皇上十七年了,打小一进琅琊王府,就被派到您的身边。"恭帝点了点头,道:"这些年,我待你怎么样?"王德林道:"皇上待奴才,自然是没说的,还是琅琊王的时候,就提拔奴才做了总管太监。奴才眼下在宫外住的那所宅子,就是皇上赐的。"恭帝目光望向远处,声音却很低沉,道:"德林,宋王篡位在即,必欲除我。昨天,你看到褚国舅送的那盒点心了吗?"王德林道:"见了!是奴才命小福子给您送屋里去的。奴才想,皇上总吃宫里的菜肴,换换口味也是好的。"恭帝苦笑一声,道:"换换口味?那点心里下了剧毒。"王德林一听这话,吓了一跳,忙道:"奴才着实不知,便有斗大的胆子,也不敢加害皇上。"说着,扑通一声,跪倒在地。恭帝忙将他扶起来,道:"这事不怪你,是褚国舅干的。"王德林瞪大了眼珠子,道:"褚国舅是皇后的亲哥哥,也是皇亲国戚,竟下这毒手,未免太没人味儿。"恭帝轻叹一声,道:"他也是不得已而为之。"王德林这才明白,轻声道:"难道是宋王?"恭帝点了点头,又向四周看了看,道:"德林,如今我命在旦夕,想请你办趟差。"王德林道:"皇上有事,但请吩咐。奴才就是上刀山,下油锅,也是心甘情愿。"恭帝从身上掏出一张纸来,悄悄递给王德林,道:"这张纸你拿着。"王德林见是一张白纸,上面并无字迹,不知何故,便接了过来,揣在怀里。恭帝道:"这纸上有白矾写的字,见水即显。你借出宫采买之机,将它带出宫,交与金吾将军于承之,命他速速设法救朕。"王德林一口应承下来,道:"皇上放心,老奴一定尽力。"恭帝望着他,眼里闪过一丝的忧郁,道:"如此,有劳你了。德林,这事有很大风

险，你可千万小心。"王德林郑重地点了点头。

　　到了中午时分，王德林借采买之名出宫，来到皇城门前，照例要被搜检。丁旿带着几十个全副武装的兵士，在宽阔的门洞里摆了张桌子，还有几把椅子。众人或立或坐，形同狱卒，见王德林过来，便招呼道："王总管，今日又要出去啊。"王德林心头猛跳，脸上却很平静，点头道："是啊，今日出去采买。"说着，把怀里的东西全都拿了出来，摆在桌上，包括一个口袋、几锭碎银子，还有那张纸。丁旿立起身来，仔细翻检了一遍，没发现什么妨禁的东西，便挥手放行。王德林心里暗喜，两手竟微微有些颤抖，正想把桌上的东西再揣回怀里，偏偏门外一阵风吹了进来。那张纸随风而起，直飘出门洞，落在宫院内的一个水洼里。丁旿见王德林两手都拿着些杂物，便走上前去，把纸从水洼里捞出来，打算递还给他，突然瞥见纸上凭空生出了一些字，不由得大吃一惊。原来，纸上沾有白矾，浸了水，字迹就显现了出来。丁旿仔细看去，见上面写道："承之公大鉴，朕之命若悬丝，若念昔日之情，望速速设法搭救。"看罢，抬头盯着王德林道："王总管，这是怎么回事？"王德林两腿嗦嗦地抖了起来，只能来个不认帐，道："奇怪，这纸上怎么会显出字来？"丁旿顿时翻脸，道："来人呀，将他拿下。"话音刚落，几个兵士闯上来，将王德林摁倒在地，绑了起来。丁旿又道："你们在这里看好了，一只苍蝇也不许飞出去，我这就去禀报相国。"说着，直奔相国府而去。

　　相国府门前甲士林立，见是丁旿，自无阻拦。丁旿进了府门，直走到厅上，见了刘裕，先施一礼，道："卑职今日当值，见总管太监王德林要出宫，便依例搜检，却从其身上发现此物。"说着，将那纸呈了上去。这时，纸上的字已经消失。刘裕接过来，奇道："丁将军，这有什么违禁之处？"丁旿道："这张纸上用白矾写有字迹，经水沾湿，便可看见。"刘裕忙命人端来一盆水，将那纸铺在水中，果然，上面清清楚楚显出几行字。刘裕瞥了一眼，冷笑道："还想让于承之来救！丁旿，你去传傅亮来见，再回皇城，将王德

第二十三章　江南称帝

林处斩。"丁旴领命,先找来傅亮,又回宫去,将王德林押至午门之外,斩决报讫。

第二日清晨,太阳顶着厚重的云层,从东方缓缓升起。空中晨雾弥漫,像蒙盖在京城上空的一层薄纱。金吾左将军于承之的府上张灯结彩,正在庆寿,府内隐隐有锣鼓之声传出。于承之字茂才,今年四十九岁。江南一些地方有过四十九大寿的风俗,俗称"过门槛子"。

中午时分,贺客盈门。于府家人们都系着红绸腰带,满脸喜色的接待着络绎不绝的客人。大厅和院子里摆开了几十桌流水席,每席上都铺着红色的台布,中间摆放有福、寿、禄三星、鲜寿桃等物品,还有些红纸包的鸡蛋、茶点。酒菜当然很是丰盛,除了山珍海味,也少不了每人一碗长寿面。于承之穿着一件大红袍,笑容满面,手里拿着酒杯,在厅里逐座劝酒。

下午时分,客人们酒足饭饱,纷纷辞去。于承之将客人们送出门后,独将光禄勋钱粲留了下来。仆人们撤去残席,抹净桌案,又斟上两杯茶,便躬身退出。钱粲端茶轻啜了一口,将茶杯放在桌上,道:"于兄为国家柱石,圣眷正隆,将来大有可为。今日又是你大喜的日子,兄弟祝你松鹤长春。"于承之酬酢了半天,略显疲倦,道:"不敢,你我情如兄弟,又是同殿称臣,理应相互扶助。"说到这里,略一停顿,又道:"前些日子,广州刺史出缺。圣上本属意于钱兄,且已拟就诏书。奈何刘裕公然违诏,竟派王弘去了广州。"说到这里,把头摇了几摇,一脸的不平。钱粲对此事一直耿耿于怀,听于承之说起,脸上的法令纹又深了一些,气咻咻地道:"刘裕欺君罔上,专权至极,每逢督抚、列卿出缺,便任意指派,列置亲党。众大臣也是敢怒不敢言。"于承之叹道:"刘裕权势熏天,却又暴戾奸险,秉政多年,部曲遍布朝堂,天下官员半出其门。可惜我等手里的兵力不足以制物……"二人正说着,忽门上人来报,称傅亮来贺。于承之闻听,不禁一愣。原来,寿宴邀宾的时间是有讲究的,民谚曰:"三日为请,二日为叫,当天为提来。"故此于承之三天前就下帖邀了钱粲等亲朋,却并没有向傅亮、徐羡之一干人散喜帖,今见傅亮忽作不速之客,不知何故,但面上不肯失礼,便命快请。

已是下午,天色阴沉了下来,一阵风吹过,刮得门前厅外的灯笼齐摇。傅亮身穿官服,走过院落,昂然入厅,拱手一揖道:"于大人,听说今日您过四十九大寿,傅某贺迟有罪。"于承之见傅亮面色不善,心里涌起一种不祥之感,忙道:"哪里,傅大人位高权重,能来算是给我面子了。"傅亮道:"傅某不敢奉请,今天是自己把自己提来的。正好钱大人也在这里,倒免得兄弟另跑一趟。"钱粲听他说话不阴不阳,猜不透他的心意,心下狐疑,在旁只是不语。傅亮又道:"这次来得匆忙,不及备办寿礼,谨献文一篇,聊表心意。"说着,从怀里取出个折子,读了起来:"臣傅亮请拿问于承之、钱粲以肃官方事!臣傅亮跪奏:金吾左将军于承之、光禄勋钱粲,身为大臣,不思报国,却朋比营私,贪赃枉法,更妄议辅政元勋,实属罪不可恕,特请将两人革职拿问,并处抄没家产……"底下开列于承之、钱粲若干罪状,如贪赃若干事、营私舞弊若干事。听到这里,于承之已是骇然变色,额上冷汗淋漓,回头看看钱粲,见他也是面如死灰。整个客厅里,只有傅亮高亢的声音在回荡。约摸过了一盏茶的时间,傅亮读完奏折,瞥了二人一眼,冷笑一声,拂袖而去。这时,宋王府发来的兵马冲进来,将于承之、钱粲一并拿了,又将于府家眷关在几间空屋子里,接着便翻箱倒柜,掘地三尺,将值钱的东西全部充公,得黄金、白金、祖母绿、翡翠、水晶、珊瑚树、古玩、字画等若干,还有一些当铺、银号、古玩铺的房契。抄家的人走后,整个于府里一片狼藉,很多门板都被生生撞碎,碎片烂木散落了一地。原本整洁的地面上,布满了官兵们踩下的脚印。第二天,朝廷下诏,免去于承之、钱粲的官职,将二人流放广州。

夏日的阳光从密密层层的枝叶间透射下来,一阵轻风拂过,树叶"唰啦啦"作响。恭帝困坐宫中,听到于、钱二人遭流的消息,彻底

第二十三章 江南称帝

绝望。过了几天,傅亮又随着丁旿进宫来,见了恭帝,倒也不失臣礼,跪在地上,道:"陛下,夫皇位者,唯有德者居之。宋王徒步仗剑,荡残除凶,沉毅才略,一时之雄,巍巍四海,久已归心!愿陛下思尧舜禅让之义……"说到这里,就住口不言。恭帝明白傅亮的意思,欲待不允,向殿外一看,只见甲士林立,全是宋王府里的亲兵,知道事已至此,再难挽回,只得用低哑的声音道:"桓玄之时,晋氏已无天下,重为宋王所延,将二十载。今日之事,本所甘心。"傅亮道:"陛下英明。"遂命左右取来纸笔,请恭帝亲书逊位诏书。恭帝手里拿着那只笔,只觉有千斤之重,犹豫良久,下笔写道:"夫天造草昧,树之司牧,所以陶钧三极,统天施化。故大道之行,选贤与能,隆替无常期,禅代非一族,贯之百王,由来尚矣。……朕虽庸暗,昧于大道,永鉴废兴,为日已久。念四代之高义,稽天人之至望,予其逊位别宫,归禅于宋,一依唐虞、汉魏故事。"须臾,诏书写罢。傅亮接过诏书,看了一遍,便告辞离去。

这时,丁旿一挥手,一个军士手持一瓯毒酒,放在龙书案上。丁旿道:"皇上,末将侍候您升天。"说着,在一个酒杯里倒满了酒,双手捧杯,递到恭帝面前。恭帝早料到有今天,颤抖着右手接过,见酒色暗红,酒花在杯里打着旋,一咬牙,便将杯中酒饮尽,随手将杯子一扔。酒杯落在地上,"当啷"一声,摔得粉碎。不一会儿,恭帝便毒气攻心,倒地身亡。刘裕听到恭帝的死讯后,率百官为其发丧,临于朝堂三日,降恭帝为零陵王,以王礼葬于秣陵县,降褚后为王妃。

420年7月的一天,风和日丽,气象清明。这天,是刘裕登基称帝的日子。阳光透过镂空细花的纱窗帘,照进室内。刘裕由张夫人服侍着,戴上玉冕,上有十二个玉串,落落如星;再披上黄色的衮服,外绣日、月、星、龙、山、火等图案;腰系巴掌宽的玉带,旁垂有五彩丝绦,上串玉珠,然后走出府外,坐上七十二人抬的云舆,建起天子旌旗,前往石头城的南郊,参加自己的登基大典。云舆前后,是丁旿

和两千名亲兵警戒清道。

鸿胪寺为保障典礼的顺利进行，举凡金书、典簿、旗帜、器械等，各有掌司，仅监工的官员就有上百人。所有的符牌、印章均由符宝司锻造了出来。另外，仪仗、帷幕等也星夜赶制，早已齐备。石头城南十五里处，用黄土筑起了一座高台，高十六丈，方圆二十一丈，前面列百余级台阶。台周布列无数旌旗，每支旗上绘有青龙、麒麟、三角兽、玄武、金牛等图案。官员们身着礼服，打扮得整整齐齐，分成两列，文左武右，鸦雀无声地跪在台前。檀道济率一万游军为警，阳光照耀着刀枪旗帜，反射出五颜六色的光芒，耀得人眼睛发花。教坊司带着乐队立在高台西侧，手持鼓、笛、箫、笳等乐器，等候旨令。

吉时一到，刘裕来到高台前，下了云辇。鸿胪寺的官员身穿礼服，躬着腰，在旁引导。刘裕历阶而登，在台上祷告天地，祭奠宗庙。徐羡之、傅亮等率文武百官，随着赞礼之声，伏在台下，行三跪九叩的大礼。然后，鸿胪寺官员立在台阶之上，捧着新皇登基改元的诏书，高声宣读。

阳光透过淡薄的云层，照耀着苍茫的大地，洒在旗幡帷幕上，化作淡淡的光晕。刘裕的额头上皱纹明显，玉冕之下，两鬓斑白，眉毛和胡须没有了昔日的光泽，独自立于高台之上，耳听着宣读诏书的声音，深邃的目光，透过金鼎里的袅袅烟气，望向远处的长江。长江纤细如带，雾锁烟横。恍惚间，往事悠悠，悄然来袭，浮光掠影般地在刘裕脑海里闪过。何无忌、刘毅、孟昶等人，一个个熟悉的面孔，如在目前。京口举事前的那个雨夜，大家都还那么年轻，听着窗外淅沥的雨声，聚在烛影灯光之下，共议大计，一时雄心万丈，感觉血都是热的。可没过几年，何无忌就战死豫章；刘毅在江陵城外自裁，如今尸骨都不知抛到何处去了；孟昶为宵小毒害，坟墓上已青草繁茂。时光流逝，恩怨情仇，终烟消云散，自己也已须发斑白、垂垂老矣，还将留在这万千红尘里，打发着落寞的流年。礼部的官员仍在朗朗地读

第二十三章　江南称帝

着诏书,长篇大套的褒赞功德。刘裕却一个字也听不进去,静静地立在台上,一股寂寥的心绪,如影随形而来,在电闪而过的往事里,若隐若现。

终于,登基诏书读罢。台下的教坊司奏响了宫廷雅乐,洪钟大吕的乐声,把刘裕从沉思中唤回。刘裕定了定神,待乐声止息,略微整理了下袍袖,一任几丝白发拂落在脸颊,迈步走下高台,登上了云舆,道声:"启驾回京。"语音低沉,却透着一种说不出的威严。旁边的侍卫们立刻一声递一声地传了出去:"皇上启驾喽。"台下跪着的文武群臣一齐高呼:"吾皇万岁、万岁、万万岁……"四周林立的武士们也"嗵啦啦"地跪倒,于甲叶铿锵之中齐声高呼起来。山呼海啸般的"万岁"之声,此呼彼应,庄严无比,激荡在广袤的天地间,回旋飘转,直达霄汉。(终)